U0078358

閻宗臨的
中西交通史

―――― 開國貿易 × 異族來朝 × 入境傳教 ――――
從閉關到開放的西學傳播之路，為何沒有延續下去？

閻宗臨 —— 著

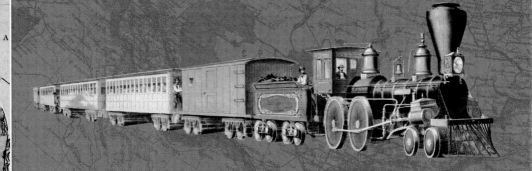

交通史，是人類「往來」與「流通」的文明史

從步行與馬匹，到火車與船隻；從漁獵及海戰，到貿易及傳教……
工具變革如何影響人類生活？又是如何推動當今世界局勢的形成？
文化輸出與輸入，分別為各國帶來怎樣的影響？

目錄

3

目錄

饒宗頤序

　　孫子有言：「知己知彼，百戰不殆。不知彼而知己，一勝一負。不知彼不知己，每戰必敗。」此謀攻之要道，知勝之樞機也。治學之道，亦何以異是。西方之言學，其考論吾華文字史事者號曰漢學，以西方之人而熱心究遠東之事，蓋彼欲有知於我，此學之涉於「知彼」者也。

　　返視吾國人之有志於究心西事者，乃寥若晨星。庸或有之，留學彼邦，略涉藩籬，歸國而後，棄同敝屣，多返而治漢學，稍為「知己」之謀，輒以兼通東西自詡，實則往往兩無所知，其不每戰不敗者幾希？近世學風，流弊之大，國之不振，非無故而然也。

　　閻宗臨先生早歲留學瑞士，究心西方傳教士與華交往之史事，國人治學循此途轍者殆如鳳毛麟角。其所造固已出類拔萃，久為士林所推重。抗戰軍興，余任教（無錫）國專，自桂林播遷蒙山，復徙北流，與先生嘗共事，頗聞其緒論，心儀其人，以為如先生者，真有志於「知彼」之學者也。嗣先生回山西故里，終未能一展所學，憂悴而繼以殂謝，論者深惜之。哲嗣守誠世兄頃來書謂經已勾集先生遺書刊行在即，平生著述，自此可以行世，沾溉後人，為之大喜過望。不揣固陋，略序其耑，為陳「知彼」之學之重要，得先生書以啟迪來學，使人知不能以「知己」為滿足，而無視於「知彼」，則不免流於一勝一負。庶幾欲求操勝算者，不至於南轅而北轍；則吾文之作或為不虛，亦可稍慰先生於地下也乎。

丙子春於香港

5

齊世榮序

　　閻宗臨先生的文集即將出版，哲嗣閻守誠先生讓我寫篇序言，寫序實不敢當，只能談點拜讀後的領會和感想，以表我對這位前輩學者的敬仰。

　　閻先生治學的範圍很廣，涉及中西交通史、世界古代中世紀史、歐洲史、古籍箋注諸多方面，其中尤以中西交通史的成就最大。《杜赫德的著作及其研究》是閻先生在瑞士佛立堡大學攻讀博士學位時所寫的論文，以此於 1936 年獲瑞士國家文學博士學位。該文史料詳實，多發前人未發之覆，是中國學者系統深入研究 18 世紀法國漢學大家杜赫德 (Jean-Baptiste Du Halde, 1674 ～ 1743) 的第一篇論文（原文為法文），發表後隨即引起了西方漢學家的重視。閻先生在巴黎、劍橋、梵蒂岡及布魯塞爾等地圖書館辛勤查閱資料，收穫甚豐，內中若干文件為我國學者向所不知。例如在〈清初中西交通若干史實〉一文中，閻先生根據他在羅馬傳信部檔案中發現的資料，弄清了雍正三年（1725 年）教皇本篤十三遣使來華的一些事實。閻先生還在〈從西方典籍所見康熙與耶穌會之關係〉一文的「附錄三」中，抄錄了康熙時傳教士在華購置產業的契約 20 件，頗可注意。尤其需要指出的是：閻先生寫於 1962 年的〈17、18 世紀中國與歐洲的關係〉[001]，是一篇體大思精之作，生前沒有發表，猜想作者對這篇文章十分重視，還要繼續修改。總之，閻先生關於中西交通史，特別是明清時代基督教與中國關係的研究，至今仍有重要參考價值，屬於第一流水準。

　　閻先生於 1937 年回國後，在各大學多次講授希臘史、羅馬史、世界古代中世紀史、歐洲史等課程。在有關圖書資料十分缺乏的情況下，他仍編寫了《歐洲文化史論要》、《近代歐洲文化之研究》、《羅馬史》、《希臘羅馬史稿》、《歐洲史稿》、《世界古代史講稿》等一系列書稿，其中除《歐洲文化史論要》和《近代歐洲文化之研究》外，大多數沒有正式發表。這些書稿所達到的水準，

001　見《閻宗臨史學文集》，1998 年版，第 189 頁。

自然不如中西交通史方面，但由於閻先生對西方歷史和文化的深刻理解，仍不乏一些獨到的見解。例如他認為：「構成中世紀文化的要素，概括地說，首先是希臘、羅馬文化的遺惠，其次為新興民族飛躍的活力，最後而最重要的是基督教對物質與精神的支配。這三種動力的接觸，並非水乳交融，他們互相衝擊，互相排拒，受五六百年時間的鍛鍊始冶而為一，產生了一種新的意識與秩序。」他還認為：「文藝復興卻是由 13 世紀文化蛻變出來的。」在《羅馬史》講稿中，他指出：「羅馬的偉大，不在它的武力，而在它的法律。」「恃強凌弱，必然要淘汰的。」

古文獻的箋注，是閻先生致力研究的另一個重點。其中《身見錄》是中國第一部歐洲遊記，閻先生於 1937 年在羅馬國立圖書館發現其原稿，拍照帶回，箋注刊佈，彌補了中西交通史研究的一個空白點。《北使記》與《西使記》，王國維在《古行記校錄》中雖有校注，但較簡略，閻先生的箋注較王氏為詳，為研究中古中亞史提供了重要史料。

閻先生之所以能取得上述成就，得力於他在國學西學兩方面都有深厚的功底，稱得起中西會通，這也是許多老一輩有成就的史學家共有的優點。閻先生留學瑞士 8 年，回國後一直教世界史方面的課程，不但精通法文、英文、拉丁文，而且他的國學修養也很深。

例如，他在〈古代波斯及其與中國的關係〉一文中，利用《冊府元龜》摘錄了太安元年（455 年）至大曆六年（771 年）的波斯來華使節，還利用《本草綱目》，摘錄了波斯產物及其輸入之品物。《冊府元龜》這部類書，因其僅採「正史」，不採雜書，曾為前人所輕，但實則有其高的史料價值。史學大師陳垣說，利用它，「可以校史，亦可以補史」。還說：「《冊府元龜》書唐事，多據實錄，按事按年排纂，與《新唐書》等之調弄筆墨者不同，其史料最為忠實。」《本草綱目》是醫藥學寶典，但亦可用以證史。史學大師陳寅恪在〈狐臭與胡臭〉、〈天師道與濱海地域之關係〉等文中，均曾引用《本草綱目》。由此可見，閻先生雖主攻外國史，但引用中國文獻時，也得心應手，甚為到位。當今的

中青年應當向閻先生等老一輩史學家學習，打好基礎，拓寬知識面，然後才能由博返約，達到一流水準，而不可一開始就在很窄的知識範圍內閱讀研究，更不可「速於成書，躁於求名」。

我們還應當學習閻先生對於著作精益求精的態度。他有不少論著已經達到相當高的水準（上述〈17、18 世紀中國與歐洲的關係〉即其中一例），但生前一直未正式發表。明末清初大學者顧炎武對自己的著作持十分嚴格的態度，他的標準是：「其必古人之所未及就，後世之所不可無，而後為之。」閻先生和許多前輩學者都是這樣嚴格要求自己的。

根據閻先生的學養和刻苦精神，他本來有可能達到更高的境界，留下更多的傳世之作。但不幸的是，抗戰時期回國，顛沛流離，以微薄的薪水養活一大家人，無法安心進行學術研究。新中國成立後雖然生活安定，但又有一連串的思想批判運動，兼以地處山西，外文資料奇缺，「巧婦難為無米之炊」。1950 年代末，閻先生曾對山西大學一位教師說：「連《聖經》都見不到，不能讀，還學什麼中世紀史！」拜讀閻先生的文集以後，既對他的大著不勝欽佩，又對他的坎坷遭遇和未盡其才深感惋惜。時值今日，中青年學者比前輩享有優越得多的條件，深望他們刻苦鑽研，做出更多更好的成績。

閻先生是我尊敬的前輩學者，淺學如我，豈敢為他的文集作序，無奈閻守誠先生盛意難違，只得遵命，好在讀者自能品鑑，遠勝於我的介紹。

編者語

我的父親閻宗臨逝世後，我曾編過《閻宗臨史學文集》和《傳教士與法國早期漢學》。2004 年，任茂棠、行龍、李書吉編的《閻宗臨先生誕辰百週年紀念文集》除選編了對父親論著的評論、他的學生的回憶及生平事蹟等文章外，還收錄了他的專著《歐洲文化史論要》。即使這樣，父親還有許多論著沒有能出版，如：1944 年在逃難中寫的《羅馬史》，在中山大學時寫的《希臘羅馬史稿》、《歐洲史稿》，新中國成立後寫的《世界古代史講稿》等。因此，我一直有個願望，就是把他所有的論著（包括大量的手稿）編成三本書：即《世界古代中世紀史》、《歐洲史》和《中西交通史》。這樣，父親的全部學術成果，就可以集中保存，不致散失，相信這對今天的研究者，會有所啟迪和助益。如今《閻宗臨作品》三種的出版，使我得以實現多年來的願望，我感到由衷的欣慰。

在父親的三本書出版之際，我想談談這個願望的由來。

我之所以有這個願望，是因為我深知父親求學的艱難。父親於 1904 年 6 月 18 日出生在山西省五臺縣中座村一個普通農民家庭。

中座村是坐落在群山環抱之間的一個小山村，那裡民風純樸，土地貧瘠，當地農民都以土法掘煤為副業。父親從小勞作，種過地，背過煤。他靠半工半讀讀完中學。1924 年，中學畢業後，來到北京。

次年，在朋友們幫助下，赴法國勤工儉學，先到巴黎，白天做零工，做過推土工、油漆工、鍋爐工，晚間補習法文。兩年後，遷居里昂，進入杜比茲人造絲工廠，先當勤雜工，不久，被提升為實驗室助理。在當工人時，父親節衣縮食，有了一些積蓄，1929 年進入瑞士佛立堡大學學習。

他深知學習的機會來之不易，因此，讀書非常刻苦，每到假期，同學們都到各地休假，他卻留在宿舍繼續苦讀，因而各科成績都非常優秀。

父親在校主要學習歐洲古代、中世紀的歷史和文化，因此，就要學拉丁文。雖然由於拉丁文深奧難學，學校規定東方學生可以免修，但父親還是選修了這門

課。經過三年的刻苦學習，在透過碩士學位前的拉丁文考試，他取得了優秀的成績。拉丁文教授對這個東方學生的成績感到十分驚訝，曾問他：「你從哪兒來的這股毅力？」他回答說：「我為了了解西方文化的靈魂。」1933 年，父親獲瑞士國家文學碩士學位。由於父親勤奮好學，成績優秀，深得校長、教育學家岱梧教授器重，遂聘他講授中國近代思想史。與此同時，在該校研究院繼續學習，1936年，取得了瑞士國家文學博士學位。父親從一個農村的窮孩子，到完成國外的學業，全靠自己的努力、奮鬥，期間經歷的艱難困苦、坎坷曲折是難以備述的。

我之所以一直有這個願望，還因為我深知父親治學的艱難。抗戰期間，父親先後在山西大學、廣西大學、無錫國學專科學校、昭平中學及桂林師院任教授。抗戰勝利之後，1946 年應徵到中山大學任教，並於 1948 年至 1950 年任歷史系主任。新中國成立後，1950 年 8 月，父親應張友漁、趙宗復的邀請，回故鄉山西大學（山西師範學院）工作，直至 1978 年 10 月 5 日逝世，終年 75 歲。

回國後，父親踏上了一條艱難的治學之路。父親治學的艱難，一是外在環境的不良影響。戰爭時期，時局不安，社會動盪，我們一家七口人靠父親的薪資維持，生活是清貧的。1944 年，日軍侵入廣西，全家輾轉播遷於荔浦、蒙山、昭平一帶，飽嘗顛沛流離之苦。新中國成立後，生活雖然安定並日趨好轉，但接二連三的政治運動、極左思潮的衝擊以及文化大革命，都對學術研究的環境造成不良的影響。這些是父親這一代人的共同經歷，自不待多言。

二是研究資料的極度缺乏。父親在歐洲期間曾購置大量圖書資料，回國時運至上海，適逢上海戰事，全部毀於戰火，其中有魯迅的書簡、父親翻譯的《米開朗基羅傳》譯稿及羅曼・羅蘭（Romain Rolland, 1866 ～ 1944）。在廣西逃難時，又丟失了隨身所帶的書籍。1950 ～ 1960 年代，我們對國外的學術發展及外文的歷史資料原本就了解、掌握甚少，更何況父親僻處山西，耳目分外閉塞，能見到的外文資料就更少了。儘管他精通拉丁文、法文、英文，日文和德文也都懂一點，有很好的語言能力，可惜幾乎無一點用武之地。1950 年代末，他曾對一位中年教師說：「連《聖經》都見不到，不能讀，還學什麼中世紀史？」表達了他

對資料貧乏、禁區重重的憤慨。這種狀況，使父親很難對世界史作深入的研究。我想，他內心一定有「曾經滄海難為水」的感觸，後來才轉向從中國古代史籍中研究中外關係，這也是出於無奈吧。

此外，我還深知父親的論著和手稿保存至今是很艱難的。父親的論著除博士論文在瑞士出版外，其餘大部分發表或寫成於新中國成立前，尤其是抗日戰爭時期在廣西桂林時。當時出版和發表的論著印刷粗劣，流傳不廣，逐漸鮮為人知。我整理的父親的文稿，絕大部分都是他留下來的，只有很少是我從國家圖書館複印的。父親的這些論著手稿得以保存至今，並不容易，至少經過兩次大的劫難：一次是 1944 年在廣西逃難時，衣物用具丟失殆盡，全家七口人只有一條被子。但不論走到哪里，父親手裡總提著一個小箱子，里面裝著幾本重要的書、講義和文稿。一次是在文革期間，父親的文稿被紅衛兵搶走，父親的精神受到極大的打擊，我才曉得學術就是他的生命。後來，我幾經周折，費盡口舌，才在一個風雪交加的夜晚，將文稿取回。然而，父親寫的中篇小說《大霧》和散文集《夜煙》、《波動》等書籍，卻從此丟失，再也找不回來了。

正因為我深知父親經歷的種種艱難，所以，我常想，父親這些經歷磨難、嘔心瀝血取得的成果，如果再在我手裡湮滅或散失，那就愧對父親在天之靈了。這種責任感就是我的願望的由來。

其實，我編父親的文集，既是一種責任，也是一種緣分。新中國成立後，父親的學術思想經歷了從文化史觀到唯物史觀的轉變。回想起來，學術思想的巨大轉變在父親的心靈深處一定留下了困惑。因為他對我們兄弟姐妹選擇科系的建議是明確的：他希望我們學理科，不希望我們學文科，尤其不希望我們學歷史。當我表示想學歷史時，他多次對我說：「學歷史是個無底洞，太難，不如學理科，實際一點。」在父親的影響下，我們兄弟姐妹六人都學了理科。只有我，在地質地理系就讀兩年之後，改「行」學歷史，那是由種種具體原因促成的，父親也無可奈何，只好認可。1962 年 9 月，我轉到歷史系，當時得上山下鄉，我沒有好好讀書，父親也沒有教導過我，經常告誡我的一句話是「學好外語」。我也沒能

做到。但畢竟兄弟姐妹中，只有我的專長是史學，整理父親遺作的任務，就義不容辭地由我承擔，我的兄弟姐妹和親人也把希望寄託在我身上，這算是一種緣分吧！我想，這種緣分里，既有父子之間的親情的責任，也有後學者對前輩學者的學術責任。那些在崎嶇山路上攀登過、在荊棘叢林中開拓過的前輩學者，他們的學術貢獻是不應該被埋沒的。

1998 年《閻宗臨史學文集》出版時，香港中文大學饒宗頤教授欣然作序。饒先生是享有盛譽的國學大師。我把饒先生的序言依然放在卷首，以表達我對先生的崇敬之意，並遙祝先生健康長壽。

齊世榮先生是著名的歷史學家，是中國世界史學科的開拓者之一，也是師範大學歷史系的元老。我到歷史系後，齊先生一直都很關心我，也很支持我整理父親的論著，勖勉有加。現又應我的請求，在百忙中撰寫了序言。我願在此表達誠摯的謝意。

我也願藉此機會向所有關心、支持、幫助過我整理出版父親論著的人們，致以深切的謝意！

閻守誠

古代中西文化交流略述 ⁰⁰²

002　原载《建設研究》第 6 卷第 2 期，1941 年。

一

一旦沒有別的國家文化來補充的話，任何國家的文化都不會是完美的！文化起於需要，適應各個民族的生存，正如泰納（Hippolyte Taine, 1828 ～ 1893）所論，受氣候、種族與時間所限制。因之，在文化起源上，雖有播化論與創化論的爭辯，但我們則同意發明與傳播各半的主張。法國漢學家，有主張中國文化發源於埃及或巴比倫，他們的推論，有時頗近乎形而上學。我們知道中國以破布製紙，埃及用製紙草製紙，墨西哥又用別種原料製紙，難道中國與墨西哥同受埃及的影響嗎？

概括地說，在秦漢以前，中國文化是獨立的；在晉隋以後，佛教輸入，形成李唐的文物及宋元明的理學。蒙古崛起，馳騁歐亞，雖開東西交通坦路，但在文化上無特殊成就，只留下馬可·波羅富有刺激性的見聞記而已。土耳其興起，阻塞中亞路線，為奪取東方香料，發現若望神長，以收拾十字軍殘局，發現新航路，這是世界史上最重要的史實。中西文化在印度洋也便正式接觸了。

萬曆九年（1581 年），利瑪竇來華，西方文化隨公教輸入，所不幸者，西方謀利者，挾其優越武器，未讓中國留下良好印象，而中國衛道心切，只認西方文化是術而不是學，西人只知利而不知義，於是中西文化起了劇烈的衝突。這種矛盾，鴉片戰爭時始被擊破。自此而後，中國備嘗各種苦痛與侮辱，拱手接受西方文化，卻也養成了民族意識。

多少人譏笑「中學為體，西學為用」的說法！但這是必走之路，如果我們承認自己是獨立的民族。我們並非說要復古，亦非說輕視科學，更非說西方文化統於六藝，我們只說：每個民族有他自己生理與心理的要求，中國的社會基調與歐洲不同，體用的說法雖舊，卻應有新的解釋。

二

有些中西交通史的學者們，主張中國文化是來自西方的，他們的證據是以星紀日與以事紀年，而在中國古代典籍內，也有些類似的記述，並且提到西方。如

《穆天子傳》周穆王西至崑崙，見西王母；在古本《竹書紀年》，也提到西王母來朝。《穆天子傳》系根據《竹書紀年》，《竹書紀年》不十分可靠，加以想像作用，遂說穆王至波斯，西王母即波斯女王。顧實《讀穆傳十論》中，指出古代中西交通的孔道：「大抵穆王自宗周瀍水以西首途，逾今河南、直隸、山西，出雁門關，由歸化城西，繞道河套北岸，而西南至甘肅，入青海，登崑崙，復下崑崙而走于闐，升帕米爾大山，至興都庫士山，再折而北，東還至喀什噶爾河，循葉爾羌河，至群玉之山，再西逾帕米爾，經達爾瓦茲（Darvarz）、撒馬爾罕（Samarkand）、布哈拉（Boukhara），然後入西王母之邦，即今波斯之德黑蘭（Teheran）也。又自今亞拉拉特（Ararat）山，逾提比里斯（Tifris）之庫拉（Kura）河，走高加索山之達利厄耳（Dariel）峽道，北入歐洲大平原，蓋在波蘭華沙（Warsaw）附近，休居三月，大獵而還，經今俄國莫斯科北之拉獨加（Ladoga，今譯拉多加）湖，再東南傍窩瓦（Volga）河，逾烏拉爾（Ural）山之南端，透過裏海北之乾燥地，及今鹹海（Aral sea）中，循吹南岸，至伊塞克（Issyk-Kul）湖南，升廓克沙勒山，而走烏什、阿克蘇、焉耆，再由哈密，長驅千里，還歸河套北，逾陰山山脈而南，經烏拉特旗、歸化城，走朔平府右玉縣，而南逾洪濤山，入雁門關之旁道，南升井陘山之東部，透過翟道太行山而還歸宗周。」假使穆王西行為真，用何種交通工具，為何西去，既去之後，何以後繼無人？最使人費解的，穆王十三年閏二月初十日天子北征，絕漳水；十四年十一月初六日天子入於南鄭，為時僅十九月，尚有三月行獵、王母的應酬，如何能行如此長的距離，這實使人費解！

《逸周書·王會解》中提及來朝各國間，有渠搜、月氏、大夏等西方古國，這些地方，除大夏見諸《管子》外，余皆漢以後西域國名。即《管子》中之大夏，據向達言亦為漢人所加。如無地下精確證據，只靠這些恍惚的記載，我們無法確定這種「驚人的奇蹟」。

言中國文化西來者，取以星紀日，即日月水火木金土，巴比倫稱之為七星，亦即《堯典》中：「在璇璣玉衡，以齊七政。」《玉海·天文書》中：「七政布位，日月時之正，五星時之紀。日月有薄食，五星有錯聚，七者得失，在人君

15

之政，故謂之政。」以七日為時間單位，最早見於《創世紀》：「上帝造物，七日齊畢。」七日為周，不見於殷商，因殷商以旬紀時故，如《周易》中豐卦之初九：「遇其配主，雖旬，無咎，往有尚。」但是，繼在震六二爻辭：「震來厲，億喪貝，躋於九陵，勿逐七日得。」又在復卦辭：「復，亨，出入無疾，朋來無咎，返復其道，七日來復，利有攸往。」於是，遂認周文化來自西方。馮承鈞序沙畹《摩尼教流行中國考》中說：「……考新舊唐書經籍志藝文志，北齊陳隋之間，已有七曜歷（至易卦『七日來復』，別為一事，不可混解）。似今日星期輸入之時，應在隋唐以前。」

其次，取以事紀年，佐證中國文化之西來，丁山考宗周鼎彝刻辭，認為以事紀年的證例，如卣銘：唯明保殷成週年；中齋銘：佳王令南宮伐反虎方年。這種記事方式，即認為受巴比倫的影響。在西元前 2474 至前 2358 年間，有名王比生，在位九年，第一年平烏比洛姆城，因稱元年為「平烏比洛姆」年；第五年平沙姆，遂名為「平沙姆」年。但只據這種近似事實，便斷言中國文化來自西方，未免過分輕率，標特立異。馬林諾夫斯基（Bronislaw Kasper Malinowski, 1884 ～ 1942）說：「考古學和歷史，供給我們許多憑據，表明器具、藝術或社會制度，可以在不同的文化區域內單獨發展的。」

三

西方古代典籍中，也有簡略的東西交通事跡，據克特西亞斯（Ctesias）的《波斯史》（*Persica*）記載，在西元前 545 至前 539 年之間，波斯大帝居魯士（Cyrus, 550B.C. ～ 530B.C.）向東方進兵，大夏（Bactria）便是第一個犧牲者。

大夏失陷後，康居粟特隨即臣屬，媯水一帶，包括馬爾吉安那（Margiana）與奧瓦拉茲米亞（Ouvarazmiya），悉為波斯所有，建工事，築西洛波利（Cyropolis）城。向北進，為俄國荒原所阻，轉向東走，至新疆附近。

當時波斯軍遇薩卡（Sakā）抵抗，驍勇好戰，屢勝居魯士。不幸薩卡王阿摩基斯（Amorges）被俘虜，一時失掉重心；其妻斯巴拉脫拉（Sparethra）出，善

戰，敗居魯士，波斯釋阿摩基斯王。據希羅多德（Hérodote, 484B.C.～425B.C.）記載，薩卡為波斯屬地。

其次，在西元前 330 至前 328 年間，亞歷山大步居魯士後塵，向東進發，由俾路支、阿富汗一直至土耳其斯坦，即至古時大夏。沿途建立許多城市，其間最著名者為：梅舍德（Meschede）、犍陀羅（Gandhāra）、喀布爾（Kabul）、撒馬爾罕、苦盞（Khujand），留一支軍隊，駐守於此，至西元 7 世紀，猶保存著希臘文明。《漢書・西域傳》中說：「大月氏西君大夏，而塞王南君罽賓」，罽賓即迦濕彌羅（Kasmira），塞即希臘人，其時匈奴冒頓迫月氏，月氏臣大夏，復迫塞王至北印。

西方史籍中之記載，只可視為中西交通之接近，而真正為中西交通闢一新紀元者，為張騫出使西域，見諸《史記・大宛列傳》。西元前 165 年（漢文帝十五年），大月氏居甘肅西北，為匈奴所敗，避居伊犁河流域；繼又為烏孫所逐，遷居媯水。西元前 138 年時，武帝欲利用他反匈奴的心緒，與之聯絡，夾擊匈奴。張騫應募，出使月氏。當張騫過匈奴時，被拘十年，「與妻，有子」，繼始脫亡，經大宛（Ferghana）、康居，最後到媯水北之大月氏。時大月氏王為胡所殺，其子立，無心報仇，張騫無結果而返，在歸途中復為匈奴所執，居年餘，匈奴有內亂，乘機逃歸。

張騫在外交上雖說失敗，但是這種冒險的精神，足以表彰民族的偉大。「初騫行時，百餘人，去十三歲，唯二人得還」。後人雖以「空見葡萄入漢家」譏之，但他帶回許多經濟與地理知識，為中國帶來巨大的影響。

自張騫此行後，中國據有西域較正確的知識，始知遊牧民族之後，尚有許多富麗城郭，文物昌隆，宜於通商，即亞歷山大當年所遺者，經年累月，形成希臘化文明。為此，張騫主張有二道可通西域：其一即張騫往返所經者，可是北有突厥，南有藏種，時時加以斷絕。漢武帝為控制通道計，占領今之涼州、甘州、肅州、敦煌等地。其二為假想之路，因騫在月氏時，見有邛竹杖與蜀布，詢問來歷，始知來自身毒（Sindhou），身毒位於南，張騫遂判定由西南亦可至西域。從

此後，中國政府向西南發展，即受此種力量推動，不知中印之間，隔有崇山峻嶺，用那交通工具，很難達到身毒，可是，開發江南的功績，實一重要史實。但是，對黃河發源的觀念，張騫以為來自塔里木河，系和闐與疏勒之混合，流入羅布泊（Lop Nur），復潛入地下，至積石山而出。這是完全錯誤的，可是這種說法卻非常流行，一直至西元 822 年（長慶二年），唐使劉元鼎至吐蕃後，始略知黃河發源真相，校正前說。

四

張騫死後，漢使數至西域各地：安息（波斯）、奄蔡（介乎裏海與鹹海間）、犁靬（亦作犁軒，即 Alexandria）、條枝（敘利亞），當時中西交通之繁，以大宛為最，《漢書・西域傳》說：「大宛國……北與康居，南與大月氏接。」徐松補注說：「三國境相接。」漢《西域圖考》載之更詳：「由疏勒而西，出蔥嶺為大宛月氏，大宛在北，今霍罕國八城皆其地。」

西元前 102 年（太初三年），漢與大宛國交破裂，取大宛都城貴山王城，在今之伊斯塔拉夫尚。大宛獻馬求和，因飼馬故，輸入苜蓿，並移植蒲桃（《史記》作蒲陶），蒲陶系希臘文 Botrus 之譯音，漢鏡以蒲桃為圖案，亦足看出受希臘文化的影響。大抵在武帝時，俄屬土耳其斯坦、裏海、黑海、古波斯、敘利亞等地，中國對之有明確知識，敦煌便成了中西交通的孔道。

王莽亂後，中國無力西顧，匈奴復起而作亂，暴斂橫徵，西域諸國不堪其擾，山車王賢出，戡定西域，賢死，西域又亂。明帝時，中原少定，移力綏靖西域，在西元 73 年（永平十六年），班超出使西域，兼用武力與外交，創一新局面。「五十餘國悉納質內屬，其條支、安息諸國，至於海濱四萬里外，皆重譯貢獻。」班超為西域都護。

當班超在西域時，聞犁靬即大秦國，仰慕大秦的富庶與文物，西元 97 年（永元九年），遣甘英至條支，渡海訪大秦。條支為安息屬國，安息壟斷中國絲織貿易，不願中國與大秦發生直接關係，因而安息船家向甘英說：「海水廣大，

往來者逢善風，三月乃得渡；若遇遲風，亦有二歲者。故入海人皆賚三歲糧，海中善使人思土戀慕，數有死亡者。」甘英懼，不敢前進。所至之海，即波斯海灣，由此沿阿拉伯半島入紅海。班超居西域 31 年，返至洛陽時已 71 歲了。

費諾羅薩（Ernest Francisco Fenollosa, 1853～1908）論秦漢美術與西方關係時，亦提到安息阻礙中西交通，他說：「中國與羅馬之直接通商，大為安息人所忌，不願為介，故美索不達米亞所有之亞述、巴比倫及波斯之美術，以及流行於羅馬帝中國之希臘美術，對中國影響並不深刻。」

遠在秦漢以前，中國的絲已傳到西方，亞歷山大部將著絲綢衣，大家不明白何以這種衣料沒有褶紋。希臘、羅馬的作家，如索利努斯（Solinus）、塞內卡（Seneca）、赫拉斯（Horace）等都以詩歌詠，而當時的貴婦們，爭相競取，以著絲為光榮。羅郎（Lauranb）研究羅馬服裝時說：「是在奧古斯都時代，由中國輸入絲綢。」

因為絲綢大宗輸入希臘，將原有對中國的稱呼 Sinae 拋棄，而代以 Seres。Seres 有二意：一指蠶吐之絲，一指產絲之地，繼後拉丁人也是這樣習用的。拉丁的文人，如維吉爾（Vergilius，70B.C.～19B.C.）、普林尼（Pliny the Elder, 23～79）以為絲是一種植物，由森林中樹葉所造成的。因之，西方對中國名稱，亦無確定，到中世紀，棄 Seres、Thina（由秦得聲）而用 Cathay，習而久之，西方人視中國（China）與契丹（Cathay）為截然不同之兩地，引起許多誤會。迨至 1595 年（萬曆二十三年），利瑪竇游南京後，始確定契丹即中國，他寫道：「我的假設證實了，波羅說到南京後，須經一道江，此江即中國人所稱之揚子江也；波羅又說江南有八國，江北有七國，非他，此即中國之十五省也。自我的觀察言，契丹即中國，大可汗即中國之皇帝。」

因為交通不便，關山萬里，輾轉相傳之知識，自然起許多附會，中國史籍中之大秦亦是其一。當張騫與班超使西域後，始知烏弋山離即大秦，所以稱為大秦之故，有種種不同的解釋，據藤田豐八：「漢時稱美索不達米亞、底格里斯河與幼發拉底河間之沃地為 Daksina，傳入中土，以地代名，遂稱大秦。」據德禮賢

19

（Pasquale M. d'Elia, 1890～1963）解釋：「……在西元 2 世紀時，中國稱作秦，西利亞和東羅馬稱作大秦，因為西利亞和東羅馬人比中國人長大，《後漢書》上也提及大秦或西利亞人說：『其人民皆長大平正，有類中國，故謂大秦。』」兩說都能言之成理。

大秦一名，見諸中國典籍最早者為《後漢書・南蠻西南夷傳》：

「永寧元年（120 年），撣國王雍由調，復遣使者，詣闕朝賀，獻樂及幻人，能變化，吐火，自支解，易牛馬頭，又善跳丸，數乃至千，自言我海西人，海西即大秦也，撣國西南通大秦。」

《後漢書・西域傳》：「至桓帝延熹九年，大秦王安敦遣使，自日南徼外，獻象牙、犀角、玳瑁，始乃一通焉，其所表貢，並無珍異，疑傳者過焉。」延熹九年為西元 166 年，當時哲人馬可・奧理略（Marcus Aurelius, 121～180）為羅馬皇帝。繼遣部將阿維狄烏斯・卡西烏斯（Avidius Cassius, 130～175）征安息，破其都城（165 年）。《梁書・諸夷列傳》中《天竺傳》說：「黃武五年，有大秦賈人字秦論，來到交趾，交趾太守吳邈，遣送詣權。權問方土謠俗，論具以事對，時諸葛恪討丹陽，獲黝歙短人，論見之曰：大秦希見此人。權以男女各十人，差吏會稽劉咸送論，咸於道物故，論乃徑還本國。」黃武五年為西元 226 年。至晉太康五年，羅馬皇帝卡魯斯（Carus, 222～283）遣使來中國，取安息都城，旋即死。西人研此羅馬使者，臆斷為商人，馮承鈞在《大秦考》內說：「顧桓帝之時與漢武隋煬之時不同，無所用其招徠外國粉飾昇平之舉也，予以為其使確為安敦及 Cassus（此為 Carus 之誤）之使。」可見中西交通正式確立起來了。

五

元鼎六年（西元前 111 年），中國勢力漸及南方，征服南越國，即今之廣東、廣西與北圻，置南海、蒼梧與合浦等郡，受張騫假想途路的推動，中國與南方逐漸發生關係，這在中西交通史上是值得留意的。

《漢書・地理志》說：「自合浦徐聞（海康），南入海得大州，東西南北方

千里，武帝元封元年，略以為儋耳珠崖郡……自日南、障塞、徐聞、合浦船行可五月，有都元國；又船行可四月，有邑盧沒國；又船行可二十餘日，有諶離國；步行可十餘日，有夫甘都盧國；自夫甘都盧國船行可二月餘，有黃支國……平帝元始中，王莽輔政，欲耀威德，厚遺黃支王，令遣使獻生犀牛。自黃支船行可八月至皮宗，船行可二月，至日南象林界云。」這些地方，只確知黃支是印度東岸之甘吉布勒姆（Kanchipuram），即玄奘所記的建志補羅國。

三國時（245年），吳大帝遣康泰、朱應使扶南國，沿瀾滄江而下，康、朱著有遊記，惜皆佚，可是在《隋書・經籍志》中，錄有朱應所撰《扶南異物誌》。其間最可注意者，在漢使未至扶南之前，扶南王遣使去天竺，謁茂輪王（Mouroundas），都於曲女城（Kanyakoubdja），中印交通，又多一路。

這種簡略的記載，在溝通文化方面看，自亦簡略。在西元初，大月氏越媯水至印度河流域，建貴霜帝國，篤信佛教。在西元前2年，貴霜王遣使至中國，口授佛經。《三國志・西戎傳》中說：「漢哀帝元壽元年，博士弟子秦景憲受大月氏王使伊存口授浮屠經。」繼後明帝做金人夢，佛教更為盛行。當時除宗教外，普通生活亦受影響，如漢時女子耳環，有玻璃質者，系羅馬產物；漢魏間之海馬葡萄鏡，亦系受希臘圖案之影響。中國絲物之西傳，固不待言；斯坦因（Marc Aurel Stein, 1862～1943）在和闐發掘之木簡，亦足證明中國文化之西傳。

假使我們相信費諾羅薩的話，中國雕刻最受西方的影響。他論孝堂山祠及武氏祠說：「論年代與質樸，當推孝堂山祠，系西元後百年內之遺物，此種人馬及駕車之模型，皆以線刻之，實中國人類生活最古遺於今日者。觀多數馬之馳騁，由橫面視之，恰如原始埃及畫之圖案，數馬相重。且其馬非縮首短足之韃靼馬，實血氣充滿之駿馬，分外生動，頭足高揚，矯然長躍，呈優美曲線之和諧，或鞍上有人，動作亦極良佳，蓋取西方亞細亞壁畫之方法與題材也。」這種說法，我們不敢視為定論，但中西藝術的接觸，則是不能否認的。中村不折在《中國繪畫史》中說：「始皇二年，騫霄國的畫人烈裔入朝，口含丹墨，噴壁成龍……又善畫鸞鳳，有軒軒然唯恐飛去的樣子。蓋騫霄國是西域的一國，其技術非常進步，由是中國的繪畫便開始接觸外來的形式，傳其技工……」

六

秦漢以後，中西交通頻繁，其與中國文化關係，影響至巨，特別是西方宗教之輸入。

建元八年（372年），秦王苻堅遣使送浮屠及佛像順道經於高麗，其時佛教自犍陀羅傳於東突厥斯坦，經唐古時人之介紹，傳至中國西北部，繼後又東至高麗。中國僧人以不屈不撓的精神，西行取經，經六百年的時間，構成中西交通史上最重要之史實。

隆安三年（399年），中國僧人首先赴天竺求戒律者為法顯。自長安出發，經蘭州、涼州、甘州、肅州、敦煌等地，至鄯善國；繼西行，至彝（焉耆），入于闐。于闐信佛，法顯感其壯麗。法顯由此出發，經子合國、於魔國（Tach-Kourghan），至竭義國（疏勒）。由此越蔥嶺，過新頭河（印度河），至迦濕彌羅（Kasmira）與烏萇國（Oddiyana）。從此經犍陀羅國，觀禮四大塔，又南行至弗樓沙國（即今之白沙瓦），見迦膩色迦王所建之窣堵波。繼至那竭國（Nagarahara），拜佛之遺物，法顯便在巴連弗邑（Pataliputra）居三年，學戒律，東還時，順恆河而下，至多摩梨帝國（Tamralipti），為當時孟加拉大海港，繼至獅子國（Ceylan）禮佛齒，住兩年，乘舟至耶婆提國（Yavadvipa），又至廣州。時風波大作，至長廣郡界牢山（山東即墨附近），計十五年，著有《佛國記》，為世界重要之典籍。

天監十七年（518年），東胡建魏國於北部，胡太后命宋雲與沙門惠生出使西域禮佛，各著有遊記，今佚不傳，其梗概見楊衒之所著《洛陽伽藍記》。是書所記，多不詳明，獨於烏萇國及乾陀羅國多紀實，可看出貴霜王朝時代。

隋煬帝受裴矩《西域圖記》影響，亦欲開發西域，遣使至罽賓、王舍城與史國（Kesh）。《隋書》說：「煬帝時遣侍御史韋節，司隸從事杜行滿，使於西蕃諸國，至罽賓得瑪瑙杯，王舍城得佛經，史國得十舞女、獅子皮、火鼠毛而還。」

遞及唐朝，佛教更為發達，其原因頗為複雜。在政治上，此前君主們極力提

倡，梁武帝「日只一食，膳無鮮腴，唯豆美糲而已」，後趙石勒崇信佛圖澄，後秦姚興崇信鳩摩羅什，都予以有力的推動；在社會方面，十六國南北朝演變之後，不久便是天寶安史之亂，正如王昶司寇所說：「⋯⋯民生其間，蕩析離居，迄無寧宇，幾有尚寐無訛，不如無生之嘆。而釋氏以往生西方極樂淨土，上升兜天宮之說誘之，故愚夫愚婦，相率艁象，百餘年來，浸成風俗。」不只人民的生活需要這種新的寄託，便是那些知識階級，亦需要一種新的解放，張融死時，左手持《孝經》，右手執《蓮華經》。智創天臺宗，杜順創華嚴宗，玄奘創法相宗，並非標奇立異，實是當時精神生活的需要。所以中外僧侶，絡繹不絕於途。自西方來的高僧中，有佛圖澄、鳩摩羅什、達摩、善無畏三藏、金剛智三藏、不空三藏；中國西去受戒求經者，有法顯、寶雲、曇摩竭、惠生、義爭智三藏，其間最著名而關係中國文化最要者為玄奘。

玄奘於貞觀三年（629 年）首途，經涼州、瓜州至伊吾，承高昌國王之召，入其國，並至西突厥統葉護可汗。繼循天山南路，過阿耆尼（Karasahr）、屈支（Kucha，即庫車）、跋祿迦（bālukā）、越天山，過清池（Issyk-Kul），至素葉城（Tokmak），晉謁葉護可汗，禮遇甚優，旋至康居，逾鐵門，渡縛芻河（Vak-su），經犍陀羅而至印度。

玄奘游南印度還，居那爛陀寺（Nalanda）者二年，繼應迦摩縷波國（Kamarupa）國王鳩摩羅（Koumara）之請，至其國；而摩揭陀國（Magadha）戒日王（Harsha）欲見脂那僧，堅請前來，召開大會於曲女城。繼後玄奘歸時，渡信渡河，遇風波，微損所載經典與花種，越大雲山（興都庫什山），至于闐，修表入朝，請恕十五年前私往天竺之罪，使還報。貞觀十九年，玄奘凱旋入長安，佛教從此有堅實的基礎，而中國文化，雖有韓愈的拒佛，卻無法阻止民心的變化。《法苑珠林》載有王玄策出使事，正史中未曾提及，在天寶間（751 年）悟空西去，初未出家，中途因病設願，病癒落髮為僧，但從未出玄奘右者。

七

西方宗教中祆教傳入中國，為期亦早。《魏書・波斯國傳》：「波斯國……俗事火神天神……神龜（魏孝明帝）中，其國遣使上書貢物云。」唯在當時，以缺乏西方歷史與語言知識之故，中國學者將祆教（Zoroastrianism）與摩尼教（Manichaeism）混而為一，不相分辨。宋志磐《佛祖統紀》：「初波斯國之穌魯支，立未尼火祆教。」

火祆教的創立者為瑣羅亞斯德（Zoroaster）。這位波斯的哲人，相傳出自皇家，約西元前 660 年生於米底（Medes），為人謹思慎守，喜思維，一日出化，得天書名《阿維斯陀》（Avesta）。由是建立宇宙二元論，善惡永遠在鬥爭中，善神為阿胡拉（Ahura），按照石刻說：

「他是萬物的生命，天地人的創造者。」惡神名阿里曼（Ahriman），象徵殘缺，黑暗便是他的說明。善神的代表是火焰，因為火焰含有一種神祕，特別是光明的象徵。人死後三日，須受阿胡拉的裁判，行為性靈純潔者與之為友，惡濁者落秦瓦（Chinval）橋下，永無光明的一日。

薩珊（Sassanid）王朝時，定火祆教為國教，因政治與交通關係，祆教遍傳西域，如康居、高昌、焉耆、疏勒、于闐等地，相繼建立祆祠。南北朝時，東西交通頻繁，祆教亦隨入中土。《魏書・宣武靈太后傳》中：「後幸嵩高山……從者數百人，升於頂中，廢諸淫祀，而胡天神不在其列。」陳垣先生對天神解之曰：「天神以其拜天也，其實非拜天，不過拜日月星辰耳。日月星辰麗於天，拜日月星辰無異拜天，故從中國名謂之拜天，又因其拜火，又謂之天神火神。」

繼北齊北周之後，中土仍祀天神，《隋書・禮儀志》內載：「……後主末年，祭非其鬼，至於躬自鼓舞，以事胡天，鄴中遂多淫祀，茲風至今不絕。」唐承周隋，祆教傳播愈廣，敕建祆寺，置薩寶府（薩寶譯自回鶻文 Sartpau，義為商旅隊首領，見向達先生所著《唐代長安與西域文明》），設祆正、祆祝，胡人充之，掌其祭。其時祆教非常發達，貞觀五年（631 年），波斯人何祿來長安從事傳教，按宋敏求《長安志》，火祆祠在長安一城者，有四處：布政坊西南隅、醴

泉坊西北隅、普寧坊西北隅、靖恭坊街西。按《兩京新記》，祆祠在洛陽者，至少亦有四處：會節坊、立德坊、南市、西坊。從祆寺在兩京設立數目上，亦可見唐時祆教的隆盛。

繼後，武宗時，西域平定，逐漸壓迫外來的宗教，《新唐書‧食貨志》中說：「武宗即位，廢浮屠法，籍僧尼為民二十六萬五千人，大秦，穆護，祆二千餘人。」《唐書‧百官志》中也說：「祠部……兩京及磧西諸州火祆，歲再祀，而禁民祈祭。」

八

景教為聶斯脫里（Nestorius，386～451）所創，聶氏生於敘利亞之日爾曼尼西亞（Germanicea），元嘉五年（428年），聶氏為君士坦丁主教，時東羅馬受希臘影響，多作抽象神學的討論。聶氏主張耶穌有兩身，聖母為純人性的，因而否定耶穌的超人性。在431年，以弗所（Ephesus）教會議定聶氏理論為異端。聶氏道不行，出走利比亞，在440年間，死於荒原內，而他所創的理論，風行中亞細亞一帶。

天啟五年（1625年）乙丑，西安西郊土中，發現建中二年（781年）建立的石碑，上刻中文與敘利亞文，詞句富麗雄壯，字體端莊健老，碑頂刻「大秦景教流行中國碑」。這一文獻，引起中西學者討論。

貞觀九年（635年），敘利亞人阿羅本（Alopen）來華傳教，太宗命房玄齡出郊迎賓，度僧二十一人，建寺廟。寺在義寧坊，原名波斯寺。《長安志》說：「義寧坊（本名熙光坊，義寧元年改），街東之北波斯胡寺（貞觀十二年太宗為大秦胡僧阿羅斯立）。」「斯」顯為「本」之誤。

阿羅本受封為護國大法主，景教日見昌隆，「法流十道，國富元休，寺滿百城，家殷景福」。當時名相郭汾陽亦與景教僧伊斯友善。李白的〈上雲樂〉，如中村久四郎，亦認為是景教作品。「碧玉炅炅雙目瞳，黃金拳拳兩鬢紅。華蓋垂下睫，嵩岳臨上唇」。這完全形容西方人的面貌，鼻高有如嵩岳。「能胡歌，獻

漢酒，跪雙膝，並兩肘，散花指天舉素手」。這是形容景教的禱祝。景教碑為大秦寺僧景淨所述，系主教，文字必出華人之手。至於景教名稱之由來，正如錢念劬在〈歸潛記〉中所述：「入中國後，不能不定一名稱，而西文原音弗諧於口，乃取新約光照之義，命名曰景，景又訓大，與咯朵利克（Catholique）原義亦合，可謂善於定名。」

自《大秦景教流行中國碑》出，清儒給予許多考證，馮承鈞先生有專篇記載，如王昶的〈金石萃篇〉，畢沅的〈關中金石記〉，錢大昕的〈潛研堂金石文跋〉，杭世駿的《古道堂文集》，魏源的《海國圖志》，徐繼畬的《瀛環志略》等。西儒介紹景教碑者，亦復不少，最早的著述，有葡人陽瑪諾（Emmanuel Diaz, 1574～1659）的〈唐景教碑頌正詮〉；最完備者，當推夏鳴雷（Henri Havret, 1848～1901）的〈西安府景教碑考〉。總前賢所著，最精而最博者，當以錢念劬的〈歸潛記〉。

當景教碑傳至歐洲時，歐洲學者如伏爾泰等懷疑它的真實性，現因敦煌發現經典中，有許多中文譯本，景教及景教碑的真實性完全不可撼搖了。

德禮賢在《中國天主教傳教史》中，言及西方景教傳教士來華，所帶經典有530部，而譯為漢文者，有35部。最早的譯經，要算《移鼠迷詩訶經》，講耶穌一生事跡，頗為詳盡。大約是貞觀九年至十二年間之譯品。其次是貞觀十六年所譯《一神論》，是一本神學書，述及娑彌、復活、永生等理論。此外尚有《三威蒙度贊》、《宣天至本經》、《志玄安樂經》。最後兩部經典，為大秦寺僧景淨所譯，約在 8 世紀末葉。當時景教勢力頗大，成都也有景教寺院。

會昌五年（845 年），武宗受趙歸真推動，大興教難，景教與祆教等遭受同樣命運，勢力日漸衰下去了。宣宗即位後（847 年），閏三月下詔：「敕會昌季年並省寺宇，雖云異方之教，無損致理之源。中國之人，久行其道，厘革過當，事體未弘，其靈山勝境，天下州府，應會昌五年所廢寺宇，有宿舊名僧，復能修創，一任住持，所司不能禁止。」

這雖是弛禁，可是不久便有黃巢之亂（878 年），景教當然亦受到摧殘，因

為過百年後（980 年），景教主教遣人向歐洲報告說：「中國景教，如今始毀滅了，本國奉教者，先後消滅，教堂已拆毀，中國境內只剩了一個景教信友。」所以德禮賢說：「這樣看來，中國景教，第一次完全毀滅，諒必是在將近紀元後1000 年的時候。」

九

摩尼教為摩尼（Mani）所建立。摩尼為生於埃克巴坦那（Ecbatane）的貴族，其父便是一位宗教家。摩尼受了環境的影響，潛思與推進他的理論。在沙樸一世（Sapor Ⅰ），西元 242 年（正始三年）時，摩尼開始傳教，自言所宣揚的理論，並無特殊創見，僅綜合前聖所言，如摩西、瑣羅亞斯德、釋迦、耶穌，加以補充，使宇宙間有真正的光明。他又主張人生是一種鬥爭，是善與惡的鬥爭，正如光明與黑暗似的。他這種理論，不只風行中亞，而且傳到印度與中國。

關於摩尼教，中國最初的記載，是玄奘的《西域記》。在敘述沒剌斯國時，他說：「天祠甚多，提那跋外道之徒為所宗也。」提那跋，據沙畹解釋，便是摩尼教的 Denavari。

宋僧人志磐所著之《佛祖統紀》，曾提及摩尼教入華史實：「近載元年（694年），波斯國人拂多誕持二宗經偽教來朝。」沙畹考定志磐記述，錄自宗鑑重修的《釋門正統》；根據敦煌的文獻，拂多誕非人名，乃一種稱號，系古波斯語「Fur-sta-dan」的譯音，意即「知教義者」。

《冊府元龜》卷九七一記：「開元七年（719 年）六月，大食國、吐火羅國（Tokharistan）、康國、南天竺國，遣使朝貢，其吐火羅國支汗那（Chaghaniyan）王帝賒，上表獻解天文人大慕闍，其人智慧幽深，問無不知，伏乞天恩喚取慕闍，親問臣等事意，及諸教法，知其人有如此多藝能，望請令其供奉，並置一法堂，依本教供養。」慕闍，古波斯語為 Muze，作師解。

摩尼教入華後，未能即刻盛行。慕闍居華十三年，便有敕令禁教。杜佑《通典》說：「開元二十年（732 年）七月敕，末摩尼法，本是邪見，妄稱佛教，誑

27

惑黎元,宜嚴加禁斷,以其西胡等既是鄉法,當身自行,不須科罪者。」這時只禁中國人,胡人仍可信教自由。

摩尼教來華,輸入七曜,北天竺沙門不空弟子楊景風,著有《吉凶時日善惡宿曜經》,說:「夫七曜者,所為日月五星下直人間,一日一易,七日週而復始,其所用各各於事有宜者,有不宜者,請細詳用之。忽不記得,但當問胡及波斯並五天竺人總知,尼乾子,末摩尼以蜜日持齋,亦事此日為大日,此等事持不妄,故今列諸國人呼七曜如後。」據沙畹解,胡即康居;尼乾子梵文為 Nir-granthaputra,漢言外道。蜜日持齋,即日曜日,蜜有時作密,康居語為 Mir。

代宗時,回紇強,摩尼教利用政治力量,向中土發展。《唐會要》說:「大曆三年(768 年)六月二十九日敕賜回鶻摩尼為之置寺,賜額為大雲光明。六年正月,敕賜荊、洪、越等州,各置大雲光明寺一所。」迨至武宗初,回鶻勢衰,波及宗教,劉沔偕沙陀吐渾之兵,破回鶻。《唐會要》說:「會昌三年敕,摩尼寺莊宅錢物,並委功德使及御史臺,京兆府差官檢點,在京外宅修功德回紇,並勒冠帶,摩尼寺,委中書門下條疏奏聞。」

《新唐書》中所提更為具體:「詔回鶻營功德使,在二京者悉冠帶之。有司收摩尼書若像,燒於道,產貲入之官。」此後摩尼教存於中國者乃變質華化之摩尼教。

近代中西交通之研究 ⁰⁰³

003　原載《建設研究》第 6 卷第 3 期，1941 年。

一

寶應元年（762 年），巴格達（Baghdad）回教教主選出，中西交通的陸路，便被封鎖了。自此以後，西方學者們視地中海為世界的縮影，縱有對於東方的記述，不是抄襲阿拉伯人的傳述，便是非常幼稚！只有 9 世紀蘇萊曼（Suleiman）的遊記，敘述阿拉伯人在中國的商情、中國政教的狀況，可是在歐洲方面，並未發生作用。在中國亦無西方人士的蹤跡。

13 世紀蒙古帝國的崛起，使亞洲政治與社會起了很大的變更，同時使中國與歐洲發生直接關係。淳熙十五年（1188 年），「百折不撓的帝王」成吉思汗，著手組織蒙古帝國，開始樹立他偉大的勝利。他的事業，空前未有，由中國北部一直至第聶伯河（Dnieper）畔。

寶慶三年（1227 年），成吉思汗死後，可怕的蒙古侵略者又捲土重來，自烏拉山、基輔（Kiew）直至烏地內（Udine）。在 1241 年（淳祐元年），列尼池一戰，擊潰腓特烈二世（Frederick II, 1194 ～ 1250）的軍隊，全歐震動，那些以思維為主體的歷史學家與地理學家，無法明白蒙古人的實況，以為是荒山中的蠻族，只見自和林至奧得（Oder）河，來去如狂飆，人馬所至，灰塵隨起，在無垠的荒原中，永遠飄蕩著九條象徵著勝利的旌旗。

三年後（1244 年），使臣柏郎嘉賓（Giovanni da Pian del Carpine, 1180 ～ 1252）東來，道經戰場，「匈牙利幾省地方，不見人煙，這才真是叫做災年」。

蒙古人到歐洲激起一種恐懼，使荷蘭漁人不敢去英國海濱捕魚，同時也與執政者一種刺激，改變過去禁錮的作風，教皇英諾森四世（Innocent IV, 1180 ～ 1254）便是好的例證。在 1243 年，英諾森被舉為教皇後，他決定兩個重要政策：一方面要到蒙古本部傳教；另一方面聯合蒙古，共同夾擊回教。當時正在十字軍熱烈的時候，他這種主張非常新穎，而又適合當前的需要，因之，他停止里昂宗教會議，首先要派遣出使東方的使臣。

教皇遣使東來，是中世紀國際政治上重要史實。史學家李可多（Riccoldo da Monte di Croce, 1242 ～ 1320）說：「便在蒙古人侵入與殘殺時，上帝復活了道明

會與方濟各會，以廣播耶穌的信仰。」英國史學家巴黎（Mothieu Pario）推定：「蒙古人也是基督教徒，系猶太人十支中之一，許久散亡而僅存者。」這些學者們都很同情蒙古人。

二

柏郎嘉賓是羅馬教皇第一位到達和林的使臣，著有《韃靼蒙古史》，自里昂出發，取道陸路，經布拉格（Prague）、波希米亞、克拉科夫（Cracovie），購四十張狸皮、八十張獾皮準備送人。繼經烏克蘭，過頓河（Don），至阿斯特拉罕（Astrakhan），晉謁拔都。至此旅程頗為順利，心中懷著熱烈的希望，可是轉入中亞西北部時，但見草木凋零，枯骨暴露，「漠北群山靜立，在夜間可聽見鬼哭」。

歐人不善乘馬，遠程更為艱難，他說：「眼淚盈盈，前途不知生死。」敘利亞人向他說：「要走這條路，只有乘蒙古馬始能勝任，因為蒙古馬可以雪底尋草。」柏郎嘉賓「將腿紮住，以支持這每日可怕的行程」。過鹹海，入雲山重重的山地，景色特殊，逾阿爾泰山，時在 6 月，仍然是冰天雪地。終於達到蒙古境內，經三個半月的工夫，在 1246 年 7 月 22 日，他到了貴由可汗所居地，距和林僅只半日的行程。

貴由即位後數日，丞相鎮海領導柏郎嘉賓觀見，定宗問清來意，即賜回詔，譯為拉丁文，並附有波斯原文。在這覆文內，既沒有締結同盟的心意，也沒有皈依基督教的決心，而是自居上國，視羅馬教皇為臣屬，要他速來納貢。

1246 年 11 月 13 日，柏郎嘉賓無成績而失望地回歐洲。次年 5 月 9 日至拔都軍營，6 月 9 日至基發，由波蘭、科隆至里昂。時史學家薩林貝內（Salimbene，1221～1290）方由義大利來，叩問柏郎嘉賓出使的經過，錄在他的札記內。柏氏榮升為主教，但疲勞過度，在 1252 年便死了。

柏郎嘉賓雖未成功，但是他帶回許多蒙古的消息，引起西方人士的好奇。法王路易九世，領導第七次十字軍，繼教皇英諾森四世之後，也想與蒙古締結同盟，夾攻埃及。1248 年 12 月 20 日，路易九世至賽普勒斯（Cyprus）島，遇蒙古

使臣大衛（David）與馬可（Marcus），自稱奉波斯蒙古戍將宴只吉帶之命，敬謁法王，締結同盟。

不只如此，西方起了一種傳說，言貴由可汗已皈依基督教，患關節炎，一切政務委託大臣合答與鎮海，二人皆基督教徒。據柏郎嘉賓記載，貴由可汗帳側有一教堂，其玉璽文為：「天上之皇帝，地上之貴由，奉天命而為一切人類之皇帝。」這些樂觀的消息，促成路易九世遣使東來。而這種艱巨的任務，交龍如美（André de Longjumeau）執行。

龍如美系法國科爾貝伊（Corbeil）人，精通阿拉伯、敘利亞、波斯的文字與語言，他在小亞細亞工作，很受路易九世的敬重。他帶著許多禮物，在 1249 年 1 月 27 日由賽普勒斯島起身，經安條克（Antioche）、波斯，沿裏海向東進發。他的行記在地理史上具有很大的價值。因為根據他的記載，我們始有裏海東南的較真確的知識。

當龍如美至蒙古時，貴由已去世（1248 年），只能覲見欽淑皇后（Oghul Qai-mish）。她接受了法王的禮物，回覆了一封傲慢的信。龍如美無結果而還，1251 年至巴勒斯坦，遇法王於若茵維萊（Joinville），「路易九世聽龍如美敘述後，深悔不該遣使東去。」這又是一次失敗。

法王路易九世，信仰很深，他的使節失敗，平息不了當時的流言，如拔都兒子沙兒打克（Sartack）已皈依基督教，若望神長與蒙古領袖會面，於是決定第二次派使臣，遣盧布魯克（Guillaume de Rubrouck, 1220 ～ 1293）東去。

盧布魯克是法蘭德斯（Flandre）人，善觀察，能言辭，身材很胖，他說，每次換馬時，他的身材迫他搶那健壯的馬匹。1252 年春，盧布魯克離開賽普勒斯島，至君士坦丁堡，準備遠行。次年 5 月 7 日，乘船至克里米亞，遇蒙古人，他說：「好像進到一個新世界，或歷史上別一個時代。」

向東行，「二月以來，未曾睡過帳幕，或寢車上，露天而臥，途中不見村莊，只見荒塚纍纍……」8 月 8 日至沙都（Shadaw），乘船，抵拔都行營。盧布魯克盛裝晉謁，呈法王書。拔都問：「傳聞法王率軍出國遠征，果是真的嗎？」

盧布魯克回答：「是的，因回教徒汙瀆上帝居宅，以故出擊。」盧布魯克退後，有人來通知：「如欲居留蒙古中國，須請命蒙哥皇帝。」即是說須到和林。

因為氣候關係，盧布魯克完全換皮衣，由烏拉爾向東行，路上時受飢餓，深幸還帶有送人的餅乾，可以救急。過鹹海北，逾媯水，向東南行，入山地，「因為柴火缺乏，嘗吃半生的羊肉」。不只如此，驛站還和他開玩笑，每次給他留下「最柔弱的與最不馴的馬匹」。1253 年 12 月 27 日抵蒙哥行營，距和林已不遠矣。

次年 1 月 3 日，盧布魯克第一次覲見蒙哥，遇之以禮。但是，關於皈依基督教及聯盟事，蒙哥非常冷淡。因為蒙哥守太祖遺訓，對任何宗教取寬容與中立態度，一律平等，無所偏袒。盧布魯克在 5 月 30 日最後一次覲見蒙哥時，深感自己德薄鮮能，嗟嘆著說：「如果能如摩西在法宏庭中做出許多奇蹟，蒙古人也許會改變他們的信仰。」

蒙哥欲派遣使臣回聘，盧布魯克懼為奸細，託言「途路不靖，難保旅人安全」，拒絕了。蒙哥付以手諭，賜卮酒。盧布魯克問：「向法王報告後，是否可以重來？」蒙哥不答。

蒙哥致路易九世信中，首引太祖諭語：「長生天命，天有一帝，地有一主……」書頗長，且多傲語：「汝奉諭後，須遣使來報，欲戰抑和，設汝自以國遠，山高水深，蔑視天命，則彼能轉難為易，化遠為近，知悉吾人之所能為也！」

1254 年 7 月 6 日，盧布魯克由蒙古啟程，至高加索得威尼斯商人助，次年 5 月 5 日抵地中海濱，給路易九世長而生動的報告，返法國，著有旅程回憶錄。培根（Roger Bacon, 1220 ～ 1292）充分利用他的資料。在中西交通史上，盧布魯克縱使有很大的功績，卻有四世紀之久，無人提及他，這也可謂不幸了！從此路易九世拋棄了他聯絡蒙古的主意。

三

在中世紀末，威尼斯為西方商業中心，而威尼斯諸商家中，波羅（Polo）一族最享盛名，因為他們對地理的貢獻非常重大。在 1280 年，老馬可·波羅於克里米亞留一商店，由他兩個弟弟繼承經營，將業務擴充到布哈拉（Boukhara），即於此遇忽必烈使臣，因為要晉謁旭烈兀。繼忽必烈即位，蒙古使臣須由報達返北京，臨行前，堅請波羅兄弟隨往汗八里（Khanbaliq，即北京）。

波羅兄弟東來，目的在好奇與謀利，一方面也為了宗教的關係。忽必烈優待他們，因為他們「像別人一樣，能說蒙古話」。蒙古帝王喜歡聽歐洲各種情形，便請波羅兄弟為派往教廷的使臣，要求教皇「遣送百位基督教的學者，並通曉七藝」。

忽必烈給予波羅兄弟護照和費用，至元六年（1269 年）四月返至東地中海濱阿卡（Saint Jean d'Acre），其時教皇克萊芒四世駕崩，新教皇尚未選出，雖遇教皇東方代表維斯孔蒂（Visconti），亦無以報命，不得已返至威尼斯，尼科洛（Niccolò Polo, 1230～1294）之妻已死，其子馬可·波羅已十五歲矣。

維斯孔蒂被舉為教皇後，取號額我略十世（Gregorius X, 1210～1276），隨即招波羅兄弟，付以回信，在 1271 年，帶著馬可·波羅向東方出發了。經報達、塔里干（Talikan）、媯水、喀什噶爾、敦煌、涼州、大同，於 1275 年 5 月抵上都。忽必烈非常喜歡，而尤愛馬可·波羅。

波羅有才能，善揣人意，出使哈喇章（烏蠻）、雲南、緬國，必留心地方風俗，歸而詳為世祖呈述。波羅居何官，史無明言，張星烺先生認為官至樞密副使，伯希和認為張星烺的主張「沒有使人信任的價值」。

至元二十九年，馬可·波羅伴送科克清公主往嫁波斯阿魯汗，取道海路，由泉州起程，經麻六甲、錫蘭、阿姆池，海上漂泊三年，抵波斯。時阿魯汗薨，公主改嫁合贊汗。合贊汗為波斯賢君，優遇波羅等，閱九月，含淚別公主，於 1295 年抵威尼斯，馬可·波羅已四十二歲矣。

抵家，滄桑已變，親友見他們衣服破爛，口音不正，拒絕入內，繼更衣出黃

金與寶石，親友加以敬禮，咸呼「百萬君馬可」（Messer Marco Millioni）。

在 1299 年，熱那亞（Genoa）與威尼斯戰，馬可‧波羅被俘虜，在幽禁期內，向他的同伴魯斯蒂謙（Rustichello da Pisa）用法文敘述，遂成這部不朽的作品：《馬可‧波羅遊記》。牛津公學創辦者威克姆的威廉（William of Wykeham）取之為冬夜的讀品，聖伯丹（Saint Bertin the Great, 615 ～ 709）將它收至異聞錄內。《馬可‧波羅遊記》直接影響哥倫布航行的決心，間接介紹至西方許多新知識，特別是在地理方面。

四

忽必烈死後（1294 年），繼位者為帖木兒，西方人旅居北京者，只孟高維諾（John of Montecorvino，1247 ～ 1328）一人。孟氏生於 1247 年，義大利薩萊諾（Salerno）附近，幼時便加入近東傳教會，在小亞細亞一帶有很好的成績。

在 1289 年，孟氏以哈東二世使臣的資格，回至羅馬，適北京使臣哈班古馬亦至，備受歐洲歡迎，羅馬政務會議招待他，巴黎大學歡迎他，英皇在波爾多（Bordeaux）接見他。當時，孟氏受教皇尼古拉四世（Nicolaus IV , 1227 ～ 1292）之托，出使東方，取道波斯，取向印度，於 1294 年抵上都（北京）。

元成宗很敬重孟氏，予以傳教的便利。孟氏所寫的兩信 —— 第一封寫於 1305 年 1 月 8 日，第二封寫於 1306 年 2 月 13 日 —— 可看出當時經過的情形。在他的第一信中說：「在 1291 年，我由波斯灣起程至印度，停居 13 月……路上同行者，有道明會修士尼古拉，不幸死於中途，將之安厝。繼後向前進行，至中國，即韃靼帝國，其帝王稱大可汗。將教皇信件轉呈後，便向他宣教，雖然他崇信偶像，卻十分和藹地待我，你們瞧，我住在北京已有 12 年了。」他在北京建教堂兩所，任北京第一任總主教。

孟氏享年 82 歲，死後為人惋惜。繼承者柏盧斯（André de Pérouse, 1307 ～ 1326），深感人力的缺乏。在 1326 年時，柏盧斯已感到孤獨，追懷同來者，多已物故，他慨嘆著說：「都回到天主的懷中去了，我獨留在人世。」

孟氏之後，間有西方旅行家東來，或因途路不靖，或因準備不充足，因之很少有成功者。當時最可記述的，只有鄂多立克（Odorico da Pordenone, 1286～1331），著有《鄂多立克東遊錄》。

　　鄂多立克決意來華，取道南路，由波斯、印度、錫蘭、蘇門答臘、爪哇、婆羅洲，由廣州登岸。繼由泉州、福州、杭州、南京、揚州、臨津、濟寧至北京（1325 年）。在北京遇孟高維諾，晉謁泰定帝，居三年，由內地西返，取道陝西、四川、拉薩、波斯、亞美尼亞而返義大利，約在 1329 年與 1330 年之間。這是第一位西人至西藏者，他的遊記竭力讚美中國城市的偉大，廣東人對飲食考究，他說：「好吃鵝，味美，裝置很精，比我們的鵝大兩倍，價錢非常便宜。」

　　在 1338 年，教皇本篤十二世（Benedictus XII, 1285～1342）接見蒙古使臣阿蘭公卿，典禮隆重，特任馬黎諾里（Giovanni de'Marignolli, 1290～1360）回聘，抵華後，獻駿馬，深受順帝優遇。

　　馬氏所獻之馬，「高六尺八寸，長一丈一尺六寸，除後蹄為白色外，遍身全是黑毛」。多少文人詠歌，藝人繪畫，在 1815 年，〈順帝乘馬圖〉尚未失去。權衡所著《庚申外史》，亦提及此事：「……祁後因起日，脫脫好人，不宜久在外，上遂頷之。會佛郎國進天馬黑色五明，其項高而下鉤，置之群馬中，若橐駝之在羊隊也。上因而嘆日：人中有脫脫，馬中有佛郎國馬，皆世間傑出者也。」馬氏在 1345 年 12 月 26 日由泉州登舟，1353 年返歐洲。

　　元時中國西去者，強述之，一為邱處機至中亞，其弟子李志常，記其經略，名為《西遊記》；其次蒙哥可汗，在 1259 年，遣常德為專使，至梅爾夫（Merv），構成劉郁之《西使記》。

　　元亡，西歐有兩世紀之久，無人提及中國，這種沉默化為一種神祕。15 世紀末，歐人將中國放在裏海附近，或印度河與恆河之間，前人所提的中西交通的途路，所過的城市，完全成了神話的名詞。所以義大利形容一件最不可信的事，便說：「唉，還不像馬可‧波羅！」

五

元朝末年，中亞諸汗國失去聯絡，構成混亂的局面。適塞爾柱土耳其興，滅報達帝國，取尼塞，以至東羅馬帝國滅亡（1453 年）。這樣，東西交通要道：由埃及出紅海，由地中海至幼發拉底河，由黑海經俄羅斯南部至天山，從此完全梗塞。

當十字軍發動後，西方人漸明白東方的富庶，他們想從突厥與威尼斯商人手中，奪回香料與珠寶商業，同時與若望神長（FatherJohn）締結同盟，夾擊非洲的回教。於是西方穎出之士，想另覓一新路，達到他們的企圖。

可是，西方中世紀的地理知識是非常幼稚的。當阿拉伯科學知識局部地輸入歐洲之後，受馬可‧波羅書籍的刺激，配備古代希臘羅馬地理知識。他們主張：西班牙之西與亞洲之東相隔不遠。1410 年戴伊（Pierre d'Ailly, 1351 ～ 1420）刊行《世界》一書，他引了許多古人的議論，佐證他的主張。如亞里斯多德說：「西班牙之西與印度之東，相距不遠……」塞內卡說：「如果有順風，在幾日內，便可達到印度……」普林尼說：「由印度海至加的斯（Cadix）需時並不很久。」這種真偽相半的理論，加上航海技術的改良，義大利在 14 世紀第一次用指北極的磁針，葡萄牙改用加拉瓦爾（Coravelle），每點鐘可行十公里，這些事實，便構成新航路發現的原動力。

自 1415 年後，葡萄牙親王亨利組織探險工作，在薩格里什（Sagres）蒐集許多書籍、地圖與儀器，每年探險隊出發，必須超過前次所至之地，自 1416 年至 1488 年，共 72 年努力，最後迪亞士（Bartolomeu Dias, 1451 ～ 1500）發現「風波角」，後更名為好望角。

達伽馬（Vasco da Gama, 1469 ～ 1524）於 1497 年 7 月，率船三艘，渡好望角，沿非洲東岸，得阿拉伯領港者指導，至加里庫特（Calicut）。在 1499 年抵葡京，葡王授予「印度洋上將銜」。雖然失船一艘，人犧牲三分之二，但是獲利六十倍。當達伽馬第二次去印度（1502 年），以兩百四十萬法郎之貨，換回一千兩百萬，這種厚利激起阿拉伯人的嫉妒，戰爭遂起，葡人敗阿拉伯人於迪烏（Diu）。

至阿爾布克爾克（Afonso de Albuquerque）出，逐漸形成長五千海里的航線。在 1510 年取果亞（Goa），為今後開拓殖民地的中心。1511 年，進襲麻六甲（《明史》作麻六甲），意在奪取香料，《明史》說：「地有香山，雨後香墮，沿流滿地，居民拾取不竭。」1513 年取亞丁，1515 年取奧木茲，自此後凡由紅海與波斯出海東航者，完全為葡人所控制。在 1514 年（正德九年），葡人至廣州貿易，大獲厚利。

　　當葡萄牙領海權日漸擴大時，西班牙起而直追，哥倫布於 1492 年發現美洲；巴爾柏（Vasco Núñez de Balboa, 1475 ～ 1519）於 1513 年穿過巴拿馬地峽，「登德利英（Darien）高峰之上」，始見汪洋大海，斷定哥倫布所發現者不是中國，而是另一個世界。繼後麥哲倫於 1519 年至南美洲，出海峽，入風平浪靜之大洋，以其平靜，遂取名為太平洋，至菲律賓。1521 年 4 月與土人戰，麥哲倫死，遺業為艾爾卡諾（Juan Sebastián Elcano, 1486 ～ 1526）領導，取道好望角西還，兩百三十九人而生還者只二十一人，可是周行世界的偉績，便由他們建立起來了。

　　新航路的發現，使中西交通開創一新局面，在經濟、政治與文化上激起很大的變化。以經濟為中心的地中海，現在移至大西洋去了。過去繁榮的威尼斯與馬賽，現在變為凋零的城市。16 世紀前半葉的現金，忽然增加了十二倍，由此影響到物價，博丹（Jean Bodin, 1530 ～ 1596）在 1568 年寫道：「自從六十年來，物價提高十倍以上。」西班牙從墨西哥與秘魯得到許多金子，轉輸至各地，促成工商業迅速的發達，形成許多新興的資產階級，逐漸推翻那些貴族，激起一種社會革命。在知識方面，新人、新地、新動植物的出現，擴大知識領域，發生好奇、懷疑、分析、比較等精神與方式，促成科學的進步，而舊日的認知、倫理、偏見，漸次予以淘汰，要人重新來考慮一切。

六

　　新航路發現後，中西交通進入的新階段，可說完全是悲劇的。第一，當時西人東來者，完全是一種侵略的行為，他們取一種殖民的高壓政策，平時課以重

稅，變時予以屠殺。如西班牙對呂宋華僑，萬曆三十一年（1603 年），屠殺華僑兩萬兩千人；崇禎十二年（1639 年），又屠殺兩萬餘人。中國政府是無可奈何。第二，西人東來者，完全唯利是圖，凶橫強悍，不足代表西方文化。《明史・佛郎機》中說：「……其人久留不去，剽劫行旅，至掠小兒為食。」御史龐尚鵬說：「喜則人而怒則獸，其素性然也。」他們初次與中國接觸，便留下壞印象，當然中國看他們是夷狄，既是夷狄，便不能與諸夏並立了。這樣，中西正常關係難以建立，事實上又不能阻止這種潮流，結果便留下邪道了。

在 16 世紀，無所謂民族意識，即有亦與現在不同。葡人重來，獲厚利，年達三百餘萬金，他們明白中國是上國，是天朝，所以他們的方法，便是賄賂地方官，裝作進貢，這樣便沒有做不通的道理。

正德十一年（1516 年），葡人白來至廣州，同時行者有藥劑師比略，善言辭，充葡國大使，武宗召見。《明史》說：「……已而夤緣鎮守中貴，許入京。」乘船至梅嶺山，登陸，至南京，復轉而北上，至北京「從駕入都，居會同館，見提督主事梁焯不屈膝，焯怒，撻之。」同時葡人居廣州者，多不法行為，武宗拒見，送之回廣州，嘉靖二年死於獄中。

初葡人來華通商的地方，在上川島附近之浪白滘，西名為聖日望，在嘉靖十四年（1535 年）時，葡國僑民已有五百多人，商業頗發達。香山縣南端阿媽澳為海盜所據，葡人器精兵勇，逐海盜占據，賄賂地方官吏，承認這種事實。《明史》說：「濠鏡在香山縣虎跳門外……嘉靖十四年，指揮黃慶納賄，請於上官，移之濠鏡，歲輸課二萬金，佛郎機遂得混入，高棟飛甍，櫛比相望，閩粵商人趨之若鶩，久之，其來益眾，諸國人畏而避之，遂轉為所據。」

葡人占據澳門，是地方官受賄拱手奉與的。他們怕葡人的武器，他們又愛葡人的金錢，於是編造許多理由。如果葡人住在島上，「巨海茫茫，奸宄安詰，制御安施」？設如住在澳門，則「彼日食所需，咸仰給於我，一懷異志，我即制其死命」！這是我們的封鎖政策，便用這種策略來駕馭夷人。萬曆二年（1574 年），築牆於澳門半島的土腰，留一門，派兵守之。正如蔣廷黻先生所說，這是

一個葫蘆,我守其口,安分聽話,口即開,否則便塞住,把這些不知禮義的夷人,便窒死了。葡人年納一千兩租金,交香山縣政府。自康熙三十年至乾隆十九年,改為六百兩。葡人請求免去租金,耆英拒絕。道光二十九年(1849 年),澳門總督阿馬爾(Amaral,1803 ~ 1849)斷然停止付租金,中國無可奈何。光緒十三年,中國承認其永久占領權。

葡人東來,雖知中國弱點,利用貪官奸民,但是他對中國無可奈何,只得以進貢資格,與琉球、暹羅立於同等地位,始能與中國往來。

葡人獨霸東西貿易,有六十年。西班牙亦欲染指,隆慶五年(1571 年)便來經營菲律賓。萬曆二年冬,海盜林鳳攻馬尼拉市,為西班牙軍隊擊退,林鳳轉據林加煙灣,王望高奉福建巡撫命,率艦二艘追擊,在邦阿西楠(Pangasinan),得西班牙人助,將林鳳捕獲。西班牙總督亞利斯遣使至福建,受中國官府優遇。萬曆四年二月,中國使臣至馬尼拉,宣告帝旨,允許西班牙人至廈門通商。

1581 年(萬曆九年),葡、西二國並而為一。五年後,菲律賓總督上書菲利普二世(Philippe II,1527 ~ 1598),言中國兵力空虛,士兵類諸乞丐,只要有一萬多西兵,雖不能征服中國,至少亦可得沿海諸省。因為西班牙與英女皇伊麗莎白門爭,在 1588 年,西海軍無敵艦隊全軍覆沒,以故西王沒有採納他總督的進言。東方雖暫時無事,西、葡在東方的利益,不久便為荷蘭與英國奪去了。

荷蘭與西班牙對抗,在 1602 年組織荷蘭東印度公司,資本六千六百萬盾。荷人襲澳門不逞,轉據澎湖島。天啟四年(1624 年)又占臺灣。當鄭成功失敗後,退臺灣,荷人拒,與之戰,荷軍大敗。清兵攻廈門,荷人出兵襄助,有功,得賞金與賜緞,先後遣使三次(順治十二年、十八年,康熙三年),行叩禮,中國以貢使遇之。世祖諭:「若朝貢頻數,猥煩多人,朕皆不忍。著八年一次來朝,員役不過百人,令二十人到京……」

英國遠東的經營,最初並不順利,查理一世(Charles I,1600 ~ 1649)派韋德爾(John Weddell, 1583 ~ 1642)來華,於 1637 年(崇禎十年)抵澳門。葡人懼,聯絡華人對抗,英人乃轉駛近虎門,欲登岸,中國不許,武山炮臺為英攻陷,守兵潰逃,英人到處焚燒,「掠走豬三十頭」,但是英人東來目的未達。

當時英國革命起，來華氣象不景，遂與鄭成功聯絡，締結條約（1670年）：取臺灣貨物，同時供給鄭成功軍火與教官。康熙二十二年（1683年），鄭克塽降清，英人失望，轉向清廷設法，經過多時的奮鬥，康熙三十八年，英人可在廣州設立堆棧。

英人善經營海外貿易，乾隆元年，廣州十二艘番船，英國已有五艘；乾隆十八年，廣州二十七艘番船中，英國已有十艘，位居第一。從此後，因為經營印度，英國在遠東漸次取得領導地位。

西方人挾著銳利的武器，精密的組織，他們在遠東樹立下穩固的基礎，東南的山河，時時受西人的威脅。中國受歷史的支配，無法破除華夏與夷狄的畛域，受屬臣的矇蔽，結果形成一種名不符實的「大國主義」。西人「放棄和平交涉，改用武力」。

便在這種危境下，萬曆八年（1580年），哥薩克的遠征隊，逾烏拉爾山而入西伯利亞，中國北部的局勢，日日嚴重起來。崇禎十年（1637年），俄人達亞庫次克（Yakutsk）炮臺，位雷納河畔，又二年，俄人至鄂霍次克（Okhotsk）海岸，占據有四百萬方海里新地。俄人野心愈熾，南下至黑龍江與清室起衝突。當時中國有強硬的外交，應付得法，康熙二十八年訂《尼布楚條約》。

《尼布楚條約》中規定的東北是大東北，除遼、吉、黑三省外，俄之阿穆省、濱海省也是中國的，即是說在經濟上、國防上享有獨立的地位。這個條約是有清一代最互惠平等的條約，共六條。如：「兩國民持有旅行免狀時，無論於何地之領土內，得交通以營其貿易。」這條約維持到咸豐五年。但是，俄人東來，中國南北受歐洲勢力威脅，形成一種「剪刀式」的侵略，中國的地位便趨於弱勢。

七

在15世紀初，中國經營南洋，惜後繼無人，始終未樹立強大的海軍。太祖在鐘山設桐園與漆園，做造艦的原料；太學內收容外國學生，設立四夷館，養通譯人才，先後遣趙述、張敬之、沈鐵等出使三佛齊、淳泥、西洋鎖里等國，宣揚國威。

成祖為明朝雄才大略的帝王，承繼太祖遺志，永樂元年，遣尹慶出使南洋，自永樂三年（1405 年）至宣德七年（1432 年），鄭和前後七次下西洋，將士多至兩萬七千餘人，南洋一帶，遍有足跡，西至亞丁及義屬索馬利蘭。這種航海偉績，因為政府沒有固定方策，士大夫又看不起這些事業，社會也不獎勵航海人士，結果只是曇花一現而已。

八

公教是超越國家的，它以全人類為對象，要在大地各角遍布拯救人類的福音。當新航路發現後，西方傳教士踵葡、西兩國航海家之後，亦相繼東來，構成東西交通史上另一種局面，即是說在那「明心見性」、天理人欲的爭辯中，增加了新的因素。

可是，16 世紀公教的輸入，是非常不幸的，因為當時的舊歐洲，已到崩潰的地步。羅馬教皇的神權與世權，須重新評估，皈依公教教會的國家，因為自己的利害，不只是分裂與對峙，還爆發衝突與戰爭。其次，人文主義的發展，使每個人要懷疑與覺醒，他們懷疑過去，個人、國家與民族的意識則有所覺醒。因之，每個人用他自己的語言，直接向上帝說話。最後，西方的商人，只讓中國人留下凶殘野蠻的印象，傳教士也便受華人輕視，很難打消中國人的戒懼。這並不是說傳教士與商人同流，乃是因為那些商人也是公教信徒，中國人便將他們同等相待了。

這樣，在歐洲，信仰與理智起了衝突，形成宗教改革；在中國是華夏與夷狄的衝突，拒絕這種唯我獨真的精神。雖然少數的士大夫了解公教，但它始終未造成普遍的新精神，有如佛教輸入時似的。

1519 年，路德（Martin Luther, 1483 ～ 1546）將教會腐敗情形，揭於威登堡（Witténberg）教堂門口，歐洲各層階級，如火如荼地投入這個漩渦，每個人狂熱地思考這個問題：信仰自由。路德原只是想改革，想回到初期基督那種簡樸的生活，結果卻導致革命，破壞了中古世紀造成的精神統一。

便是在這種情形下，於 1534 年，羅耀拉（Ignace de Loyola, 1491 ～ 1556）創立耶穌會。他們代表一種新精神，針對當時的流病，除堅貞、貧窮與服從外，特別要服從教皇命令。他們堅忍刻苦，一掃過去惡習，以利物濟人的態度，樹立新的公教。遠東便成了他們重要的園地。

九

耶穌會修士來華，就其影響而論，當推沙勿略（Franciscus Xaverius, 1506 ～ 1552）為第一。這是一位熱情的法國人，巴黎大學結業後，入耶穌會。1541 年 4 月，由西班牙起程，經好望角，次年 5 月至果亞。繼至麻六甲，遇日人安次郎，得知日本國情，動遠去傳教之念，在果亞準備好後，在 1549 年與安次郎進發，8 月抵鹿兒島。

從此後，沙勿略往返於平戶、山口、豐後諸地，由是得知日本文化悉來自中土，當他宣揚公教時，辯難者累次說：「汝教如獨為真教，緣何中國不知有之？」因此，他轉念來華，不特日本將來自可皈依，而且可以事半功倍，他說：「在日本及他處所遇之華人，皆甚聰明而多智，遠為日本人所不及。」

1551 年（嘉靖三十年）沙勿略離日本，途經上川島，遇友人培來刺船，計議以使臣資格，入朝中國皇帝。他們雖得到果亞總督的同意，卻為麻六甲長官阿泰德（Álvaro de Ataíde, 1420 ～ 1505）拒絕，因為他嫉妒培來刺專使的榮譽。

沙勿略東來志堅，華人安頓任翻譯，葡人到處為難，至上川島，不得前進，與中國商船約，先期啟碇，沙勿略另設別法，不意得熱病，1552 年 12 月 3 日，客死上川島，安頓在其側。繼沙勿略而東來者，有羅明堅（Michael Ruggieri, 1543 ～ 1607）、范禮安（Alessandro Valignano, 1539 ～ 1606）等，但成就最大者，當推利瑪竇（Matteo Ricci, 1552 ～ 1610）。

1552 年 10 月 6 日，利瑪竇生於義大利的馬切拉塔（Macerata），入耶穌會後，遇賢師范禮安，立來華壯志，並從克拉烏（Christopher Clavius, 1538 ～ 1612）學數學、天文學，尤其是天文學。萬曆十年，應范禮安之召，抵澳門，學

中國語言與文字。1583年9月10日抵肇慶，言行非常謹慎，待人接物非常和藹，有淵博精深的學術。他開始結交士大夫，有問他東來的原因，他說：「夙聞貴國政治昌明，私心仰慕，所以不辭跋涉，遠道西來，欲求皇上隆恩，掛賜終身寄居貴國，以便奉侍天主。」是時利瑪竇通曉漢文語言，略知經史，粵人鐘銘仁、黃明沙慕利氏天文學，與之過從甚密。

六年後，利瑪竇至韶州，識姑蘇瞿太素，相談甚得，勸利氏脫釋家衣，易儒冠儒服，名大噪。1595年夏，利瑪竇初次至南京，環境不適，轉南昌，謁建安王多，蒙優遇，王問交友之道，利氏著《交友論》。

萬曆二十六年，利瑪竇第一次至北京，時滿洲亂起，朝鮮不靖，不得覲見中國皇帝，返南京，受瞿太素之約，居南京洪武崗。當利氏與人談論時，他用委婉方式，使人知道他有許多新奇的知識，而這種知識在中土前此未有的。他對那些已經認識他的人，做進一步的暗示，使人明白這些科學知識，僅只是人類智慧部分的結晶，不是最後的目的，最後的目的是愛，即永遠不變、公正、至聖的天主。他想把這兩種高貴的知識，恭呈在中國皇帝的面前。

1601年1月，利瑪竇得禮部文，入京呈貢，偕八人，呈天主聖像、天主經、聖母像、自鳴鐘、鐵絃琴、萬國全圖。神宗念其不遠萬里而來，召見，命內臣觀學西琴。利氏留居北京，往來多達官名士，1610年5月卒於北京，賜葬阜成門外，二里溝滕公柵欄，有王應麟墓誌。他的重要著述，有《天主實義》兩卷，《畸人》十篇兩卷，《辯學遺牘》一卷，《幾何原本》六卷，《交友論》一卷，《同文算指》十一卷，《西國記法》一卷，《測量法意》一卷，《萬國輿圖》，《西字奇蹟》一卷，《乾坤體義》三卷，《勾股義》一卷，《二十五言》一卷，《圜容較義》一卷，《渾蓋通憲圖說》兩卷……

利瑪竇為介紹西方文化之第一人，李日華《紫桃軒雜綴》中說：「瑪竇紫髯碧眼，面色如桃花，見人膜拜如禮，人亦愛之，信其為善人也。……余贈之詩云：浮世常如寄，幽棲即是家。彼真以天地為階闥，死生為幻夢者。較之達摩流沙之來，抑又奇矣。」他奇，因為有奇特的學術，同時更能尊重儒家的學問，王

廷納贈利氏詩說：「西極有道者，文玄談更雄，非佛亦非老，飄然自儒風。」

利瑪竇東來，正是明朝衰弱時期，正如李遜之序《三朝野紀》中說：「內有朋黨之禍，外有邊隅之憂，加以奄戶播虐，赤眉煽亂⋯⋯」憂國之士，多喜歡這種實踐的學術。謝肇淛在《五雜俎》中說：「⋯⋯其書有天主實義，往往與儒教互相發，而於佛老一切虛無苦空之說，皆深詆之。余甚喜其說為近於儒，而勸世較為親切，不似釋氏動以恍惚支離之語愚駭庸俗也。」

利瑪竇平易近人，以近性的倫理，實用的技術，深得中國士大夫的信任，其所結交者，有禮部尚書瞿景淳之長子瞿太素、京兆尹王應麟、禮部尚書王忠銘、太僕卿李之藻、大學士徐光啟、名士楊廷筠等。他的功業，「不在其他自宗徒時代，直到如今，任何國都的成就之下」。

利瑪竇逝世後，遺業由龍華民繼任，肇慶、韶州、南雄、南昌、南京、杭州、上海、北京已有天主教堂，在萬曆三十六年（1608 年），中國已有兩千多信奉公教者。當時西士來華知著者，有郭居靜（Lazzaro Cattaneo, 1560 ～ 1640）、羅如望（Jean de Rocha, 1566 ～ 1623）、龐迪我（Diego de Pantoja, 1571 ～ 1618）、熊三拔（Sabatino de Ursis, 1575 ～ 1620）、陽瑪諾（Emmanuel Diaz, 1574 ～ 1659）等，都有驚人的成績。應謙寫道：「自竇來後，其國人往往有至者，大抵聰明才辯，多有俊士，竇初入中國，一字不識，數年之後，能盡通經史之說。」這是仁和潛齋先生的評語。葉向高贈西國諸子詩：「天地信無垠，小智安足擬。爰有西方人，來自八萬里。言慕中華風，深契吾儒理。著書多格言，結交皆賢士。淑詭良不矜，熙攘乃所鄙。聖化被九埏，殊方表同軌。拘儒徒管窺，達觀自一視。我亦與之遊，泠然得深旨。」

十

論到義大利時，《明史》說：「其國人東來者，大都聰明特達之士，意專行教，不求利祿，其所著書，多華人所未道，故一時好異者咸向之，而士大夫如徐光啟輩首好其說，且為潤色其文詞，故其教驟興。」

在 1596 年，利瑪竇明瞭中國概況後，他提出兩點：「假如不能向皇帝取得許可，在宮廷宣教，至少在中國境內自由傳教，即將來傳教事業無保障，成就很少。其次假如得到許可，在短期內，便可有幾百萬人的皈依。」明清之際，這可說是西方傳教政策。

就概括而論，西士來華，不約而同採取三種步驟：第一，他們要中國士大夫明白：世界曠闊，文化錯綜，中國固為文化昌隆之邦，但非絕對的、唯一的，正如傳信集中所說：「我們要中國人明白西方也有穎出的人才。」第二，他們要中國士大夫明白：中國文物雖高，但是科學不發達，沒有奇技利器。嘉靖二十一年，汪送至北京的佛郎機炮數尊，可打五六里遠。梅文鼎《懷薛鳳祚詩》：「……詎忍棄儒先，翻然西說攻。或欲暫學歷，論交患不忠……」他讚嘆徐文定公：「乃若兵家謀，亦復資巧思。我讀守圍書，重下徐公淚。神威及曠遠，良哉攻守器。當時卒用公，封疆豈輕棄……」第三，在立身行道，儒家固為典範，但在超性方面，即尚有缺點。河東韓霖在《聖教信證》中說：「……從古以來，中邦只有身世五常，堯舜孔孟之道，並無他教可以比論，歷代相傳，後來者，故不以為前儒之學所不足。至於佛老空無之虛談，又何足擬，正儒無不避之。今天主教有生前死後之明論，補儒絕佛之大道，後來者豈猶可以為前儒之學全備無缺，無不足哉。」

利瑪竇樹立這種基礎，以中國士大夫為對象，用學術為方式，接近達官貴宦，傳播公教，有十足的進展。

十一

萬曆三十八年十一月日食，欽天監推算錯誤，周子愚舉薦龐迪我與熊三拔，譯西法曆書。熊三拔著《表度說》、《簡平儀說》。至崇禎時，受徐光啟推動，重用西士，有瑞士人鄧玉函（Johann Schreck, 1576～1630）、德國人湯若望（Adam Schall, 1591～1666）、比利時人南懷仁（Ferdinand Verbiest, 1623～1688），成《崇禎新法算書》一百卷。在羅馬國家圖書館中，耶穌會文獻（Fondo jesuitico, 1305 年）說：「……自前朝奉旨修歷，只因該監所推交食不合，皆由舊法七政差訛，乃始決議改修。所謂改修者，皆推算非鋪注也。二十年來著成新法曆書百十餘卷，皆天行理數之學，創法者之所指授，受法者之所講求，皆推算非鋪注也。……」自是以後，欽天監監正一職，例為西士充任，湯若望著重儀器，著《新法表異》、《曆法西傳》、《新法歷引》等；南懷仁著有《靈臺儀象志》，增加許多儀器。康熙十三年，管工員外郎翁英奏，鑄造黃道儀等器六件並周圍柵欄，共用銀一萬二千零二十七兩三錢。因為受西士推動，官家編制《御定四余七政萬年書》、《曆象考成》、《曆象考成後篇》等，乾隆時，戴進賢（P. Koegler，1680 ～ 1746）加以修訂，而西方重要學理，如哥白尼、第谷、伽利略、克卜勒、牛頓等，亦漸輸入。

　　由於西士的學識與道德，他們逐漸與政府產生聯繫。永曆守肇慶，龐天壽掌軍國大權，由彼介紹，得識耶穌會士瞿紗微（Andreas Wolfgang Koffler, 1612 ～ 1651）與卜彌格（Michel Boym, 1612 ～ 1659）。瞿紗微系德國人，順治六年（1649 年）來華，助永曆帝守兩廣。戴笠行在《陽秋》內說：「己丑，清兵攻桂林，焦璉擊走之，翌日又追，敗之。清偵兵變，積兩城壞，猝薄城，環攻文昌門，式耜與璉分門嬰守，用西洋銃擊中胡騎，璉出城戰，擊殺數千人。」這樣依重西人，皇室與公教發生關係。永曆嫡母王太后、生母馬氏、妃王氏、太子慈烜，皆入教受洗。卜彌格受皇室重託，致書羅馬教皇。卜氏於 1652 年至威尼斯，後三年得教皇亞歷山大八世（Alexander Ⅷ）回信，由葡京起程東來，同行者八人，五人死於途中。卜彌格至安南後，轉廣西，但大勢已去，瞿紗微、卜彌格都喪命。

　　自明末以還，中國向外要求的是軍火與專家，當吳三桂反，南懷仁鑄大砲百餘尊，分發各省，又仿歐式鑄神武炮三百餘門，著《神武圖說》。康熙二十七年，索額圖等訂《尼布楚條約》時，西士張誠（Jean Gerbillon, 1654 ～ 1707）與徐日升（Tomás Pereira, 1645 ～ 1708）隨行。交涉至決裂時，得張、徐兩客卿幹旋，得完成和約。他們固然接近中國皇帝，提高社會地位，但是亦招疑忌。全祖

望有詩詠歐羅巴：「五洲海外無稽語，奇技今為上國收。別抱心情圖狡逞，妄將教術釀橫流。天官浪詡龐熊歷，地險深貽閩粵憂。夙有哲人陳曲突，諸公幸早杜陰謀。」

在西方文化輸入中，測繪中國地圖最為重要。地圖學中國古代雖有，如賈耽禹跡圖、宋淳祐地理圖、《永樂大典》之元代西北三藩圖，但尺寸比例缺乏精確性。自張誠由東北返京後，進亞洲地圖，向聖祖建議東北重要性。繼隨聖祖幸各地，隨時測定緯度。康熙四十七年四月十六日，白晉（Joachim Bouvet, 1656～1730）、杜德美（Jartoux, 1668～1720）、雷孝思（Jean Baptiste Regis, 1663～1738）著手測繪長城，未及一年圖成，聖祖意外喜悅，決定測繪帝國全圖。除前三位神父外，尚有費隱、潘如、湯尚賢、馮秉正（Joseph de Mailla, 1669～1748）、德瑪諾、麥大成。

始於康熙四十七年，終於康熙五十五年，共費九年時光，完成了這件偉大工作，康熙賜名為《皇朝全覽圖》。康熙對此感到驕傲，向內閣學士蔣廷錫說：「此朕費三十餘年之心力，始克告成……使九卿細閱，倘有不合，九卿有所知者，可即面奏。」《皇朝全覽圖》最著名處是在它的方法，宋君榮（Antoine Gaubil, 1689～1759）解釋：「帶著很大的指南針、時表、許多別種測繪儀器。用分好尺寸的繩子，從北京出發，沿途測量……他們觀察子午線，時時看羅盤上角度與針的移動。」他們所用的方法是三角法。許多人指摘《皇朝全覽圖》的缺點，在地形地理的缺乏，但是，他們也感到種種困難。宋君榮寫道：「滿漢官員，嚴厲地監視他們，不准西士任意移動……」

縱使如此，測繪中國地圖是 18 世紀科學上重要事實。正如當時人們批評說：「歐人了解中國較之歐洲許多省分更為明晰。」

在倫理與哲學方面，其成就雖不及科學，卻也有幾部譯著應該提及。李之藻與傅泛際（Furtado，1587～1653）合譯《名理探》十卷。李之藻又譯《寰有詮》六卷，系中古對亞里斯多德物理學的解釋。畢方濟之《靈言蠡勺》，探討靈魂。高一志著《空際格致》，闡明宇宙原質的構成。至神學方面，利瑪竇著《天主實

義》，湯若望之《主制群徵》。與宗教最接近者為藝術，在繪畫方面，利瑪竇呈獻方物中，有聖母像，程大約將之刻在墨苑內。郎士寧、馬國賢、艾啟蒙、王致誠等在技巧與色彩上增加了許多新方式，焦秉貞的《耕織圖》，便是利用西洋技術做成的。徐日升與德禮格介紹西方音樂。《律呂正義》續編內，論徐日升後說：「後相繼又有意大理亞國人德禮格者，亦精律學，與徐日升所傳源流無二。」

　　暢春園之水木明瑟，即西方之噴水泉，乾隆時雕紋刻鏤，有十二處專門模擬西式，由蔣友仁（Michel Benoist, 1715 ～ 1774）設計，毀於咸豐十年英法聯軍之役。當乾隆十八年葡使來華，游暢春園，「富公爺帶欽差去看西洋房子，很美好的，照羅瑪樣子蓋的，內裡的陳設，都是西洋來的，或照西洋做的。富公爺問欽差西洋見過沒有，他說有好些沒有見過」。

　　最後，我們提及醫學的輸入。樊國梁《燕京開教略》中說：「清康熙三十二年，聖祖偶染瘧疾，西士洪若翰、劉應等，進西藥金雞納治之，結果痊癒，大受賞賜。」在《澳門紀略》中也說：「在澳番醫有安哆呢，以外科擅名久。」瑞士鄧玉函來華後，著《人體概說》，為中國最早的解剖學。卜彌格（Michał Boym, 1612 ～ 1659）專論脈搏與舌苔，羅德先（Bernard Rhodes）與羅懷忠（Giuseppe Da Costa, 1679 ～ 1747）皆為御醫。當時的藥品，以油類最多，如蘇合油、丁香油、檀香油、桂花油及冰片油等。

十二

　　中西文化的衝突，隨著西士在政府與社會的活動，日見劇烈起來。楊光先反對湯若望的曆學，便是很好的象徵。這種衝突是必然的，因為中國正統思想，不能接受西方抽象的純理，將人生與宇宙各種現象，歸納到幾種單純的原則內。

　　其次，明亡於異族，創傷在心，時時有種戒懼的心理，楊光先在《不得已書》中說：「世或以其製器之精奇而喜之，或以其不婚不宦而重之，不知其儀器精者，兵械亦精，適足為我隱患也。」因之，楊光先得到一個結論：「寧可使中國無好曆法，不可使中國有西洋人。」這種論調，很契合穩健派的口味，吳明烜

起用，掌欽天監，可是觀測出的天象不準確，湯若望、南懷仁又被重用了。

公教未能造成精神生活的巨流，其原因不在中國的拒外，乃是來自教士內部的鬥爭。第一，歐洲發生宗教的糾紛，每因種族、語言、國家等因素不同，增加他們的摩擦，東來者日眾，他們「把歐洲的鬥爭，移到中國了」。第二，羅馬教會是超國家的，但自 1631 年後，道明會、方濟各會、巴黎外方傳教會相繼來華，他們沒有耶穌會的地位，結果發生了禮節問題。

耶穌會主張天即天主，孔子是聖人，敬祖不是偶像，便是說公教要中國化。反對耶穌會者，他們拒絕利瑪竇所立的規矩，要西方公教儀式一絲不改地移植過來。康熙同情耶穌會，北平故宮文獻中說：「奉旨諭眾西洋人，自今以後，若不遵利瑪竇的規矩，斷不准在中國住，必逐回去……」惜羅馬教皇沒有具體主張，時以人事影響到決定。克萊芒十一世（Clement XI, 1649 ～ 1721）反對耶穌會主張，遣鐸羅（Charles-Thomas Maillard de Tournon, 1668 ～ 1710）來華，康熙讀他的禁令後，拘押在澳門。繼又派嘉樂（Charles Maigrot, 1652 ～ 1730，又譯顏璫）來華，雖委婉曲折，焦唇敝舌，亦無結果。康熙親手下諭：「覽此告示，只說得西洋人等小人，如何言得中國的大理……今見來臣告示，竟與和尚道士異端小教相同，彼此亂言者莫過如此，以後不必西洋在中國行教，禁止可也，免得多事。」

雍正即位，實行禁教理，西士雖受重用，不在他的教，而在他的技能。

十三

雍正二年（1724 年）正月十日，世宗正式禁教。究其原因，說者紛紜，約有四種：一、基督教的獨尊性與中國中庸的精神不調協；二、西士來華後，有些利用宮廷的地位，干預黨爭；三、禮節問題，使傳教士內部分裂，教宗又無定見，加之國籍不同，修會不同，更增其複雜性；四、傳教者以科學為方法，器精械奇，使中國人畏懼。當時廣東碣石鎮總兵陳昂，兩廣總督楊琳，特別是閩浙總督滿保，陳請禁教。西士仍在內廷供職，欽天監仍置西士為監正，暢春園仍有傳教士，但是公教很難向外發展，深入知識階級內了。大勢所趨，中西關係，樹起

另一種傾向，由文化轉為經濟的關係。

代表經濟關係的機構，當推廣東的十三行，梁嘉彬在他精深的研究中說：
「粵設海關之年（康熙二十四年）可確定已有十三行，第當時行數實不過數
家，而名曰十三行者，則或誠如《粵海關志》所云『沿明之習』耳。」番禺屈大
均死於康熙三十五年，他在《廣州竹枝詞》內說：「洋船爭出是官商，十字門開
向二洋。五絲八絲廣緞好，銀錢堆滿十三行。」乾隆時，李調元仿屈作，也說：
「希珍大半出西洋，番舶歸時亦置裝。新到牛郎雲光緞，邊錢堆滿十三行。」

遠在開元二年（714 年），市舶司已設立，周慶立任市舶使。宋對外貿易制度
較為完備，廣州、泉州、寧波、杭州，徵收關稅及管理一切事務。阮元《廣東通
志》載，廣州城西南一里，建市舶亭海山樓。城西有蕃坊及數千蕃人塚。元海禁大
開，前後設立市舶司七：泉州、慶元、上海、澉浦、廣東、杭州、溫州。至元三十
年（1293 年），制定市舶例則，外來金銀珠玉，皇帝有舶牙專理。舶牙即夷商與洋
行。明對外貿易，分公私兩種：公者為貢舶與市舶，私者有商舶寇舶，因而有「貢
舶為王法所許，司於市舶，貿易之公也；商舶為王法所不許，不司於市舶，貿易
之私也」。《粵海關通志》說：「國朝設關之初……今牙行主之，沿明之習，命曰
十三行。」其範圍，初著重「以夷貨與民貿易」，繼後較重於「與夷互市」。

中國並非閉關自守，康熙二十三年上諭大學士等曰：「向令開海貿易，謂於
閩粵邊海生民有益，且此二省民用充阜，財貨流通，則各省亦俱有益。……故令
開海貿易。」又康熙二十四年，福建總督王國安奏，進貢貨物亦須徵稅，上諭：
「外國私自貿易或可稅其貨物，若進貢者亦概稅之，殊乖大體，且非朕柔遠之
意。」雍正即位後，亦諭說：「國家之設關稅，所以通商而非累商，所以便民而
非病民也。」其時西歐來華經商者，有雙鷹國（奧）、單鷹國（德）、黃旗國（丹
麥）、花旗國（美）、紅毛國（英）、法蘭西、葡萄牙等國，都很順利。

中國不明國際的動向，不能樹立對外貿易制度，《廣東通志》的記述，很可
看出中國無貿易政策。「康熙二十四年，開禁南洋，始設粵閩監督，雍正二年，
改歸巡撫，七年復設監督，八年八月，歸總督，九月歸廣州城守，並設副監督，
十三年專歸副監督，乾隆七年，歸督軍糧道，八年又放監督，是年四月歸將軍，

十年歸巡撫，十二年歸總督，嗣後專設監督，仍歸督撫稽查」。這種演變，證明我們不著重國際貿易。可是，這是獲利的機關，爭相競取，借政治力量，壟斷對外貿易。當時官吏經營者亦不少，有皇商、總督商、將軍商、巡撫商等。

這些商行，不能摧毀十三行的勢力。第一，凡與外人貿易者，須有較雄厚的資本；第二，外人怕官吏麻煩，要中國商人代辦一切手續，十三行又能守商業信用，如價格統一，不得摻雜劣貨，不得爭奪，不得欺詐等。

外人看這種商行組織是一種便利，因為官辦者，舞弊很多。《欽定世宗憲皇帝聖訓》內：「近聞權關者往往耳目於胥役，不實驗客貨之多寡，而只憑胥役之報單，胥役於中，未免高下其手，任意勒索。飽其欲者，雖貨多稅重而矇蔽不報者有之，或以重報輕者亦有之；不遂其欲，雖貨少稅輕而停滯關口，候至數日者尚不得過⋯⋯」除這些稅吏貪汙外，守口岸員役眾人，額外索求，旗員亦額外加派，設私簿徵收。蔣廷黻先生舉茶葉一擔，出口稅三兩八錢銀子，而國庫中所收入者，只二錢，其餘三兩六錢便由下而上摺扣與抽分了。外人要發財，每擔茶葉運至倫敦共費二十兩，市價四十兩，仍有利可圖；官吏要貪汙，十三行便在這種畸形狀態下發展，不只是一個出口貿易的公司，而且還是外交部與警察局。

外國船來時，須有中商作保，守許多禁令。禁令愈多，敲詐的機會愈大。乾隆二十五年，兩廣總督李侍堯奏准五事，約束外商：

- 外商在省住冬，永遠禁止。
- 外人到粵，令寓居行商館內，並由行商負責管束稽查。
- 內地商人借外商資本及外商雇漢人役使，並行查禁。
- 外商僱人傳遞訊息之積弊，永行禁止。
- 外船收泊處所，著撥管員彈壓稽查。

這些禁令並不苛刻，繼後卻愈出愈奇了。番婦不得來廣州；夷船開走，夷人不得住在廣州；夷商只能去河南岸花棣散步，每月三次，每次不得超過十人；外夷不得坐轎；外夷不得學漢文；外夷與中國官庭交涉，須由十三行轉，外寫稟而自稱夷。因為他們夷狄，所以不知禮義廉恥，如不服從，便撤退華人罷市。

道光十三年，行商共有十三家：

	商名	行名	人名
1	浩官	怡和	伍紹榮
2	茂官	廣利	盧繼光
3	正煒	同孚	潘紹光
4	鰲官	東興	謝有仁
5	經官	天寶	梁丞禧
6	孫青	興泰	嚴啟昌
7	明官	中和	潘文濤
8	秀官	順泰	馬佐良
9	潘海官	仁和	潘文海
10	爽官	同順	吳天垣
11	昆官	孚泰	易元昌
12	林官	東昌	羅福泰
13	達官	安昌	容有光

十三行成了一種特殊組織，彭玉麔說：「咸豐以前，各口均未通，外洋商販，悉聚於廣州一口，當時操奇計贏，坐擁厚貲者比屋相望，如十三家洋行，獨操利權……」他們與外商往來，習染西洋風氣，廣州幽蘭門西，許多西洋建築，宛如西方城市。自五口通商，十三行獨攬，對外貿易廢止，仍握茶絲貿易。至咸豐六年後，十三行便結束了。

十四

18 世紀，英國逐漸取得海上霸權，很想改善在華的地位。乾隆五十七年（1792 年）派馬戛爾尼（George Macartney, 1737 ～ 1806）來華，清廷仍以貢使待之。「……但該貢使航海往來，初次觀光上國，非緬甸安南等處，頻年入貢者可比。」

因為中西國家觀念不同，馬氏失敗，瑞征、福康安等反對，阻止進一步的補救。但馬氏為人溫和，亦得到許多同情，如直隸總督梁肯堂、軍機大臣松筠、浙江巡撫長齡等。馬氏去後，法國革命隨起，英國怕革命潮流波及自身，與拿破崙戰，最後取得滑鐵盧的勝利。嘉慶二十一年（1816 年），安白脫來，仁宗簡直下逐客令了。

這種局面是不能持久的。英國向海外發展，爭市場，建立殖民地，不得不打破這種局面。同時英中國部起了兩種運動：一是自由貿易思想的發展，二是工業革命。從前一種出發，中國的貿易政策是頑固的；從後一種出發，中國是工業發展的障礙。加之英國想借在中國的利潤，經營印度；傳教士不堪禁令，亦要求開放。但是中國是大國，足不能對夷狄退讓，這種矛盾的結果，便是鴉片戰爭。

貞元時，阿拉伯商人輸入罌粟，清初以藥材稅之。雍正七年頒布禁吸令。乾隆三十年前，每年輸入額至多為兩百箱，以葡人經營者為多。及至乾隆四十六年，英東印度公司壟斷對華貿易，孟加拉又為產鴉片之地，於是輸入日眾。因為英國取得印度後，行政與軍費，仰給鴉片煙的收入。道光元年，鴉片煙的輸入，年約六千箱，每箱百斤；道光十五年，已增至三萬箱；至道光十九年，林則徐禁煙時期，已超過四萬箱。道光十六年四月，太常寺少卿許乃濟奏：「……近年來，夷商不敢公然以貨易貨，皆用銀私售，竟至二萬餘箱，每箱百斤，烏土為上，每箱約價洋銀八百元。白皮次之，約價六百元。紅皮又次之，約價四百元。歲售銀一千數百萬元，每元以庫秤七錢計算，歲耗銀一千萬兩以上……」

當時，因為這種漏卮，發生白銀問題。傳聞白銀向外流出，鴉片煙便是套取白銀的釣餌。證之白銀價格，亦是日見缺少。嘉慶時，每兩紋銀換制錢一千文，道光時已增至一千六百文。白銀價高，是因為缺少。道光二年二月，御史黃中模奏：「近年各省市肆，銀價愈昂，錢價愈賤，小民咸以為苦。」事實未必如此，鑄錢太多，錢價貶值，但是更進一步促使戰爭的發生。

道光十九年（1839 年）春，林則徐奉命禁煙。他是中國理學正統人物，不怕威脅，不怕利誘，但他的抱負，始終沒有展開。結果訂《南京條約》，開五口通

商。繼此之後，又訂《天津條約》與《北京條約》，正如蔣廷黻先生所說：「這是剿夷的代價。」

在這種大動盪中，中西交通入別一階段，賴曾、左、胡、李諸人維持，必須自立圖強，治本治標的辦法。治本：訓練洋槍隊，開造船廠，廢科舉，創學校，派留學生；到光緒時，開礦，設海軍，修鐵路，辦電政，立招商局。治標是守約避戰，建立外交。甲午之役是我們自強的失敗，但是卻換來一件特殊名貴的寶物：民族意識。

民族意識是中西交通中最大的收穫，我們以此應付幻變的世界，同時支持危難的抗戰。

中國與法國 18 世紀之文化關係 [004]

一

近代歷史的演變，以法國大革命（1789 年）為其推動的主要因素之一。而法國大革命，又受中國文化的影響。所以當時耶穌會將中國文化介紹到歐洲，實有非常重大的結果。

歐洲的 18 世紀，即是說現代生活的開始，被人稱之為哲學的世紀，看中國是一道曙光。當時最可注意者，是他們倫理觀念，從根本上起了變化，承笛卡兒之後，加強理性的發展，個性與意識逐漸要求獨立，形成一種個人主義。在最初，因為傳統倫理思想的緣故，人們所探討者是理論與現實的調和；繼後，著重在進步上，而人們所追求的，是需要的滿足與理想的實現了。

論 18 世紀思想演變者，常比作埋在灰內的炭火，不時放出幾點光芒；到 1750 年前後時，忽然發作，有如火山一樣，焚燒了多少可愛的地方。事實上，這種說法是不很正確的。朗松（Gustave Lanson, 1857 ～ 1934）在他很深刻的名文內說：「介乎 1760 年與 1770 年之間，鬥爭所用的武器，即是說 1750 年後所刊行最激烈的著述，實際上都是開始在 18 世紀初年的。」[005]

在此大轉變中，耶穌會介紹中國文化到歐洲，雖不敢說負完全的責任，至少有一部分密切的關係。德·希魯埃（M. de Silhouette）說：「中國哲學書籍，是我們了解良知的偉大力量。如果我們本著良知，即這種著述會使我們明白人類自然的法則，較諸近代法學家的著述，更為重要。」[006]

人生哲理是不能為種族與國家所規範的 —— 至少 18 世紀的哲人是如此設想 —— 所以這種哲學，「對於人的概念，建立起一種抽象的理論，超過時間與空間的」。[007] 我們知道當時的哲人，如孟德斯鳩（Montesquieu, 1689 ～ 1755）與伏爾泰（Voltaire, 1694 ～ 1778），對人的觀念，與帕斯卡（Pascal, 1623 ～ 1662）

005　G. Lanson, Questions diverses sur L'Histoire de L'esprit philosophique en France Avant 1750. Revue d'Histoire Littéraire de France, p.3, 1912.

006　M. de Silhouette, ldée Générale du Gouvernement et de la Morale des Chinois, p.2, 1729.

007　G. Lanson, Histoire de la L'ittérrature Française. 19e édit. Hachette, p.672.

完全不同。帕斯卡說：「人是一根有思維的蘆葦。」[008] 而這些哲人，只重蘆葦，卻拒絕了思維。為此，在倫理的觀念上，因著重經驗而產生了變化，正如皮諾特（V. Pinot）所說：「這是一種應用的倫理。」[009]

二

在這個轉變的大時代，耶穌會分兩派。「在公教的君主國家內，因利害關係，耶穌會須與舊制度取得聯繫，不久便到沒落時期，他們的精力，完全致用在權術與機謀上。可是在傳教的地方卻截然不同，他們拋棄傳教的正責，著重在學術與手腕上，縱使這是一種缺點，但是他們的熱誠是應當敬重的。」[010]

也許是因為康、雍、乾時期的中國特殊強大，當時耶穌會來華人士，持著一種中和的態度。巴多明（Dominique Parrenin, 1663 ～ 1741）在 1730 年 8 月 11 日寫給德邁蘭（Dortus de Mairan, 1678 ～ 1771）的信中說：「應當坦白地承認：如果瓦西雨斯太講中國的好話，[011]R 修士卻又太說中國的壞話了。[012] 兩者有共同的缺點，沒有中和的態度，任何人該以中和處世，特別是在中國。」

[013]耶穌會所持的中和是非常脆弱的，時時有被推翻的危險。當時西方群眾視中國為一塊神祕的地方，繼耶穌會之後，他們也想探討與研究，因為缺乏正確與多方的資料，結果失掉客觀的態度。哲人萊布尼茲（Godefroi Guillaume Leibnitz, 1646 ～ 1716）致奧爾良公爵夫人（Madame la duchesse d'Orléans, 1652 ～ 1722）信中說：「我同意耶穌會對中國信仰問題的論調，[014] 關於這個問題，我與維也納

008　B. Pascal, Les Pensées. 17e édit. Hachette, p.488.

009　V. Pinot, La Chine et la formation de l'e sprit philosophique en France, p.375.

010　A. Dumerie, Influence des Jesultes Considérés Comme missionnaires, sur le mouvement des idées au XVIIIe siécle, 1874, Mémoires de L'Acad. De Dijon, T. Ⅱ , pp.2 ～ 3。

011　Y. G. Lanson, Formation et développement de l'esprit philosophique au XVIIIe siècle. Revue des Cours et Conférences, P.62, 1909. 在這篇文字內，朗松說：「中國給人一種好奇，自由主義者瓦西雨斯在他的雜論（Variarum Observationum，1685）內，收集許多資料，讚揚中國的精神。」

012　這是指 Eusébe Renaudot. 他的譯本是《九世紀兩位回教徒到中國與印度旅行記》, 1718.

013　Les Lettres édij, T. Ⅹ Ⅹ Ⅹ Ⅳ , P.57.

014　「中國認識真宰，遠在兩千年以上，其敬重儀式可做西人表率」，見李明（Louis Le Comte）著：

王公（Eugène de Savoie-Carignan, 1663～1783）有點辯論，他對於我是一個新教徒，卻能同意舊教的理論這點感到很奇怪。無他，我是大公無私的。」[015] 狄德羅（Diderot, 1713～1784）也寫道：「如果我有剩餘的時間，我要給你敘述我們有趣的談話，我們提中國問題，哈樸（Hoop）與伯爵深感到樂趣，我自己有點懷疑，但願所稱讚中國的地方是真實的。」[016]

　　18 世紀西方學者看中國，有兩種特徵。一方面，中國政治已脫離專制，卻充滿了迷信；另一方面，中國是寬容的象徵，著重理性，構成知識界的樂園。這對於西方人士是多麼有吸引力啊！

三

　　因為耶穌會在西方的重要性，18 世紀特別著重中國，不只是由於他們的著述，引人研究；而且由於他們所居的地位，對他們的好惡，即刻便轉為對中國的好惡了。當時西方人士，對耶穌會有兩種不同的意見，很可反映出那時人們的心理狀態。在 1746 年，教皇本篤十四（Benoit XIV）宣稱：「耶穌會對宗教有偉大的貢獻。時時謹慎，處處成功。」[017] 從反對者方面看，於 1762 年，法國政府提出 84 條文，指出「耶穌會教人如獸一般生活，教信友如無神論者」。[018]

　　不論贊成或反對，耶穌會推動了 18 世紀思想運動。馬爾蒂諾說：「從東方文化中，耶穌會傳教士介紹來許多哲學的理論，擊破專制的政治，反抗傳統的宗教，讚揚寬容的道德。」[019] 就大體上說，馬爾蒂諾的意見是對的，但是，我們往深處研究，即這種思想的形成，不純粹是由於東方文化，他的淵源，實是來自文藝復興。亨利·豪澤爾（Henri Hauser, 1866～1946）說：「無論是在知識方面，

Nouveaux Mémoires sur L'état présent de la Chine, J. Anisson, T. II , P.141, 1696.

015　皮諾特引證，見前書第 336～337 頁。

016　《致沃朗（Vollant）小姐》。

017　G. S. de Morant, L'épopée des Jésuites français en Chine, p.224, 1928.

018　G. S. de Morant, L'épopée des Jésuites français en Chine, p.224, 1928.

019　Pierre Martino, L'Orient dans La Littérature Française aux XVIIe et XVIIIe Siécle, Hachette. p.310, 1906.

或政治與經濟方面，並非誇張，16 世紀具有一切的現代化。」[020] 亨利・豪澤爾所指的現代是 20 世紀，18 世紀自然寓於其中了。

當一國的知識或思想被介紹到另一個國家時，時常變成一種批評的工具，耶穌會介紹中國文化到歐洲，亦不例外。18 世紀的思想家，利用耶穌會士提供的文獻，反轉過來攻擊，這是當時耶穌會所料想不到的。試舉《聖經》為例。

皮諾特論到中國與哲學形成時，他說：「在 1740 年左右，《聖經》普遍性到了壽終正寢的地步，中國的無神論，便是對它的致命傷。」[021] 耶穌會有識之士，也感到這種危險，他們想設法彌補，在《傳信集》內，一位修士寫道：「先生，我坦白地向你說，我沒有在中國見過一個無神論者。」[022] 但是，縱使大聲疾呼，群眾是聽不見的，群眾所求者是能夠幫助他們攻擊社會的武器。

從別方面看，18 世紀耶穌會所談的中國，完全站在理性與人性方面，而當時思想家，視超性與神祕為一種缺陷，所以他們憧憬中國的思想，提出空前未有的理論：世界永遠是進步的，倫理思想須脫離宗教的約束，因為倫理自身便可與人以幸福；人本是好的，所以不好的緣故，其錯誤乃在社會。這是法國大革命的精髓，也便是盧梭的理論了。[023]

四

當朗松研究中國對法國 18 世紀的影響時，他說：「這個中華民族，只講自然倫理，卻有如是完美的榜樣，不只不是基督教徒，而且不是泛神論者，他們是些無神派。因為當時普遍意見，認定中國文人常時沒有任何信仰，在伏爾泰未深刻研究中國文獻之先，他對中國的觀念便是如此。拜略（Bayle）在他的《雜思》中，也是如此。」[024]

020　Heuri Hauser, Les début de L'áge Moderne, Alcan, p.3.

021　V. Pinot, op, cit, P.365.

022　Les Lettres édij, T. X X X IV , p.35.

023　參看拙著：〈近代歐戰的根源〉，載《建設研究》第 3 卷第 1 期。

024　G. Lanson, Formation et Développement de L'esprit philosophique au XVIIIe siécle, Revue des cours et conférences, p.71, 1909.

我們研究中國在法國 18 世紀時，可以隨時發現幼稚與矛盾的地方，但是我們並不驚奇，因為一種文化輸入別一國家中時，必有驚讚與反對的兩種態度，他們不以文化出發，而以自己的意見、好惡、思想與政治為準則，我們試取 18 世紀兩位思想家：孟德斯鳩與伏爾泰，做一研究，看他們如何認識中國，中國給予他們的影響又是如何。我們選定這兩位思想家，因為他們是法國大革命的先驅，借此可看出中國在近代史上所占的位置。

<h1 style="text-align:center">五</h1>

在法國 18 世紀思想家中，孟德斯鳩是最好奇與最努力的。他的著述，特別是他的《法意》，時時舉中國為例，中國給他一種強而有力的誘惑。

遠在 1721 年（孟德斯鳩生在 1689 年），在他轟動一時的《波斯信集》內，他已提到中國。為了佐證其他民族生殖率增加的理論，他援引「中國崇拜祖先的儀禮」[025]。這種說法，我們並看不出它的精美所在，但是，從孟德斯鳩治學上著眼，卻值得我們留意。

杜赫德（Jean-Baptiste Du Halde, 1674～1743）刊印《中華帝國志》13 年後（1748 年），孟德斯鳩發表他的名著《法意》，那裡頭提到中國許多地方。法蓋（E. Faguet, 1847～1916）論《法意》時說：「這不是著述，這是生活。」[026] 因之，我們研究孟德斯鳩與中國，一方面，可看出：自從耶穌會將中國文化介紹到歐洲後，如何影響 18 世紀。另一方面，藉這種研究，可看出這位思想家的思想如何演變。

025　《波斯信集》，原名為：Lettres Persanes, Parés, A. Lemerre, 1873.「如果中國生殖率很高，完全來自思想：因為孩子敬祖先如神，非常敬重，死後又祭奠，以為他們的靈魂回到天中，又復轉來，保佑家庭……」T. II , pp.65～66.

026　G. Lanson, Histoire de La Littérature Française, p.714～715.

六

論東方影響法國文學時，馬爾蒂諾說：「孟德斯鳩解釋一切，他探討，他審查，然後他批評，從而抽出簡單與普遍的原則。」[027] 這種說法，我們是不能同意的，因為孟德斯鳩的治學，不是歸納，而是演繹。他從單純的意念出發，先提出原則，然後再找事實來佐證。所以，他在《法意》的序言中說：「我提出原則，我看見那些特殊的事實，一一屈服在裡頭。」[028] 我們特別提到這一點，因為孟德斯鳩的著述，並非是純科學的，這無損於他的價值，但是，他的這種態度值得我們注意。

孟德斯鳩將政體分為三種：共和、君主、專制。他將中國列在專制內。君主的精髓是尊榮，專制是恐懼，而共和是「愛國」。[029] 但是，愛國並非容易的，首先要「愛平等、貧窮與淡泊」，[030] 即是說一個民族必須具有道德。在另一方面，自從耶穌會介紹中國著述刊行後，大部分意見認為中國不是一個專制政府，而是君主的，試舉幾個證例：「中國政府完全是君主的……」[031]、「中國政府是君主的，不是專制的……」[032]、「中國政府雖非共和，但亦非專制……」[033]

就孟德斯鳩所用的資料論，將中國列為專制是完全錯誤的。他的意見，認定專制的特徵在恐懼，專制政府的領袖，「必然是怠惰、愚蠢與荒淫」。[034] 但是，當時西人的記述，非特盛稱康、雍、乾為有德之君，而且特別讚譽中國政府的機構，完全合於自然程序。因為中國政府，保證兩種重要的權利，即自由與私有權。不只如此，中國帝王雖是絕對，但是不像羅馬時代的奈宏（Ncro），「如果帝王有錯誤與惡習，人臣可以無所畏懼地直諫」。[035] 按照孟子的思想：「民為

027　P. Martino, L'Orient daus La Littérature Francaire aux ⅩⅦe et ⅩⅧe siécle, p.316, 1906.

028　Montesquieu, Del'Esprit des Lois, Granier, 序言。

029　同上，孟德斯鳩在例言中說：「我所說共和特徵，乃在愛國，亦即愛平等。」

030　E. Faguet, En lisant les beaux Vieux Livres, 15e cd, p.179, 1911.

031　Les Lettres édij, T, ⅩⅣ, p.50.

032　I. Bouvet, Portrait historique de l'empereur de la Chine, p.62, 1698.

033　Nouveaux mémoires sur l'état présent de la Chine, T. Ⅱ, p.4.

034　《法意》第 3 卷第 5 章。

035　Obervation sur les écrits modernes, T. Ⅲ, p.176, 1735.

貴，社稷次之，君為輕」，這對 18 世紀的政治思想，直可說是中國拋擲的炸彈。

但是，孟德斯鳩不肯犧牲他的原則與成見（政治上多少原則是成見構成的），他在《法意》中，竭力佐證他的理論。他也感到對中國認知上的矛盾，因為善於言辭，他以一種巧妙的方式來自圓其說。如果中國繁榮，人口增加，不是由於政治，乃是由於氣候。在關於中華帝國一章內，他說：「中國的氣候，意外地宜於人口增加⋯⋯而最凶殘的專制亦不能阻礙生殖率的增高。」[036] 他又說：「中國政治是專制，它的神髓是恐懼，或許在古時，版圖不廣，專制的成分較少。」[037] 這樣孟德斯鳩一舉兩得，既可佐證他的理論，又可免除別人對他的質難。

不只如此，孟德斯鳩又說：「在錯誤中也有幾分真理。」[038] 他以如簧的巧舌，由反對進到讚美，他說：「在專制國家中，機構奠立，人民是幸福的，波斯與中國是好的證例。」[039]

七

要想了解孟德斯鳩《法意》中論到的中國，首先當研究他論中國時所根據的資料與資料的來源。無論他的資料如何繁多，來源如何複雜，他首先要求的是佐證他的理論，其次乃是供給研究。他的方法雖是實驗的，但是這種方法，不是樹立客觀的真理，乃是證明他主觀的理論。「孟德斯鳩不批評資料的來源，凡是刊印者，他都取來應用，在價值上是沒有一點分別的。」[040]

《法意》中講中國的資料，大半采自杜赫德的《中華帝國志》。但是杜赫德對中國很同情，難給孟德斯鳩建立中國專制的理論。於是，他設法尋找杜赫德較刻薄的言論，如「中國是用板子統治著」。[041] 外表上，他不相信耶穌會教士

036　《法意》第 8 卷第 21 章。

037　同上。

038　同上。

039　《法意》第 13 卷第 19 章。

040　E. Garcassonne, La Chine dans L'Esprit des Lois. Revue d'Histoire Littéraire de France, p.205, 1924.

041　《法意》第 8 卷第 21 章。

的介紹，他需要常人的著述，始足徵信，他舉出郎若（Laurent de Lange）與安松（George Anson, 1697～1762）來，因為「他們可以給他關於中國宮廷強盜的行為」。[042] 我們試做進一步的研究。

　　瑞典醫生郎若，服侍大彼得，在 1719 年，隨從帝俄大使伊斯馬伊洛夫（Ismailof）來北京，談中俄通商事務。1721 年，俄國大使返國，留郎若繼續談判，居一年半，沒有具體結果。因為俄國商人來華後，不遵守中國法律；其次，俄國政府庇護蒙古人，凡逃至俄國境內者，不肯交出；最後，西方耶穌會人對俄人沒有好感，不喜歡俄國人留居中國，因此郎若不受中國歡迎，行動亦不自由。所以他對中國沒有好感，他的敘述中，當然有許多的牢騷。事實上，他雖來過中國，卻沒有時間與機會來研究，他絕對不會了解中國的，可是孟德斯鳩卻視之為不易的法典。

　　至於安松的《周行世界記》更是充滿了許多成見與不正確的記載。安松帶著戰艦，在 1740 年，到南美洲攻擊西班牙治下的港口，過兩年周行到澳門，拒絕納稅，便發生衝突。安松自恃武力，他說「有槍四百餘支，火藥三百多桶」，[043]「不論在珠江或其他地方，只憑這點力量，便可摧毀一切的抵抗」。[044] 他不懂中國話，居留又不久，他又這樣橫蠻，他的旅行記，實充滿了許多情感的好惡。比如他說：「在買魚時，買回許多石塊來。」[045] 他又說：「中國人特別愛錢，敬重有錢的人。」[046] 試問哪一個國家不是如此，恐怕英國更是如此。

　　為著證明專制是可憎的，孟德斯鳩要求這種資料，他反對「一個人服從另一個人」，[047] 所以他重視郎若與安松的著述。「如果那些耶穌會的書籍與他的結論不同，其錯誤乃在傳教士，別有用意的。」[048] 從而，我們看出孟德斯鳩對中國沒

042　《法意》第 8 卷第 21 章，注二說：「除別的外，我們看郎若的著述。」

043　G. Anson, Voyage autour du monde, p.306, 1749.

044　G. Anson, Voyage autour du monde, p.28, 1749.

045　G. Anson, Voyage autour du monde, p.315, 1749.

046　G. Anson, Voyage autour du monde, p.308, 1749.

047　《法意》第 3 卷第 10 章。

048　Muriel Dodds, Les récits de Voyages, sources de l'Esprit des Lois de Montesquieu, p.97, Paris, 1929.

有深的了解，他所講的中國，幾乎是想像的。當他講到法律與風俗的關係時，他採取較客觀的態度，而他大部分的資料，采自杜赫德的《中華帝國志》。[049]

八

自孟德斯鳩的思想論，法律與風俗截然不同，但是，他在研究中國的文章內，指出中國的立法家，將之混而為一，構成一種禮節的特殊倫理觀念。他說：「中國立法最後的目的，乃在使人民安居樂業，為此，人民必須遵守禮節。」[050] 因之，中國是一強國，非常幸福，其成功即在此。從這方面，自孟德斯鳩的觀點論，中國政府給世界人士表現出兩種重要事實：一、中國歷史上，兩次被外族侵入，結果侵略者為中國所同化；二、「在中國窮鄉僻壤的地方，居民尚禮，如同那些有學問的縉紳一樣。」[051] 中國文化的結晶，便在「禮」，「他將精神上那種粗陋的缺點，完全取消了」。[052] 正如雍正皇帝所說：「優良的政績，端在風俗淳厚，為此須正人心，申理性。」[053]

不只如此，孟德斯鳩讚美中國，別有原因，他愛中國家庭的倫理觀念，認定「中國的政治是建立在家庭上」，[054] 所以民視君猶子視父，因而產生出尊老、敬師、忠君等倫理觀念，這是禮的形成與靈魂，「禮是中國的國家的精神」。[055]

孟德斯鳩《法意》中所講的中國，有許多矛盾與不接連的地方，一方面，他認定中國的政體是專制的，另一方面中國政治的精髓卻在家庭與禮節。前者是可憎的，後者卻是可讚美的，於是《法意》中論中國的觀念，不知不覺間改變了。他借此來攻擊當時法國的政府，竭力推崇中國，中國的專制亦變而為合法的，這個結論是孟德斯鳩所想不到的。

049　拙著：Essai sur le P. Du Halde et sa Description de la Chine, p.94, 1937.

050　《法意》第 19 卷第 16 章。

051　同上。

052　同上。

053　Les lettres édij. T. XXXIII, p.173.

054　《法意》第 19 卷第 19 章。

055　同上。

九

作為影響法國大革命的思想家，伏爾泰的重要性是不可猜想的。他整個的思想，是尋找自由，「使生活變得更為舒適」。[056] 從他個性上看，他表現一種無止境的好奇，法格說：「伏爾泰有種好奇的天才。」[057]當時法國有一種中國的風尚，不只中國的思想構成一種發酵性，乃至日常細微的生活，亦烙印著中國的痕跡。克里姆（Grimm）寫道：「有一個時候，每家的桌上，都陳列著中國的物品，我們許多器具的樣式是模仿中國的。」[058]

伏爾泰是中國化運動中的一位健將，他讚揚中國的理性，他將中國置放在世界史中。在哲學辯論時，他為中國辯護，說：「我們誹謗中國，唯一的原因，便是中國的哲學和我們的不同。」

[059]當伏爾泰住「路易公學」時，他便開始留心中國的事實，他的修辭學教授杜海米納（Touremine），雖未來華，卻深解漢學，給伏爾泰許多影響。他與康熙所寵幸的白晉常交換信札，因之，伏爾泰對於中國的認知，有比較正確的資料。繼後給伏爾泰中國知識者為傅聖澤（Jean-Francois Foucquet, 1665～1741），他說：「耶穌會修士傅聖澤在華二十五年，變為耶穌會的敵人，好多次向我說：中國很少無神論者……」[060]

十

伏爾泰第一次講中國，是在他的《哲學通訊》內（1729），雖說無甚重要，亦足看出大思想家的好奇，他說：「聽說百年以來，中國已實行種痘。」[061]他主張，歐洲人亦採用這種手術，因為「中國是世界上開化最早的國家」。[062]

056　Pelit de Julleville, Histoire de La Iittérature Française, T. VI . p.160.

057　Emile Faguet, Dix-Huitième siécle, p.207.

058　Grimm, Correspondance, 1785.

059　《伏爾泰全集》, Carnier, T. XI , p.178, p.180, 1878.

060　《伏爾泰全集》, Carnier, T. XI , p.178, p.180, 1878.

061　《伏爾泰全集》第 22 卷第 11 信。

062　同上。

　　我們研究伏爾泰與中國，首先當考究他敬重中國的原因，他那樣狂熱地愛中國，因為中國的宗教與政府，不只可以加強他的哲學信念，而且還可以攻擊當時的宗教與社會。伏爾泰的哲學，是自然主義的享樂者，他說：「人生最重要的事實，乃在求幸福。」[063] 他是實利的、感覺的，他的一切倫理觀念，完全從這方面出發。

　　自這位思想家觀點來看，中國的宗教，既沒有神祕，也沒有教義，完全著重在自然方面。他說：「中國士大夫的宗教是最可崇敬的，沒有神奇的傳述，沒有不經的教義，以違背人類的本性與理性。」[064] 我們知道伏爾泰是一個泛神論者，基督教嚴密的教義，常給他懷疑的精神一種很不舒服的刺激。他視人性與理性具有最高貴的價值，並且可以與人以完滿的幸福。

　　《中華帝國志》內，述及「自然情緒，在中國發展到最高的頂點」[065]。所以，當西方爭論中國禮節問題時，特別有力量，他以一種辛辣的語調說：「我們多次研究，所謂中國無神論，乃是西方神學者的杜撰，這是我們村學究最後的瘋狂與矛盾。」[066]

　　伏爾泰的這種言論，不是情感的或偏見的，因為 18 世紀的思想，其重要的精神是破壞，較之文藝復興時期更為劇烈，伏爾泰繼笛卡兒之後，必須使信仰與理智分離，即是說：凡不能為人類理智所了解者，須視之為荒謬。便是為此，孔子在西方 18 世紀思想上，有種特殊的力量，特別為伏爾泰所欽崇，不只因為孔子不是個寓言者，也不只因為孔子是一個大哲人，其最重要處，是在政治方面。這是伏爾泰最羨慕的。所以，他不斷讚揚地說：「孔子是一位述古的大政治家。」[067] 不只如此，伏爾泰敬重孔子，因為後者可與基督教對峙，在他的哲學字典內曾寫著這幾句詩：

063　《伏爾泰全集》第 33 卷第 62 頁。

064　《伏爾泰全集》第 18 卷第 158 頁。

065　《中華帝國志》第 3 卷第 155 頁。

066　《伏爾泰全集》第 18 卷第 154 ～ 155 頁。

067　《伏爾泰全集》第 11 卷第 57 頁。

只用理智作解，

光耀精神而不炫耀世界，

孔子不是先知，卻是一位哲人，

誰知到處卻為人相信。[068]

十一

從耶穌會的典籍內，伏爾泰也曉得中國是有迷信的，但是在立論中，他起始即將中國宗教分為兩種：士大夫的宗教與民眾的宗教，所以論佛教和道教時，他說：「這是些民眾的宗教，正如粗陋的食物，專為充饑；至於士大夫的宗教，可說是精煉的，含質最為純潔，似乎普通人不當有此種宗教的。」[069]

伏爾泰所醉心的中國宗教，便是士大夫所崇尚的孔子。因為「帝王、閣佬、士大夫等的宗教，是理性上最高的產物，不含有些微的迷信」。[070] 伏爾泰出身並不高貴，但是他的興趣與心情卻完全是布爾喬亞的。他瞧不起那些苦困無知的民眾，所以在論孔子時說：「孔子死後，其弟子都是帝王、有錢人與學士而不是民眾。」[071] 為了加強他的理論，他取耶穌會的著述以證明中國的宗教和基督教同出一源，他在《風俗論》內說：「這便是為什麼李明與別的傳教士共同主張中國認識真上帝，在世界上最古的廟堂內獻祭。」

十二

伏爾泰之愛中國別有一種理由，即他愛中國的政府組織，在他許多著述中，論中國政治機構是他最獨到的地方。他完全與孟德斯鳩相反，他看中國沒有絕對的專制，雖是君主，卻是建立在「父權」上的專制。「這個偉大帝國的法律與和

---

068 《伏爾泰全集》第 18 卷第 151 頁。
069 《伏爾泰全集》第 11 卷第 179 頁。
070 《伏爾泰全集》第 27 卷第 2 頁。
071 《伏爾泰全集》第 11 卷第 176 頁。

平，樹立在最神聖與最自然的權利上，其人臣侍君如子弟侍父兄。」[072]

從這裡，我們看到伏爾泰的理想政府，政府需要絕對，同時又須有議會。伏爾泰從英國返回後，醉心英國宗教、政治與哲學，但是他不敢公然主張。這時候，耶穌會正努力介紹中國，正如伏爾泰的理想。

因為康熙和雍正是絕對的，但是卻有六部的組織，為文人學士所主持，這使伏爾泰是多麼羨慕啊！所以他說：「只管跪在皇帝的前面，尊之如神，但不是絕對的專制，因為絕對的專制，是以意志為準則，沒有法律的觀念，但是，全世界保護人民的生命、財產、榮譽最有力者，那便是中國。」[073]

> 我常給中國皇帝去信，
>
> 直到而今，他沒有給我一點回聲。[074]

當伏爾泰寫這兩句詩時，並非取笑，實是表現他內心的情緒，我們知道這位思想家特別讚美乾隆，不是因為他的武功，乃是因為他的詩歌。當《盛京賦》[075] 出版後，伏爾泰寫道：「我很愛乾隆的詩，柔美與慈和到處表現出來，我禁不住追問：像乾隆那樣忙的人，統治著那麼大的帝國，如何還有時間來寫詩呢？……這是好詩，但是皇帝卻非常謙虛，不像我們的小詩人們，處處充滿了高傲……」[076] 總之，伏爾泰認為中國政治是當時最進步的，六部的組織是最合理的，因為那些尚書和御史都是孔子的崇拜者，捨身為民，沒有半點神祕的色彩。伏爾泰寫道：「人類精神不會了解六部的重要，一切官吏經過嚴格的考試，雖說不會了解，中國卻便是實行這種制度。」[077]

十三

伏爾泰讚美中國，除宗教與政治外，別有原因：第一，中國沒有世襲的貴

072　《伏爾泰全集》第 15 卷第 776 頁。

073　《伏爾泰全集》第 13 卷第 162 ～ 163 頁。

074　《伏爾泰全集》第 10 卷第 421 頁，系寫給瑞典王克利斯蒂安七世（Christian VII）。

075　《盛京賦》為錢德明所譯，1770 年出版。

076　《伏爾泰全集》第 29 卷第 454 頁。

077　《伏爾泰全集》第 13 卷第 162 頁。

族，只有憑藉自己的力量始能得到社會的地位或高貴的官爵；[078]第二，一個官吏可以判處死刑，但須經皇帝親筆批過，始能執行，這可見重視人民的生命；第三，從立法精神上看，「在別的國家，法律是懲罰罪惡；在中國，不只如此，還要褒獎德行」。[079]中國所以能達到這種地步，完全由於哲人與詩人領導內部政治，產生出寬大。這種寬大，從另一方面看，又是歷史久遠的結晶。

伏爾泰反對基督教，他用中國的歷史攻擊《聖經》的歷史性，他說：「《聖經》是沒有歷史性的，每個人須有批評的精神。」[080]他又說：「為何我們的敵人無情地反對中國呢？為何反對歐洲與中國正義的人們呢？無知之徒，始敢說中國歷史猜想過久，將《聖經》的真實性摧毀了。」

伏爾泰在他的《風俗論》內，將中國列諸篇首，構成他著述的特色。前此著世界史者，如博須埃（Jacques-Bénigne Bossuet, 1627 ～ 1704）是從未敢這樣做過的。皮諾特說：「由耶穌會的著述中，伏爾泰取資料與時期，以證明中國的久遠；從自由主義者的言論內，他得到各種議論，以加強他的主張。他比耶穌會人士更大膽與更進步了。」[081]不只比耶穌會人士，設與孟德斯鳩相較，即我們看到更為深刻與更為劇烈，因為他倆對中國認知不同。

十四

縱使他倆對中國認知不同，在寬大方面，卻具有同樣的情感，伏爾泰看寬大，便是「思想、意識、信仰自由」[082]的象徵，自路易十四以後，言論不能自由，他們借中國旁通曲引，以表現他們的思想。他們推重中國的寬容，足以補救當時歐洲文化的破綻，首先因為寬大是一種立身處世的美德，其自身便含有一種價值，但是重要處，乃在攻擊當時的狹小。

078　參看《伏爾泰全集》第 13 卷，《風俗論》。
079　《伏爾泰全集》第 11 卷第 175 頁。
080　《伏爾泰全集》第 26 卷第 389 頁。
081　《中國與法國哲學思想之形成》第 279 頁。
082　《伏爾泰全集》第 25 卷第 15 頁。

所以孟德斯鳩說:「中國也有宗教的糾紛,因為我們的傳教士向人家說:一切宗教是壞的,只要除過我們的宗教。」[083] 伏爾泰更具體指出雍正向巴多明所說的話:「關於中國禮節問題,歐人的糾紛使你們受到很壞的影響,平心而論,假如我們到你們歐洲,也如你們在中國的行為,你們作何感想?」[084] 正如康熙所說:「覽此告示,只可說得西洋人等小人,如何言得中國之大理⋯⋯」[085] 從伏爾泰著述方面看,他的名著《路易十四》內,為何要添一章《中國禮節問題》?因為伏爾泰不敢攻擊當時的政府,用側擊法形容路易十四的偉大,襯托出路易十五的昏庸,但是路易十四有他的缺點,便是尚專制,不明白什麼是容忍與寬大,所以他提出禮節問題,一方面作為佐證,一方面作為全書的結論。

伏爾泰是一位見解很深的史學家,蒐集資料,運用方法,都有獨到處,唯獨講到中國,難免有一種偏見,竟至他讚揚中國一夫多妻制,他說:「通姦在東方很少見⋯⋯在我們歐洲幾乎成了家常便飯⋯⋯由此看出,是承認一夫多妻制好還是任其傷風敗俗好。」[086] 那麼中國沒有缺點嗎?有的,伏爾泰認為不是政治的,乃是人性的,如果理性逐漸發展,將來的缺點是會消滅的。這已走到無止境的進步論內了。

十五

由耶穌會的介紹,中國在法國 18 世紀的思想上占一重要位置,在風俗、藝術和科學上都有相當的貢獻,如茶的嗜好,華鐸(Antoine Watteau, 1684 ～ 1721)的繪畫,李時珍的《本草綱目》,在當時激起一種風氣,一種趨向,以至一種動人的神往。但是最重要處,是孔子的思想,深入到不滿意當時社會的人心內,如伏爾泰與孟德斯鳩,我們從他們的著述內,看中國給他們的影響。

在這個重知識、愛理性、幻想幸福的 18 世紀,中國自然成了他們所愛好的

---

083 《孟德斯鳩遺著》第 2 卷第 511 頁。
084 《伏爾泰全集》第 25 卷第 99 頁。
085 北京故宮:《康熙與羅馬使節關係文書影印本》,第十四件。
086 《伏爾泰全集》第 29 卷第 231 頁。

對象，數學家瓦爾夫（Wolf）因為崇孔而失職，引起歐洲學者的同情；路易十五想改革，貝爾坦主張介紹中國思想。並非他們真正了解中國，實因當時煩悶的心理上，大家都相信中國是光明的象徵。為什麼呢？

自宗教方面言，18 世紀思想家視基督教為人類進步的障礙，違反自然與人性，他們看到中國的歷史與社會，始知唯我獨尊的基督教，並非文化的別名，有如中世紀人所想像的。宗教之所以有存在的理由，不是因為有不變的上帝，乃是因為社會的需要，社會需要的急迫與否，那便要看理性發展的程度如何！因而，18 世紀思想家，取中國為例，要求宗教是社會的工具，信仰和理智要絕對地分離！

自政治言，中國六部的組織，使哲人們改變了整個的觀念。此前西方的政治理想，是在帝王一人身上，路易十四晚年說：「朕即國家。」他這種含義，君為一切最後的目的與幸福，倘使與中國相較，相差又何止天壤？杜赫德說：「很容易看出中國為政者是與民以福利的。」中國的政治倫理，在覓取集體的安全，法國人看到當時荒淫，不禁要根本改變政治機構，首先衝擊的，便是專制、貴族、世襲，因為這是 18 世紀政治的臺柱，不摧毀是不會產生為人民的法律的，即無法保證私有權與自由的安全。我們已走到法國大革命的門邊。

我們不敢妄稱 18 世紀的哲人們真正了解中國文化，但是，我們敢說他們心目中的中國給了法國大革命一種強有力的推動，這是孟德斯鳩、伏爾泰等引為無上的光榮而耶穌會人士萬沒有想到的結果。

中國文化西漸之一頁 [087]

── 17 世紀末中法文化之關係與 18 世紀之重農學派

一

17世紀末，法國開始研究中國文化，其結果形成法國大革命，一直到今天，歐洲人仍然感受它的影響。便是說：一方面推重理性的發展，另一方面遵守自然的法則。前者的代表是伏爾泰（參看拙作：〈中國與法國18世紀之文化關係〉），後者的代表是魁奈（François Quesnay, 1694～1774）。

蒙田（Montaigne）在他不朽的《隨筆》內，雖然提到中國，[088]但是論調卻非常淺薄，這不是對中國的研究，這只是一種好奇，我們試舉兩種證據：

第一，自從1658年（順治十五年）衛匡國（Martino Martini, 1614～1661）刊行《中國通史》後，哲人帕斯卡在他的《思維集》中說：「雖說中國是模糊的，可是有光明的地方，你要去尋找他。」[089]我們知道帕斯卡的知識非常廣泛，他在哲學與科學方面，造詣很深，他是絕不肯隨便發言的。

第二，在1660年9月25日，白皮斯（Pepys）在他的日記中說：「我派人去找一杯茶——系中國的一種飲料——此前我從未吃過的。」[090]這證明17世紀中，歐人對中國的知識，仍然缺少深刻的研究。

漢學家高田論到茶輸入歐洲時說：「是在18世紀，歐洲始接受了飲茶的習慣。」[091]

不只如此，假使我們取17世紀末的權威著述，如戴柏洛的《東方百科字典》[092]即可看出他們不了解中國的程度，到何等可笑的地步。他解釋孔子時說：「中國科學的知識，大半來自印度，孔子便是由印度的學者所教成的。」我們不敢肯定古代中印的關係，但是孔子受業於印人，這卻是第一次的奇聞。

《東方百科字典》是1796年出版的，其時法國已有一種漢學的運動，1736年的《特雷武雜誌》（*Menroires de Trévaux*）要求介紹中國學術與思想者，要誠

088　Montaigne, Les Essais, T. III , p.396.

089　B. Pascal, Les Pensées, p.593.

090　拙著《杜赫德的著作及其研究》。

091　H. Cordier, La Chine en France au XVIIIe siécle, p.761.

092　B. d'Herfelot, Dictionnaire des Peuples de l'orient, 1796.

懇一點，它說：「好奇、愛說反常的事、投合群眾的趣味、誇張，有時候還夾著幾分謊話，多少有點地位而平庸者，來自遠方，要使中國的歷史與事實，變成不可思議的東西。」[093] 這確是當時的實況。

法國在 17 世紀末，因為路易十四的政績，形成光榮的古典主義，同時發動兩種不同的新動向，他們開始是並行的，結果混合在一起：一種是重商的精神，渴望黃金，遠適異鄉，步葡、西兩國的後塵，在 1660 年，法國有東印度公司的組織；另一種是宗教的，他們不怕犧牲，要將自己所崇奉的基督教，傳到遠東，結果，在 1685 年，路易十四派遣耶穌會修士來華。

路易十四派遣五位耶穌會學者來華，是受重臣科貝爾（Colbert）推動的。科貝爾是一個愛秩序與繁榮的人，他接受了加西尼（Cassini）的計畫，要求路易十四派遣這些數學家，一方面他知道中國文物的發達，要求這些學者考察富強的原因，借中國的科學，「改造法國的工業」；另一方面，法國與葡萄牙有海外利益衝突，「借此予以一種對抗」。[094]

我們不只從這些事實中，看出重商與傳教合在一起，在康熙四十五年的手諭中，亦可證明我們的這種主張，「近日自西洋來者甚雜，亦有行道者，亦有借名為行道者，難以分辨是非」；[095] 可是，當路易十四執行科貝爾計畫後，那些來華的學者，孜孜不倦研究，他們研究中國的歷史，探討儒家的哲學，測繪中國的地圖，中國變成他們理想的國家，非特中國是「理性」的象徵，有如伏爾泰所渴望，而且是「繁榮」的模範，魁奈視為完美的典型。

關於此，克里姆（Grimm）給我們留下很好的插畫：「有一天，路易十五同他的大臣碧爾丹（Bertin）討論，想改革當時的惡習，要他想一良好的辦法。過了幾日後，碧爾丹提出他的計畫。路易十五問：『什麼計畫？』碧氏回答：『陛下，我們要接受中國的精神！』」

093　巴黎國立圖書館，檔案處，號碼為：Fonds François 17240 內，有加西尼計畫，提及科貝爾的原意，Fo1.246。

094　北京故宮博物院藏《康熙與羅馬使節關係文書》，第二件。

095　Grimm, Correspondance littéraire.

二

在 1782 年,傅聖澤寫給漢學家富爾蒙說:「愈往前研究中國的問題,愈發現中國古代的可愛,但是直至此時,歐洲人還不了解的。」[096] 當時歐洲的學者們,急切想了解中國的過去,特別是 1700 年左右,歷史的研究成了學術的中心。也是富爾蒙,論到古代民族的時候,提到中國的二十二史:「至少有一百五十多冊,記述二十二朝的史實,沒有許微的間斷,而每一朝都有幾個世紀的。」[097] 中國是史學最發達的國家,自 17 世紀末至 18 世紀初,中國歷史的著述如春花怒放,其重要者如次:

> 1662 年,包梯(Baudier)著《中國帝王宮廷史》。
>
> 1667 年,魯德照(Semedo)著《中國世界史》。
>
> 1670 年,包梯又著《滿洲入關史》。
>
> 1688 年,奧良(D'orleans)著《滿洲侵略中國史》。
>
> 1692 年,衛匡國著《中國通史》。
>
> 1696 年,李明著《中國現代史》。
>
> 1697 年,白晉著《中國帝王歷史像贊》。
>
> 1698 年,郭弼恩著《康熙聖諭》。
>
> 1729 年,宋君榮著《蒙古史》。
>
> 1732 年,宋君榮又著《中國天文學史》。
>
> 1735 年,杜赫德著《中華帝國志》。

在這麼多歷史著作中,我們首當注意的是衛匡國的《中國通史》,起始用拉丁文寫成,在 1692 年由佩萊蒂埃(Peletier, 1517～1582)譯為法文,而在當時激起很激烈的討論。這部名著的成功,不只是由於他深刻的研究,與那些遊記式的歷史不同;而最重要處是他根據中國資料,認定伏羲時期為中國史開始的時期。視此,即中國遠在洪水以前,已有人居住,這與保存真理的《聖經》,發生了不

---

096 V. Pinot, Documents inédits relatifs à la Connaissance de la chine en France de 1685 ～ 1740, p.10.

097 Fourmont, Réflextions critiques sur les histoires des seciens peuples, 1735

可調和的衝突，所以帕斯卡問：「摩西與中國，到底哪一個可信呢？」[098] 當時領導法國文化的史學家博須埃著世界史時，有心地置中國不問，正像中國位置在別個星體上的。伏爾泰素不喜歡博須埃，在《風俗論》中，將中國放在第一章，幾次嘲笑波氏的識淺見短，認為他惡意地改變客觀的史實。在 18 世紀，懷疑精神發展之時，中國歷史的悠長給《聖經》的權威一種打擊，至少要考慮《聖經》中所提及各種歷史的問題，這是衛匡國的中國通史的影響，其重要雖不像一顆炸彈，至少是一把匕首。當時的評論家說：「一直到馮秉正為止，對中國的著述，沒有再比衛匡國的更好的。」

其次，關於中國歷史的介紹，當推宋君榮的《中國天文學史》。他是科學歷史的創造者，從中國的經書中，精細地蒐集資料，不肯隨便下一斷語；他要利用古代典籍中天文的記載，建立夏商周的文物；他竭力主張《竹書紀年》不可信；他反對以歷史來說教，力圖使之成為真理的敘述。他本著這種新的精神，從中國史書中，蒐羅匈奴、蒙古西北諸民族的資料，取材很謹慎，著成蒙古史。當時漢學家雷慕沙（Jean-Pierre Abel-Rémusat, 1788～1832）說：「只此一書，已足使宋君榮名垂不朽。」[099] 當中世紀蒙古侵入歐洲時，竭所有的學者，不明白這個可怕的民族，都認為是荒山中跑出的別種奇人，永遠騎在馬上，馳騁原野，有如一股狂飆，在蔽天的塵埃中，永遠飄蕩著九條白帶勝利的旌旗。而宋君榮利用中國的資料向歐洲解釋，這個可怕的民族也和其他民族一樣。他還帶給歐洲人許多新的可靠的資料。宋君榮死後，錢德明（Joseph-Marie Amiot, 1718～1793）在 1759 年寫給利斯爾（L'Isle）說：「一直到現在，從未見過有如此精確者」。[100]

但是，這許多關於中國歷史著述，都是以歐洲的立場來介紹的，整個的中國人的中國史尚未樹立，18 世紀的學者們深感到其必要，但這種艱巨的工作，很難找到適當的人選。在 1702 年，青年史學家馮秉正來華後，懷有大志，便著

098　Pascal, Les pensèes, section IX .

099　Brucher, La Chine et L'Extrême-Orientd'après les travaux historiques du P. Antoine Gaubil, Revue. des guestions historiques, T. X X X V I I , p.509.

100　Lettnes édif fiantes, T. X X X VII , p.14.

手翻譯《通鑑綱目》，經 28 年，始將全書翻譯完畢。1737 年譯稿寄到法國，弗雷雷（Nicolas Fréret, 1688～1749）接洽刊印，但是「沒有一個書鋪願意承印三十卷關於中國史的譯稿」！[101] 實際上，所以不能刊行的理由有二：一、18 世紀的作家，好投合社會的心理，不肯重視純學術的工作。宋君榮對此曾說：「人們不喜歡抽象的枯澀的著作；人們只喜歡描寫，報導，即是怎樣借它來消遣。」[102] 二、中國歷史，完全是另一個系統，它不只是非基督教的，而且與《聖經》發生衝突，在思想演變的時候，耶穌會不願與反宗教者一種新武器。當耶穌會在 1773 年解散後，《通鑑綱目》譯稿落在高瑞依（Gsosier）手中，從 1777 年到 1783 年刊印，歐洲始有中國整個的歷史，共 13 卷。歐洲人深感中國歷史的悠長，他們要尋找所以長久的原因，他們研究中國的哲學，便是說儒家的思想。

三

西士來華之後，他們讀到「己所不欲，勿施於人」時，覺得這便是基督教中「愛人如己」的理論。他們感到一種驚喜，這不只是人類理性同一的偉大，而且藉著儒家的倫理可以推進基督教的發展。李明在《中國新記》中說：「中國人保存著真理的觀念，已有兩千多年了，他們對真理的欽崇可做西方人士的模範。」[103] 這種欽崇孔子自利瑪竇始，後來者非為視此是傳教的正法，而且是促進人類友愛的途徑。鄒元標《願學集》內，有答利氏書說：「……門下二三兄弟，欲以天主學行中國，此意良厚，僕嘗窺其奧，與吾國聖人語不異，吾國聖人及諸儒發揮更盡無餘，門下肯信其無異乎？中微有不同者，則習尚之不同耳……」謝肇淛《五雜俎》中說：「余甚喜其說為近於儒，而勸世較為親切，不似釋氏動以恍惚支離之語愚駭庸俗也。」這是謝氏論利瑪竇時所下的評語。

為了承繼利氏的方法，凡耶穌會修士東來者，對儒家思想至少有一種涉獵，能夠應付中國的社會，同時便將儒家的學術與思想，逐漸有體系地介紹到歐洲。

101　V. Pinot, La Chine et la formation de l'esprit philosophique en France, p.143.

102　La Chine et la formation de l'esprit philosophique en France, p.144～145.

103　Nouveaux mémoires sur l'état présent de la Chine, T. Ⅱ, pp.141.

他們推重儒家的理論，不特是理性最高的發展，而且因為他的理論是持久的，不變的，得到多數人民擁護的。劉應肯定地說：「中國儒家的思想，不特不與基督教相衝突，而且是相符合的。」[104]

假如我們檢查 17 世紀末與以後的出版界，我們會驚奇地發現學者們百不厭倦地翻譯「四書」，我們按年代試舉幾種重要的譯本：

1662 年，郭納爵 (Ignatius da Costa) 譯《大學》與《論語》。

1672 年，殷鐸澤 (Prospero Intorcetta, 1626～1696) 譯《中庸》為拉丁文，附有中文的原文。

1687 年，柏應理 (Philippus Couplet, 1623～1693) 介紹孔子的哲學，深受時人的推重。

1711 年，衛方濟譯「四書」，外加《孝經》與《小學》。

1740 年，宋君榮譯完《書經》，1770 年，始由漢學家魁奈刊行，這是當時譯著中最好的一本。

雷孝思譯《易經》，雷氏死於 1738 年，經一世紀之久，始印行（1834 年出版），這是《易經》最好的西文譯本，因他利用馮秉正的譯本，加以補充，又有劉應等對《易經》的研究。

17 世紀末，許多通俗的中國哲學，流行在坊間，但是從學術的觀點出發，都沒有什麼重要的價值。便是杜赫德《中華帝國志》內「四書」與《詩》、《書》、《易》的介紹，也只是淺薄的敘述，假如從影響方面看，拒絕神祕的形而上學，趨重實踐的倫理，給 18 世紀的思想界一種強有力的推動，從此後，西方的哲人們恭敬地置放孔子聖名於亞里斯多德之上，包紀野 (Pauthier) 說：「孔子是人類空前未有的大教育家。」[105] 因為蘇格拉底、亞里斯多德、聖多默，從未建立如是「人性」的倫理，由人類理性最純潔的山泉中所湧出來的。在 1769 年，《中國歷史》的廣告中說：「孔子的思想是非常單純的，他以地輿學家的方式，繪出莊嚴的長江大河，灌溉人類，他以細微的點繪出宏大美麗的城市。」[106]

104　Bouvet, Portrait historique de L'Empereur de la Chine, pp.228～229, 1697.

105　G. Pauthier, les livres sacrés de L'orient, p.11.

106　Yu le Grand et coupecius, Propectus, pp.5～6, 1769.

　　18世紀是近代歷史的起點，特別是在政治方面，他們自稱是解放的，當時最流行的一句口號，是「每個人用他自己的方式和平地追尋光明」，而這個光明是照耀「民眾的」。杜赫德說：「移風易俗是中國哲人的倫理，非如希臘羅馬哲人們鬥智，是要合著民眾的要求，便是說大眾化的。」[107] 這種引人入勝的宣傳，加上哲人如萊布尼茲、沃爾夫、伏爾泰、孟德斯鳩、魁奈等有力的推動，孔子成了人類光明的象徵。因為中國的哲學重理性，崇倫理，它不是鬥爭的，它是和平的，它不是貴族的，它是民眾的，多少御史們對神聖的天子，據理直爭，正如包紀野的解釋：「便是最前進的理論，也沒有孟子『民為貴，社稷次之，君為輕』的更激進。」法國社會在18世紀已呈動搖的現象，受中國思想的推動，正如火上加風，演出1789年的史實，這是中國思想西去的結果，便是耶穌會人士也不能否認的。

　　歐洲人士曾追問，何以中國會有這樣奇特的倫理思想。便是說，中國倫理觀念在忠孝，他們歸到「遵守自然的法則」，由是而產生出農業的社會與文化，魁奈樹立他重農派的學術。

四

　　法國史學家托克維爾（Tocqueville）指出：「真正法國大革命的特點，可從重農派的經濟學者著述中發現出來。」[108] 因為凡物不得其平則鳴，在路易十四的晚年，外表雖說富麗堂皇，內部卻是危機已伏，他的戰爭，他的窮奢，特別是他那種絕對的專制，逐漸與民眾脫節，聖西門說：「路易十四取臣民的財產為己有，臣民僅有的一點，仍是來自他的天恩！」[109] 魁奈重農的經濟理論，取中國為例，便在這時候建立起來。

　　魁奈並不真正了解中國，他同孟德斯鳩一樣，首先提出自己的原則，然後以中國來佐證他的理論，但是他對中國的研究，卻有正確的資料，他自己曾說：

107　Description de la Chine, T. III , p.158.

108　A. Oncken, Oeuvres de Quesnay, Introduction, 1888.

109　Y. Guyot, Quesnay et la physiocratie, p.14.

「杜赫德集許多不同的文獻，著成《中華帝國志》，這部書的價值很大，便是按照這位學者的言論，我們研究中華帝國。」[110]

魁奈認為一國的繁榮完全依靠財富，而一國唯一的財富便是土地，所以農業是國家的命脈，農人是國家的基本，因為只有農人才是生產的。在另一方面，人不能不生，生得不仰給農業，為了農業的發展，人民首先須取得自由與私有權的保障。這是人類自然的要求，人類的幸福不在未來而是在現在，自然的定則便是人類最高的定則。在 1767 年，魁奈著《中國的專制》時，他說：「最宜於人類，保障自然權利，那便是自然定則，它是永久的，不變的，而且是最好的。」[111]根據他這些思想，魁奈形成重農派三種原則：

- 每個國家須切實尊重農業。
- 個人私有權與自由須有切實的保障。
- 一切政治的設施，須建立在自然法上。

為了加強他的理論，魁奈取中國為例。孟德斯鳩在《法意》中，將中國置放在專制內，魁奈開始將專制政體分為兩種：一種是合法的專制，一種是非法的專制，他說：「中國是專制的，但是它的政治機構卻建立在自然法上。」[112]魁奈認為這是在四千年長久的歷史中唯一隆昌的理由。他舉舜為例，親耕歷山「，這位帝王所重者是農業的繁榮」[113]；他又舉雍正敦勸農桑的聖諭，每年親耕的表率，這是何等醉人，世界一等強國的帝王，原來只是一個執犁播種的農夫！

中國政府是合理的，因為內政修明，遵守自然的程式，農人在工人與商人之上；魁奈視為最合理與特別的一點是，中國永遠是進步的，財富增加，隨著財富增加，人口也自然增加。他在《格言》中說：「不必注重人口增加而當注意財富的增加。」[114]

中國是財富增加的最好模範，因為中國政府竭力保障人民的私有權。在《中

110　Quesnay, Oeuvres économiques et philosophique, p.592.

111　Quesnay, Despotisme de la Chine, p.645.

112　Quesnay, Despotisme de la Chine, p.613.

113　Quesnay, Despotisme de la Chine, p.574.

114　Quesnay, Maximes Gérérales, ⅩⅩⅩⅥ, p.336.

國的專制》一書中，魁奈說：「在中國的所有權非常安全，便是那些雇員與佃戶都得到法律的保障。」[115] 假使我們取 1692 年路易十四宣布「溥天之下，莫非王土」相對照，魁奈感到何等失望！他在著作中，百不厭煩地申述這個思想：「保障個人的私有權是社會經濟安全的基礎。」[116] 從這個觀點出發，商業必然發達，交通分外便利，他論到中國時說：「中國運河修理得很好，稍微大的河流，到處便可航行。」[117] 重農派看交通有類人身的脈絡，使之流暢周行，農業始能健全，財富始能增加。

不只如此，魁奈判斷一個國家，只看他的鄉間，便可看出他的內政，假使沒有荒地，交通便利，到處是蔬菜與田禾，阡陌相連，這個國家一定是富強的。當 17 世紀末，耶穌會修士東來後，他們寫了多少美麗的文章，形容中國的農業。馬若瑟寄往歐洲的信中，有一段很動人的描寫：「沿珠江而上，始看出中國真正的面目，兩岸都是稻田，有如草地，在這無垠的田間，交織著無數的河渠，帆船往來如梭，正像是在草地上泛遊。更遠處，山巒林立，樹木叢生，山谷間有人工開墾的田地，正像杜樂麗花園（Jardin des Tuileries）。這中間有許多村莊，充滿田園的風味，悅目怡情，只追悔很快地過去了！」[118] 魁奈一定讀過這個，他推崇中國的原因，有時會讓人覺得有點牽強，但是人們願意放過這些小疵，因為誰也不能否認中國的歷史，魁奈指出重農是自然法則必走的途徑，「中國的悠久、廣大與繁榮，便是來自遵守自然的法則」。[119] 中國自古是重農的政府，這便是為何它能持久的原因。碧非爾（Biefield）說：「持久是一個國家組織最完善的表現。」

重農派受中國的影響很大，他們視中國為樂園，他們對路易十五的政治與社會發生強烈的反感。他們深感到自然的摧毀與理性的消失，重農派的哲學家布瓦維說：「假使土地耕種得很好，滿生著稼禾，我可斷定這個國家風俗敦厚，民安

115　Despotisme de la Chine, pp.599 ～ 600.

116　Maximes Générales, IV，p.331.

117　Despotisme de la Chine, p.529.

118　Lettres édifiantes, T. X X V I，p.84.

119　Despotisme de la Chine, p.660.

樂業，政治必然合理，我們可以向自己說：是在人中間活著的。」[120]

取中國為法，魁奈批評 18 世紀的政治是反理性的，社會是反農業的，個人是反人性的，他想改造這種病態的現象，結果促成一種革命。

五

路易十四派遣學者來華後，關於中國的著述，如雨後春筍，特別是自杜赫德《中華帝國志》後（1735 年），經百科全書派的渲染，形成一種「中國熱」。在 1785 年 11 月的通訊中，克里姆寫道：「有一個時候，每家壁爐上陳設著中國的物品，而許多日用的器具，都是以中國趣味為標準的。」[121] 中國的漆器、瓷器、刺繡、圖案都成了最時尚的東西，正好像沒有這些東西來裝飾，便要降低社會地位似的。

在繪畫一方面更可以看出，1742 年的展覽會中，布雪（François Boucher, 1703～1770）陳列了八張畫，完全取中國素材，這成了廳堂中貴婦間的談資。當時波威（Beauvais）的織工廠，生產大量的繡毯；布雪的中國畫，便是為織工廠做圖案而生的。龔古爾兄弟（Goncourt, 1822～1896）研究畫家華鐸時說：「華鐸受阿爾伯地納的啟示，他有一偉大的計畫，他研究中國人生理的構造，特別是他的服裝，他要雕刻一座形態畢肖的石像，在石之左角，他寫著：F. 趙。」[122] 來華很久的王致誠（Jean-Denis Attiret, 1702～1768），在內廷繪畫，曾繪澄觀閣東西的壁畫，他在信中，描寫暢春園引人入勝的風光，路易十五深受感動，也來建造中國式的宮殿。

當馬若瑟將《趙氏孤兒》節譯成法文後，杜赫德譽之為最大的悲劇，只此斷簡殘篇，已足窺見中國的文學。在 1755 年，伏爾泰由普魯士回國，心中很不順意，因為他與弗雷德里克二世衝突，他寫《中國孤兒》，他借成吉思汗來

120　V. Pinot, les physiocrates et la Chine au XVIIIe siecle. Revue d'Histoire moderne et contemporaine, T. Ⅷ, p.203.

121　Grimm, correspondance, Nov.1785.

122　La Chine en France au XVIIIe siécle, p.763.

對抗普魯士的皇帝。《玉嬌梨》最近已譯為法文，底稿仍存在巴黎國家圖書館中，[123]1826年由雷慕沙刊行，題為《三姐妹》。詩人歌德，亦受到中國女性的影響，他曾讀過《花箋記》、《好逑傳》，《浮士德》中的「人性結晶」，有許多人指出是受中國的影響。上了斷頭臺的詩人舍尼埃（André Chenier, 1762～1794）讀過《詩經》，他曾想模仿《詩經》的體裁，改造法國詩的格局。這種醉心中國化的狂熱，使法國大革命走到不可收拾的地步，那時候流行的歌曲中，唱著：「中國是一個可愛的地方，你一定會喜歡它。」[124]

123　巴黎國立圖書館中，號碼為：F. N. A. F. 280. 第五件。

124　P. Martino, L'Orient dans la littérature Française au XVIIe et au XVIIIe siécle, p.121, 1906.

元代西歐宗教與政治之使節 [125]

125　原載昆明《益世報‧宗教與文化》第 35 ～ 40 期，1943 年。

一

　　元時方濟各會修士來華史實，系東西交通史、公教流行中國史上最動人與最有趣的一頁。他們的努力、冒險、大膽無處不表現得偉大與有趣，他們迅速的成功、無窮的希望以及最後的失望，又含有滑稽與悲哀的成分。但這件史實，常為人覆上一塊厚布，不願揭開，時時帶有幾分神祕的色彩。不過，就他們所處的時期，所行的事跡看來，實歐洲中世紀的交通史上最遼遠與最冒險的嘗試，和新大陸的開發、東西航路的發現具有同樣的價值。

二

　　西方人在未來中國之先，首當確實明白：中國是否存在。從何處始可達到。便是在希臘與羅馬時代的末期，他們只知有中國這麼塊地方，卻不清楚由何路始可達到。

　　希臘與羅馬的勢力達到埃及與幼發拉底河後，他們的商人與水手，很有規則地與遠東貿易，因為遠東貨物的昂貴，竟致西方市場蒙受重大的影響。這時商旅們所行的陸路，至少有一條，可以安然行走；水路方面，按照季候風的來去，在印度洋內也可遇到中國商船。交易地點，則在錫蘭島附近，有時亦在波斯灣。

　　但古代東西交通史上，除如東漢孝桓帝延熹九年，即紀元後 166 年，大秦王安敦「遣使自日南徼外」來朝等含混的記載外，並沒有可靠的敘述。而當時的旅客，亦不能使中國與羅馬直接發生關係。貨物交易，須經許多居間人物，至於當時有限的地理知識，因途路遙遠，輾轉相傳，其損失較諸貨物更為屬害。像古代地理學家斯脫拉朋與樸島萊買，對於裏海與印度洋之輪廓，其錯誤與矛盾的言論，較之古地理學家愛好多德更多。至現在，若想從他們的著述中，劃出亞洲東北部精確的路線，仍是一件非常困難的事情。

三

古代西方人對中國不正確與錯誤的知識，沒有比對中國產物不了解表現得更淋漓盡致了。希臘與羅馬有知識的商人也是一樣糊塗。當遠東絲綢侵入歐洲皇家市場後，婦人服裝，漸趨奢侈淫靡之風。塞奈克與少利納士諸文人，既已言之矣。「產絲地」一語，逐漸成為神祕地方的別名，經過長時期後，始命此為中國。為著要將地方與產物兩意念聯合起來，希臘語中，將已用之 Sinae（即中國）一字拋開，而用 Seres，這個 Seres 字含有二意：指吐絲之蠶，亦指產絲之地。拉丁人也是如此習用的。

縱使如此，他們對於蠶絲與產絲之地，仍無精確的概念，不曉得這些漂亮絲物，其原料究竟是什麼。繼危爾銳洛與普林尼之後，許多人認蠶絲為植物，由森林中的樹葉造成的。縱使別人較有合理的解釋，如包作尼亞士，在 2 世紀末，著有希臘宗教指南，可是關於絲的神話與妄語，仍是到處流傳，而歐亞交通的途路，亦緣此而埋沒。到雨士地尼（527～565 年）王朝時，始將帳幕揭開，西方市場始明白與東方交易情形。

蠶絲神祕的揭破者，系聶斯托利派的傳教士，自艾發斯宗教會議（431 年）後，聶派不能在希臘境內存在，傳至波斯，成為獨立的教會。繼後愛得斯學派停止活動（489 年），尼西泊派起而代之，開始擴大宣傳，超越中亞細亞，最後達到中國。

歷史學家撲落告撲給我們保持著這個有趣的傳說：據言，兩位聶派教士從中國回來，為避免稅關嚴屬的檢查，將棍端剜空，蠶種藏在內邊，始得攜帶出境。從此東羅馬人明白什麼是蠶絲與產絲的地方。

四

打破東西交通的障礙，給商業與宗教一種便利，亦只曇花一現而已。不久回教向外發展（632 年），報達教主的選出（762 年），引起歐洲人的注意，同時亦封鎖了波斯一帶陸路上的各種試探。當時日耳曼族皈依基督教，歐洲傳教士們得到新開

關的園地。在希臘方面，雖與印度仍斷續往來，然英地告撲洛斯脫不健全的宇宙知識，並引不起向東方推進，縱使他的綽號永遠是破天荒的旅行者。不久之後，在 7 世紀初，西毛加達給我們一段短而可靠的記載，但這是種偶然獲得，來自土耳其方面的。從此，對於亞洲東部與中部的居民狀況，我們多少有點正確的知識。

實際上，西方人仍不明白中國，他們零碎的知識，都是來自傳聞。只有那些聶派教士，始由亞洲中心達到「絲鄉」。在 13 與 14 世紀間西人的遊記上時常提到他們，卻不予以同情。到西安景教碑出土（出土於 1625 年，刻自唐建中二年，西元 781 年），始證明他們東來傳教的蹤跡。同時，阿拉伯人由海路推進，一直超過麻六甲海峽。9 世紀蘇萊曼之遊記，記載著他們在中國的商情，為中國政教的狀況描寫，增加了許多有趣的題材。除了阿拉伯人和聶派教士外，在中國及其周近，並無西方人士的蹤跡。

五

在 13 世紀的前半期，荒原中起了一股暴風，使亞洲的政治與社會，發生強烈的騷動；同時中國與歐洲，發生直接的關係。截至此時，歐亞是不相往來的。由一種歷史的諷刺，給歐人開放亞洲門戶者，卻是作為侵略者的蒙古人。

1188 年，「百折不撓的帝王」成吉思汗，組織蒙古帝國，開始他許多偉大的勝利。1207 年進攻中原，經二十多年之久，占領整個中國。繼後逐漸擴展，侵略加來米顏、土耳其斯坦、波斯、脫拉少克顏納、高拉散、高加索及俄羅斯南部（1224 年）；又自北京至地伏利斯（1220 年）、窩瓦、得尼拜爾及加爾加（1223 年），經和林、亞馬利克、撒馬爾罕及布哈拉。蒙古遼闊的地界，以馬之馳騁為界限。第一次的侵略，即止於得尼拜爾。

成吉思汗死後（1226 年），可怕的侵略者又捲土重來，從烏拉爾與基發（1240 年）一直至西萊銳平原（1241 年）、匈牙利、脫來繼斯、烏地納各市場。列尼池一戰（1241 年），使佛來得利克第二膽寒。其時各國潰退，整個歐洲沉入恐怖中。柏斯池被火焚燒，貴發名城，亦遭同樣命運。三年後，柏郎嘉賓過其

地，只留兩百餘所房屋。匈牙利有幾省之地，旅行半月，不見人煙。蒙古人激起的恐懼，傳播甚遠，竟至荷蘭伏利茲漁人，不敢去英國亞爾莫斯海邊捕魚，這才真是叫做「災年」。

從蒙古草原，以駿馬直馳至西歐中心，當歐洲尚未確實了解時，那些歷史學家與地理學家，如培根之流，以為這是古代馬地亞尼特之餘留，或為可咒者高克與馬高國，從深山與岩峪中跑出，向歐洲侵來。這是一種可怕的馳騁，自和林至奧德爾河，人馬所至，只見一股暴風的灰塵，在那裡，飄蕩著永遠勝利的九條白帶的旄旗。

但是，在亞洲以至在歐洲某部分，如果將蒙古人的事業，只歸納到戰鬥、殘殺、破壞、搶劫與聚斂之中，我們絕不會了解當時真正的事實與情況。當蒙古人取得政權時，以成吉思汗為法，曉得組織的重要。繼後與漢人接觸，更啟發與增強他們的組織才能。他們襲用流刑，含有繁榮蒙古之意。盧布魯克在和林，曾見各種匠人、司書、僧侶以及藝術家。蒙古人以馬征服世界，他們說：「帝國乃是由馬統制。」他們的總務與驛站，組織甚為健全。如此繁多的信札，在遼闊的帝中國，傳遞亦很迅速。羅馬教廷的使臣，很能明白，為了快走，每日他們可換六七次乘騎。蒙古人徵收稅務，派遣差徭，有時非常苛刻，卻也是為了穩固財政與加強組織。

我們只知蒙古人所向無敵的勝利，我們不知他有精銳的偵探，每次大軍出動之先，偵探隊早已放出去了。

對於各種宗教，他們采一種寬容的態度。元世祖看著各派宗教說：「正如掌上的手指，每個都是服侍手掌的。」元世祖把手掌比作他的帝國。

六

縱使蒙古人是可怕的，因為宗教的關係，歐洲人士特別是教皇，減輕了不少的恐懼心理。在歐洲歷史上，自從蠻人阿地拉與匈奴侵略後，從未見過如此巨大的事變。當時正值十字軍東征，歐洲人士的心理上，即刻起了兩種意念：一、向

蒙古傳教；二、與蒙古聯合，夾攻回教。假使這種策略成功，基督教的地圖將完全變色，世界亦將產生一種新的局面。

為了了解教皇英諾森四世新政策的價值，一方面當了解當時基督教的情形，在 13 世紀的中葉，羅馬、德國、君士坦丁的基督教徒們，互相分裂，互相排擠；另一方面，蒙古人計劃不定，1241 至 1246 年，又無領袖人物。此外，西方還傳播著有力的流言，說蒙古王公已皈依基督教。

<h1 style="text-align:center">七</h1>

英諾森四世方被選為教皇（1243 年），放下他所提議的里昂會議，即刻決定向蒙古領袖派遣三個使臣。向中國北部來者，系柏郎嘉賓，曾為西班牙及德國方濟各會會長。其餘二位則向南去，一以羅蘭為首，系方濟各會修士，取道敘利亞；另一位以安息靈為首，系道明會士，取道波斯，有西蒙與居斯加為贊助。

當報達回教主陷落（1258 年），旭烈兀（Houlagou）威名遠播。這種動人消息尚未證實前，教廷的半傳教性半外交性的使臣，在 1245 年已向東方出發。他們充滿了熱烈的希望，道經開普查及伊蘭被蹂躪的草原，枯骨暴露，沙漠北部，群山靜立，「在夜間，和著風聲，可聽到鬼哭」。在這種淒涼的景況內，羅馬使節向可汗居處策馬前進。當時亞洲西部，道明會傳教最力、組織最強者李可多（1242～1320）曾說：「即在蒙古人侵來與殘殺時，天主復活了道明與方濟各兩修會，以鞏固與傳播基督的信仰。」苦痛之後，繼以希望，這次太樂觀了，英國著名史家馬太巴黎，從聖多般修院內推測到蒙古人原是基督教徒，系猶太十支中散亡後倖存者。

實際上，蒙古侵入歐洲，給新興的兩個修會──方濟各會與道明會──一種新的熱力與方向，因為他們的志趣，是「為基督遠行的」。也如六七世紀的愛爾蘭人，徒步大陸，留下許多含有詩意的遺蹟。兩個修會的修士們，不久便組織成「為基督的旅行團」，他們的發動、規則、職責特別是初期的練習，很值得較深刻地研究。因為他們訓練這批人才，由東方語言著手，一切都是有方法的。他

們當時重要的工作，集中在克里米亞與裏海。自從回教主失勢後，由該處推進，直與亞洲中部，波斯及波斯以東的地方。熱那亞與威尼斯在黑海的商民，拉丁民族占據包士伏爾（1204 年），在交通上，自有不少的便利，給歐洲相當的利益。方濟各會的信札，既已豐富，復寓新的發現，卻未說出他們這種英雄的嘗試。

13 世紀中葉，基督教傳教工作開始，為時不久，便有重要結果。羅馬教廷將蒙古人所居地劃為三大教區，其中六個小教區隸屬於方濟各會。第一教區為亞桂命，在開普查，內有兩個副教區：加察利亞與沙萊。第二為東方教區，內分三個副教區，即東歐的君士坦丁堡，小亞細亞的脫來彼任德，波斯的達伯利池。第三為契丹教區，專管中國及東土耳其斯坦，但此教區建立較遲，往中國的使節，須經前兩教區，路途雖遠，未出蒙古屬地。此外，因契丹一名方濟各會修士，始為歐洲盡介紹中國之責。

八

派往蒙古之使節，未至大可汗處，兩人已告失敗。羅蘭動身與否，尚未可知，至於安息靈及其同伴西滿，亦未越過波斯，僅到拜住成將駐守地。他們留下一篇有價值的敘述，而文生特包凡氏竟為之妄加改寫，收入所著《歷史鏡》（*SpeculumHistoriale*）內。

1247 年，安息靈等抵波斯，蒙古成將拜住守此，欲晉謁，面呈教皇書。蒙古守校詢問來自何方，答：「奉教皇命至此。」復問教皇為何人，答言：「卓出眾人之上，視若父若君。」乃怒曰：「汝主未聞大汗為天子，而那顏拜住為其輔將乎？其名應舉世皆聞。」安息靈溫言以答。

守校見拜住後，又問安息靈：「教皇既遣來使，以何饋儀來獻？」安息靈答言：「未攜何物，教皇不以物饋人，亦不受人饋。」守校又說：「爾等欲空手見我主，前此無例可援！」安息靈回答：「倘不能入見，即請以所致書轉呈主將。」

待將教皇書譯為波斯文後，守校呈拜住，又借大汗書記出，命派選二人，覲見大汗，但以禮節問題，辯論終日，未得要領。日暮，諸教士終日未食，退居帳

中，離拜住所居帳，約有一公里遠。

四日後，安息靈等復赴營索答書，但沒有人接見。日日前去，如是者有 9 個星期。當時正在盛夏，烈日炎炎，拜住將卒，無一前近與言。西蒙說：「韃靼人視諸教士卑賤如狗。」拜住得知，怒其直言，欲殺之者三次，卒未行。

7 月 25 日，安息靈得拜住覆書，內容很倨傲：

> 那顏拜住，奉賢汗命諭汝教皇：使者賚來書，言詞倨傲，未審汝命如是，抑其自作如是？書謂吾人殺戮過重，殊不知吾人奉天命，與大地全土主人詔敕，凡降者，保其水陸與資財，復獻其兵力，凡拒抗者，則滅之。茲特諭汝教皇，朕欲保汝水陸與資財，必須親身來營納款，併入朝大地全土之主，否則其結果僅有天帝知之。茲遣使臣愛別吉薛爾吉使汝國，汝來朝與否，為友為敵，可速自決，遣使來告。七月二十日作於西田斯。

安息靈持此返教廷，出使共三年七個月，得此成績，已夠不辱君命了。

九

負著教廷使命，既未與蒙古締結成功，在俄國王公與主教前，又復慘遭失敗，這位 63 歲的柏郎嘉賓，卻享有特殊光榮，便是達到蒙古可汗的都城。他的旅行記述，題為《我們所稱韃靼的蒙古史》，系對蒙古人的風俗、宗教與組織最寶貴的史料，因為是來自他個人直接的觀察。當他回到法國，方才下馬，倦困至極，無力多言，沙郎柏納沉醉地聽人讀這部奇異的作品。當時英諾森四世派遣使臣的目的，在乎聯絡與探險，並非純粹為了傳教。柏郎嘉賓的同伴本篤，也留下一篇經略，兩文相對照，完全符合教廷的訓令。

從里昂到貝加爾湖附近，往返行程，需時二年七個月。柏郎嘉賓所歷重地，為撲拉克、包埃米、西萊銳、柏萊斯路，自此處起，本篤即加入他的行程。後過波蘭，遇瓦西里——亦名巴銳爾，系瓦拉地米與服利尼的公爵。過克拉哥維時，他買了四十多張狸皮、八十多張獺皮，作為沿途送人的禮物。後又穿過俄國及烏克蘭，他曾努力教會統一的工作。以後到戰後摧毀的基發，下得尼拜耳，過

東河，到現在的洛士都城畔。1246 年 4 月 4 日，到窩瓦河下游，約 160 公里，便是亞士脫拉干，其地住著成吉思汗之孫拔都，營帳粗陋，氣象雄偉，真是一座活動的京城。

當柏郎嘉賓到時，拔都執事官詢問有何物來跪獻，諸教士回答：「教皇不能必其使者抵奉使地，故未攜饋品，又途路艱險，勢所不能。可是我們有私物奉獻蒙古汗。」蒙古官得知來意，引赴拔都帳幕。諸教士至帳前時，須先逾兩火間，拔除不祥，火旁樹二矛，矛上繫繩，繩端系布片，凡人畜衣物必須經其下，有兩婦誦咒灑水。蒙古官命三曲左膝，勿觸門閾。及入帳，拔都高坐臺上，一妃侍側，宗室官吏坐於帳之正中，男左女右。諸教士跪陳致詞，呈教皇書。拔都命立於帳左。此帳廣闊，系得之匈牙利王。拔都善飲，每酒必作樂歌唱；性和善，唯令西方使臣前赴選舉新大可汗地。

十

直至此時，旅程雖倦困，但還可說是順利的。因瓦西里與斯拉夫貴族告給柏郎嘉賓許多蒙古人的消息，同時得到俄國嚮導許多忠實的幫忙，基發以後，一切由他們領導前進。現在卻不同了，從窩瓦河到沙郎加是一段最艱辛的旅程，復活節日，亦須行路，前途茫茫，不知生死。歐人不善乘馬，遠行更為困難。在基發時，蒙古軍旅事務員系敘利亞人，曾向柏郎嘉賓說：「要走這條路，只有乘蒙古馬，因蒙古馬能在雪底尋草，像蒙古別的動物，不需芻秣，便可生活。」

他們沒有習慣長途跋涉，自早至晚，無時停息。當離拔都營時，本篤為著事前準備，對我們說：「將腿紮住，以支持每天可怕的行程。」從復活節前 40 日，食物便起恐慌。復活節後第一週，走了很長的途程，每天要走六七站。

自窩瓦盆地起，一直到西爾達里亞，即古之伊亞沙爾脫河，入烏拉爾湖，為裏海沉落後暴露出的大平原。柏郎嘉賓經過其地後，即入峰巒層疊的山地，景色特殊，繼後近德村加根的亞拉都（Alatau）山，相傳為人類分布地點，亦即各種侵略者必由之處。經過一段長的行程後，時雖在 6 月底，仍然是冰天雪地。終於

進到蒙古，聽說不久將選舉大可汗，帝國各處的大員，差不多都已趕來。這種消息，使蒙古嚮導非常興奮，披星戴月，自朝至暮，生怕誤了這個大典。因之，不顧歐人能力，只是策馬前進，「早晨吃點晚上所剩的飯」。經過 3 個半月苦痛的行程，在 1246 年 7 月 22 日，柏郎嘉賓到了貴由可汗駐驛地：西拉奧爾都，介乎沙郎加河與奧貢爾河之間，距和林只半日行程。五年逝水般地過去，不幸承繼窩闊臺遺位的選舉尚未成功。柏郎嘉賓觀見蒙古可汗，須等四星期。貴由從拔都處得知教士西來目的，便指定一帳幕，作為教皇代表的住宿處。這種簡陋的款待，卻使一位西方俘虜即銀匠呂岱納非常感激，他為新可汗雕一寶座，並鑄一印璽，其後，回覆教皇的信札上蓋有此印。經過許多會議，選舉方得完成，定 8 月 15 日為登基大典，接著又有七天的盛宴。

柏郎嘉賓隨時考察，並一一記錄。他猜想各地所派的代表，約有四千多，有的來進貢，有的來朝賀，有的來報告。大致都受優禮，而教皇代表，成為最特殊的人物。因俄國太子耶和斯拉夫系柏郎嘉賓的同伴，得力不少。據說赴太后杜拉基納的宴會後，「忽暴死，七日後，身現青斑，為毒死無疑」。這些都使柏郎嘉賓起一種耐人玩味的沉思。關於蒙古習俗與組織，柏郎嘉賓都有豐富的記述，給當時史學家一種精確的史料和濃厚的興趣。因歐洲正被蒙古侵略，他們便竭力蒐羅旅行家的敘述，以著述動人的讀物。

十一

當柏郎嘉賓策馬向基發與窩瓦河進行時，教皇正召集里昂會議。其第 16 次會議，專門討論韃靼問題。俄國彼得亦前來參加，他是俄國一位神祕的主教，「既不曉得拉丁，又不懂得希臘與希伯來語言」，藉著翻譯，卻能回答英諾森四世所提出的九種問題。關於蒙古的宗教與信仰，人數與武力，對歐洲的企圖、條約的尊重，接見使臣的狀況，各有詳細的詢問，而前此那種深度的不安，亦逐漸明朗化。教皇當時所憂慮的，也無非是這些問題，在他的私心內，想與蒙古締結同盟，以減輕蒙古的威脅，又可解決回教問題。假使我們把俄國彼得報告，與柏

郎嘉賓就地所得的資料相較，自可看出里昂會議所得的消息與資訊，更為準確，更為豐富。

因為柏郎嘉賓居的地位太好，容易了解蒙古帝國的宗教。自得尼拜爾至黃河，自波斯灣至北冰洋，各種宗教，交相併存，如聶斯托利教、佛教、回教等。蒙古人敬至尊的天神，對景教有特殊的好感。在不同的宗教與種族間，柏郎嘉賓特別提及蒙古人的容忍與寬洪，他們有時竟對一切漠不關心。

我們應該稍加理解若望神父王國。歐洲自 1 世紀以來，即傳言東方有一王國，完全為基督教徒。此事系奧東在羅馬聽加柏拉主教所說（1145 年），繼後教皇亞歷山大三世致信若望神父，這個傳述便到處風行。攻陷達米耶脫後，維特利又播散這個故事，民間傳得分外有力。教皇的宗教政治計畫，帝王們欲與蒙古人媾和，沒有不受這傳述的影響。這個傳述的散布，一直延續到哥倫布時代，只是將內邊的英雄，由中國與印度邊境，移至阿比西尼亞了。當時，歐洲人希望這位神父是在蒙古統治的亞洲。所以柏郎嘉賓竭其所能地去尋找，結果是毫無影蹤。

十二

貴由即位後數日，柏郎嘉賓偕數國君主入覲，丞相高聲唱名，諸人屈左膝四次。入覲前有人遍搜全身，恐暗藏兵器，繼又命入門時勿觸門闌。觀見者各獻禮物，以金帛皮革為多，僅柏郎嘉賓等無物可獻。

入覲後，貴由命丞相轉告諸教士，筆述來使目的，並問教皇宮內是否有人懂蒙古文、俄文、波斯文。柏郎嘉賓回答沒有，最好的方法，是用蒙古文寫出，在觀見時，將其譯為拉丁文。帝亦採納。後數日，加答、拔拉、丞相偕書記數人，同來教士住所，譯貴由復教皇書，柏郎嘉賓以拉丁文逐字記錄，不使有誤。然後在可汗書上加貴由印璽，並附波斯譯文。可汗有意派一使臣，訪問教皇與各王公，並與柏郎嘉賓偕行，但教皇代表疑係偵探，便加以拒絕。二日後，諸教士觀見皇太后，她各賜狐裘一襲。

柏郎嘉賓的結論，以為蒙古人作新的侵略，歐洲人自然起了戒懼。實際上，

在梵蒂岡檔案中發現的貴由波斯原文信，可看出既不能締結平等同盟，又不能使蒙古人信教，如教皇當初所望。蒙古人自擬為世界之主，視他國為臣屬，因之，要教皇稱臣納貢。對於宗教，卻在那勝利高傲的言辭內，洩露出些微的好感。

11月13日，柏郎嘉賓起身回歐。次年5月9日到窩瓦河拔都營中，重新會見不能渡河的同伴，大家總以為此生不能相聚了。6月9日，他們到了基發，城內有許多威尼斯、比沙、日諾的商人。他們快樂地款待教皇代表，認是死中復活。後由波蘭、包埃米、高洛尼回到里昂。他遇著同會多嘴的歷史學家沙郎柏納。沙郎柏納系教皇的朋友，方從義大利來，請柏郎嘉賓敘述出使的經過，在他的劄記上，滿滿地記載了五六頁，英諾森四世祝賀他的使臣，祝升他為亞爾巴尼亞安地瓦利的主教。但饑寒困苦毀傷了他的健康，1252年他便與世長辭！

十三

縱使教皇使臣沒有特殊的成績，然與蒙古同盟，使蒙古人奉基督教的希望，時時活躍在歐洲人的心中。從亞洲基督徒們傳來的消息，特別是景教徒們，雖說不很忠實，卻引起生動的興趣，尤以景教教士亞達為著。在柏郎嘉賓離開蒙古後，他便與貴由往來。法王路易九世亦想派使與蒙古締結同盟，反抗埃及，並傳播宗教。

道明會教士龍如美曾研究過東方語言，他至少曉得阿拉伯、敘利亞、波斯三種文字。路易九世很敬愛他，駕崩時仍呼著他的名字。幾年來，他在近東與亞達共同工作，使景教與羅馬接近。路易遣使最可注意處是他的動機。當時（1248年）有些無名使臣，如大維與馬可，自稱奉波斯蒙古成將宴只吉帶命，來謁法王，要求同盟。信中言及已皈依基督教，並保護東方所有信徒。此外，又傳說貴由大汗已受洗禮。當時貴由患關節炎，又沉於酒色，政務委託合答與鎮海大臣處理，此二人皆基督教徒。合答系貴由之師，曾以基督教義授貴由，以故基督教在朝頗得勢。柏郎嘉賓曾見可汗帳側有一教堂，貴由似有奉教之意，其印璽之文為：「天上之上帝，地上之貴由，奉天帝命而為一切人類之皇帝。」

這些動人美麗的消息，是景教徒們偽造呢，還是過分誇張而使法王樂觀呢？

不論如何，龍如美從西撲島的尼哥西起程，經安底奧基、波斯與裏海之濱。他的行程很有趣味，給地理歷史上以很大的貢獻。按照他的敘述，我們始確定裏海的東南邊界。

當龍如美到貴由營幕時，貴由已去世（1248 年）。是年春，貴由欲赴葉密立河畔養疾，道過民舍，悉賜金帛。時拖雷妃沙兒合黑帖泥，以拔都未入朝，貴由既西行，有暗鬥之意，密遣人告拔都，囑為自備。是年 4 月，貴由行至距畏吾兒都城別失巴里七日程之地，病烈，死於道，年 43 歲。

當時接見龍如美者，系攝政皇后，所受待遇尚優，然結果不副路易九世所期。1251 年 3 月，西還報命，回至巴力斯坦凱薩垓，覲見法王，證明蒙古軍中有許多基督信徒，當派遣帶有主教神權之傳教士前往。1253 年 1 月 20 日，教皇英諾森四世於復路易信中授予全權。其時流言又起，傳說拔都之子沙爾打克已信教；成吉思汗曾與若望神父會面；蒙古軍隊內，有八百多小教堂設置在車上。路易九世的使臣便在這些誘人的傳述中出發，結果仍未成功。歷史學家冉未爾敘述蒙古女王粗陋的回答，法王的自悔語調間，流露出很悲哀的神氣。

十四

英諾森四世的信尚未到，路易九世已決定一種新的計畫，要派遣方濟各會修士盧布魯克出使蒙古，到中國邊境。這是很艱辛的旅行，需要有特殊的能力，始能勝任。

盧布魯克居然達到所負的任務。當到蒙古帝王帳前時，他安靜地唱聖誕節時的聖詠。及到可汗面前，卻沉默不言。可汗問他：

「在我面前，你是否有點恐懼？」

「怕嗎？」盧布魯克回答，「如果我怕，我不會來至此地！」

盧布魯克是當時法屬伏郎德人。他的履歷，我們不大明白。按照他的敘述，我們看出這是一個善於觀察、頭腦冷靜、有毅力、有學識的修士。說到他的身體，他筆下流露出一點描述，他說：「到每站換馬時，我肥胖的大肚，要我必須

搶那最壯健的馬。」

1252 年的春天，盧布魯克離開西撲島，經聖若翰達爾克到君士坦丁，準備行裝，補充各種必需品。因為義大利許多商旅寄居此地，與蒙古所屬地方，常有密切往來，得到各種消息。盧布魯克自然不願失掉機會。

1253 年 5 月 7 日，盧布魯克起程，坐船到克里米亞之蘇達克。同行者，尚有修士克萊芒，青年告塞爾，還有一位翻譯與僕人。這位翻譯很可憐，他最怕在那有數的字內，翻譯那講道與說理的文字，盧布魯克感到重大的失望。按照義大利商人的忠告，從蘇達克動身，便用牛車，因為盧布魯克帶有許多行裝、書籍、送長官們的禮物、葡萄酒……

十五

約在 6 月 1 日後數日，盧布魯克第一次與蒙古人接觸，「好像進到一個新的世界，或到了歷史上另一個時代」。當過柏勒告撲地峽後，正如「過了真正地獄之門」。向東行進，自蘇達克以來，「有二月多，未曾睡過帳幕，或臥露天下，或寢車下。途中不見村莊與建築物，只見荒塚纍纍……」到沙爾打克居處，盧布魯克盛裝晉謁，從者持法王禮物，沙爾打克及其諸妻甚以為異。盧布魯克呈路易九世書，並附有阿拉伯與敘利亞譯文。

這位蒙古王公並非基督教徒，且有揶揄之意。次日，沙爾打克語盧布魯克：「如欲留居國中，須經我父拔都許可。」

拔都營臨窩瓦河畔。8 月 8 日，盧布魯克等抵沙拉都，從此乘舟，直至拔都行營。抵拔都營後，盧布魯克驚奇遊牧城市之廣泛，長有三四里，人民繁庶。拔都帳居中，門向南，每帳相隔，有擲石之遙。帳以氈為，上塗羊脂，以禦雨雪。此種帳立於車上。遷時，以牛駝拉之他去，非常方便。

盧布魯克謁拔都於大帳，拔都坐金色大床，旁坐一婦人，其他男子列於該婦之左右。帳內沉寂，拔都注視甚久，繼命發言。盧布魯克祝福後，呈法王書。拔都問：

「傳聞法王率軍出國遠征，果是真的？」

「是的」，盧布魯克回答，「因回教徒汙瀆上帝居宅，故欲聲討。」

「從前是否已派遣使臣來此？」

「尚未。」

盧布魯克出帳後，有人來告：「如欲留居蒙古中國，須請命蒙哥皇帝。」拔都要將他們送至和林。盧布魯克雖聰明能幹，拔都亦和藹接見，但沒有具體成績。

十六

因為氣候關係，蒙古領袖供給盧布魯克等皮襖、皮褲、皮靴、皮襪、皮帽。此外還有兩匹馬，專馱行李。

從 9 月 15 日，由烏拉爾河向東行，路上分外艱難，饑餓難忍，深幸帶有送人的餅乾，可以救急。同時還有幾個西方俘虜，盡心服侍。

過鹹海北，越西爾達里亞河後，向東南行，漸近亞洲中部山脈，即阿拉都山北。旅程十分困難，關於食品，「因為缺乏柴火，只吃半生半熟的羊肉」。驛站和他們開玩笑，每次只留下最柔弱、最不馴的馬匹。氣候亦特寒，從 11 月 6 日起，「須將羊皮反穿，毛向內裡」。這一切的一切，盧布魯克給我們留下多少有趣的敘述。1253 年 12 月 27 日到蒙哥行營，離和林不遠了。

初次招待盧布魯克，並不如何客氣，住在低狹的茅屋，食物簡陋，反之，那些蒙古的嚮導，住在高房，喝著「米酒，使人想到烏塞爾酒」。4 月 5 日，他們到了和林，情形逐漸好轉，一直住了六個月。在這個世界商旅集團中，各種宗教相聚並行，「像蒼蠅找蜜一樣」，蒙哥很寬洪，不與任何宗教為難。盧布魯克興趣很濃厚，常與回教、景教、摩尼教、佛教等公開討論，他感到分外的快樂。此地有些公教人，大半是俘虜，加布希野系可汗的金銀匠，拔克脫系蒙哥一皇后的侍女，盧布魯克特別招呼他們。在復活節的前一星期，歐洲人士聚餐一次，盧布魯克著會衣，給他們解決良心上的各種問題。中國即是古之絲鄉，處處引起他的好奇。他是第一個歐洲人，描寫中國字體，同時稱讚中國首先應用紙幣。

十七

1254 年 1 月 3 日，盧布魯克第一次覲見蒙哥。蒙哥遇之以禮，但關於締結同盟，皈依基督教，卻不在意。是年 5 月 31 日，為最後會見，曾討論教理，盧布魯克感到剎那的吉兆，而蒙哥即刻又恢復中立態度，因為要守成吉思汗遺訓，對任何宗教，一律平等，無所偏袒。盧布魯克深感失望，認將來亦未必成功。他謙虛地說：「如果能像每瑟在法勞庭中做出許多奇蹟，蒙古人也許會改變他們的信仰。」他要求留居蒙古，結果被拒絕了。

當時，蒙哥欲派一使臣，隨盧布魯克西來，因為「所經道路不靖，難保旅人安全」，為盧布魯克拒絕了。實際是怕他做偵探。蒙哥付以手諭，盧布魯克問：「向法王送達後，是否可以重來？」

蒙哥不答，只命多帶旅行必需物品，並賜之以酒。

蒙哥致路易九世書內，首引成吉思汗諭語：「長生天命，天有一帝，地有一主。天子成吉思汗諭曰：耳可聞與馬蹄可到之地，可將此諭諭之。其不從而欲以兵抗者，將有眼而不能視，有手而不能用，有足而不能行，長生天及地上神，蒙古主之命如此。」書頗長，譯人不識，有許多處語意不明，總之態度頗為高傲。

1254 年 7 月 6 日，盧布魯克辭別蒙哥，和他的嚮導起行，由和林到窩瓦河費時共 70 日。他找著告塞爾和他的同伴，又找到他的書籍與祭衣，「只短了聖母小日課與阿拉伯文史料」。後在高加索，得威尼斯人幫助，在 1255 年 5 月 5 日，回到地中海邊。其時，路易九世已離開西撲島。從聖若翰達爾克，寄給路易九世一篇長而生動的報告，並求法王向他會長說情，准回法國看他的朋友。

他的回憶，曾被羅傑·培根充分利用，但在當時沒有柏郎嘉賓的成功。縱使盧布魯克有不可否認的功績，卻有四個世紀無人提及他，也可算是不幸了。

十八

離開和林時，盧布魯克回顧他的成績，在宗教與外交上可說完全失敗了。失敗的原因，系事前沒有充分調查，沒有確實考察西方宗教與政治領袖的態度。最

重要的，當時蒙古人徘徊在基督教與回教之間，歐洲人則不了解蒙古人的心理。倘蒙古人與歐洲人結盟成功，歷史上必起更大的變化。在歐洲方面，較之亞美尼亞王哈東第一從和林所得者，如減輕貢賦、免教會稅課、退還回教侵略地等，必不可同日而語。在蒙古方面，因交通關係，希臘、拉丁、基督教文化必然傳到蒙古，也許會產生亞洲的文藝復興？

十九

威尼斯商家中，馬可·波羅最享盛名。中世紀的地理典籍中，他曾放射出強烈的光芒。

馬可家與開普查的方濟各會，交往頗密，老馬可·波羅終時（1280 年），曾在克里米亞的蘇達克留下一所商店。他的兩位弟弟 —— 尼科洛（Niccolò Polo）與馬費奧（Maffeo Polo）—— 即往克里米亞經商（1260 年），旋即進展到布哈拉（1263 年）。3 年後，遇忽必烈使臣，使臣是派往晉謁旭烈兀（Houlagou）的，從那裡得到忽必烈即位（1260 年）消息，便由報達回北京。臨行前，蒙古使臣堅請兄弟二人隨往汗八里，覲見忽必烈。40 餘年前，驍勇不屈的成吉思汗，一日，向別人說到他的孫兒忽必烈：「你們聽這孩子的充滿智慧的話吧。」

波羅兄弟東來，目的在謀利與探奇，但間接卻發生了宗教關係。忽必烈款待他們，分外客氣，因為他們「像別人一樣，能說蒙古話」。蒙古帝王很愛聽歐洲、教皇、教會等各種事實。前此柏郎嘉賓與盧布魯克所認為戒懼者，於今已完全消失。忽必烈請波羅兄弟做他派往教皇的使臣，帶著「土耳其文的信」，要求教皇遣送「百位基督教的學者，並須通曉七藝」，藉以證明「基督教的教義是最好的」。

大可汗給予馬可兄弟護照與費用，至元六年（1269 年）四月，始返抵聖日達克，其時教皇克萊芒四世已駕崩。新教皇尚未選定，雖遇東方教會代表維斯孔蒂，亦無辦法。波羅兄弟因離鄉已久，決回故里一行，至家，尼科洛之妻已早卒，而大旅行家馬可·波羅已 15 歲矣。

維斯孔蒂被舉為教皇後，取號額我略十世，將波羅兄弟，由小亞美尼亞之洛亞操（Lajazzo）召回，囑返聖日達克，攜帶信件，偕道明會修士二人東行。不意二修士中途停止前進，不能過小亞美尼亞，波羅兄弟仍繼續行程，時在 1271 年 11 月。

二十

兄弟二人動身時，曾帶著尼科洛的兒子，即著名的馬可・波羅。1275 年 5 月抵上都，立得忽必烈知遇。從此在中國任官，到處訪問旅行，前後共 18 年。歸時，取道海路，由福建泉州起程（1292 年），經麻六甲、錫蘭與奧木茲（Ormuz），然後至威尼斯（1295 年）。他給我們留下很有價值的敘述。

威尼斯與熱那亞戰爭時（1299 年），馬可被俘，在幽禁期內，用法文向他的同伴魯斯蒂謙（Rustichello de Pise）口述在華經過，著成了這本不朽的作品。時人最注意新發現的地方，牛津公學的創辦者威克姆的威廉（William of Wykeham, 1324～1404），將它作為冬夜聚會時的讀品。聖貝廷（St. Bertin）的將士又將它收在《異聞錄》（Livre des merveilles）內。這些遊記所述的異聞，頗能刺激時人好奇的心理，加強傳教的興趣。沙郎柏納也以「異聞」為題，將柏郎嘉賓的報告添在裡面，塞勿拉克（Severac）亦將他本人與鄂多立克的遊記附入。至於馬黎諾里的記載，從第三行起，便說：「人們所稱的異聞的地方」。

馬可・波羅昆仲二次離華後，忽必烈受洗禮的消息，忽然傳到歐洲，教皇尼古拉三世重定傳教方針，派遣方濟各會修士來華。行至半途，不能透過波斯，又知受洗消息不確，只得停止進行，這又是一次新失敗。

實際上，歐人未了解當時蒙古宗教狀況。佛教勢力逐漸發展，寺廟達四萬一千，僧眾在二十一萬三千以上。忽必烈在位時，持容忍寬宏態度，各種宗教，並無差等。據馬可・波羅說，忽必烈對基督教特具好感，也許是真的，但他不久便死了（1294 年）。繼位者為帖木兒（1294～1307 年在位），其時孟高維諾已到中國。

二十一

許久以來，方濟各會會長波斯切托的聖喬瓦尼（Bonagratia de San Giovanni in Persiceto）即已籌劃傳教工作。里昂會議時（1275 年）他曾領導蒙古使臣出席。他所派往東方傳教的（1279 年），有孟高維諾，是「基督遠行隊」的會員，在東方傳教多年，波斯方濟各會的宣教工作，便是由他組織成的。

孟氏以哈東二世使臣資格，回到羅馬（1289 年）。其時北京亦遣哈班使臣至羅馬。哈班系聶斯托利派教士，享有盛名。抵歐洲後，備受歡迎，羅馬政務院招待他，英皇在波爾多接見他，巴黎大學歡迎他。當時孟氏正年富力強，精通東方語言。

孟氏有教宗尼古拉四世的通牒（1289 年 7 月 13 日）及致哈東二世、忽必烈各種信件，便動身向東出發。他擇定走南路，以便過波斯時可以結束前此的工作。當工作結束後，他離開達伯利池（1291 年），尚有兩位同行者：一系道明會修士尼古拉（Nicolas de pistoie），一系義大利商人伯多祿（Pierre de Lucalongo）。三人向南行進，由海道取向印度，從此後，再聽不到人們談論他們了。

尼古拉四世死後（1292 年），已有三位教宗繼任，到克萊芒五世時（1305 年）教廷移至亞維農（Avignon），常接停居蒙古帝國方濟各會修士工作報告，獨於孟高維諾，付諸闕如，永遠沉默。結果，人們以為他死了。

二十二

1307 年，普瓦捷（Poitiers）教廷忽然接到一封奇特的信，宛如來自墳外似的。原來孟氏尚活著，獨自在中國傳教，有絕大的成功，懇請派人贊助。第一封信，系 1305 年 1 月 8 日所寫，接著又有一封，系 1306 年 2 月 13 日，托威尼斯商人，帶至克里米亞或開普查，然後再轉寄教宗與方濟各會總會長。

東西交通至此仍然繼續，從孟氏信內，我們曉得阿黑納（Arnold I of Cologne）到了北京（1303 年），另一位，倫巴底（Lombards）的醫生，亦接踵而來

（1305 年），可是我們不知他們所走的路線。孟氏的海程，是由波斯灣、南印度、麻六甲、泉州而至北京。北路途程較短，卻常為戰爭所堵塞。

孟氏旅途情況，曾在信內敘述，那種動人聲調使人不願再加解釋：

> 孟高維諾，方濟各會修士，1291 年由波斯達伯利池起程，到印度。停居十三月，於宗徒多默所建立之教堂，付洗禮者有百餘人。路上同伴，有道明會修士尼古拉，不幸中途得病而死。我們把他安葬後，仍向前進行，來到中國，即韃靼帝國，其皇帝稱大可汗。將教宗信札轉呈後，即向他宣說教義，他雖沉溺在偶像教內，卻十分和藹待我。你們瞧，我住在這裡已有十二年了。

聶斯托利派在蒙古發展的力量與人數，真出人意料以外。成吉思汗時，其道士與修士，已免除賦稅，到忽必烈時代，創立特別官職（1289 年），專管聶派宗教的傳布。自吐蕃文獻發現後，更證明聶派的重要及在亞洲各教區的情形。

孟氏敘述聶派所播散的流言，致使工作遭受打擊，但他勇往宏毅，能夠戰勝各種困難。他曾敘述在華工作，使人驚奇：

> 五年以來，聶派製造流言，我多次在可恥的死的威脅下，被傳到法庭。承上主特佑，皇帝由別人口供內，始知我的冤枉和反對者的狡猾。終於將他們的妻兒，貶逐出去。

> 有十二年之久，在這遼遠的異域，我沒有機會「告解」。德人阿黑納修士（Frère Arnold）來後，始有辦法。六年前我在北京建立一座教堂，上面加建一座鐘樓，裝著三口洪鐘。此地約有六千人受洗禮，倘如沒有聶派蜚言，必在五倍以上。……我收養七歲至十四歲間的孩子，有四十多個，教他們學習拉丁文和公教信仰。我給他們抄了些聖詠，三十多首讚歌，還有兩本日課。有十一個孩子，已能唱經，並且懂得我們的儀式。我在與不在，他們都像修院中似的唱經。許多也能抄寫，做些日用的事情。每當他們唱時，皇帝聽著非常高興，我則點鐘敲鐘，舉行神聖的儀式。

外表上孟氏有破天荒的成功，骨子內卻感到自己力量的薄弱。擴展傳教事業的工具，時時感到缺乏，如經濟，只有公教商人的贊助，無確定的基金。另一方

面，他所聽到歐洲的消息，又非常失望：

如果沒有聶派的誹謗，將不知有多少的收穫。倘如我有兩三個助手，也許皇帝亦受洗禮。待我們修士來後，如何減輕我的疲倦啊！但是如有人真來，他當只有一個願望，即以身作則，不要只是裝作……自從許久以來，戰爭將北路阻塞，我有十二年得不到歐洲各種消息。兩年前，倫巴底醫生來此，道及教會中許多怪話，我很明白底細……

兄弟們，我想求你們，要將這信中的內容，使教皇、紅衣主教、會長們都明白。敬請我們會長，寄一本經文、聖人傳記、聖歌與有音符的唱經本，以便作為資鑑。我只帶來一本袖珍日課與小的彌撒經本。假使我有樣本，我的孩子們便會自己抄寫。

為著將孩子們分在各地，我正建一座新的教堂。我老了，不是年歲老，我才五十八啊！乃是由於疲倦。我學了韃靼的寫法與語言，即是說蒙古的普通語。我將新經與聖歌譯為蒙古語，寫得很好，裝訂甚為考究。每到誦讀時，講道時，我拿出來給大家看，借此以宣揚基督聖律。

二十三

從孟高維諾的第二封信內，我們得到一種孤獨與無力的印象：

遠遊的人，特別是為了基督，不能互相見面，亟需語言與書信的安慰，在我們可說這是一種博愛的要求。多年以來，住在關山萬里的地方，你們未得到我的任何信件，自然要奇怪。可是我的奇怪，並不次於你們，前此從未得到你們的信札與問好。似乎任何人不會再想念我，有人告我說，你們曾得到消息，說我早已死了。去年正月初，托一位朋友帶去許多信件，寄給克里米亞修會會長——這位朋友系契丹可汗的伴侶，來覲見中國皇帝的。信裡敘及了我的情形，並求會長抄一份轉寄你們。現在伴送可汗的人們已返，得悉信已寄到，那位帶信的朋友，由沙拉尹到了達伯里池。前信已說過，今從簡，不過使你們明白：第一，聶派曾虐待我們；第二，教堂與房屋皆已築成，為使一般易於了解，繪六幅《聖經》畫，題

詞用拉丁、蒙古與波斯文；第三，我收養的與受洗的孩子們，有幾個已死了；第四，自從到蒙古與中國後，付洗禮者有幾千人。

孟高維諾雖是孤獨，卻也遇著他的知友，如呂嘉隆高（Pierre Lucalongo），系在達伯里池路上的伴侶，是一富商，曾給孟氏買了一處風景很美的地方。其次，即喬治王，他出身名家，西方人稱為「若望神父」，原為聶派信徒，皈依公教，禮遇孟氏，特為輔祭，並擬建一宏偉壯麗的聖堂。孟氏信中曾這樣說：

> 喬治王死了已有六年……其兄弟復蹈往昔錯誤的路。我獨自一人，不能離開大可汗，而途路過遠，相距二十餘日行程，又難前去！但是，如有幾位助手，我們深信一切都會實現的。

因為大可汗遇之以禮，孟氏有所庇護，充滿種種希望，堅信前途的光明：

> 在 1305 年，對著可汗宮門，建起一新的居所。距宮廷甚近，只隔一條路，相距只一箭之地……在堂內，我們唱聖歌，大可汗宮內便可聽到。這事遍傳民間，如天主願意，將必有偉大的成績。

> 城內很大，新舊兩座教堂，相去兩里半路。將孩子們分做兩批，使獨自學行儀式，我是總管，每週來做彌撒……

孟氏常提及可汗對羅馬代表的優遇：

> 你們要曉得可汗帝國是世間最大的。我以教宗代表的資格，宮內享有特別位置和隨便出入會議的權利。不論任何貴賓，大可汗總是特殊待遇我。他曾聽到羅馬宮廷、歐洲各國的情形，他很盼看到這些地方的代表。

這兩封信，是東西交通史、傳教史最寶貴的資料。阿黑納曾敘述孟氏，或許為溫特圖爾的約翰（John of Winterthur, 1300 ～ 1348）改削，實質上是最可靠的。其第二封信的結尾，是愛利莫西納（Eleemosina）所摘錄，不是原文。

這些意外消息從中國傳到教廷後，激起驚奇與欣慰的情緒，對於今後傳教的工作，更蒙上一層濃厚的希望。亞維農教宗若望二十二世，分外關心蒙古傳教工作，自 1316 年至 1334 年，特別厚遇傳教士。在 1345 年，尚祝聖道明會主教，派往日本。

二十四

孟氏的第一信到歐洲後，道明會的旅行隊便做第一次試驗，為職事所阻，不能透過克里米亞，結果轉向開普查去。

1307 年 7 月 22 日，教宗克萊芒五世，祝聖方濟各會七位主教。他們要做第二次嘗試，取道海路東來，幫助孟氏工作。他們原有祝聖孟氏為北京總主教的使命，使之成為「處理東方與蒙古教務之領袖」。當時教區尚未確定，至若望二十二世時，將契丹、開普查、小亞細亞北部的教區，劃為北京教區之附庸（1318 年），繼後又加入土耳其斯坦的亞馬利克（Almaligh）、克里米亞的加發（Caffa）、裏海附近的沙拉尹、達納（Tana）及古莫克（Kumuk）。

這次教廷所派的七位主教，其結果仍未達到目的。維列納夫（Guillaume de Villeneuve）攜有英王愛德華二世致蒙古可汗信，卻未動身。其餘六位，帶著許多修士，向東方出發，可是在奧木茲（Ormuz）與馬拉巴爾（Malabar）之間，三位主教及許多修士，因水土不服，壯志未酬就死了！三位主教姓名是般池亞（Nicolas de Banzia）、亞西斯（Andreucei d'Assise）、塞佛斯道夫（Ulrich de Sey-freidsdorf）。

其餘那三位主教，亞爾伯尼（Gerardo Albuini）、柏盧斯（André de Pérouse, 1307 ～ 1326）與卡斯泰洛（Peregrin de Castello），終於來到中國。亞爾伯尼留在福建泉州，其他兩位，經三月行程，達到北京。他們祝聖孟氏為總主教，居五年，可汗賜恩，優遇異常，據當時所記，公教有十足的進展。

二十五

北京第一任總主教孟高維諾，在致和元年（1328 年）去世，享年八十有二。這是一位慈祥的老人，對於他的死，每個人都感到惋惜。公教與非公教，皆推重他的人格與道德，中國公教史，是由他光榮地創始的。

孟氏死後，教皇克萊芒五世任命佛勞倫斯（Pierre de Florence）為北京主教，協助柏盧斯，共管北京與泉州教堂。泉州向系獨立，由亞爾伯尼管理，亞氏死後，卡

斯泰洛承繼，為時不久，卡氏亦死了（1323 年）。在 1326 年 1 月，柏盧斯追懷過去，不禁悲從中來，悽慘地說：「都回到天主的懷中去了，我獨留在人世。」

如果我們考察來華人士，雖說絡繹不絕，可是感到一種悲哀的印象：即很少人到達目的地！有些因營養不足，途路艱辛，中途死了；又有些為人殺害，死於非命，如多郎地納（Thomas of Tolentino, 1255 ～ 1321）被派來華，有三人同行，當到孟買附近沙爾池脫（Salzette）島時，為回教人殺死了（1321 年）。

總之，在教皇的信札內，使節與旅行家的記載內，我們看到中國教務發達，西方懷有特殊的希望。可惜我們沒有更精確的史料，建立更精確的研究。

二十六

晚唐時，泉州已為各國商場，北宋至南宋間，更為發達，元祐二年（1087年）設市舶司。在孟高維諾未死前，泉州已劃為主教區。某亞美尼亞婦人，捐資建一教堂（1313 年），巍峨宏大，壯麗無比。亞爾伯尼死後，柏盧斯負主教重任，由北京至此（1323 年），有皇室儀仗隊護送，儼若王室宗親。

柏盧斯履任後，又建一座教堂與一所修院，在他的信內（1326年）曾寫道：

> 在城外一里餘，建修道院一，可容二十個修士。以其秀麗言，完全超過我在歐洲所見者之上。有四大間，可做宗座代表居所。

據停留泉州的義大利商人說，教會所用經費，悉由可汗資助，年約一百多金弗勞倫，合一萬多金鎊。論到宗教，聽人自由：

> 這些人們，有個共同意見，也可說共同錯誤，即認為一切宗教，皆可救靈魂。我們傳教者，可以自由行動，但不能說服猶太人和薩拉森人。反之，偶像教卻有許多人皈依，唯在信教後，並不循規蹈矩。

也是在這封信內，柏盧斯洩露出一點健康資訊：「白髮便是年老的象徵」，他精神很好，不願寫信，因為「他不明白誰活著，或誰死了」。

泉州教務繼續很發達。柏盧斯死後，又建起第三座壯麗的教堂。教皇代表馬黎諾里說：

為了那些商人，在教堂附近建設起堆棧與澡塘，由方濟各會傳教士來管理。

據克里米亞方濟各修會記載，在教皇若望二十二世與蒙古領袖信件中，許多次提及「鐘的權利」，因為蒙古人允許自由裝置大鐘，純係特殊開恩。當教皇代表道過泉州（1342 年），鐘聲鏗鏘，覺得分外堂皇。曾給兩口巨鐘行禮，賜名曰納（Jeanne）與安德特（Antoinette），裝置在薩拉森人居住的中心。在 1342 年後，阿拉伯 14 世紀大旅行家伊本‧巴圖塔（Ibn Battuta, 1304 ～ 1369），過泉州時，曾聽著這兩口鐘聲，其聲噪雜，使之難忘。因回到加發時，復聽到方濟各會鐘聲，攪亂了他的睡意，因有不快的感覺。

二十七

鄂多立克是中世紀最偉大的旅行者，亞洲東、北、中三部地帶，遍留他的足跡，所著《鄂多立克東遊錄》較之馬可‧波羅所著者，更享盛名。鄂氏誕生在烏迪內（Udine）附近小村內（1265 年），入方濟各會，繼又加入「宣道旅行朝聖團」，決志來華。取道南路，由特拉比松城（Trebizond）起身，經達伯里池、波斯、印度、沙爾池脫、馬拉巴爾、錫蘭、蘇門答臘、爪哇、婆羅洲，在廣州登陸。

鄂氏來華後，隨地考察，經泉州、福州、杭州、南京、揚州、臨津、濟寧，至北京（約 1325 年），其時孟高維諾尚在。停居三年後，離華返歐，取道內地，由陝西、四川至拉薩。

西人至西藏者，當以鄂氏為第一。約在 1329 與 1330 年間，經波斯、亞美尼亞至義大利，積勞成疾，1331 年 1 月 13 日，在烏地納逝世。方濟各修會致命冊上，著錄鄂氏之名，每年 1 月 14 日為紀念日。

鄂氏未死前，曾向沙樂納（Guillaume de Solagna）轉述其旅程記略，由克拉池（Henri de Glatz）為之繕抄，又由溫德都在亞維農為之補充，至今尚有抄本百餘種。

鄂氏著述內，頗多興趣濃厚的記載。經過中國不少的名城，他認為：「較之歐洲最大者，其壯麗與偉大，有過無不及，竟可說兩者不能相較，亦不當相較。」他曾敘述廣州，「其城之大，無人敢信」。自然要提廣州飲食，他們考究食物，自古如此。鄂氏說：「吃鵝甚為考究，做得好，裝得美，比我們的鵝竟大兩倍，價錢卻非常便宜。」

鄂氏與其忠實同伴雅各伯（愛爾蘭人）北上時，曾調查當時方濟各會事業，訪問「當地基督教徒與薩拉森人」，在泉州，遇柏盧斯，將在達納致命者遺體，安葬在教堂內。在杭州遇見同會修士，教務甚為發達，「他寄寓一位權貴家中，此人已奉教，系三位傳教士所勸化的」。繼後到揚州，得見「方濟各會的修院與教堂，還有景教的教堂與修士」。

鄂氏曾覲見泰定帝，知遇特深，並為大可汗降福。當唱「聖神臨格」時，以銀盤敬獻蘋果，因遇可汗出巡，必獻禮物，以表敬意。鄂多立克的敘述，證實「孟高維諾頗負聲望。取得帝王信任，賜以高位」。其次，「多數薩拉森人，異教者，韃靼人，在宮內亦居要職，均改變信仰」。據史家 Marien Scat 說，受鄂多立克勸化者，達兩萬餘人。

鄂多立克旅行記初到義大利時，或題其書日：「鄂多立克曾經亞維農，向教皇若望二十二世要求在方濟各會修院內選擇五十位修士來華傳教。」迫於病，返烏地納，遂即逝世，新的傳教團亦因而中止出發。

二十八

當羅馬教廷得到孟高維諾去世的消息後（1333 年），教皇若望二十二世祝聖尼古拉為北京主教，尼古拉亦方濟各會修士。次年，偕 20 位神父，6 位兄弟，起身東來，經小亞美尼亞、克里米亞，取道北路，至亞馬利克時，不能前進，即停居其地，受到意外的款待。繼後，不知所終，或者中途遇險，死於非命；或如《明史·拂菻傳》三二六卷所載，曾進入中國。無論如何，在 1336 年，他們尚未到北京。

是時，元帝遣使西往，使團領袖名安得（Andre），隨員 15 人，欲與教宗建立經常關係。1338 年至亞維農。乘使團之便，五位公教阿蘭公卿——阿蘭即奄蔡——致書教皇，非常有禮，但隱約間頗露怨意。怨北京大主教職虛懸之久；怨所招待的三四位羅馬使臣，未帶教皇綸音，以踐諾言；他們更怨可汗優遇公教，而教皇卻未與可汗取得密切聯繫。他們信中說：

> 大可汗的恩惠，可救許多靈魂……此地公教人士，深為慚愧，因西方
> 教友不忠於諾言，卻是些說謊者。

教皇本篤十二世接見蒙古使臣（1338 年），儀式隆重，即刻準備覆書與禮物，派定馬黎諾里為代表。是年 11 月終，偕蒙古代表及五十餘修士同行，向拿波里出發。在中世紀傳教史上，這是向蒙古遣使最隆重的一次。

我們所知馬氏事實，以前只有教皇任命使臣的文件及蒙古王公信件。近悉馬氏西還後，曾將其十五年（1338～1353）經歷，記錄在一堆雜錄內，這是人所想不到的。馬氏返國之次年，榮任比西尼納（Bisiniano）主教，但並未急於赴任，又曾充查理四世史官。在閒情逸趣中，以考證消磨歲月，如敘述創世紀，描寫地理夾雜許多遠東奇聞或旅程中所經的地名。「這真是藏在地層內的化石，多麼名貴啊！」

馬氏東方的見聞與印象，在中世紀地理學者中，亦當占一重要位置，他自己也說：「奇異勝過說教。」其與交通史相關者頗多，略述如次：

在開普查時，馬氏備受可汗隆重待遇，因有教皇信札及豐厚的禮物，如華貴的衣服等。繼到亞馬利克，雖說薩拉森之暴亂時已中止，但在公教方面，卻有不少犧牲。共計有歐坦的理查（Richard de Bourgogne, 858～921）主教、五位方濟各會修士、三位神父、兩位兄弟，還有一位翻譯，名若望，系新皈依者。此外尚有一位熱諾商人，名其洛（Gillot de Modeno）。這次損失甚大，馬氏停居一年，恢復傳教工作，據傳頗有進展。

1341 年終，登程向北京進發，取道天山北路。次年 8 月 19 日，抵上都。順帝優禮接見他們，恩榮備至，而尤喜教皇禮物及附有鈐章之文件。

在所著蒙古《珍異志》中，曾提及駿馬一事。1336 年時，博爾登斯勒（Guillaume de Boldensele, 1285～1339）旅行東方，得悉蒙古領袖酷愛西方駿馬，據云向教皇所求者，只是「祝福、教士、駿馬」三者而已。此次馬氏所獻之馬，有「六尺八寸高，一丈一尺六寸長，除後蹄為白色外，遍身全是黑毛」。當時文人詠歌，畫家臨繪，而以《順帝乘馬圖》最為著名。18 世紀時，耶穌會神父宋君榮，在清宮內猶見此畫，直至 1815 年，尚未失去。

二十九

當教皇代表進北京時，儀式莊嚴，有三十二位隨員，馬氏著祭衣，導以持十字架者，提香爐與唱歌者繞行於後，緩步前進。至宮中時，唱「我信云云」，為順帝特別降福，順帝虔敬接受。宮中禮遇甚渥，共居三年，有特別隨員與侍者，都是可汗派來的。食物與飲料，一切從豐，以至「燈籠所用之紙」，亦由皇家事務處供給。

在北京，馬氏見有許多教堂，信友三萬餘，常與別的宗教討論，「甚為隆重，靈魂得益匪淺」。關於中國細情，卻未詳述。其時元室內政腐敗，馬氏知大亂將臨，不願久留，離北京赴泉州。1345 年 12 月 26 日，由泉州上船，登程回歐。

馬氏善利用閒暇，生平多趣事：在爪哇，「曾騎在皇后的象上」；到錫蘭，自言已近地上天堂，看到亞當山，「便在此，亞當哭他的兒子」；在科摩林角（Cape Comorin）「仿照印度河畔的亞歷山大，豎一碑於大地一角，直至世界末日，佐證他是教皇的代表」。

馬氏回到歐洲後（1353 年），教皇英諾森六世得元帝覆書，證明蒙古帝國內，有許多基督教徒。遂舉行亞西斯會議（1354 年），選定教士，祝聖主教。在 24 位會長實錄內，提及此事，語頗悲憤：「因為處理者漠不關心，以故沒有成績。」這是最大原因，但還有兩種原因，亦不能忽略：一、如歷史學家瓦定所言，聽說蒙古戰事已起，所以擱置；二、瘟疫發生（1349 年），「疫症重大如此，致有三分之二修士去世」，許多方濟各會修院，竟無人居住。

三十

此後，東西交通復沉淪於黑暗中。教皇烏爾巴諾五世（Urban V, 1310～1370）欲重整旗鼓，恢復遠東傳教事業，在 1370 年 3 月 11 日，任命伯拉脫（Guillaume de Prat）東來，八位教授隨行。伯氏係神學專家，曾在牛津大學研究。

自教廷決定派遣使臣後，即盡三月之力，以為準備，一切都想到，如特許主教權利、書籍、證件、信札，以至授洗方式。在這些特權內，有一條最使人感到悲哀：

因為途路遙遠與旅途困難，大主教不必每四年述職一次。

可是，如果他們離開歐洲，正如當時紀錄中所說，他們將遇到何種命運？能到達目的地嗎？到了亞洲什麼地方？無影無蹤消失了嗎？這些問題，彷彿落在沉靜中，永無解答的一日。

當教廷作最後努力時，中國政治已起了大變動，將一切希望毀滅了。元朝滅亡（1368 年），公教的依靠亦隨之而倒。因為雖有孟高維諾的成功，但在中國人意識中，並未立下深固的基礎，不足抵抗這翻天覆地的變更。

元朝滅亡後，在西方有兩世紀之久，無人提及中國，更不論「東方奇聞」了。對於那些拜占庭的學者們，中國位置，又變作不可思議。在 15 世紀末，有一學者，竟將中國放在裏海附近，又有人放在印度河與恆河之間。我們在當時旅行家記述中，看不著前人所提的途路與城市了。

三十一

這百年多的中西交通 —— 自里昂會議（1245 年）至馬黎諾里西還（1353 年）—— 蓬蓬勃勃，有春花怒發之概，及至元亡，風吹雲散，一切毀滅，於是歐人發問：利瑪竇與南懷仁所稱之中國與北京，是否即馬可・波羅與孟高維諾所稱之契丹與干巴利克？

　　至於他們所留遺物，最重要者，為弗羅倫斯羅郎地納（Laurentiana）圖書館內所存的《聖經》，寫於 11 世紀，系羊皮質，是 17 世紀時耶穌會柏應理司鐸從中國人手中買得的。

　　沉默與屍骸永遠葬在墳墓內！當我們想到這些遼遠的往跡，對這些富有詩味的英勇開創者，自當予以崇高的敬意。

附記

　　杰人司鐸來信，囑為《宗教與文化》撰稿，乃依該林克（Ghellinck）氏所著《13、14 世紀中國之方濟各會》，草就此文。如有補於中西交通史於萬一者，那便是意外的收穫。

宗臨記於廣西大學

從西方典籍所見康熙與耶穌會之關係 [126]

一

從西方典籍，我們可見康熙與耶穌會之關係，其重要性，不只闡明東西文化上各種關係，而且可補正史之不足。筆者欲將所收資料，申論一二，其錯誤自必不少。

白晉來華後（1688 年），出入宮廷，時常接近康熙。十年後，《中國皇帝康熙傳》刊印，[127] 頗多特殊記載，其論及康熙相貌時，曾說：「貌像尊嚴，身體分外勻稱，微高於一般人士，面容整齊，眼睛生動，較普通者略大。鼻圓而尖，微向前伸，臉上雖有幾顆天花遺痕，卻不減輕引人的力量。」[128] 康熙信任白晉，[129] 其言頗足信征。

當時西人記述，咸稱康熙為有德之君，使人敬畏。故西方人士稱之為「中國路易十四」，[130]《傳信集》[131] 風行全歐，其序言中說：「康熙的靈魂，特別偉大，取巧與欺詐都不敢逞顯。他記憶力特強，[132] 遇大事有決斷，凡斷一事，非常慎重，必不冒險，可以說永遠能夠控制自己。」[133]

康熙與耶穌會人士之間，交往甚密，過從和諧，推其原因，康熙重在致知，西人重在傳教。因而非耶穌會人士，肆意攻擊，以彼等崇尚虛榮，冀伏於權貴之下，遂引起糾紛許久，至為不幸之禮節問題。[134]

127　Portrait historique de l'empereur de la Chine.

128　同上，第 11 頁。

129　在巴黎國立圖書館內，余曾見白晉法文日記一，號碼為 Français 17240，言及如何教授康熙數學，已影印回來，將譯為中文。其次，在《康熙與羅馬使節關係文書》內，第十三件內說：「在中國之眾西洋人，並無一人通中國文理者，唯白晉一人稍知中國書義……」

130　Brucker, Communication sur L'exécution des cartes de la Chine par les missiounaires du XVe siècle d'après documents inédits, Paris, p.387, 1890.

131　《傳信集》系耶穌會來華教士寫往歐洲之信，原名為 Lettres edif fiantes et curieuses écrites par des missionnaires de la compagnie de Jésus mémoines de la Chine det. T. chez Gaume Frères 1831 ～ 1832.

132　南懷仁隨康熙外出，遇一鳥，常向西語作何音，南懷仁以弗拉曼（Flamand）語對。過數年後，帝又遇同種鳥，仍能以弗拉曼語呼之。見 Bouvet, op, pp.30 ～ 31。

133　《傳信集》，T. XXIII, p.18。

134　禮節問題，非常複雜，容另立專文論述，其要點為，耶穌會主張尊孔敬祖先，非耶穌會人士反對之，結果以政治關係，耶穌會失敗。1941 年 2 月 24 日，梵蒂岡合眾社電，羅馬教廷允許供奉孔子，以其為民族英雄及大哲學家。

試舉一例，湯若望位列欽天監監正，加太常寺少卿銜時（1645 年），安文思（Gabriel Magaillans, 1610 ～ 1677）雖為同會修士，卻盡力抨擊，堅請若望辭職。羅馬公教大學教授，組織一委員會，討論此事，經十五年之久，耶穌會會長奧利瓦（Giovanni Paolo Oliva, 1600 ～ 1681）得結論如此：「湯若望居此重位，並無不合適處，不只地位尊榮，而且借此可以傳教。」[135] 時 1664 年 1 月 13 日。

二

康熙與耶穌會人士關係，頗為複雜與微妙，究其蘊底，首當歸於康熙天性。《傳信集》敘述康熙天性時，言具有三種特質：「寬仁、明智與好奇。」[136]

這些特質，說明熙朝之偉大。寬仁必近人性，明智必重理性，好奇必貴經驗，趨重科學，此種精神，正合歐洲 18 世紀思潮。在《中華帝國志》[137] 內附有哈克（Raquet）審查書，以康熙與路易十四並稱，他說：「法國耶穌會人士，分外受人敬重，他們的才智與精神，博得 18 世紀最偉大的兩位君主寵幸與保護：路易十四與康熙。」[138]

康熙之寬仁，可取故宮發現文獻佐證之：「上面諭爾西洋人，自利瑪竇到中國，二百餘年後並無貪淫邪亂，無非修道，平安無事，未犯中國法度……」[139] 其待鐸羅，縱使立於相反地位，康熙仍以寬柔為懷，「傳與鐸羅寬心養病，不必為愁」。[140] 所以德禮賢下此結語：「康熙以後的清朝君主，雖則依舊重視教士們的學術，卻已痛恨著他們的宗教。」[141]

康熙實有清一代度量最大者，西人視之為超人。名畫家王致誠致亞蕭（As-

135　J. de la Serviere, Le P. Adam Schall d'avec un ouvrage nouveau reçue d'Histoice des missions, pp.519 ～ 521, 1934.

136　Let. Editeur, T. Ⅹ Ⅹ Ⅴ , p.16.

137　《中華帝國志》系 Du Halde 所著，原名為：Description Géographique. Historique chronologique politique et physique de l'empire de la chine Henri Scheurleer La Haye 1736, 4Vol.

138　《中華帝國志》第 1 卷。

139　《康熙與羅馬使節關係文書影印本》第十一件，康熙五十九年十一月十八日。

140　《康熙與羅馬使節關係文書影印本》第一件。

141　德禮賢：《中國天主教傳教史》，第 81 頁。

saut）信，論及過去說：「此地只有一人，即皇帝。」[142] 但是從另一方面看，這種贊語，表示一種絕對權力，杜赫德說：「康熙之功績與光榮，遠颺海外，全歐與一重視與崇敬。」[143]

三

康熙朝之隆盛，為清代特有，杜赫德說：「中國享受太平，由康熙皇帝智慧所致。」[144] 以公教論，康熙視之為外物，卻能一視同仁。當西人爭論禮節問題時，康熙親手寫道：「凡各國各會皆以敬天主者，何得論比此（「彼此」之誤），一概同居同住，則永無爭竟（系「競」之誤）矣。」[145]

自西方人士看，康熙「生於迷信中」，[146] 而馬若瑟卻在致謝士信中說：「最使我們安慰處，是皇帝很贊助公教。」[147] 倘若沒有別的文獻參證，幾疑西人自作宣傳。如安文思死後，康熙十八年（1679 年）四月初六日所下詔諭：「諭，今聞安文思病故。念彼當日在世祖章皇帝時，營造器具，有孚上意，其後管理所造之物，無不竭力，況彼從海外而來，歷年甚久。其人質樸夙著，雖負病在身，本期療治痊可，不意長逝，朕心傷憫，特賜銀二百兩，大緞十匹，以示朕不忘遠臣之意。特諭。」[148]

142　Let. Editeur, T. ＸＸＸＶ, p.24.

143　Description de la Chine, T. Ⅱ, p.6

144　Description de la Chine, T. Ⅰ, p.4.

145　《康熙與羅馬使節關係文書影印本》第二件。

146　Louis 1e Comte, Nouveaux Mémoiressurl'étatprésent de la Chine, T. Ⅰ, Epitre, J. Anisson, Paris, 1696.

147　馬若瑟，即元劇《趙氏孤兒》之譯者。其致謝士信，為 1699 年 2 月 17 日，見 Let. Editeur, T. ＸＸＶ, p.89。

148　安文思，字景明，路西大尼亞國人（即葡萄牙人）。明崇禎十三年庚辰來華，傳教四川等處，幾死者數次。順治五年戊子來京，遇寵。死後葬於阜成門外滕公柵欄，著《復活論》二卷。

四

　　白晉敘述康熙，有一段文章，可知康熙之處世接物：「康熙好發問，不肯先說出自己的主張，聽人所說後，退朝閒時默想，未見有帝王如是考慮所見所聞者。」[149] 此種態度，非但表示謹慎，而且接近科學精神。

　　明末清初之科學介紹，多人言其重要矣。康熙知其重要，禮賢下士，必潛心研究。羅馬梵蒂岡圖書館內，藏有康熙治代數文獻，證明皇帝之好奇與好學。如「朕自起身以來，每日同阿哥等察阿爾熱巴拉……」[150]

　　西學給康熙影響不小，白晉論及此時，以一種高傲的態度說：「自從許久以來，耶穌會人士，給康熙世界各國知識，同時贈與許多精美之著述，特別是關於西方各種科學，使康熙明白：不只中國有科學與藝術優秀的人才，外國也有……」[151]

　　康熙好奇，似乎取重實用，非為純知。杜赫德論及康熙治學時說：「於處理國政大小事件外，猶能有時間研究科學……康熙嗜好之科學，為幾何、代數、物理、天文、醫學與解剖學。」[152]

　　因為愛知與好奇，康熙臥室內，所陳列者不是古物與藝術品，乃是科學儀器。「介乎許多儀器中，最使康熙皇帝高興的是平準器，上面裝著帶秒針的時計，測驗非常準確，他將之陳列在臥室內。」[153] 這不是臥室，這是一所實驗室。

五

　　「以科學與理智征服知識階級」，[154] 是耶穌會傳教唯一的方法，於明清之際，在中國有意外的成功。有明一代，除《天工開物》與《徐霞客遊記》外，科學著

149　Bouvet, op, p.28.
150　羅馬梵蒂岡圖書館內：Borg Cin. 439，見附錄。
151　Bouvet, op, p.3.
152　Du Halde, op, T. Ⅰ, pp.478～479.
153　Bouvet, op, pp.142～143.
154　G. S. de Morant, L'épopée des Jésuit es français en Chine, p.43, Grasset, 1924.

述，實鳳毛麟角。自航路發現後，西學逐漸流入東土，天文與數學尤為士大夫所嗜好，形成一種新景象，[155] 縱使無驚天之偉績，然開創之功，實不能寂然埋沒。

皮諾特在其名著中說：「因為中國人對數學天文的推重，耶穌會人士備極讚揚中國精神……實際上並非如是。」[156] 皮諾特文意，認為西人只做誇浮宣傳，不近事實。《明史・義大利傳》內說：「其國人東來者，大都聰明特達之士，意專行教，不求祿利，其所著書，多華人所未道，故一時好異者咸尚之。」

康熙重人才，絕不肯放過西方有學之士，巴黎刊印《現代著述評論》中說：「中國傳教之耶穌會人士，不僅信德高尚，而且精通文學、幾何、天文，在歐洲為知名之士。」[157] 這是一種科學傳教政策，耶穌會視科學為有力工具。白晉很坦白地說出：「一個世紀的經驗，天主要我們利用科學來華傳教，現在似乎更為需要。因為從此以後，借科學的力量，可以擊潰偶像的崇拜。」[158]

1703 年 2 月 15 日，洪若翰（Jean de Fontaney, 1643 ～ 1710）寫信給謝士說：「11 月 2 日，皇帝宏恩要我們進京，並言凡諳數學者，皆留宮效力，餘者任去內地各省，各從其願。」[159]

康熙仁厚，珍念遠臣，自採取一種懷柔政策，而西方人士之品德與學識，亦為重視的原因。倘如從人性方面看，除這些冠冕大道外，尚有別種細微原因，雖不重要，而實能博得帝王之歡心。

羅馬梵蒂岡圖書館內，有一文獻，很可說明耶穌會處處用心，不肯放鬆一個機會。「……前者朕體違和，爾等跪奏西洋上好葡萄酒，乃高年人大補之物。即如童子飲乳之力，諄諄泣奏，求皇上進葡萄酒，或者有益。朕即准其所奏，每日進葡萄酒幾次，甚覺有益，飲膳亦好，今每日竟進數次，朕體已經大安。念爾為朕之誠心，不可不曉諭……」[160]

155　參看《中國近三百年學術史》第 13、14 頁。

156　V. Pinot, La Chine et la formation de l'esprit philosophique en France, p.21.

157　《現代作品概況》，原名：Obervation sur les écrits modernes 1736, T. VI, P.284.

158　Bouvet, op, pp.250 ～ 251.

159　Let. Editeur, T. XXVII, pp.76 ～ 77.

160　梵蒂岡圖書館：Borg Cin.3，見附錄。

六

　　康熙重用西士，亦一實利問題，《熙朝定案》內，載有事實如次：永定河決，盧溝橋費八萬餘金始告成，未幾有石料經過，有重十餘萬斤者，恐傷橋，工部擬用木料護之，猜想約費萬金。「奉旨著用西洋滑車拉過，仁等遂以絞架滑車數具運之，每架用十餘人，共出數百斤之力，俄頃過橋，甚為輕便，並無損傷，且有護橋之費。」[161]

　　來華耶穌會人士，實際是技術人員，《傳信集》內，頗多此種記載。如「劉應（Visdelou）受康熙之命，至內地各省治河」。[162] 所以，皮諾特以一種含譏語調說：「在耶穌修士生活中，手藝 —— 如強稱之為機械學，亦未嘗不可 —— 較數學占重要的地位。」[163] 但是，耶穌會人士，並不視此為侮辱，相反的，這是一種光榮，他們的目的在傳教。結果，他們勝利了。

　　1692 年 3 月 22 日，康熙下詔諭，保護全國教堂，允許人民信仰自由，有人比之如君士坦丁大帝（Constantin）。

　　我們只舉一件小事：從康熙五十年到六十一年（1711 ～ 1722），康神父一人購買房地，有十五處。[164] 這雖不足說明教會發展，但是亦可窺見一斑了。次之，雍正十年，清朝禁教，廣東總督報告，在廣州一城內，有教堂八所，教友超過一萬以上。[165]

161　仁即南懷仁，此文系康熙十年十一月十四日，見《熙朝定案》第 2 ～ 3 頁。
162　Let. Editeur, T. XXVI, p.96.
163　Pinot, op, p.23.
164　羅馬傳信部檔案，見附錄。
165　見《從教外典籍見明末清初之天主教》。

七

1703 年，洪若翰說，「康熙不惜手執圓規」，[166] 靜聆雅教。這是一位好學生，進度很快，「在短時期內，其才智穎出，著有《幾何學》一書」。[167] 白晉為康熙教授，亦曾言及：「讀歐克里德（Euclid）《幾何學》，從頭到尾至少有 12 次之多。」[168] 這可稱之為帝王治學的佳話。

康熙治科學，亦重在實用，南懷仁所教者，復請安多默（AntoineThomas）解釋，特別是關於測量器具、應用幾何學，凡事有如學者們，他要徹底明白。

康熙科學知識頗廣，當時批評《中華帝國志》者，曾論到康熙科學範圍，有光學、物理學各種實驗、反射學、透視學、靜力學與流體力學。[169] 為此，康熙特別優待他們，使之取得尊榮地位。白晉說，康熙要他們坐在身旁，除太子外，無人同享有此尊榮者。[170] 不是誇張，這正是中國教師之大道。

八

自康熙三十一年詔諭後，事實上，宗教已成公開性質。郭弼恩敘述康熙對公教意見，認為「絕無邪亂之處」。[171]1693 年 7 月，欽賜法國耶穌會修士房屋一所，位於皇城內。六年後，特許建立教堂，據《傳信集》中稱：「帝遣使前來，以志殊恩。」[172] 洪若翰亦說，當康熙二次南巡時（1689 年），曾問：「所過之處，是否亦有教堂。」[173] 而最使人驚奇者，帝遣特使至南京與杭州，「代帝行祭，並

166　Suoeo Goto les Premiers Echanges de la civilisation d l'orient et L'occident dans les temps. moderne, Revue de littérature comparée, Examen 192. p.4.

167　Suoeo Goto les Premiers Echanges de la civilisation d l'orient et L'occident dens les temps. moderne, Revue de littérature comparée, Examen192. p.4.

168　Bouvet, op, pp.128 ～ 131.

169　Obervation sur les écrits modernes, T. Ⅶ , P.17.

170　Bouvet, op, p.165.

171　Gobien, Histoire de L'étude de L'Empereur de la Chine en France la religion chrétienne, p.126, J. Anisson, Paris, 1698.

172　Let. Editeur, T. Ⅹ Ⅹ Ⅴ Ⅰ , p.127，這所教堂毀於 1827 年。

173　Let. Editeur, T. Ⅹ Ⅹ Ⅴ Ⅰ , p.106.

詢實況」。[174]

　　康熙不反對宗教，然亦無堅確信心，其優待西方人士，可說是外交手腕，以示大國風度。證據在開教詔諭下後，隨即遣人告來華西士：「須寫給各省傳教士，善用此種特許，毋使各地官吏有所控告。反之，朕即立刻撤銷。」[175]

　　又在《清室外紀》，亦敘及康熙與宗教：「前傳聞中國皇帝有入教之意。不知汝曾聞之否？但此消息不甚確實，余今日亦尚疑之。」[176] 耶穌會人士亦明白康熙心理，《傳信集》有許多處提及，唯西人精神，始終不認失望存在，一片痴誠，相信他們的方法。第一步，借實用科學，取得康熙與學者們的同情，俾有接近機會。第二步，指出儒家理論與公教理論吻合，正如皮諾特所說：「這樣，中國人視公教非舶來品，不特不與中國習慣與歷史相衝突，而且是表現中國歷史與習慣的。」[177]

　　這種傳教方式，雖受人攻擊，卻是得到教皇英諾森十一世（Innocent XI, 1611～1689）之允許，1681 年 12 月 3 日致南懷仁信中說：「承天之助，在中國傳教，須借重你與你一樣的人物……」[178] 因之，西人憧憬著一種幻想，不說「康熙是公教的保護者」，[179] 即說「在一世紀內，中國會成為一個公教的國家」。[180]

　　允礽廢立後，康熙沉入「深痛中，心臟弱，跳得很快，臥病幾死」，[181] 羅德先進藥，痊癒，遂榮任內廷御醫。這在康熙與耶穌會人士關係上，又多一層友誼。

174　Let. Editeur, T. ⅩⅩⅥ, p.107.
175　Let. Editeur, T. ⅩⅩⅥ, pp.125～126.
176　《清室外紀》第 2 章。
177　V. Pinot, op. p.2.
178　Brucher, La compagnie de Jésus, p.62, 1912.
179　Let. Editeur, T. ⅩⅩⅥ, p.127.
180　Bouvet, op, pp.42～44.
181　Let. Editeur, T. ⅩⅩⅧ, p.52.

九

康熙重用西士，最顯著結果，為公教之發展。陳垣先生從教外典籍中，立有精論。史學家萬斯同有句說：「流入中華未百年，駸駸勢幾遍海內。」[182] 西人善利用時機，深入宮中內部生活，難免參與機密，穆敬遠（Joannes Mourao）事，即一證例。余在羅馬獲兩種文獻，可以說明雍正即位後宗室與禁教之慘劇。[183]

康熙一朝，耶穌會人士居高位者，頗不乏人。在欽天監有南懷仁與戴進賢；中俄訂《尼布楚條約》時，張誠等隨索額圖前去，訂最公平條約。其他如白晉、巴多明等，皆受特寵。「當奉旨外出時，樂隊先行，丁馬衛護，坐八人轎，旁有仗儀與萬人傘，威風凜烈，實非筆可形容。」[184] 皮諾特是不大同情耶穌會的，他說：「一件朝衣，便是一張品德的證件。」[185] 這雖是一種譏笑，卻有一部分真理。

洪若翰知道受西方人士指摘，在一封信內說：「我可向你保證，我們絕不貪求這些虛榮，並且竭力設法避免過。但是在中國，奉旨行事，自己不能做主，不得不如此。」[186]

西人在熙朝供職，其重要乃在溝通東西文化，容後專述。只地理一項，便可見到一斑。「中國地理最偉大時期，乃在 1687 年。是年法國派去許多知名學者，如張誠、劉應、李明、白晉等，由於他們的工作，我們始有亞洲東部歷史、人種、地理的知識與文獻。」[187] 聖馬丁（St. Martin）的話，並非過言。

十

1722 年 11 月，聖祖駕崩，這於耶穌會是一重大的打擊。殷弘緒（Père Fran-cois Xavier d'Entrecolles, 1664 ～ 1741）寫給杜氏說：「幸福的時候完結了，與

182　參看陳垣著：《從教外典籍見明末清初之天主教》。

183　羅馬梵蒂岡圖書館，Borg Cin.439, 羅馬傳信部檔案室，東方文獻，T18, p.536, 見附錄。

184　Gio Chirardini，Relation du Voyagefaità la Chine sur le Vaisseau l'Amphitrite. en l'année 1698. Paris chez Nicolas pepie, pp.73 ～ 75, 1709.

185　Pinot, op, p.3.

186　Let. Editeur, T. X X Ⅶ, p.18.

187　Vivien de stmartin, Histoire de la Géographie Paris, p.401.

這位大帝一起完結了。」[188] 37 年後，錢德明談到宋君榮之死，寫給學者里斯勒（L'Dsle），回想到光榮的過去，語調中含著沉痛的悲哀。他說：「在北京，在中國，一切都改舊觀，保護聖教會的康熙，偉大的康熙不復存在了⋯⋯」[189]

附錄一　共四件

（一）字啟

傅先生知爾等所作的阿爾熱巴拉，聞得已經完了。啟立刻送來以便手訂，明日封報莫誤。

二月初四日　和素　李國屏　傳

Borg Cin.439

（二）啟

傅巴杜　先生知二月二十五日

三王爺傳旨：去年哨鹿報上發回來的阿爾熱巴拉書，在西洋人們處所有的西洋字的阿爾熱巴拉書，查明一併速送三阿哥處，勿誤，欽此。帖到可將報上發回來的阿爾熱巴拉書，並三堂眾位先生所有西洋的阿爾熱巴拉書，查明即刻送武英殿來，莫誤。

二月二十五日　和素　李國屏　傳

Borg Cin.439

（三）

諭王道化，朕自起身以來，每日同阿哥等察阿爾熱巴拉新法，最難明白，他說比舊法易，看來比舊法愈難，錯處亦甚多，鶻突處也不少，前者朕偶爾傳與在

188　Let. Editeur, T. ⅩⅩⅩⅥ, 211p.101.
189　Let. Editeur, T. ⅩⅩⅩⅦ, pp.12～13.

127

京西洋人開數表之根，寫得極明白，爾將此上諭抄出，並此書發到京裡去，著西洋人共同細察，將不通的文章一概刪去，還有言者甲乘甲，乙乘乙，總無數目，即乘出來亦不知多少，看起來此人算法平平爾，太少二字即是可笑也。特諭六月二十二日二更報到奉旨，朕在這裡都算得了。雖然，仍教他們算完啟奏。欽此。

Borg Cin.439

（四）

十月十八日奉上諭新阿爾熱巴拉，朕在熱河發來上諭，原有著眾西洋人公同改正，為何只著傅聖澤一人自作，可傳與眾西洋人，著他們眾人公同算了，不過著傅聖澤說中國話罷了，務要速完。欽此。

王道化 傳

紀先生知

Borg Cin.439

附錄二

四十八年正月二十五日奉上諭：西洋人自從南懷仁、安文思、利類思、徐日升等在內廷效力，俱勉力公事，未嘗有錯，中國人亦多不信，朕向深知其真誠，所以可信。即歷年以來朕訪查爾等之行，實並無過犯，況非禮之事斷不去做。前者朕體違和，爾等跪奏西洋上好葡萄酒，乃高年人大補之物，即如童子飲乳之力，諄諄泣奏，求皇上進葡萄酒，或者有益。朕即准其所奏……朕體已經大安。念爾等為朕之誠心，不可不曉諭，今將眾西洋人傳在養心殿都叫知道。欽此。

附錄三

　　羅馬傳信部檔案處藏有大宗東方文件，當余抄錄各樣交通史料時，隨時發現康熙時傳教士購置產業契約，皆系抄稿，余一一攝記，共二十件。

時間	賣者	買者	性質	價錢	地址
康熙 三十七年八月	袁士隆	思邊	房	一百五十兩	錢塘縣馨如坊
康熙 四十年七月十五日	劉象乾	西洋 南、勞	房	三百八十兩	壩口街西
康熙 四十一年九月	張孟升	天主堂	房	三百兩	虞子號安著
康熙 四十三年十月十三日	齊門徐氏	天主堂梅	房	三百五十兩	長安縣含光坊前水池
康熙 五十年六月十六日	劉太緒	西洋康	房	十六兩二錢	南關
康熙 五十一年二月十六日	龔席珍	天主堂康	房	二百四十兩	
康熙 五十二年九月十一日	郭起鳳	西洋康	房	一百兩	
康熙 五十二年閏五月十六日	方燭碧	西洋康	地	四十兩零二錢	城南石長屯
康熙 五十四年八月十三日	沈起貴	康	房	二百六十五兩	西壩口街
康熙 五十五年正月初十	衣袞	西洋康	房	五十兩	
康熙 五十五年六月	方自西	西洋康	地	二十二兩六錢八分	城南石長屯
康熙 五十五年九月二十二日	張繼禎	西洋康	地	五兩二錢四分一厘三毫	
康熙 五十七年二月二十二日	劉子器	西洋康	房	三十兩	西壩口街

康熙 五十七年七月十三日	方燭碧	西洋康	地	五十一兩零四分	
康熙 五十九年三月初十	方升大	西洋康	地	五兩二錢二分	
康熙 五十九年十二月十六日	方燭碧	西洋康	地	八兩五錢四分	
康熙 六十年二月初四日	董殿邦	天主堂 穆、巴	房	八百兩	南海甸街
康熙 六十年十一月初七日	劉司興	西洋康	房	六十五兩	西垻口
康熙六十年五月二十二日	李貴榮	西洋康	地	二兩八錢一分	
康熙六十一年五月二十日	任禮存	西洋康	房	九百兩	北門里

總計：在 24 年內（康熙三十七年至六十一年）所買房十三，地七，而康神父所購者有十五，共費銀三七八一兩九三一三。

附錄四　共二件

（一）

財買結塞思黑行止惡亂，謀望非常，暗以資賢人心，且使門下之人廣為延譽，稱其仁孝，誇其相貌，如西洋人穆敬遠伊皆收為心腹，各處為之揄揚，以希圖儲位，眾人所知。

又畏罪而詐稱有扶杖而行反，私向西洋人穆敬遠云，因皇父欲立我為皇太子，我是以詐病迴避，僭妄無恥，莫此為甚，眾所共知。

允䄉往軍前時，塞思黑又私與密約，若聖祖皇帝聖躬欠安，即遣人馳信軍前，以便計議。此秦道然、穆敬遠吐供明鑑，眾所共知。

塞思黑初到西寧時，穆敬遠恐將來移住口外，向塞思黑私慮，塞思黑云，你不知道越遠越好。據此，即心懷悖亂顯然，眾所共知。

在西寧時，於所居後牆，潛開窗戶，密與西洋人穆敬遠從窗戶往來，商謀計

議，行蹤詭祕，眾所共知。

又與穆敬遠商議，欲將資財藏匿伊所。又令穆敬遠覓人開舖，以便將京中帶來信悉物件，先放舖中，慢慢送與塞思黑處，有何機密詭詐若此，眾所共知。

塞思黑又向穆敬遠云，前日有人封一字叫我的太監送進來，上寫山陝百姓說我好又說我很苦的話。我隨著人送還此字，並向伊說，我兄弟沒有爭天下的道理。當時穆敬遠勸塞思黑將此人拿交楚仲，塞思黑云，若拿交楚仲，此人就吃大虧了。此等奸民，塞思黑不即行拿交該管官員，又恐其吃虧，縱令逸去。至云我兄弟沒有爭天下的道理，塞思黑身在拘禁，無權無勇，屬下無人，而尚為此不爭天下之語，則其平時念念不忘爭天下，積想成痴，至今日，衝口隨心，在在皆成悖逆，眾所共知。

羅馬傳信部檔案處 T.18 P.36

（二）雍正四年六月二十二日

刑部為請旨事，會看得穆敬遠附和塞思黑，朋奸不法一案。據穆敬遠供：

我在塞思黑處行走有七八年，他待我甚好，人所共知，如今奉旨審我，不敢隱瞞。

當年太后欠安，聽得塞思黑得了病，我去看，他向我說，我與八爺、十四爺三人有一個皇太子，大約我身居多，我不願坐天下，所以裝病成廢人。後十四爺出兵時說，這皇太子一定是他。這都是塞思黑說過的話。

我原與年希堯相與，在年希堯家會過年羹堯，後年羹堯在口外，塞思黑寫了何圖名字，叫我拿到年羹堯處，托他照看。我問他要什麼西洋物件，他說別的都不要，就只愛小荷包。我就向塞思黑說，他叫我拿了三四十個小荷包給年羹堯，他留下了。我因向年羹堯說，塞思黑大有福氣，將來必定要做皇太子的。原是我讚揚他的好處，要年羹堯為他的後，年羹堯向我說，皇上把九貝子罵了。我聽見這話心上不服，因對他說：皇上罵九貝子是作用不足為憑的，怕年羹堯不信我的話，所以向他這樣說的，如今一字不敢隱瞞。

塞思黑將到西寧時，我向他說，我們到了西寧，皇上若叫我們出口，如何受？塞思黑說越遠越好，看他的意思遠了由他做什麼了。塞思黑原與阿其那允禩很好，自皇上登基後，他不如意，雖不說，我在旁也看得出來。他到西寧後，有驛夫張五往來寄信，他兒子五阿哥到西大同來，塞思黑向我抱怨，塞思黑的五阿哥告訴塞思黑說，他家人太監把允禵當日出兵時，曾囑咐塞思黑若聖祖皇帝但有欠安，帶一信給允禵的話，塞思黑也向我說過，這話是有的。在西寧聽有十四爺處抄出塞思黑的帖子，他向我說，我同十四爺往來的帖子，我原叫他看了就燒，不知道他竟把帖子留下不燒，也為這事抱怨十四爺，我如今想來，他們帖子不是好話，塞思黑在西寧常向他跟隨人抱怨說把我一人怎麼樣了，也罷了，把我跟隨的都累在這裡，我心上過不去，若他過一平安日，我死也甘心。底下人聽這話都感激他，我也說他是好人，造出字來寫信叫兒子，不願帶累他們，邀買人心，中什麼用。我有一本格物窮理書，他看了說有些像俄羅素的字樣，這字可以添改，不想他後來添改了，寫家信我不知道。

　　我住的去處與塞思黑只隔一牆，他將牆上開了一窗，時常著老公叫我。後我病了，他自己從這窗到我住處是實。他時常把怨，我勸他求皇上，說不是時候，等三年孝滿，才可求得話，我實不知道他什麼緣故。在西寧跟我商量說，京中家抄了，這裡定不得也要抄。我要將銀子拿二三千放在你處，向你取用，怕萬歲爺知道，不曾拿這銀。

　　上年冬天我到塞思黑那裡去，向我說有一怪事：「外邊有個人說是山陝百姓，拿了一個帖子，我看了隨退還了。向那人說，我弟兄沒有爭天下的理，此後再說我要拿了。」我向他說這人該拿，交與楚仲才是，他說若拿他就大吃虧了。帖子上的話，我沒有看見，只見他說話神情，那帖子中明有不好的話、事情。我當日原看他是個好人，後來他知道聖祖皇帝賓天時，眼淚也沒有。我是外國人，逢人讚揚他，就是我該死之處，有何辦處等語。

　　查穆敬遠以西洋微賤之人，幸托輦轂之下，不遵法度，媚附塞思黑，助其狂悖。當塞思黑在京時，養奸誘黨，曲庇魍魎，什物遺贈，交結朋黨，而經遠潛與

往來，密為心腹，廣行交遊，煽惑人心。至塞思黑稱病閒居，佯言甘於廢棄，實心儲位自許，鮮恥喪心已無倫比，而經遠逢人讚揚塞思黑大有福氣，將來必為皇太子之言。及塞思黑諸惡敗露，本當立正典刑，蒙我皇上至聖至仁，令往西寧居住，冀其洗心悔罪，乃不但絕無愧懼之心，益肆怨尤之惡，而經遠之穴牆往來，構謀愈密，奸逆愈深，是王法之所不容，人心之所共憤。除塞思黑已經諸王大臣同議罪，奏請王法外，穆敬遠應照奸黨律擬斬監候，但穆敬遠黨附悖逆，情罪重大，應將穆敬遠立決梟示，以為黨逆之戒可也。

ValiCan Borg Cin.439

康熙使臣艾若瑟事跡補志

民國十四年 7 月，十七年 3 月，十九年 2 月，於北平故宮懋勤殿，先後發現康熙與羅馬使節關係文獻十四通，由新會陳垣先生考定時日，民國二十一年 3 月，故宮博物院影印成本，誠如敘端所言：「今所影印者十四通，皆有康熙親筆刪改，為極可寶貴之漢文史料。」

此十四通文獻中，提及艾若瑟者有五處：

- 「……其艾若瑟所奉去之旨意，乃是朕的真旨意，欽此。」——第六件。
- 「康熙五十五年九月二十九、三十日，上召德里格同在京西洋人等，面諭德里格云：先艾若瑟帶去論天主教之上諭，即是真的，你所寫去的書信與旨不同，柔草參差，斷然使不得。朕的旨意從沒有改……」——第七件。
- 「……朕差往羅瑪府去的艾若瑟回時，朕方信，信而後定奪……」——同上。
- 「……詢其來由，並無回奏當年所差艾若瑟傳旨之事……」——第八件。
- 「……明系顏璫在西洋搬弄是非，以致教王心疑，將向年所差艾若瑟之事，一字不回……」——第十三件。

讀此種文獻，不禁發問：艾若瑟為何人？康熙為何遣之西去？去歐洲後的結果又如何？今就所得資料，試加一種解釋。

巴黎國立圖書館，Fonds Français 25670 號，34 頁，有艾若瑟小傳，系法文，移譯如次：

艾若瑟生於皮埃蒙特（Piemont），或謂生於杜林（Turin）。於 1695 年終到中國，傳教於山西絳州，而非如人傳達在江西也。由山西至京師，祝升教務首領，負駁斥鐸羅禁令之命，遣往羅馬。其時傅聖澤居京師，當伴之西去，康熙以他種原故，未使傅聖澤成行，此 1709 年之事也（按：此為抵葡京之時間，非去北京之時間）。艾若瑟不識漢文，不通中國古籍，僅知淺近華語，藉以傳教，因此在羅馬報告與活動，人人皆知，並未成功。失敗後，樊守義（按：樊守義，字利和，山西絳州人）伴之，退居杜林，教皇不願他復返中土。唯康熙堅決催促，召其使臣，教皇無可奈何，復任其東歸。惜艾若瑟體弱，禁不住長途跋涉之苦，死於海

中。於 1711 年及任何他年，余（按：此文系 P. Niceron 所作）未聞艾若瑟任耶穌會分會長職。所可言者，1711 年，艾若瑟仍居歐洲，為其修會做種種活動也。

是項記述頗簡略，而亦有不正確處。費賴之（Louis Pfister, 1833～1891）著有《入華耶穌會士列傳》，第 205 號為《艾若瑟列傳》，博精詳實，可補上述者頗多。今節其要：艾若瑟，正名為艾遜爵，1662 年 10 月 23 日生於尼斯（Nice），1695 年 10 月 4 日至澳門，1699 年至 1701 年管理河南、陝西與山西教務，接手恩理格（Christ Herdtrich, 1625～1684）的工作。繼由開封至太原，「靖樂、平遙、吉縣、洪洞、襄陵、太平、蒲州、潞安、嵐縣、汾州、襄垣等處，有其足跡」。

1702 年至北京，居五年，深得康熙歡心。1707 年，康熙遣往羅馬，1709 年抵歐洲。因病停居義大利，願早返中土，向帝王陳述使命。1720 年 2 月 7 日，死於好望角途中，時樊守義在側，運遺體至廣州。

費賴之所述，頗多含蓄，特別是艾若瑟停留西土，遲遲不返者，並非有病，實以羅馬教廷傳教政策，為清廷所持者不同，其衝突焦點，不在理論，而在傳教士之派別，由派別所造成的「偏見」。故宮刊印第九件中說：「若是我等差去之人不回，無真憑據，雖有什麼書信總信不得……」

艾若瑟銜命西去，其所經歷頗多曲折。樊守義呈報廣東巡撫拉丁譯文，藏於巴黎國立圖書館中，號碼為 Chinois 5039，譯如次：

> 康熙四十六年十二月底，余隨艾若瑟同去澳門。次年七月到歐洲，居葡京者有四個多月。繼後又起程，於康熙四十八年二月到羅馬，不久便觀見教皇（按：此時教皇為 Clement XI, 1700～1721），將皇帝對鐸羅來華，關於禮節問題之旨意，並教務進行事項，詳為呈述。教皇聽後，屈臂含淚而言曰：「朕絕未命鐸羅如此發言行事。」但是，教皇以艾若瑟所呈文件，無清廷鈐章，心疑之，留艾若瑟居羅馬，有兩年又八月。繼後艾若瑟申請返故里省親靜養，教皇准其所請，艾若瑟去羅馬。方抵國境時，有人向教皇進言，艾若瑟欲竊返中國，教皇立即下令：凡遇艾若瑟者，即逮捕之。艾若瑟聽到後，便說：我曾請求教皇，得准還鄉養病，何來說我竊返中國？當教皇知艾若瑟行蹤，乃諭知耶穌會會長，轉知艾若瑟在鄉靜

養，以待清廷消息。若有使臣遣來，朕即命艾若瑟東返。這中間艾若瑟寄居米蘭與杜杜林者各三年。

康熙五十七年，清廷硃筆文書至羅馬，教皇看畢，召艾若瑟至羅馬諭之：現在你可回中國，除你去外，朕復遣一使臣（按：此使臣為嘉樂），一切事件，由他逐條呈奏中國皇帝。艾若瑟得命後，隨即起身赴葡萄牙，葡王殷勤款待，命其使臣與之同行。唯葡使臥病，不能成行。葡王向艾若瑟說：「汝不宜久留，朕為汝特備一船，既適病體，又復迅速，再備禮物七箱，獻給中國皇帝。」

康熙五十八年陰三月，我們由葡京啟程東還，方過好望角，趨向印度時，於康熙五十九年二月七日，艾若瑟逝世。樊守義自言：「隨艾若瑟旅居歐洲十餘年，對他的事跡頗有所聞。」

是項文獻原題為「Verso latina responsorum P. Aloysii Fan cantonead mandarinos」。證明艾若瑟體雖衰弱，非如費賴之所言，因病停居西土，實以清廷與羅馬所持態度不同，艾若瑟失其自由。

同前號碼（Chinois 5039），有教皇國務卿、樞機主教保羅琪（Paulucci）致艾若瑟義大利文信稿一，是稿當為樊守義攜回，由旅京西士巴多明、馮秉正、穆敬遠轉抄寄耶穌會者，移譯如次：

收到閣下 6 月 20 日致教皇予我的信後，我只能重複申述教皇的意見，即是說，在閣下最後一次離羅馬時，教皇再三明言，你回到中國後，你只解釋明白所以遲回來的原因，完全由於你的健康，至於中國皇帝所期待的回覆，與夫閣下向教皇的呈述，讓將來教皇的使節去解釋。我們希望中國皇帝善解教皇心意，滿足教皇對他的答覆，仍然繼續保護傳教士，而這些傳教士原不當受如此優遇的，是以對中國皇帝所請，教皇至誠至謹，必守我們宗教原則。在此意義下，教皇要你持同一態度，因而，關於中國禮節問題，對既已發表的訓令與意見，你不能做任何解釋。這是教皇使節的事件，他人不當過問，以避免矛盾與衝突。謹代教皇向你祝福，承天之助，我自己祝你康樂。保羅琪 1718 年 7 月 19 日羅馬。

康熙四十四年（1705 年），羅馬教廷使臣鐸羅來華，十一月十六日，覲見康

熙帝，備受優遇，影印文書中第一件中，有「等鐸羅好了，陛見之際再諭，傳與鐸羅寬心養病，不必為愁」之語。繼鐸羅與顏璫（Charles Maigrot, 1652～1730，又譯嘉樂）結合，不同意耶穌會傳統態度，即利瑪竇所遺行者，自南京頒布禁約，康熙怒，拘鐸羅，押送澳門，著葡人看管。時康熙四十六年（1707年）。

當康熙四十五年（1706年），已覺鐸羅所行，有干涉清廷策略，故著龍安國與薄賢士（亦作世）西去，拘鐸羅後，四十七年又差艾若瑟、陸若瑟西去，向教皇陳述清廷意見。此事歷15年，糾纏不已。艾若瑟去後不久，嘉樂東來，康熙五十九年十一月二十五日，員外郎李秉忠奏陳，上著迎之於琉璃河。羅馬傳信部檔案處，東方文件第180至182頁中，有使臣與李秉忠談話筆錄，今節取相關者：

問：四十五年差龍安國、薄賢士二人前在教化王處，總無回信；又於四十七年差陸若瑟、艾若瑟去後，十餘年又無回信；直到今年才有艾若瑟來，又在小西洋地方病故了。

答：龍安國、薄賢士二人，海裡壞了船，身故途中。教化王未知此音，故不曾回信。一則陸若瑟身故於依西巴尼亞國後，艾若瑟到羅馬，沒有皇上的憑據，未敢輕信。及至今四年前，見了皇上的紅票，教化王才真相信也。但教化王見艾若瑟身體多病，各名醫都說他未必能到得中國，為此不曾付書信與他啟皇上，因教化王感不盡萬歲待聖教及我們遠人隆恩，又表教化王要顯自己愛敬萬歲的心，故命我到中國。

關於艾若瑟事略，所能補正者，大約如上所述，唯有一附帶問題，須加解釋：樊守義報告中「康熙五十七年，清廷硃筆文書至羅馬……」，嘉樂對話筆錄中：「及至今四年前，見了皇上的紅票」，即：一、硃筆文書與紅票內容如何？二、如何寄往歐洲？

故宮刊印《康熙與羅馬使節關係文書影印本》第九件，無年月日，陳垣先生假定為五十六年，此即硃筆文書底稿。羅馬傳信部檔案處，「東方文獻」內，第十三卷，藏有木刻，很精細，龍邊，右為拉丁文，有16位內廷供職之西洋人；中為漢文，康熙五十五年九月十七日，蓋有關防；左為滿文，形如票，故稱「紅票」。其內容如次：

武英殿等處監修書官伊都立王道化、趙昌等字寄與西洋來的眾人，我等謹遵旨，於康熙四十五年，已曾差西洋人龍安國、薄賢士，四十七年差西洋人艾若瑟、陸若瑟奉旨往西洋去了。至今數年，不但沒有信來，所以難辨真假，又有亂來之信。因此，與俄羅斯的人又帶信去，想是到去了。畢竟我等差去人回時，事情都明白之後，方可信得。若是我等差去之人不回，無真憑據，雖有什麼書信，總信不得。唯恐書信不通，寫此字兼上西洋字刊刻，用廣東巡撫院印，書不封緘，凡來的眾西洋人多發與帶去。康熙五十五年九月十六日。

據梵蒂岡檔案處，第 257 卷 367 至 368 頁中，藏有兩廣總督諭廣州知府文書一紙，言及此紅票共有 150 張，散給各天主堂居住之西洋人，並外國洋船內體面商人，帶往西洋，催取回信，要廣州知府轉知澳門，著實辦理，此乃康熙五十七年五月初三日事。視此，外交未曾建立，艾若瑟由是恢復自由；教皇克萊芒十一世，決定遣使來朝。

康熙與克萊芒十一世

克萊芒十一世（Clement XI），系康熙三十九年至六十年之羅馬教皇，先後兩次派遣使臣來華，第一次為鐸羅（1705 年），第二次為嘉樂（1720 年），兩次皆欲解決中國禮節問題。

禮節問題，直接為公教流行之不幸，間接便阻礙西方文化之輸入，初尚據理爭論，繼則樹立門戶，頗多情感用事。歷時百餘年，每代教皇亦無定見，如保羅五世（Paul V）認為耶穌會理由充足（1616 年），烏爾巴諾八世（Urbain Ⅷ）及英諾森十世（Innocent Ⅹ）則持反對態度（1635 年）；繼後亞歷山大七世（Alexandre Ⅶ）復傾向耶穌會之理論（1656 年），而克萊芒九世（Clement Ⅸ）則又對立（1667 年），至克萊芒十一世通牒出（1715 年），耶穌會雖有康熙大帝之庇護，亦無可奈何矣。

民國二十五年冬，余在梵蒂岡檔案保管處（Arche Vo di Vaticano）研究，發現克萊芒十一世致康熙帝信一，並附有兩種文獻（號碼為 Fondo Albani 第 2535 卷，第 50 頁），皆有關鐸羅事。

鐸羅，義大利人，1705 年 4 月 8 日至廣東，11 月 16 日第一次覲見康熙帝，備受優遇。繼與顏璫結合，不同意耶穌會傳統態度，於康熙四十六年（1707 年），自南京頒發禁約。康熙怒，拘鐸羅，押送澳門，著葡人看管。在（康熙四十九年）1710 年 6 月 8 日，死於獄中。此項表文即鐸羅囚禁後，教皇為彼辯護印發。克萊芒十一世得知鐸羅的死訊後，譽之為「致命者」（1711 年 10 月 14 日），而禮節問題，始終未解決。迨至 1940 年 2 月 24 日始取消禁令，即信仰公教者，亦可崇孔敬祖矣。

一

廣東香山協鎮中軍都司兼管左營事寧為飾諭事：

照得鐸羅奉旨發到澳門，著嚴加看守，不許小人通賄逃走等因。

是以文武官員輪撥官兵看守。今有唐人無賴之徒，借名進教，在於鐸羅住內往來，大干法紀，本府已經詳明上憲，著令拿解原籍，合行飾諭。為此示諭進

教唐人，限二日逐名離鐸羅住內出身，別尋生理，如有不遵，許看守官兵立拿解府，轉解上憲究處，爾等各宜稟遵，勿泛視，慎之毋違。特示。康熙四十八年十二月二十二日發。

仰鐸羅住處張掛曉諭

二

克萊芒十一世教化王謹奉中華並東西塞外大皇帝之表曰：

天主降厥天聰之明予厥聖衷之安，為大皇帝之功，此我之所深願也。大皇帝秉廣王之權，具異常之德，明哲至聖，不但遍及西洋諸國，而周天下之人無一不知也。余先曾將信任之臣姓鐸羅名保羅者，原任伊洋地俄吉亞大主教，今為羅瑪府聖教公會家爾地那爾之職，特差伊往中華，第一代為感謝諸傳教士屢沾大皇帝柔遠重恩，第二亦代觀天主教中之事。隨後得知鐸羅幸至大皇帝御前，親受特別隆恩，當時余心從來無有如此之忻愉者。

及後又聞鐸羅不幸有失仁愛之澤，大皇帝疑惑鐸羅果真是余所差信任之臣否，而干大皇帝明恕之機似獲不謹之罪，此時余心從來無有如此之憂悶者。然我之憂悶雖然恆苦於心，但為默想明知鐸羅原毫無獲罪於大皇帝之心意，思至於此，足以略慰心中之憂慮也。向者鐸羅所寄之書，不止一次盛稱目見大皇帝非常之至德，詳錄屢屢身受洪仁之錫，而內云今雖寫書亦不能備述大皇帝之恩德。想鐸羅所寄我之書，感恩如此，則鐸羅獲罪之故，甚實難解。

聞之大皇帝憎惡鐸羅因系論天主教幾端傳於教中諸士者，有礙於中國之風俗，但彼所傳者非一己之私心，乃教化王本來之意，所傳者與伊無干。想鐸羅原思我天主教普世之史書俱詳記大皇帝，永不可忘聖恩，且幸數年前蒙准天主教行於中華，而中華之人入教者凡事規矩宜合於天主教行，當時鐸羅不得不想大皇帝已准行教則亦准絕不合於天主教之風俗，是以鐸羅始傳伊教中言也。又未久，有傳教之士，自中國至羅瑪府報大皇帝之萬安，並帶中國風俗之辭論，余因報大皇帝之萬安著至於前相待甚厚，再待愈厚，俟後細觀所帶辭論之時更可詳明之也，

143

今不得不先暫說，吾原不敢誹謗中國名邦所有敬先祖敬先師之風俗，以報厥生教之本者。

　　然而托賴大皇帝公義神明之德，敢求舊日所准在中國入天主教者，風行敬先之禮必皆合於天主教之清規，嚴為禁止不可以敬至尊無對造天地真主之禮而敬凡如人類受造者也。再敢求大皇帝傳命鐸羅，如先隨意遊行復歸於大皇帝洪仁之心。余因大皇帝先待鐸羅甚重，是以由大主教之位又升伊至家爾地那爾之職，乃教化王之後第一尊位也。然選彼以代我住在中華名邦大國，是以舉之於我後第一尊位，以盡天主付我教化王愛人之任，又不得不仰求大皇帝保存天主教並天主教中之事之人平行於中國。蓋此輩人之本分不但應明見於所講之道，更應明見於所行之事，始不負大皇帝之德愛，蓋聖教之終始，俱宜小心謹慎、和睦眾人，毫不得罪於人，蹈至順無逆之路，丹心存敬。

　　凡秉於天主之權者，由帝王至於官員之眾所命無傷於天主之戒，無有不遵奉者也。余實切望傳教之眾士悉甘心以合於天主之戒及我所囑之訓，皆守己分，不越規矩，又求保存之澤。倘有不明大皇帝之慈仁者，妄生議論，求為勿致阻格，俾得守分修道而成己事，或者大皇帝有新禁之令，還望大皇帝洪慈柔遠之德，寬其禁約，復使之安居。

　　今託大皇帝異常之仁，伏望大皇帝准行以上所求諸事，心欲仰報萬一，唯求幸知大皇帝或有喜悅所能之事，余必盡心竭力圖維，雖相隔東西二海之遠，斷不致有負報達聖恩之意。天降厥平安予厥聖榮以永大皇帝之躬，此乃余之深願也。此表所發之系羅瑪府聖伯鐸羅天主大殿漁人之印封天主降生以後一千七百零九年馬爾西約月初二日。

三

五十一年十一月十九日，上諭：

廣東巡撫滿丕奏摺為西洋有信帶至廣東廣州府事，有西洋密封一封，當時即命白晉、德理格、馬國賢在御前翻譯，方知與鐸羅的書。馬國賢、德里格云，在

鐸羅的人都囚禁炮臺，甚是受苦。朕又問及情由，白晉說近日聞得他本處恐其有訛言，故有此禁等語。朕覽與鐸羅之書事總未完結，無庸發旨，等再來書，自然才定。朕又將鐸羅的事偶爾提起，鐸羅之言前後參差，因而難信。故有先旨。今雖為西洋人照舊看顧，總不斷孰是孰非，還等再奏。西洋書交趙昌等收訖。

康熙與克萊芒十一世

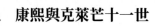

嘉樂來朝補志

鐸羅失敗後，教皇繼派嘉樂來華，1720 年康熙五十九年 9 月 26 日至澳門，隨即北上。康熙五十九年十一月二十五日，員外郎李秉忠奏西洋教王差人嘉樂於明日當至寶店，次日上差伊都立、趙昌、李國屏、李秉忠於琉璃河傳旨，因《康熙與羅馬使節關係文書》第十三件內有「……本應著在京眾西洋人前去迎爾，因事體未明白，故未遣去」，今所發現之第一件，當在嘉樂至琉璃河後所發表之談話。第二第三，俱注年月，准標下千總陳秉志、撫標千總袁良棟，當系廣東總督巡撫所派護送之人。因前引文件內，有「……其利若瑟羅本多往廣東去，現有廣東總督巡撫之人在此，即將利若瑟羅本多交與總督巡撫之人……於明年二月內趁回小西洋船之便，將利若瑟羅本多急速照看起程可也」，此與第三件結尾「皇上二十六日往陵上去……」甚為吻合。1721 年 3 月 4 日，嘉樂尚觀見康熙一次，11 月 4 日，嘉樂於禁約後附八條，以挽頹勢，但大勢已去，禁教必行。嘉樂為外交穎才，善辭令，結果只是如此！

一

內務府員外郎李秉忠問嘉樂：教化王差你有何事來了？

答：第一個緣故，教化王命我來請皇上的安，又特來謝萬歲所賜我們遠人並聖教的洪恩。

問：除此之外，教化王還有什麼話吩咐你，著你來說？

答：有一封教化王的書與皇上，這一封書是教化王親手封的印。

問：從前教化王差鐸羅來時，他在中國辯論道理，是鐸羅自己所為，還是教化王知道？

答：鐸羅是教化王真真差的，但我知道差他來查一查聖教事情，並傳揚教化王的命，若辯論道理，不知道。

問：四十五年差龍安國、薄賢士二人前往教化王處，總無回信，又於四十七年差陸若瑟、艾若瑟去後，十餘年又無回信，直到今年才有艾若瑟來，又在小西洋地方病故了。

答：龍安國、薄賢士二人海裡壞了船，身故途中。教化王未知此音，故不曾回信。一則陸若瑟身故於依西巴尼亞國後，艾若瑟到羅馬，沒有皇上的憑據，未敢輕信，及至今四年前，見了皇上的紅票，教化王才真相信也。但教化王見艾若瑟身體多病，各名醫都說他未必能到得中國，為此不曾付書信與他啟皇上，因教化王感不盡萬歲待聖教及我們遠人隆恩，又表教化王要顯自己愛敬萬歲的心，故使我到中國。

問：你回覆的這些話，此外還有什麼說，你可盡情說完。

答：要求萬歲准我常常寫與教化王知道萬歲龍體金安、柔遠洪恩的書。

問：你想要求萬歲准你常常寫與教化王知道萬歲龍體金安、柔遠洪恩的書，你想長遠在這裡住麼？

答：這個事情，教化王沒有命我，聽從萬歲的洪恩。又有教化王的禮物獻與萬歲的，並帶有十人通曉技藝者，侍奉萬歲，再教化王求萬歲看聖教的恩，無別話。

此文藏於羅馬傳信部檔案處「東方文件」1721 年第 10 卷第 182 頁

二

標下千總陳秉志　撫標千總袁良棟　同謹稟

大老爺臺前稟者：二十九日，旨意叫嘉樂進朝內見，皇上問嘉樂許多話，賞克食。皇上望西洋內科烏爾達說玩話你治死了多少人，想是爾治死的比我殺的人還多了。皇上大笑，甚喜歡。又賜嘉樂葫蘆一個，做的各樣花草玩的東西，晚出來賞餑餑卓子一張。

三十日，皇上在中和殿筵宴嘉樂、鄂羅斯使臣、跟嘉樂的西洋人三個：巴木、李若瑟、娃進去吃宴，各樣庫門音樂都給嘉樂看。嘉樂進東西四樣，萬年護身神位一尊，作的各樣西洋紙第一盒，玻璃器皿，寶石菸盒。皇上收二樣護身神位作的各樣做紙果子。

初一日，嘉樂上朝。皇上賜吃食。

特此具稟。

康熙六十年正月初五日

此文見梵蒂岡圖書館，號碼為 Borg Cin.439

三

標下千總陳秉志　撫標千總袁良棟　同謹稟

大老爺臺前稟者：正月十二日嘉樂進宮，皇上沒見叫賜吃食，十三日也沒見賜吃食，十四日筵宴達子阿羅素、西洋人，摔交各樣玩意。皇上問嘉樂西洋有沒有，嘉樂起奏：也有有的，也有無的。十五日嘉樂又進去吃宴，至晚叫看煙火，十六日也是這樣。又十六十七俱賞吃食，十八日叫嘉樂進去賞宴，叫老公格子歌舞。皇上問嘉樂，朕要賜卜你拖噶爾國王的東西你帶得去麼，嘉樂啟奏帶得去。皇上差趙大人李大人賜教化王燈三對，卜你拖噶爾國燈三對，還有瓷器二箱，琺琅二箱，日本漆器二箱，玻璃器二箱。皇上說我還要想些東西賜他們，叫李大人看看作箱子裝這些東西。千總等同李大人送東西到天主堂，李大人吩咐千總等皇上二十六日往陵上去，意思還要我們送嘉樂回去，你們等著才是，起身日子，還未有定。特此具稟。

正月二十八日稟，二月二十三日到省

此文見梵蒂岡圖書館，號碼為 Borg Cin.511

康熙與德理格

　　《康熙與羅馬使節關係文書》影印本內，關於德理格者有三件——第六、第七與第十二——系民國十七年三月，在故宮懋勤殿中發現。陳垣先生稱此等文獻「為極可寶貴之漢文史料」。民國二十六年春，余在羅馬傳信部檔案處，又發現關於德理格者三件，非特可補證故宮所發現之文獻，且可看出康熙如何嗜好音樂，如何愛護耶穌會，如何處理禮節問題。唯第一件內，未註明年代。案故宮發現第六件內，有「至於律呂一學，大皇帝猶徹其根源，命臣德理格在皇三子、皇十五子、皇十六子殿下前，每日講究其精微，修造新書，此書不日告成」等語。陳垣先生定此件為康熙五十四年，即今所發現之第一件，當在康熙五十年與五十四年間也，因北平西郊柵欄德理格墓碑云「德理格以康熙五十年奉召進京」故。

　　德理格（亦作德禮格、得里格、德立格）原名 Theodore Pedrini，義大利人，精音樂，《律呂正義續編》內，論徐日升後說：「後相繼又有一大理呀國人德禮格者，亦精律學，與徐日升所傳源流無二。」唯德理格參預禮節問題，與耶穌會敵對，康熙震怒，稱他是「無知光棍之類小人」（見故宮所發現之第十二條）。

一

　　六月二十二日首領張起麟傳旨西洋人德理格教的徒弟：不是為他們光學彈琴，為的是要學律呂根原。若是要會彈琴的人，朕什麼樣會彈的人沒有呢？如今這幾個孩子，連島、勒、明、法、朔、拉六七個字的音都不清楚，教的是什麼？你們可明明白白說與德理格，著他用心好生教，必然教他們懂得音律要緊的根源。再亦著六十一管教導他們。

見羅馬傳信部東方檔案處 1714 年內

二

　　十月二十五日王道化、張常住、佟毓秀奉上諭：西洋人德理格、馬國賢所奏帶去教化王之書，朕不識西洋字，可著舊西洋人看。欽此。據德理格說，鮑仲

義認得伊達里亞國字，著鮑仲義看。使得鮑仲義看了，說其書中德理格有將教化王所定之規矩盡陳奏大皇帝。大皇帝待之甚寬，並無憎嫌之意之語。但不知其所奏是何規矩，其中有關係等語。

於本月二十六日王道化、張常住、佟毓秀具奏，奉旨：著和素、趙昌、王道化、張常住、李國屏、佟毓秀帶眾西洋人同往天主堂去。傳旨與眾西洋人，今德理格、馬國賢所奏帶去教化王之書，雖然漢字奏過，朕不識彼西洋字，不知其所翻譯對與不對，其中有差訛錯翻亦未可定。爾等可將眾西洋人傳集天主堂，在天主面前著他們細細查對。傳朕旨意與他們，你們一人一意，一人一說，俱參差不等，從來無有真信實言，自今以後，教化王有書來，直奏朕知。朕有下的旨意，直發與教化王去。其中是非，非爾等所私意定者。今德理格所奏，寄與教化王書內，有教化王所定規矩奏過朕之語，可著德理格將奏過朕的話寫出來，與眾西洋人看。欽此。

即傳三堂西洋人紀利安、蘇霖、白晉、德理格、馬國賢、巴多明、傅聖澤、杜德美、鮑仲義、羅德先、孔祿食、馬若瑟、穆敬遠、楊秉義、馮秉正、陸百嘉、林濟格、雷孝思、魯保洛於宣武門內天主堂，傳旨意訖。據德理格寫出先前奏過的話，教化王說，亡者之牌位存得，但不要寫靈位等字，只堂靈魂在牌位上或左右，該寫亡者的道理解說。又奏過造天地萬物之主該呼天主，在中國眾西洋人從沒有辯過這兩個字使不得。天上帝是天主不是天主，教化王沒有說。又奏過論祭孔子的禮，但該祭造物主宰才是，在中國眾西洋人從無有許到春分秋分祭孔子之禮等語，寫了與眾西洋人看了。據紀理安等眾西洋人說，德理格所說教化王所定之規矩，並無憑據，難以信其言有大關係等語，一併於二十七日和素、趙昌、王道化、張常住、李國屏、佟毓秀具奏奉旨：德理格所寄與教化王信內，有德理格將教化王所定之規矩盡陳奏，大皇帝並無憎嫌之意等語。德理格原啟奏之時，含糊不明，朕所以不曾下旨意。今下旨意，來中國的西洋人，若不遵中國規矩，將西洋人俱逐回去。欽此。即傳與德理格、馬國賢、紀利安、蘇霖等眾西洋人訖。

本月二十八日為德理格寄與教化王信內有更改電影二張，一張內寫大皇帝又問

臣德理格西洋信，德理格將教化王所定之規矩盡陳奏大皇帝。大皇帝旨意，來中國的西洋人，若不遵中國規矩，將西洋人俱逐回去，欽此。一張內據德理格寫教化王所定之規矩盡陳奏大皇帝。奏這話那一天，大皇帝並無憎嫌之意，後發旨眾西洋人看這個書，紀理安等奏大皇帝並無憎嫌之意這句有大關係。大皇帝發旨去了那一句話，改添「來中國的西洋人，若不遵中國規矩，將西洋人俱逐回去。欽此」。

於二十八日，趙昌、王道化、張常住、李國屏、佟毓秀呈奏，據德理格跪稱，此二張俱求不用寫罷等語，具奏奉旨：此二張俱不好，有原先與艾若瑟奉去與教化王的旨意，查出來照舊抄去，若有一字差錯，前後少有不同，則所去之人必得大罪，更改不得。朕先下的旨意，有照利瑪竇實行的規矩下的旨意，爾等查出，入在此折內就是了。自利瑪竇以來，在中國行教並無錯處。欽此。隨奏德理格求見皇上，有面奏之話具奏。奉旨：此眾人之事，若來奏，齊來奏，不可一人來。再傳旨與德理格知，爾在前宮奏朕的時候意思好來，朕亦說你帶信去好。但今改著改著，比先變了，如今無有別的旨意，只將原下與艾若瑟的旨意照舊一字不差直帶與教化王。教化王若有奏朕的本來直奏。朕知其中是非，非爾等所私意定者。再，德理格帶去的信，著紀利安等亦寫一樣信帶去，兩處一樣好。欽此。即傳與眾西洋人訖。

十月二十九日將四十五年五月二十二日下與鐸羅的旨意一件，四十五年六月二十四日與顏璫方舟的旨意一件，再三月十七日為西洋人孟由義等九人求票下的旨意一件抄錄。和素、趙昌、王道化、張常住、李國屏、佟毓秀呈奏。奉旨：朕無別的旨意，只照依先下與鐸羅的旨意，朕諭並無別事，爾只告訴教化王說，中國遵行孔子之道二千餘年，自利瑪竇以來將近兩百年，朕治國五十餘年，爾西洋人並無過失，安靜居住。如果爾西洋人所行，若有一處與孔子之道相遠，西洋人難以在中國居住。即將此旨意交與眾西洋人。爾等再傳旨意與眾西洋人，爾西洋人彼此較論是非，在爾等看著甚大，朕看來最小之事。近來看爾眾西洋人之事因耶穌會的人來中國年久，凡事遵規矩，是以得體面。至於後來別會之西洋人，俱附耶穌會之人行教，今日久因循，別會各國之人意欲將耶穌會之人壓倒，以圖

自立。其會再聞得有自西洋來中國之人波爾拖噶爾國不令到皋門，擅自將人攔回去，或者亦有之。此等事總督巡撫因不知不曾奏聞，朕亦不知。此等事是攔回去人之不是，與中國無干。自今以後，凡朕有所下之旨意直發與教化王去。教化王有所奏之本來直奏。朕知其中是非，非爾等所私意定者。欽此。

本月三十日，上問和素、趙昌、王道化、張常住、李國屏、佟毓秀，西洋人所翻之信怎麼樣了。欽此。遂奏他們尚未翻完，俟完時再奏。奉旨：知道了。再傳與眾西洋人，有各所司的官差要緊，不可因此事有誤官差。欽此。即傳與紀利安、杜德美、白晉、德理格、馬國賢等眾西洋人訖。

十一月初二日，西洋人德理格、馬國賢啟奏電影一個，寄教化王書底子一個，和素、趙昌、王道化、張常住、李國屏、佟毓秀呈奏。奉旨：爾等與西洋人下旨意，他們的摺子朕俱來看，朕無兩樣旨意，只照原先所下旨意就是，今如此兩樣，使不得。據西洋人看著此事甚大，朕看此事甚小，爾等可將眾西洋人一個不可遺漏，若有說去不得的，即拉了去俱帶到天主堂。著西洋人將寄教化王的書，必定合而為一才是。再傳旨與眾西洋人，朕光天化日之下，無所不容，各國人來中國，朕俱一樣恩待，是以爾西洋人來中國者，朕俱一體恩養，設有中國人到西洋去，爾天主教著盡遵孔子之道，爾西洋人不但不能容留養育，必至饑寒凍餒。欽此。

十一月初三日，西洋人德理格、紀理安等寄教化王之信合而為一，共成一折。和素、趙昌、王道化、張常住、李國屏、佟毓秀呈奏。奉旨：所寫之信，文義不通，其中重複者甚多。朕少改抹了幾字，爾等著他們翻西洋字。欽此。遂奏稱翻寫完了，交與理番院，送與鄂爾素人帶去罷，請旨。奉旨：將西洋人帶至天主堂，令寫完對明，爾等看著封了，親交理番院，送交鄂爾素人帶去。欽此。

養心殿、武英殿抄照總管一寫完，吳多默即看明對抄，陳伯多錄對同，一字無誤。

康熙五十三年十一月初四寫錄，按西洋年月是天主降生一千七百十四年十二月初十日在北京皇城內西堂。

此稿藏在羅馬傳信部檔案處東方檔案 1714 年第 12 卷內

三

康熙五十九年正月初一日，御前太監陳福傳旨：今日新年元旦，德理格不來行禮，甚是可惡。西洋人系爾等所管，似此無禮之人，即宜處分懲治，可差人將德理格叫來，他若推託遲滯，即鎖拿來。欽此。本日即將德理格綁手拿來。

初二日，御前太監陳福傳旨：德理格不知規矩，狂悖無禮，殊屬可惡。朕所以不論年節好日，著令拿來，看此光景，比年來必仍似從前，妄帶書信。朕待西洋人從來寬容，以示柔至意。今德理格任意虛妄，亂帶書信至於懷爾西洋人等之事，外人不知，妄信德理格為有體面，此時德理格體面何在？爾等西洋人俱聽信人爾教中代書寫字下賤之人，彼此調弄是非，以致不和，嗣後如有事出此等人，自難免於重罪。再西洋人自利瑪竇入中國以來兩百餘年，並未有將西洋人正法。殊不知中國法度森嚴，其有蔑禮狂悖者，法不在赦，即如鐸羅來中國惑亂眾人，爭論是非，即應正法。朕因鐸羅系教化王使臣，所以寬容。爾德理格系投來之人，非使臣可比。若再無理犯法，一定正法，並著為例，以照中國法度。欽此。

此文存於羅馬傳信部檔案處：Snno1721.182 頁

白晉與傅聖澤之學《易》

清初西士來華，很努力研究中國典籍，白晉與傅聖澤之學《易》，便是一好的證例。巴黎國立圖書館內，Fond Français 17249，有白晉致哲人萊布尼茲之信，系 1701 年 11 月 4 日，共 27 頁，完全討論《易經》，認此書是一部數理哲學。繼後余在羅馬梵蒂岡圖書館內，見到西士研究《易經》華文抄本 14 種，今以次序，列如次：《易考》、《易稿》、《易引原稿》、《易經一》、《易學外篇》、《總論布列類洛書等方圖法》、《據古經考天象不均齊》、《天象不均齊考古經籍解》、《大易原義內篇》、《易鑰》、《釋先天未變》、《易經總說稿》、《太極略說》等。惜當時以時間與經濟所制，未能擇要輯錄。

今所刊印之十種文獻，藏於梵蒂岡圖書館內：Borg Cin.39。從這些瑣碎記載內，看出康熙嗜學，在當時儒林內，白晉實占一重要位置，所以康熙論到嘉樂使命時說：「唯白晉一人稍知中國書義。」

四月初九日李玉傳旨與張常住：據白晉奏說，江西有一個西洋人曾讀過中國的書，可以幫得我，爾傳與眾西洋人，著帶信去將此人叫來，再白晉畫圖用漢字的地方，著王道化幫著他料理，遂得幾張，連圖著和素報上帶去，如白晉或要欽天監的人或用那裡的人，俱著王道化傳給。欽此。

臣傅聖澤在江西叩聆聖旨。命臣進京相助臣白晉同草《易經》稿。臣自愧淺陋，感激無盡，因前病甚弱，不能陸路起程。撫院欽旨，即備船隻，諸方供應，如陸路速行，於六月二十三日抵京，臣心即欲趨赴行宮，恭請皇上萬安，奈受暑氣不得如願，唯仰賴皇上洪福，望不日臣軀復舊，同臣白晉竭盡微力，草《易經》稿數篇，候聖駕回京，恭呈御覽。

七月初五日上問白晉所釋《易經》如何了。欽此。王道化回奏，今現在解算法統宗之攢九圖聚六圖等因具奏。上諭：朕這幾月不曾講《易經》，無有閒著，因查律呂根原，今將黃鐘等陰陽十二律之尺寸積數，整音半音，三分損益之理，俱已瞭然全明，即如簫笛、琵琶、弦子等類，雖是頑戲之小器，即損益之理，查其根原，亦無不本於黃鐘而出。白晉釋《易經》，必將諸書俱看，方可以考驗，若以為不同道則不看，自出己意敷衍，恐正書不能完。即如邵康節，乃深明易理

者，其即有占驗，乃門人所記，非康節本旨。若不即其數之精微，以考查，則無所倚，何以為憑據？爾可對白晉說，必將古書細心校閱，不可因其不同道則不看。所釋之書，何時能完，必當完了才是。欽此。

　　初六日奉旨問白晉：爾所學《易經》如何了？欽此。臣蒙旨問及，但臣系外國愚儒，不通中國文義，凡中國文章，理微深奧，難以洞徹，況《易經》又系中國書內更為深奧者。臣等來中國，因不通中國言語，學習漢字文義，欲知中國言語之意，今蒙聖上問及所學《易經》如何了，臣等愚昧無知，倘聖恩不棄鄙陋，假半月，容臣白晉同傅聖澤細加考究。倘有所得，再呈御覽，求聖恩教導，謹此奏聞。臣白晉前進呈御覽，《易學》總旨，即《易經》之內意與天教大有相同，故臣前奉旨初作《易經》稿內，有與天教相關之語。後臣傅聖澤一至，即與臣同修前稿，又增幾端，臣等會長知，五月內有旨意令在京眾西洋人，同敬謹商議《易》稿所引之經書，因寄字與臣二人云：「爾等所備御覽書內，凡有關天教處未進呈之先，當請旨，求皇上諭允其先察詳悉。」臣二人日久曾專究《易》等書奧意，與西士祕學古傳相考，故將己所見，以作《易》稿，無不合於天教，然不得不遵會長命，俯伏祈請聖旨字奉王老爺，弟所作日躔，共二十節，前十七節已經臺覽，尚有三節存於相公處，還求昭監，論日躔之工，不過數月當完，因弟多病，竟遲至一年，撫心甚愧。

　　茲啟者：白雖頭痛，猶有止時，今歲以來，痛竟不止，若見風日，騎馬走路，必復增重，倘再勉強，恐至不起，故雖敝教齋規，亦竟不能守也，若得月餘靜養，此身少健，自能究心月離矣。但此系旨意，老爺代為周旋，弟自銘感五內耳，餘情不悉。接來字，始知先生患頭病，本欲親來奉候，因公務所羈，不能如願，徒懷悵歉耳。特走字專候近祉，伏冀鑑照。更瀆者，來字內云，必得月餘靜養等語，弟思凡人有病，因自己不能主張，是以有病焉，有未痊之前，預立其期乎。

　　先生不遠九萬里而來，原欲發明素學以彰教義，今幸上問及所學，則獻策有門，先生當將素蘊之祕旨，竭力以獻，方不負素所欲也。今若以小恙為隔，豈不虛所抱負乎？弟相勸先生倘稍愈時，即赴暢春園以備顧問，方不虛其所學也。

日躔三節，俱已看完，令人抄可也，將未覽過之書，可俱交白先生處貯，恐上問及，以便呈覽，多不有錄傅先生案公王道化具捧讀華翰，知老爺情意殊深，自不禁感謝之交至也。弟前言靜養月餘者，不過約略言之耳。據弟之病，虛弱已極，正恐月餘尚難愈，意或竟至終身歟。但死生有命，原非人之所敢必者，若論病之痛苦，必受其病者自知之。弟航海而來，不避萬難，倘可勉強，豈敢自怠？若因小恙而偷安，不幾與遠來之意，自相左乎？

望老爺體柔遠之意，知弟之艱，則感恩不盡矣。謹以未呈覽之書帶去，倘有總進此書之日，祈與弟一信，弟扶病至暢春園伺候可也。

臣傅聖澤系外國迂儒，不通中國文義，蒙我皇上洪恩，命臣纂修曆法之根，去歲帶至熱河，躬親教導，實開茅塞，日躔已完，今歲若再隨駕，必大獲益。奈自去口外之後，病體愈弱，前病復發，其頭暈頭痛，迷若不知，即無精力，去歲猶有止時，今春更甚，幾無寧息，不可以見風日，若再至口外，恐病體難堪折，且誤事，唯仰賴我皇上洪恩，留臣在京，靜養病軀。臣嘗試過，在京則病發之時少而輕，離京則病發之時多而且重，今求在京，望漸得愈再盡微力，即速作曆法之書，可以速完，草成月離，候駕回京，恭呈御覽，再求皇上教導。謹此奏聞。康熙五十二年四月

五十五年閏三月初二日：為紀理安、蘇霖、巴多明、杜德美、楊秉義、孔祿食、夏大成、穆敬遠、湯尚吳面奏摺，上將原奏摺交與紀理安等諭：趙昌、王道化、張常住、李國屏、佟毓秀、伊都立，爾等共同傳與白晉、紀理安等，所奏甚是，白晉他作的《易經》，作亦可，不作亦可，他若要作，著他自己作，不必用一個別人，亦不必忙，俟他作全完時再奏聞。欽此。

關於白晉測繪《皇輿全覽圖》之資料

引言

　　翁文灝先生在《清初測繪地圖考》內，指出當時所用的方法，為三角測量，不只前此未有，而且較為準確，奠定中國地理學的基礎，亦為世界之一大貢獻。在這篇文章的結論內，又說：「德國地理學家李希霍芬即嘗極力稱揚中國人地理之可靠，蓋雖限於方法不能絕對精密，而所記山川地名，罔不有人親為經歷，而後入圖，按圖復游，一一可證……」

　　此種科學的榮譽，由康熙帝之崇尚文化與西士之勤勉致力。張誠隨聖祖游熱河與蒙古八次，每次測量經度與緯度。康熙三十八年（1699年）黃河泛濫，次年白河繼之，西士巴多明等開始繪圖，聖祖分外喜悅，動測繪全中國地圖之念。在杜德美領導之下，自康熙四十七年（1708年）工作正式開始，至康熙五十六年（1717年）始完結，聖祖賜名為〈皇輿全覽圖〉。

　　康熙四十七年四月十六日，白晉、雷孝思、杜德美離京西去，過二月，至陝西神木，白晉病，不得前行，雷、杜兩西士繼續前進，至西寧。下面所刊資料，系1936年冬於羅馬國立圖書館內所發現，號碼為：Fonds Jesuitico, 1254。由是項文獻，得知白晉心緒，戰兢唯命。是後以病居京，總各西士之分圖，製成總圖。康熙測繪之圖，至乾隆二十六年（1761年），西士蔣友仁等又重新測繪補增，刻於精銅，共104幅，乾隆庚辰秋八月御題《大清一統輿圖》，有句云：「……本朝文軌期同奉，昧谷寒暄重細求。無外皇清王道坦，披圖弈葉慎貽留。」

原文

　　八月初九日，赫世亨傳三堂眾西洋人進內看旨意，臣白晉一看即不禁身心顫慄，神散魂飛，後稍定，敬謹細看，即將始終本心真實錄，故具此以為啟奏，伏祈皇上睿鑑：臣二十餘年，過受皇上特別洪恩，浹髓洽肋，即碎捐難報。臣至愚極諭，質憨行迂，然從未行一虛假無臉面之事，此皇上聖明洞鑑。今臣五十四歲，豈反如此迷糊，無病而飾言有病，將欲誰欺？委任之事未成，回京有愧於

己，尚何敢回見皇上聖容？臣當起身，本月同眾，才出京門時，馬忽驚跳，重跌，腰痛甚，半月後尚未全愈。臣若原有退回之心，當時甚易，然臣勉強仍前行。後到神木縣，不幸復發。臣幼年肺胸虛勞病，實不能騎馬前進，若再強行，必大勞傷殞命。臣對同差官員前，與雷孝思、杜德美明議云：「奈何，我病不去，或微有誤大事，即不顧身，必定要去。」彼二人云：「你如此病去，徒捨身何益？即無你去，亦不至誤事，我二人當之足矣。不如留你在此養病，俟病好些，慢慢進京。」臣等三人即將所議詳告布爾賽，並寫與巴多明，以為啟奏。同差官初不敢當，後不得已將臣托與地方官員云：「我同差白晉，一路得病到這裡，不能前往，交給你們副將道裡等，著他暫住調養，待他身子好些，若要回京時，你們撥官兵護送。」臣在神木養病八日，實不敢久，徒受地方官供養調攝，因謬想皇上畫圖旨意，既不能效力，不如帶病，隨力漸行回京，以營皇上前所留旨意之事，或得以報皇恩，即坐轎回京。

臣當時愚昧，不想該在彼處候旨，是一大罪；後病微好，不捨身趕上供事，是二大罪。臣素愚昧，從前舛錯之處甚多，屢蒙皇上以大父母之仁心慈宥，今臣負此大罪，唯戰戰兢兢，叩首萬千，伏祈極上洪恩寬釋。臣雖肺腑尚虛弱，力實不足騎馬遠行，然必願復行趕上供事，庶稍償補不盡之罪。但臣罪若繫於假病，直為無臉面之事，無故誤大國公務，全負歷年皇上隆恩，且深為耶穌一會之大恥，為天主聖教之極羞。則臣明明是一飾言詭詐為眾所當棄之匹夫，又何顏復行仍堪承委任之大事，寧甘受重刑，速絕世以雪之，斷不能冒受此至可恥莫大之罪名也。臣白晉不勝惶悚之至。

本月初十日發報，臣不幸稍遲誤點，無奈再候。

清初葡法西士之內訌

德禮賢在其《中國天主教傳教史》內說：「非耶穌會教士們一到了中國之後，敵人們便從中挑撥，設法搗亂，因此在 1634 年至 1635 年間，各派傳教士中，便發生了那最不幸的禮儀上的爭執……」我們不知道德禮賢所稱「敵人」為何，這種解釋，似乎還含有幾分正氣。

自教皇尼古拉五世以印度教權授予葡王保羅後，葡國教士得政治的力量，日益擴張。法國為強國，欲破壞葡人在印度與遠東權力，遂與葡國對抗，特別是在路易十四時代。在 1660 年，法人受重商精神的推動，組織東印度公司，1719 年又加改組，其實力甚厚。

各國教士與政府合力，偏執不肯相讓，並非敵人挑撥，實同一宗教有各種修會的衝突，如耶穌會、方濟各會、道明會、外方傳教會、奧古斯丁會等；同一修會而又有各國的不同，如荷國耶穌會、法國耶穌會等。當時各會與各國教士，皆以羅馬教皇之意見為定論，絕對服從，但教皇遠在羅馬，對中國問題，亦無定見，久不能決也。

葡法西士之內訌，就同一耶穌會士而論，自 1685 年。是年路易十四名相柯爾貝策動，決定派遣法國耶穌會數學家來華，巴黎國立圖書館中，藏有一種文獻（號碼：Fond Français 1740），論及此事，我們節譯幾段，從中可知法國修士來華，自亦含有政治意味：

> 柯爾貝同意加西尼（Cassini）的計畫，決定派遣耶穌數學家來華，要他注意沿途的經緯度與磁針指度……

> 如果這次成功，以後繼續法國學者前來，在這偉大帝國（指中國）裡，我們不只可以建立商業的關係，而且可以遠播法國的聲譽……唯有這兩種困難：葡萄牙忌妒法國，予法人以困難……其次，羅馬教皇代表，受西葡影響，要法國教士來華者，須先宣誓，這卻是法國皇帝不能同意的……

從此，我們知道法國修士來華之始，便有與葡國對抗的情緒。茲所發表的兩種文獻，第一種藏於梵蒂岡圖書館，號碼為：Borg Cin.489。西洋人閔明我，系

Dominique Navarette，義大利人，頂替 Domlniquc Counado 者。第二種藏於羅馬傳信部檔案處東方文獻內，無年月。在巴黎國立圖書館內，藏有德理格的報告，號碼為 Fond Français 25060，內有：

> 1714 年（康熙五十三年）3 月，法國耶穌會修士與葡國耶穌會修士大衝突。法人自言獨立，不受葡人管束，互相呈奏，互相攻擊。是年 5 月 30 日，皇帝親手降諭，命相處為安，如一身一家。葡人解釋以為只有一長一酋，待艾若瑟東還後，再定一規章……似此，即第二種文獻，當系康熙五十三年也。

第一

康熙四十一年三月三十日，御前太監李玉、員外郎黑士亨、御書處趙昌等傳旨西洋人閔明我等：前者爾等叩求弘若所進之物，到暢春園時，朕一時傳弘若所為之事，與爾等教中有礙否等話。今思爾等皆系遠人，若件件察明，不但與爾等教中有礙，即爾西洋人聽之不便。今寬其究察，勿用多議。爾等守會中之定規，聽會首之命令，即不違教也。若薄爾宅噶見所作天主堂，只許本國人行教，昂吉利亞所作天主堂，只許本國人行教，則大違教中之例矣。以後頒發舊例，聽會首之命令，不分彼此，則諸事皆善矣。欽此。

第二

臣白晉、巴多明、傅聖澤、杜德美、羅爾先、陸百佳謹遵旨啟奏，仰求聖恩事：竊中國耶穌會西洋人總會長魯保洛，抵京月餘，至十月十四日，蘇霖、紀理安帶魯保洛至暢春園，請皇上安，執一啟奏封折，並未曾通知臣等伺事。臣等問亦不言。臣等萬幸，荷蒙皇上弘仁，大公包眾，不分何國，待之如一。下旨意：「此事有些關係爾等，有該商量者，議定公同回奏。欽此。」臣等跪聆聖旨，感激無極。此至微之事，本不敢煩瀆聖聰，因與臣等關係甚重，若不詳陳，難明其故。臣等叩首至地，萬懇皇上寬宥，俯察下情始末，臣等粉身碎骨，難報

聖恩。

魯保洛奏摺內云：自康熙四十一年，蒙皇上傳旨，令住中國耶穌會的西洋人，都該依照會規，在一個會長屬下，無論哪一國的人，不必分彼此，遵依從前利瑪竇以來行的事才是。又云：閔明我等六人，跪向天主臺前，立誓發願為憑，從前帶往西洋去的聖旨是真不錯，命我們照依會規相和，並無絲毫分別，俱在一個會長屬下，如從前利瑪竇以來之理。倘有不肯遵行者，不許留住中國等語。將此立誓之書，於康熙五十年，到了羅瑪府，大會長看云：閔明我等立誓之書，我無有不信之理，但法郎濟亞國之人，只信他法郎濟亞國人，另要立本國會長之話等語。據此奏摺所云，臣等似有違背皇上旨意之大罪，有不遵羅瑪府大會長命之過，有不合耶穌會規之非。臣等今謹呈明：所以未嘗不遵大會長之命，未嘗不合會規，即知臣等萬萬無違背皇上旨意之處。

當利瑪竇入中國時，南懷仁、湯若望未來之先，羅瑪府大會長議定有二會長，各統理中國修士，如分兩家。是時海禁甚嚴，不拘何國人欲進中國者，必由波耳都噶國而來，只有澳門一路，並無他路可進，故皆屬波耳都噶國供給，至今不改。一會長料理在廣東、廣西、海南、澳門等處從波耳都噶國而來之西洋人，一會長料理在他省從波耳都噶國而來之西洋人。現今一名林安，住在江寧；一名亞瑪辣爾，住在澳門。因離羅瑪府遠，故又於二會長之上，另立一總會長。如魯保洛是也。若兩家有難明之事，總會長常以公平無私處之。

自蒙皇上廣開海路，臣等有幸入中國。康熙三十五年，法郎濟亞國王聞皇上柔遠弘恩，即立志以後多令修士入中國，一為效力於皇上，一為傳教，遂命本國差在羅瑪府之大人，向耶穌會大會長云：以後我法郎濟亞國修士往中國，往小西洋傳教者，必有自住之堂，不許波耳都噶國會長管。是時大會長聞知其故，重商議之後，遵從國王之意。定有自住之堂，又許人多時，再立本國會長。自此法郎濟亞國修士，多有欲入中國者，國王正備帶修士之船，時適值皇上差臣白晉至本國，遂同聶雲龍、巴多明、雷孝思等於康熙三十七年至廣東，又有同時開船至中國者，即傅聖澤、羅爾先、樊托訓等。因過小西洋，於次年至福建，後又有杜德

美、湯尚賢、陸百佳等陸續來者，至今存三十餘人，無不由大會長之命而來。於是大會長，當康熙三十九年，立臣等本國會長，現今名殷弘緒，其權如林安與亞瑪辣爾二會長，同在總會長屬下。

臣等來中國者，在本國臨行之時，國王親囑有三：一云，爾等往中國，不許為波耳都噶國二會長管；一云，若有別國修士要直路到中國者，許同坐本國船到中國，與本國修士同往，亦賜其供給；一云，本國天文格物等諸學宮，廣集各國道理學問，中國其來甚久，道理極多，又聞中國大皇帝天縱聰明，超絕前代，爾等至中國，若得其精美者，直寄本國之學宮，垂之不朽。臣等所以有本國會長之由來，乃自大會長所定，則臣等本無不遵大會長之命，亦無不合耶穌會規。臣等同為在總會長屬下，如林安與亞瑪辣爾所管之人，更為萬萬無違背皇上旨意。

四十一年旨意，原命臣等不拘何國人，屬一個會長之下。論中國之總會長，只有一個若波耳都噶國之會長，焉有兩個？是以臣等想皇上旨意，乃命臣等屬一個總會長之下，非命臣等屬兩個會長之下，而繫於波耳都噶國也。故臣等即照此旨意，寫書與羅瑪府大會長，若閔明我等六人，立誓發願，帶往西洋去的聖旨，命我們照依會規相和，旨意之外，誤增加己意，云無有絲毫分別。皇上深知臣等與彼之來歷，難免有些不同處，所以皇上並未曾下有絲毫分別之旨意。

在林安與亞瑪辣爾各有所管之人，俱屬一總會長魯保洛，既為相和睦，不為分彼此，臣等本國會長殷弘緒有所管之人，亦屬一總會長魯保洛，如何便為不相和睦，便為分彼此？在小西洋，亦有臣等本國之會長，彼處波耳都噶國人，未嘗相爭不和睦，且中國現有臣等本國人在，臣等中何嘗不相和睦？彼等之意，實在要臣等無本國會長，無自住之堂，不自專家務，往盡屬波耳都噶國林安與亞瑪辣爾二會長之下，後有成其位者，仍然從前早已將此意寄書與大會長，借皇上不分彼此之聖旨，必要臣等依從。況此諸事，皆臣等不由自己之事，且臣等有歷年至今大會長來書，皆再三堅定臣等本會長本堂之事，茲略翻二次書內要旨為據，今為何又有康熙五十年大會長與魯保洛之回書？因魯保洛得閔明我等六人立誓之書，當時魯保洛並不通知臣等，即據閔明我等驚嚇之言，寫書與大會長云：法郎

濟亞國人，若有本國會長，皇上必不容住中國，於傳教大為妨礙。大會長見利害關係如此，兩家來書又不同，故書內令魯保洛得便再請皇上旨意。此臣等種種實情，始末根由，早在皇上洞鑑之中，臣等俯伏叩頭不已，衷求聖恩矜憐，臣等不勝惶悚待命之至。

票的問題

康熙時，以禮節問題，旅華西洋教士分為兩派：一派遵循利瑪竇規矩，以耶穌會為代表；另一派處於對抗地位，以道明會等為代表。兩方偏執爭論，歷久難為解決。康熙同情前者，故創立票制，即來華西人，如遵守利瑪竇遺法，永居中國，由清廷特賜信票，可以在中中國地居住。無票者，便押往廣州，或遣回西洋，或解至澳門。此制創立，約康熙四十五年（1706 年）也。唯正式推行，系康熙四十七年（1708 年）四月，由武英殿議決，由內務府頒發。

民國十七年三月，故宮懋勤殿內，發現康熙與羅馬使節文書，其中之一，內有：「你們領過票的，就如中國人一樣。爾等放心，不要害怕領票，俟朕迴鑾時，在寶塔灣同江寧府方西滿等十一人，一同賜票，欽此。」陳垣先生根據此語，以康熙四十六年（1707 年），聖祖南巡，駐蹕蘇州故也，甚為正確。

票含有兩種意義，一為法律問題，即持票者可在中中國地行走，如各國流行之居留證；一為宗教問題，即持票者必遵守利瑪竇之遺規。因之康熙諭眾西洋人：「自今以後，若不遵利瑪竇的規矩，斷不准在中國住，必逐回去……」

民國二十六年，羅馬傳信部檔案處東方文獻內第六卷、第十二卷與第十三卷，先後發現五件關於票的文獻：一為票的副本，系康熙四十五年，可以看出票的樣式；一為康熙五十六年，西洋人蘇霖等在暢春園，與聖祖關於票的對話；第三為奏摺，內容與一二同；第四為禮部奏摺；第五為西人蘇霖等奏摺，未載年月，據檔案處之編制，系康熙五十一年（1712 年），原文涉及票事，故附於此。

一

西洋意大理亞國人康和子年三十四歲，系方濟各會人，來中國已經七年，茲赴京都陛見，永不復回西洋，為此給予信票。康熙四十五年十二月二十五日。

二

康熙五十六年四月十四日，西洋蘇霖、巴多明、穆敬遠等赴暢春園啟奏九卿議禁天主教一事。臣等聞禁止天主教，議得很嚴，皇上面諭云：「並不曾禁天

主教，本內禁的是不曾給票的西洋人，其給過票的並不曾禁。」巴多明面奏，本內引康熙八年的旨意。皇上云：「是那沒有得票的人，應該照康熙八年例禁止，與有票的人無干。」巴多明又奏：「恐怕地方官見了康熙八年之例，不管有票無票，一概禁止。」皇上云：「若地方官混禁那有票的，即將朕給的票拿出來看，就有傳教的憑據。」穆敬遠奏：「若地方官要囉嗦有票的西洋人，臣等還求萬歲作主。」皇上云：「果有此事，再來啟奏。」蘇霖稟：「謀反的題目，臣等很當不得，皇上知道臣等的根由。」皇上微笑云：「這是衙門內一句套話，不相干，你們放心去。」隨即叩頭謝恩而出。

三

西洋人蘇霖、巴多明、穆敬遠等啟奏：臣等聞禁天主教議得很嚴，本內引康熙八年之例，恐地方官見了，有票無票的一概禁止，懇萬歲作主，臣等來歷根由，為偽為誠，悉在聖明洞鑑之中。

上云：「爾等放心，並非禁天主教，本內禁的，是不曾給票的西洋人，應照康熙八年之例禁止，與有票的人無干。若地方官一概禁止，即將朕所給的票看，就有傳教的憑據了。你們放心去，若有禁止有票的人，再來啟奏。欽此。」

四

禮部為妄立異教，惑眾誣民等事，該臣等議得御史樊鐸奏疏稱：今有西洋人等，造為異說，名曰天主教，設為講堂，誦經講法，數十成群，夜聚明散，又著為教書，刊行傳布。天主教中，皆家供天主之像，口誦天主之言，門貼十字之符。臣訪聞近今京畿直隸，各省人民，多有信服其教者，即讀書識字之人，亦或為所惑，恐流行日久，漸染滋淺，及害眾人心，則廓清不易，伏祈敕下該部，嚴行禁止等語。查康熙三十一年二月，內閣奉上諭：前部議將各處天主堂，照舊存留，只令西洋人供奉，已經准行。現在西洋人治理曆法，前用兵之際，製造軍器，效力勤勞，近隨征阿羅素，亦有勞績，並無為惡亂行之處，將伊等之教目為

邪教禁止，殊屬無辜，內閣會同禮部議奏。欽此。欽遵會議得各處天主堂，照舊
存留，凡進香供奉之人，仍許照常行走，不必禁止等語，因具題通行直隸各省。
又於四十七年四月內，由武英殿議得各處天主堂居住修道西洋人等，有內務府印
票者，任其行走居住，不必禁止，未給印票者，凡堂不許居住，往澳門驅逐，等
因具奏，通告各省在案。查得此等西洋人，俱仰慕聖化航海而來，與本國人共相
效力，居住各省者，俱領有印票，各修其道，歷有年，並無妄作非為，其御史樊
條奏嚴行禁止之處，相應無容議可也，奉旨：「依議。」

五

　　臣蘇霖、紀理安、巴多明等謹奏，為仰求聖恩，始終保全事：竊臣等西洋
人，受恩深重，不但口不能言，即筆亦不能錄。今御奉史樊紹祚，疏斥天主教惑
眾誣民等語，臣等聞之，不勝驚懼惶悚。其疏內諸款，皆屬不深知臣等者，而天
主教為邪為正，臣等為偽為誠，久在皇上聖明洞鑑之中，臣等不敢多贅辯明也。
且於康熙三十一年，已經部議，上諭西洋人，並非左道惑眾，異端生事，有旨通
行各省，不但臣等之在中華者，時刻感激，即在西洋教中諸人，俱感激皇上聖心
一體之恩。臣等遠旅孤子，並無依倚，不善事務，不能周旋，唯俯伏迫切叩首，
懇祈皇上至仁至慈大父母之心，憐憫保全，臣等始終頂戴，永沐弘恩，臣等無可
報答，唯有上求天主，永保皇上萬壽無疆而已。臣等凜凜兢栗，哀哀謹奏，伏祈
重鑑。

雍正與本篤十三世

雍正三年（1725 年），羅馬教皇本篤十三世（Benoit XIII, 1724 ～ 1730），遣使來華，是為第三次教廷使節。惜漢文資料甚少，中西文專著中，亦未提及。余在羅馬傳信部檔案中，發現今所刊印之資料，心竊為喜，此後治清初中西交通或中外交涉史者，將有所依據。

根據資料中所論事實，復據所註明之時代，順序排列。自第一項至第六項存於 1726 年東方文獻內（第 544 頁、403 頁、258 頁），自第七項至第八項存於 1727 與 1728 年東方文獻內（第 48 頁），自第九項至第十項存於 1731 年東方文獻內（第 167 頁）。

此次教皇本篤（即文獻中伯納弟多）使臣之目的，借雍正即位之初，改善西士在華不利之局勢，收效甚微。德禮賢論到禮節問題時，也說：「教士們都分作兩派，彼此都竭力爭持著，而且完全自信地，熱烈地，不屈不撓地，和有些近乎固執地爭持著，他們又不是完全沒有黨見的，而且還有些感情用事……」（見德氏所著《中國天主教傳教史》，第 80 頁）

第一件所言兩廣總督系孔毓珣，由郭中傳（Jean Alexis de Gollet, 1664 ～ 1732）口授，華人陳若望執筆。葛達都西名為 Gottardum，易德豐為 Ideifonsum，兩人皆為修士。至紀有綱與畢天祥，因缺少文獻資料，無法做詳細介紹，留諸異日，深引為憾。

一

具呈西洋修士郭中傳，呈為報明賀獻事。竊因西洋羅瑪國都教化皇仰慕聖朝德化，四海沾恩，凡西洋修士，俱荷覆幬之中。前聞皇上新登寶位，特遣葛達都、易德豐二臣，奉書送西洋方物，航海數萬里遠來，欲進京詣闕賀獻。今者始得舶至廣省，理合具呈報明，伏乞大老爺電鑑，驗明具題，令其入京。又現有送上之物幾箱，俱在洋舡，懇乞大老爺俯准，許其來城，則感戴鴻恩，永不朽矣。上呈總督部院大老爺臺下。

二

　　兩廣總督部院帶理廣東巡撫事，為遠彝航海入貢，據情題達事：該臣看得西洋遠隔海外，計程數萬里，今教化王伯納弟多恭聞皇上御極，遣使葛達都、易德豐齎表入貢，懇請題達前來。臣查教化王原不在常貢之列，但水陸共計十個月，始到廣東入口，不憚艱險，艤航入貢。據稱教化王住在羅瑪府地方，陸路行三個半月抵英吉利，水陸可行六個半月，共計十個月始到廣東入口。仰見皇上仁德遠播，所以遠人慕義向風，不憚水陸艱險，艤航入貢。臣隨傳到葛達都、易德豐面詢，許以請旨定奪。據葛達都等又稱，奉伊教化王所差，急欲聘天仰聖，若請旨往返，復得數月，堅懇一面啟奏，一面即令啟程。臣見遠人向慕之誠，如此摯切，不便拂其所請，即給以口糧填用，勘合委員伴送，於本年七月十一日，起程赴京，聽其詣闕進表，恭獻方物，以速遂遠人歸化之盛，昭示聖朝一統然無外之模。除將貢物造冊送部外，臣謹具題旨意該部知道。

三

　　西洋人葛達都、易德豐謹啟王爺懇請轉達皇上，教化王所遣葛達都、易德豐齎進中國大皇帝字西洋方物，二人即傳候中國皇上，於今九月十七日已到。謹啟。

四

　　教化王伯納弟多恭請中國大皇帝安。竊唯無始無終全能造物之天主，照臨下土，眷顧四方，遂使苦樂悲歡並發於一時，蓋因先帝大行之哀詔，忽爾驚傳，中心痛切之至，乃大皇帝御極之喜音，同日恭聞，又歡樂無限，此誠在天之主預為調劑以慰此苦也。

　　伏思先帝以至公無私之恩德，賞善罰惡，俾率土臣民，久安長治，俟製作具，然後大行隨以萬民悅服之，聖躬丕承鴻業，庶幾所得之喜，意倍於所失之苦

焉。若不如是，何以解之先帝之恩逾於父母，即據西洋修道諸人而論，其多年撫養，言難盡述，區區遠國，適當蒞政之初，追繼往事，滿望將來教恩廣益，倘或其時唯知先帝力行不獲，即聞大皇帝踐祚之喜，萬難解此刺心之憂苦，可知明天之上唯一主宰，多方眷顧，不令人久懷鬱鬱也。由此心以觀，仰見大皇帝盛德上智，統馭廣大之幅員，從今瞻望之心，比前更切，故敢竭未盡之誠，獻茲微悃，約有三端：一為表先帝大行，雖屬僻遠之君，而慟悲靡極，更遙憶大皇帝大孝大哀，必然身受難言之慘痛；一為表大皇帝即位臨民享玉帛冠裳之朝會，居豪華富麗之名都，特申賀敬；一為表教化王之位，本來不願缵承，乃勉循眾請耳，瀆陳此意，想睿照之下未有不樂聞教。三端之外，惻聞御極後，即寬釋一西洋人，其餘者俱許專務修道，不容行無益之事，似此仁愛有加，令人愈企仰也。

先教化王之使臣加樂，蒙先皇帝給以寶物，倘獲拜登必什襲珍藏，以征曠典，奈因海舶被焚，徒深浩嘆。然所失之寶，已珍藏心內，永存而不忘也。今特將些微土物，附陳數語，用達遠懷。每思竭力圖報，唯以仰合大皇帝之歡心，而無可適從，所望大恩廣被，凡西洋修道之人在中國者，俱邀庇護，此誠無可報效之恩施，唯有恆求無聲無臭生物生人之天主眷顧聖躬，常享太平之福，使域中臣庶，共凜國威，不忘人物之本原籍焉，萬善之根基，不勝幸甚。

天主降生一千七百二十四年十月初六日

五

教化王伯納弟多恭請中國新皇帝安。竊思在天之主，降特達之聰明，成新皇帝之功用，所具者非常之德，所秉者廣大之權，享太平鞏固之鴻圖，樂國富民安之原福，宜乎稱頌尊威，讚揚美善，遍及西洋諸國也。仰自御極以來，公義覃敷，仁慈普被，欽茲二德，照著萬方，迄今薄海內外，共樂昇平，皆由無限之新思所致。且即如德理格脫離牢之苦難，見茲寬典。滿望傳教之人，必能廣揚天主，鼓舞作新，仰承德化，故唯有實心實意，引領頌謝而已。尚有一事冒瀆，向

聞西洋人畢天祥、紀有綱監禁於廣州府內，憫此二人可憐，久禁未寬。俯懇新皇帝特頒公義仁慈之命，亦如赦免德理格之恩，俾其早脫系刑，同沾仁澤，雖報效無由，而朝暮焚祝。祈求天地神人萬物之主，時垂寵佑於國家，仰見一人有慶，萬福無疆，此區區之本願也。伏祈睿斷施行。

六

教化王伯納弟多恭請中國大皇帝安。竊思自古歷代帝王，皆用公義仁慈二德，享受永遠太平之福。今見大皇帝初登大位，二德即發光輝普照，我國聞知，眾心喜悅很慰，我心因大皇帝掌萬國之權，隨發恩旨，釋德理格，脫離災難，照舊容其效力，我心很樂，感恩不盡。還望大皇帝照顧天主聖教，再求大皇帝公義仁慈，如放德理格之恩，再先皇帝時禁在廣州府畢天祥、紀有綱，得沾此恩，感謝不盡，雖無以報答，唯求造化王主宰保護。大皇帝萬壽無疆，率土人民樂享永福於世世。

七

禮部為遵旨事：雍正四年六月初五日內閣交出，給賜西洋教王，敕諭意大理亞國教王：覽王奏請援釋放德理格之例，將廣東監禁畢天祥、紀有綱一體施恩釋放等語。查德理格於康熙五十九年，因傳信不實，又妄引陳奏，我聖祖仁皇帝，念系外國之人，從寬禁錮。及朕及（即）位後，頒降恩詔，凡情罪可原者，悉與赦免，開以自新。德理格所犯與赦款相符，故得省釋。當時廣東大吏未曾以畢天祥、紀有綱之案入於大赦冊內，具題上聞。今據王奏請，朕查二人所犯，非在不宥之條，即王不行陳奏，朕亦必察出施恩。今特降旨與廣東大吏，將畢天祥、紀有綱釋放，以示朕中外一體，寬大矜全之至意。茲因使臣回國，再寄人蔘等物十六種，用展朕懷，王其收受，故茲敕諭。欽此。相應行兩廣總督、廣東巡撫，將畢天祥、紀有綱從速釋放，即行報部可也。

八

巡撫廣東等處地方提督督軍務兼理糧餉都察院右副都御史加九級右軍功加三級，在任守制楊，（為）遵旨事：雍正四年七月十二日，准禮部咨主客請吏司案呈。雍正四年六月初五日內閣交出，給賜西洋國教王敕諭王稿，奉天承運皇帝敕諭意大理亞國教王：覽王奏請援釋放德理格之例，將廣東監禁之畢天祥、紀有綱一體施恩釋放等語。查德理格於康熙五十九年，因傳信不實，又妄引陳奏，我聖祖仁皇帝，念係海外之人，從寬禁錮。及朕即位後，頒降恩詔，凡情罪可原者，悉與赦免，開以自新。德理格所犯與赦款相符，故得省釋。當時廣東大吏未曾以畢天祥、紀有綱之案入於大赦冊內，具題上聞。今據王奏請，朕查二人所犯，非在不宥之條，即王不行陳奏，朕亦必察出施恩。今特降旨與廣東大吏，將畢天祥、紀有綱釋放，以示朕中外一體，寬大矜全之至意。茲因使臣回國，再寄人蔘、貂皮等項，用展朕懷，王其收受，故茲敕諭。欽此。相應移咨該撫，將畢天祥、紀有綱即速釋放，報部可也。今咨前去遵照施行，等因到院，准此備案，仰司照案，備准咨文，欽遵，敕諭□稿事理將廣東監禁之畢天樣、紀有綱從速釋放，即日取具，釋放日期詳報，以憑咨部可也，須牌。雍正四年七月十三日。

九

廣撫付　題為呈請報明事：該臣看得西洋教化王伯納弟多，恭聞皇上御極，遣使葛達都、易德豐賚表入貢，經前署撫臣孔毓珣具疏題報，並委員伴送，赴京進獻，嗣蒙聖恩，御賜敕書，特差鴻臚序班張世英伴送貢使，葛達都、易德豐回廣，於雍正三年十二月二十五日，附搭哥池國彝商耶咭呢舡回國。又經前任撫臣楊文乾，題報在案。雍正七年七月十四日，據住粵修士郭中傳呈報，教化王伯納弟多，承恩感激，寄付表文，交郭中傳賚送，懇請進呈叩謝等情，連繳表文一匣到臣。當即檄行布政司詢查，匣文係何洋舡帶來，去後茲據布政司使王士俊，詳詢修士郭中傳，回稱教化王寄付匣文，係紅毛頭舡大班主，名斐哑加理帶來，轉

詳委員賫送，並請代為題報前來，欽唯我皇上仁恩廣被聖德覃敷重澤艀航，莫不聞風向化，遐方遠島，感恩仰聖瞻天，今西洋教化王伯納弟多蒙恩浩蕩，念念不忘，感激之誠，至深且遠。除將該國王寄付謝恩表文一匣，於雍正七年八月初四日，交給領解關稅銀兩委員，南海縣江浦巡檢司巡檢蔣大謀，敬謹賫送，前赴禮部進呈御覽外，九月十五日。

十

咨署理廣東巡撫印務戶部右侍郎傅為知會事：雍正七年十二月十八日，准禮部咨主客清吏司案呈准儀制司付稱禮科抄出西洋國教王伯納弟多為謝賜珍珠等項，恭請表文稱謝。雍正七年十一月初五日奉旨：「覽王奏謝知道了，該部知道。欽此。」欽遵抄出到部，相應移咨該撫，轉知會該國王可也。合咨前去，查照施行，等因到部堂。准此，相應咨會為此合咨貴國王煩為欽遵，查照施行。須至咨者

左咨

西洋國王

雍正七年十二月二十一日

發番禺縣給西洋人郭中傳轉遞

附：關於畢天祥與紀有綱

方豪

讀本刊第十七期吾友宗臨先生所撰〈雍正與本篤十三世〉一文，中有涉及畢天祥與紀有綱處，茲就所知，略述一二。

天祥西名 Ludovico Appiani，1663 年（康熙二年）3 月 22 日生於 Piemont Doglirmi。1687 年 5 月 10 日在羅馬入遣使會（即味增爵會，亦名拉匝祿派），時已任司鐸，並考得博士學位。1697 年加入教務考察團，但 1699 年（康熙三十八

年）10月14日與畢天祥同抵廣州者，僅穆天尺（Jean Müllener）一人（天尺後任四川主教）。1703年天祥居重慶，1705年至廣州，教宗特使鐸羅聘為譯員。同年12月4日抵京，次年8月28日出京，旋即被扣留於淮安。此後輾轉北京、四川，復由四川北上，又由北京南下至廣州，則已1710年5月17日，復入獄。至1726年8月21日，始獲開釋，則已為雍正四年。計自被捕受刑至恢復自由，凡歷19年又9月。1732年8月29日卒於廣州，葬於道明會士之塋地（或曰在澳門）。天祥之事跡甚多，不能悉記。

　　有綱西名為 Antoine Guignles，法國亞維農人。1703年入巴黎外方傳教會，其後數年，曾在廣州任該會辦事處主任。後返歐洲，1732年脫離外方傳教會，任天主教修士或司鐸。其不入會或已入會而復出會籍者，往往不易考索，故於各方求之。推費賴之書，僅以16、17、18世紀曾來中國之耶穌會士為限，天祥系遣使會司鐸，有綱乃外方傳教會士，自無法在其書中搜覓也。

蘇努補志

羅馬傳信部檔案處東方文獻內，藏有關於蘇努三件奏摺抄稿。蘇努系貝勒，篤信天主教，康熙末，與胤禩、胤禟善，頗有聲勢。

雍正四年正月，上諭諸王大臣曰：「廉親王胤禩希冀非望，狂悖已極，情罪重大，宜削籍離宗，革去黃帶子，其黨胤禟、蘇努、吳爾吉結黨構逆，靡惡不為，亦將黃帶子革去。並令宗人府將胤禩等名字除去。」三月，改胤禩名為「阿其那」，意為狗。骨肉嫌猜，釀成巨大黨案，除胤禵、胤禩、胤禟等外，尚涉及蘇努、阿靈阿、鄂倫岱、黑壽、勒什亨、魯賓、保泰、雅爾江阿等，雖未演成如英國兩玫瑰之戰，然殘酷程度，真是相去不遠。

當時來華西士，固多有德之人，然亦有干預內政，結黨為朋，穆敬遠則是一例證。《清室外紀》中說：「……諸兄弟之陰謀，仍如前日，而天主教士，亦因此損其名譽。蓋諸王之謀逆者，多與教士友善，其中且有已受洗禮者。雍正元年，外省上一封奏，言禁耶教事，下禮部議奏。及禮部復奏，言外國教士應一律驅逐，國中教堂，均應焚燬。於是各教士皆避往廣州澳門。而國中教堂三百餘所，均毀壞無遺。帝所以允此奏摺者，因當時耶穌教士頗牽涉諸王之事。」（第三章）關於蘇努事件，陳垣先生有〈雍乾間奉天主教之宗室〉（刊於《輔仁大學學志》，三集二號）；西文中巴多明寫了不少信件，刊於 Lettres Edifiantes，故從略。

一

雍正五年三月初一日，召入大學士等，交出議將蘇努之子蘇爾金正法一本。奉旨：諸王大臣等議奏此事，甚屬草率，據舍穆德奏稱，蘇爾金、庫爾陳（亦作成）有我們遵行此教已久，雖死斷不改除此教之語。應時派出諸王大臣，前往面加詢問，若蘇爾金、庫爾陳聞朕降旨，尚稱雖死斷不改除，則應將蘇爾金、庫爾陳於彼即行正法；倘有平日斷不改除之言，今奉旨詢問，伊等情願改除，則又當一論。伊等所犯死罪甚多，朕俱已開恩寬宥，不必因其平時一言狂妄將伊等正法，此本著發回，另議具奏。

二

　　雍正五年三月初五日，刑部等為濫遵邪教事：該臣等議得蘇努之子蘇爾金等濫遵邪教一案，據建威將軍舍穆德等疏稱，蘇努之第三子蘇爾金，第十一子庫爾陳，帶領伊等子弟隨天主教內，不遵法度，肆行無忌。臣等嚴禁蘇努之子孫，將此邪教永行改除。據蘇爾金、庫爾成口稱：我們遵行此教已久，雖死斷不敢除此教等語。臣等竊思，蘇努之子孫俱系大罪之人，理應感戴聖恩，安分而行，反入邪教，任意肆行無忌，大干法紀。蘇爾金、庫爾成口稱雖死斷不改除天主教等語，殊屬可惡，大逆之情顯著，斷不可容於世。今臣等伏乞將隨天主教為首蘇爾金、庫爾成即行正法，以為眾人之戒。再所有隨天主教蘇努之子勒欽、孫勒泰、勒身、伊昌、阿魯、伯和、伍伯和、勒爾成、圖爾泰、舒爾泰等，俱各鎖□牢固，圈禁公所。其未入教蘇努之子孫等，照常交與該旗，不時巡察，令其在兵丁數內當差。此內仍有不改濫行者，臣等另行奏聞，等因具題前來。查律內凡左道亂正之術，煽惑人民，為首者絞監候，為從者發邊衛充軍等語。但蘇努之子孫，係獲重罪，俱應即行正法之人，蒙皇上如天好生，不忍即加誅戮，特沛弘恩，將蘇爾金交與右衛將軍，入於兵丁數內，當差行走。蘇爾金等理應感戴天恩，洗滌肺腸，安分守法，乃敢仍遵邪教，全無顧忌，經該將軍舍穆德等嚴禁，而蘇爾金等口稱雖死斷不改除此教。此等立心悖逆之人，斷難姑留於世，應如該將軍所請，將入天主教為首之蘇爾金、庫爾成均擬斬，交與該將軍即行正法。其隨入天主教之勒欽、勒泰、勒身、伊昌、阿魯、伯和、伍伯和、勒爾成、圖爾泰、舒爾泰均系逆黨蘇努之子孫，乃敢相率入於邪教，不應照尋常左道亂正，為從律治罪，應照為首律俱擬絞監候，秋後處決。其未入天主教蘇努之子孫，應令該將軍照常交與該旗，入在兵丁數內，當差行走，仍嚴行管約。倘有仍不悔罪改過，咨（恣）意妄行者，該將軍指名參可也。

三

雍正五年五月十一日，滿漢文武大臣合詞公奏，蘇努悖逆妄亂，其子俱應照叛逆律正法等語，奉旨召諸王大臣入見，諭曰：「蘇努雖已削籍離宗，原系宗室之人，今爾等合詞，請將伊之子孫，照叛例治罪，是其子孫俱應即行正法，此事甚有關係，爾等具本之時，隨眾列名，或不獨抒己見，今朕將命爾等入見，而加詢問，天地祖宗照察於上，爾等眾人或有一人意見，或心中以為尚有可宥之處，尚有可寬之人，可即於此時，據實而奏。諸臣奏請而朕降旨，其辦理之是非實君臣共之。倘有不應誅戮之人加以誅戮，使朕有用刑不當之名，實爾諸臣之咎，是以再加面詢。若諸臣心有所見，藏匿於中而不據實陳奏，將來必受蘇努之禍，即己身倖免，其子孫受禍，亦必與蘇努之子孫同，爾等思之慎之。」諸王大臣等僉云：蘇努罪大惡極，天下共知，今又查出聖祖皇帝硃批奏摺，蘇努竟敢於御筆之旁，狂書塗抹，實從古未聞未見之事，臣等將伊子孫照叛逆治罪，實為至當。

上又問滿都護、查弼納云：「爾二人之意以為如何？」滿都護、查弼納俱稱：「應照叛逆治罪。」

上諭曰：看滿都護今日光景，是出實心，至於查弼納欲將蘇努之子孫盡行正法，其心較人更為迫切，眾人所執者國法，而查弼納所懷者私心也。蓋查弼納與蘇努既固結於先，唯恐連累於後，不若將伊子孫速行剪滅，永除己身將來之禍患，此情事之必然者也。即此可見結黨之人，至於事敗之後，其同黨即自相攻擊，小人情狀，古今一轍也。

常觀自古以來，亂臣賊子頃刻滅亡者無論矣，如王莽、曹操僥倖成事，而受千古之罵名，其依附莽、操之人，實為千古所不齒，即本人之子孫，皆逃忌而不認其祖父。現今秦道然實系秦檜之後裔，眾所共知，伊則回護支吾，不以為祖，此即惡人之報，昭昭不爽，甚於國法者也。大凡要結黨羽之人，平時未必得其相助之力，及至有事，反多一簧操戈下石之流，則小人結黨，豈不無益而有大害乎？而趨附匪黨之人，平時亦未必得其援引之力，及一有事，豈能免於牽連？即幸而避於法網，而憂慮畏懼，慚赧終身，豈不可恥之甚乎？

滿都護、查弼納於蘇努結交之處，前後情形如此，爾等諸臣皆深知目睹，切當以為戒。諸王大臣參奏之本，著交與三法司定擬具奏。欽此。

 蘇努補志

關於麥德樂使節的文獻

雍正即位後，手足相殘，波及胤禟。

胤禟被差往西寧後，利用西人穆敬遠與胤禩遙應，樹黨對立。繼後胤禟禁居保定，穆敬遠入獄，雍正不欲外人參預內政，託辭禁教。

當時，旅華西人恐全功毀棄，想借外交方式，挽回頹勢，營救穆敬遠。於是葡王若昂五世（Jean V, 1689～1750）有遣使麥德樂（Alexandre Metello de Sousa e Menezes）來華之舉。

為著根絕麥德樂之要求，在葡使未抵北京之先（雍正四年十一月），而刑部已將穆敬遠判決，梟首示眾了（雍正四年六月）。下列五種文獻，每件末尾，注明出處，很可看出當時（1726年）外交上的情節了。

一

巡撫都察院楊題為遠夷入貢謝恩詳情據情題報事；雍正四年八月初三日，據廣東布政司布政使常賚詳稱奉臣牌開為遵報事；雍正四年五月二十一日據香山協稟稱；雍正四年五月十七日左營把總李芬稟稱；本月十五日據濠鏡澳西洋理事官委利哆等報；據張安多報稱：多於康熙六十年蒙先帝寵頒厚禮帶回，西洋國王喜出望外，闔國歡忻。荷蒙恩惠，飫德難忘，故特委內員麥德樂前來恭候聖安，以表謝忱。

第張安多與奉委內員到澳，即應赴省，兼程進京，緣涉遠洋巨浪狂濤，冒風勞動，身體染病，容調養稍愈即刻上道。隨帶七人來澳，內有二人係欽天監帶領赴京伺候內庭，少效微勞，來船並非商賈貿易，乃係奉差恭候聖安，並無貨物，亦無唐人搭回等情到。把總轉報到職，據此隨查該船於本月十三日進澳，合就通報等由到院，據此備牌，仰司即便轉行，查照將西洋中國員麥德樂等，據稱特委到澳，隨帶七人，內有二人係欽天監帶領赴京，有無表方文物呈速查明，令張安多等，務速調治稍愈，如有表方文物，即刻一併賚帶赴省，取其預擬起程日期詳報等因。奉此，依經轉行廣州府確查去後，茲據該府詳稱，行據香山縣詳，據西洋理事官委利哆等呈稱依奉行，據張安多復稱：多係康熙六十年蒙先帝寵頒厚

典差回，大西洋國王感德，特差覆命，並著七人陳善策、麥有年、計萬全、白如玉、索智、林起鳳、馬猶龍，內陳善策、麥有年二人通曉天文，多同二人先進京都，伺候內庭，少效微勞。

復委內員麥德樂帶有表文一道，文物三十箱，遣令入貢，恭請聖安。國王感慕皇上仁德，多等奉差叩闕，亟欲瞻天，緣安多染病，未剋期赴京都，現在調攝，倘病稍愈，即將起程日期具報，其西洋差委內員麥德樂，容另文呈復。來船委系乘送差人員，並無貨物等情，據此合就呈復等情到縣。據此，正在繕詳間。

本年六月十五日，又據西洋理事官委利哆等呈稱：張安多說稱敬帶表文方物俱系內員麥德樂收貯，前經據報經麥德樂足患瘡病，動履艱難，同來之陳善策、麥有年通曉天文，在本國同居欽天監之名，安多病癒先同赴省進京，麥德樂足患稍愈，亦即齎表文方物赴省入貢等情。據此合再呈復等情到縣。據此理合轉報等由到府。據此卑府以遠夷入貢，不便久稽，復經行催赴省，酌期進京去後，雍正四年六月二十五日據西洋理事官委利哆等呈稱：據特委內員麥德樂等一經到澳，即應赴京恭候聖安，奚敢逗留稽遲。緣樂足患未痊，實難舉動，未能剋期進京，容俟樂足稍痊，即便起程赴京等情到府。據此當經轉詳在案。茲據麥德樂先遣方濟各復稱：麥德樂帶表文方物恭候聖安，緣足患瘡病，稍愈即便進京，懇請先為題報等語，連開上方物，第一號箱內裝云云等因。又張安多今病痊癒，隨帶通曉天文陳善策、麥有年在澳，指日到省，擬於本年八月十三日起程，先行進京。麥德樂足病稍愈，擬於本年九月初旬起程進京，擬合詳報等由到司。據此隨該布政司布政使常賚看得西洋國王差張安多覆命，並委內員麥德樂恭候聖安，奉檄行查，依經轉行廣州府，查明有無入貢表文方物並催令赴省，起程進京日期詳報轉請具題去後，茲據該府詳，據香山縣詳稱行據西洋理事委利哆等呈稱，據張安多復稱，多系康熙六十年蒙先帝寵頒厚典差回，大西洋國王感德，特差覆命，並著七人陳善策、麥有年、計萬全、白玉如、索智、林起鳳、馬猶龍，內陳善策、麥有年二人通曉天文，先進京都效勞，復委內員麥德樂帶有表文一道，方物三十箱，遣令入貢，恭請聖安。來船系乘送奉差人員，並無貨物等情。又稱皇

上仁德，國王感慕，多等奉差叩闕，亟欲瞻天，多因染病，麥德樂足患，未能剋期進京。今多病癒，先同通曉天文之陳善策、麥有年赴省，擬於本年八月十三日起程進京。麥德樂足病稍愈，擬於九月初旬起程進京等情，轉詳到司。據此本司查西洋國王原不在常貢之例，但該國王感戴聖祖仁皇帝，深仁厚澤，無時不竭誠追思，又沐皇上懷柔普被至此向慕諄諄誠向化之隆也，相應俯循上年教化王入貢之例，預將張安多、麥德樂等分次起程日期詳請題報，一面令其依限起程赴京可也等因到臣。據此該臣看得西洋國王遠數萬里之遙，原不在常貢之例，今遣使麥德樂貢捧表文、方物，恭候聖安，並遣張安多叩謝，康熙六十年聖祖仁皇帝寵頒厚惠，仰見天朝恩威遠播，是以遠人歸化，極盡誠切，臣據報貢使麥德樂到澳，即檄行廣東布政司轉行查明齎帶表文方物，並取張安多、麥德樂各起程赴京日期復節次催查去後，茲據布政使常賚詳報，因張安多染病，麥德樂足患，未能剋期赴省起程進京。今張安多病已痊癒，擬先帶通曉天文之陳善策、麥有年於本年八月十三日起程赴京；麥德樂足患稍癒，擬於本年九月初旬，齎捧表文方物起程進京。緣由前來所當循照上年教化王遣使葛達都、易德豐入貢之例，先行題報，依期委員伴送貢使，麥德樂齎捧表文方物，給以口糧，填用勘合委員伴送，依期起程進京，聽其入貢謝恩，以遂遠人歸化之盛，昭示聖朝一統無外之模。除張安多帶同陳善策、麥有年，臣等捐給口糧，委員伴送，先於八月十三日起程外，臣謹會同兩廣總督臣孔毓珣合詞具題，伏乞皇上睿鑑，敕部查照施行。臣等未敢擅便，謹會題請旨。

此件存於羅馬傳信部檔案處：東方文件，第 18 卷第 511 頁

二

總管內務府為移咨事。內閣大學士馬齊具奏迎接波耳都噶來使，內務府派出郎中兼佐領常保柱帶領引見奉旨：「著常保柱同西洋人張安多馳騁前往。」欽此。

查博爾都噶爾國從前並未進貢請安，今博爾都噶爾國王感被聖化，特遣使

臣，不比尋常進貢來使，臣等仰遵皇上撫卹遠人諭旨行令該督撫轉交該地方官，於來使麥德樂到時一應支給物件，務必豐裕，從優款待外，據西洋人張安多稱，博爾都噶爾國王特為請安，使麥德樂進貢前來，所盛進貢禮物箱子三十個。麥德樂從人六十名，其麥德樂行李並從人零星行李共八十馱，若由陸路來，所需馬匹甚多，且又繁劇，將伊等由水路帶來等語。查康熙八年，西洋國遣官入貢，題准令正副使及從人二十二名來京，其留邊人役該地方官給與食物，仍加防守等語，今博爾都噶爾國王感被皇上撫卹遠人聖化，遣使慶賀請安，不比西洋來使，其從人如要帶俱令帶來，或有留粵者，令該地方官將所居房舍並一應食物從豐支給，令郎中兼佐領常保柱，西洋人張安多於本月十六日起身，迎接來使麥德樂，回來時，令其由水路帶來等因。於雍正四年十一月具奏。奉旨：「依議。」欽此。欽遵貴部移咨直隸、山東、江南、江西、廣東五省督撫，博爾都噶爾國來使到時，令其將一應支給食用等物，務必豐裕，從優款待，為此合咨前去查照施行。須至咨者。雍正四年十一月十三日

梵蒂岡圖書館 Borg Cin.516

三

麥德樂來使所帶表文一道方物三十箱。

第一號箱內裝：緱絲鑲珊瑚花箱一個，內裝大珊瑚珠一串，寶石素珠一串，珈石瑜瓶一個，金琺琅鼻煙盒一個，金鑲蜜蠟珈石瑪瑙藍石雲母鼻煙盒六個，又奇樣銀鍍金鍍雲母玳瑁鼻煙盒四個第二號箱內裝：水晶箱一個，內裝各品藥露五十四個小玻璃瓶第三號箱內裝：金絲緞、金絲金花緞共三匹

第四號箱內裝：洋緞三匹

第五號箱內裝：大紅羽毛緞二匹

第六號箱內裝：大紅哆羅呢二匹

第七號箱內裝：武器一具，刀一把，劍二把

第八號箱內裝：火器一具，火長槍一口，手槍二把

第九號箱內裝：鼻煙六瓶

第十號箱內裝：鼻煙六瓶

第十一、十二號箱內裝：古巴依瓦油、巴爾撒木油共十二瓶第十三、十四號箱內裝：各品衣香共十二瓶

第十五、十六號箱內裝：巴斯第理共十二瓶

第十七、十八、十九、二十號箱內裝：紅、黃、白露葡萄酒共四十八瓶

第二十一、二十二號箱內裝：咖石二大塊，琺琅料十四塊第二十三、二十四號箱內裝：烏木鑲青石棹面二張

第二十五、二十六號箱內裝：烏木鑲青石棹面二張

第二十七、二十八號箱內裝：烏木鑲各色石花條棹二張第二十九、三十號箱內裝：織成各種故事遠視畫九大幅以上大小各箱俱用綠天鵝絨……

梵蒂岡圖書館 Borg Cin.516

四

部議西洋波耳都噶國王若望差使麥德樂具表進上方物來京，相應賞賜該國王：

大蟒緞六匹

妝緞六匹

倭緞六匹

片金四匹

閃緞八匹

藍花緞八匹

青花緞八匹

藍素緞八匹

帽緞八匹

衣素緞八匹

綾子二十二匹

紡絲二十二匹

羅二十三匹

絹七匹

共一百四十四匹。內閣將賞賜緞匹數目撰敕交付來使帶回。

其來使麥德樂賞：

大蟒緞一匹

妝緞二匹

倭緞二匹

帽緞一匹

藍花緞三匹

青花緞三匹

藍素緞三匹

綾子六匹

紡絲六匹

絹三匹

共三十匹，銀一百兩。

護貢官十員賞：

倭緞各一匹

藍花緞各三匹

青花緞各二匹

藍素緞各二匹

綾子各二匹

紡絲各三匹

紬各一匹

絹各一匹

共各十五匹，銀各五十兩。

從人三十五名賞：

紬各三匹

紡絲各三匹

絹各二匹

共各八匹，銀各二十兩。

因於雍正五年四月二十五日題本月二十日奉。

皆：依議。

梵蒂岡圖書館 Borg Cin.516

五

麥德樂使臣返回時清廷所贈禮物

第一箱內盛：霽紅瓷盤四件、青花白地瓷碗八件、五彩瓷盤十二件、瓷壺三件

第二箱內盛：荔枝酒二瓶、六安茶四罐、武彝茶四罐第三箱內盛：普洱茶八團，哈密瓜乾、香瓜乾一匣，茶糕、鬆糕四匣

第四箱內盛：墨六匣、洋漆柿子盒一對、洋漆蓋碗四件、紅漆皮碗四件、香色漆皮盤六件、各樣扇二匣

第五箱內盛：洋漆檢妝一對

第六箱內盛：白露紙十張、五色箋紙十張、高麗紙二十張、灑金五色字絹十張、畫絹十張

第七箱內盛：百花緞二匹、線緞二匹、新花樣緞二匹

梵蒂岡圖書館 Borg Cin.516

碣石鎮總兵奏摺之一

小引

羅馬傳信部檔案處東方文獻第十三卷內藏有碣石鎮總兵陳（良弼）奏摺一，未載年代，由兩廣總督孔毓珣奏摺推論，似為雍正三年（1725 年）。在孔毓珣奏海洋情形時，提及雍正三年九月初七日朱諭：「朕實不達海洋情形，所以總無主見，有人條奏，朕觀之皆似有理，所以搖惑而不定，全在你代朕博訪廣詢，詳慎斟酌，其至當奏聞，若亦不能洞悉，寧遲日月不妨也，可與（巡撫）楊文乾，（提督）萬際瑞，（碣石總兵）陳良弼，（瓊州總兵）黃助等，平心和衷詳議奏聞。欽此。」（《史料旬刊》第七期）

孔毓珣於同奏內又稱：「……碣石鎮臣陳良弼臣經面商，亦無異議，雍正三年十一月十五日硃批：『知道了。』」是項陳良弼奏摺，以後半段涉及天主教傳教事，故草稿流傳至羅馬傳信部檔案處。康熙末年，因禮節問題，西士內部意見不同，又因涉及皇室糾紛，樹黨對立，如穆敬遠事（見拙作：《從西方典籍見康熙與耶穌會之關係》附錄四）。於是閩浙總督滿保題奏，除通曉技藝西人外，餘皆送至澳門安插。我們現在刊行奏摺，雖未有特殊價值，可是在當時，實發生相當作用，促雍正屬行禁教與閉關的主張。

原文

碣石鎮陳昂為聖祖遠念海疆等事：竊臣是年例應巡邏省各海洋，自二月西下瓊州，六月東上南澳，一年之間往返波濤，臣親率舟師，窮搜島嶼，幸邀德威，遠布海宇謐寧，因師次秀山澳門，忽見紅毛船十餘只，盡入廣省貿易，不勝駭異，慮貽後患，正擬將海外形勢，紅彝利害，具折奏聞。

適十二月八日接閱邸抄，伏讀聖諭，遠慮海疆，留心外國，禁止內地船隻，不許南洋行走，以絕接濟，以杜後患，且詢問九卿下及閒散之人，非我皇上以堯舜兢業為心，未雨綢繆，安能慮及者也。然海外形勢，諸國扼要，非身歷其境，真知灼見者，誰敢妄陳於上前？臣少時曾經海上貿易，至日本、暹羅、安南、

咬番吧、呂宋諸國，悉知其形勢情形，故敢為我皇上陳之。夫東方海國唯日本為大，此外悉皆尾閭，並異別番。其次，即大小琉球外，皆萬水朝東，亦並無別國，至福建，則唯臺灣，西則暹羅為最，此外有六坤、斜存、大泥、柬浦寨、占城、交趾，而安南即與我瓊州南接壤，唯東南方番族最多，如文萊、蘇祿、柔佛、丁機宜、麻六甲、馬神、去里何等數十國，皆系小邦，謹守國度，不敢遠圖。夫咬番吧為紅毛市泊之所，呂宋為西洋市泊之所，誠如聖諭所云。熟知咬番吧古時為巫來由地方，緣與紅毛交易，早已被其侵占矣。

臣遍觀海外諸番，日本雖強，明時作亂，皆由中國奸人引誘，今則通我商船，不萌異志。琉球久奉正朔，臺灣已入版圖，而暹羅、安南諸番，年年奉貢，不生他心。唯紅毛一種，奸宄莫測。夫紅毛為西北番地之總名，其中有英吉黎、干係臘、和蘭西，大小西洋各國，種族雖分，而性則一，唯有和蘭西一族，凶狠異常，雖為行商，實圖劫掠，凡通商船、番船，無不遭其沉滅矣。且到處窺覬，圖謀人國，況其船堅固，不怕風波，海船大砲多置百餘位，所向莫當。去年廈門一船，且敢肆行無忌，其明鑑也。今以十餘只大船，盡集廣省，且澳門一族，是其祖家，聲勢相援，久居我地，廣東情形，早已熟爛，倘內外交通，禍有莫測，悔莫及矣。

伏乞皇上早飭督撫關部諸臣，另為設法，多方防備，或於未入港之先，起其砲位，方許進口，或另設一所，關束彝人，或每年不許多船輪流替換，不至狼奔豕突，貽害無窮，庶可消奸宄異心，而地方得以安堵。臣更有慮者，天主一教，設自西洋，延及呂宋。明時呂宋與日本通商，即將此教誘化國人，數年後，招集多人，內外夾攻，幾滅日本，後被攻退，兩國冤仇，至今未休。今無故各省設堂，耗費金錢數萬，招集匪類，且窺我形勢，繪我山川，誘我人民，不知其意欲何為，臣之所以不解者。然昔知天主延及呂宋，則奪其國土矣。此輩凶殘叵測，在日本則思圖其國；在呂宋，則已奪其邦。況目下廣城設立教堂，城內外布滿，而入教者不知其許多人。加以同類彝船叢集，安知不相交通，陰謀不軌，此臣之所更為隱憂也。伏乞敕部早為禁絕，勿使滋曼，為害非輕。夫涓涓不治，將成江

河；萌萌不絕，將尋柯斧。非我皇上圖治未亂，保安無危。為億萬年計，臣不敢以此言進。至於各海口煙墩炮臺，各省提鎮協營，自當欽遵修整安頓，毋煩聖衷。如果臣言可採，伏乞俯賜全覽施行。

奉旨：「該部議奏。」

注略

廣南：系林邑附近，位於廣平與平定間，遙對西沙群島，今近茶麟。

咬番吧：奏摺中言古為巫來，疑即今之 Ra mroe，在緬甸之西。

六坤：在古暹羅，今之洛坤（Nakhon）。

斜存：在六坤北，臨暹羅海灣。

大泥：據馮承鈞著《中國南洋交通史・南洋群島諸國傳》注二十四云：大泥應是 Potani 之省稱，吉蘭丹在其境內，則地在馬來半島東岸。

柬埔寨：即真臘，《明史》卷二三四有傳，其國頗富，「自稱甘孛智，後訛為甘破蔗，萬曆後又改柬埔寨」，西文為 Kampuchéan。

占城：《星槎勝覽國》內有云：「……順風十晝夜到占城國，其國臨海，有港日新洲，西抵交趾，北連中國，他番寶船到彼……」

文萊：在渤泥（Barneo）島中之 Brunei（汶萊），《明史》作文萊。

蘇祿：《明史》卷三二五：「蘇祿地近渤泥，闍婆……永樂十五年，其國東王巴都葛叭哈剌，西王麻哈剌叱葛剌麻丁峒，王妻叭都葛巴剌卜，並率其家屬頭目凡三百四十餘人，浮海朝貢，進金縷表文……」西文為 Sulu。

柔佛：西方為 Tohore，《明史》卷二五云：「柔佛近彭亨，一名烏丁礁林……華人販他國者，多就之，貿易時或邀至其國……」

丁機宜：西文為 Trengarn，《明史》：「丁機宜，爪哇屬國也，幅員甚狹，僅千餘家，柔佛黠而雄，丁機宜與接壤，時被其患……華人往商，交易甚平，自為柔佛所破，往者亦鮮。」

麻六甲：即《明史》之麻六甲（Malaka），《瀛涯勝覽》「麻六甲」條云：

「自占城向正南，好風船行八日，到龍牙門，入門往西行，二日可到，此處舊不稱國，因海有五嶼之名，遂名五嶼……永樂七年己丑，上命正使太監鄭和等，統賚詔敕，賜頭目雙臺銀印冠帶袍服，建碑封城，遂名麻六甲國……」

馬神：疑是今之茂盛港（Mersing）。

英吉黎：即英吉利。

干係臘：指兩西西里島國，今義大利南部 Grande Grece。

和蘭西：即法蘭西。

和蘭：即荷蘭。

碣石鎮總兵奏摺之一

澳門史料兩種

羅馬傳信部檔案處，1726 年東方文獻內，第 516 與 517 頁，藏有關於澳門史料兩種，一為兩廣總督孔毓珣奏摺，一為九卿會議具題。前一件未載年月，據內容，系雍正二年（1724 年）。因《國朝柔遠記》內：「綱，雍正二年夏六月定來粵洋商船額數。目，通政司右通政梁文科奏（請凡外洋人往來澳門貿易，不許久留，旨交兩廣總督孔毓珣議，毓珣回奏言）：……唯是自康熙五十六年，定例禁止南洋，不許中國人貿易，澳門因系夷人，不禁，獨占其利……」

據梁嘉彬先生考證，葡借澳門為嘉靖三十六年（1557 年），[190]《明史·佛郎機傳》說：「壕境在香山縣虎跳門外……嘉靖十四年，指揮黃慶納賄，請於上官，移之壕境，歲輸課二萬金，佛郎機遂得混入，高棟飛甍，櫛比相望，閩粵商人趨之若鶩。」

澳門為明末清初中西交通的重鎮，萬曆時周玄隆《涇林續記》內稱：「廣屬香山（澳門）為海舶出入咽喉，每一舶至，常持萬金，並海外珍異諸物，多有至數萬者……」葡人取澳門，完全用賄賂方式。[191] 萬曆二年（1574 年），中國築牆於土腰，駐兵防守。自康熙三十年（1691 年）後，年納租金五百兩。阮元《廣東通志·經政略》說：「唯澳夷自明季聽其居於壕境，無來去期限，每年租金五百兩，歸香山縣徵收。」道光二十九年（1849 年），澳門總督阿馬爾（Amaral）停付租金，中國無可奈何！光緒十三年（1887 年），中國承認葡之永久占領權，但是，香港繁榮，已使澳門淪為不重要之地位矣！

所刊此兩種資料，一方面可知清初澳門實情，人口船數；另一方面，可見我們所收租金作為葡人之「正供」，處處表現天朝懷柔，務使恩澤及於異域。

澳門史料第一

兩廣總督孔毓珣為酌陳澳門事宜。竊照廣東香山縣屬之澳門，向有西洋人居住，朔自前朝嘉靖年間，西洋人來中國貿易，灣泊澳門，後遂認地居住，每年納

190　見梁嘉彬著：《廣東十三行考》第 35 頁。
191　參看拙作《近代中西交通之研究》。

地租銀五百兩，充作正供，相沿二百年。

　　臣到任後，即委參將鐘維岳，查點香山縣兵馬，看驗澳門形勢，又委香山縣文武，查點澳門夷漢戶口及西洋人船隻。據稱西洋人租住之地，東西南三面背海，唯東北一條陸路通香山縣，置房屋六百九十座，西洋人計四百二十二戶，男婦共三千五百六十七名口，其人系黑白二種，不懂漢話，不事耕織，唯造作西洋器皿，並在各洋往來貿易，以養家口，設立頭目約束。自選壯健者，供給口糧守衛，以防盜賊劫掠。大小洋船共二十五隻，內舊有一十八隻，自康熙五十九年起至雍正元年，從外國新買回澳船七隻。又另有附近民人，在澳門租認西洋人房屋生理，及各色工匠，共九百零六戶，男婦二千五百二十四名口。此現在之情形也。

　　從前防閒之法，離澳門旱路五里，設自關閘，撥香山協把總一員，帶兵防守，不容西洋人私入內地。又於澳門海口之前十字門，安有目兵七十九名，趕櫓船一隻。又旱路離關閘十五里，地名前三寨，撥香山協左營都司一員，守備一員，帶兵駐紮彈壓。康熙五十六年，於沿海安設炮臺，案內前三寨，建築城一所，居住官兵，守設炮臺，以示鞏制。凡西洋人船隻開行，及回頭裝載貨物，商梢數目，俱令地方文武驗明通報，不許夾帶中國人及違禁貨物出口，此現行之成例也。

　　以思此等西洋人住久，人眾守法，且於中國人錯雜而居，多寡不甚相遠。皇上四海一家，萬國來享，原毋庸異說。唯見康熙五十六年定例，禁止西洋人，不許同中國貿易。澳門西洋人，非貿易無以為生，題掛照紅毛國船，聽其自來之例，不在禁內。近年貿易得利，每從外國買船隻駕回，連共二十五隻，若不限以定數，將來舡隻日多，利之所收共趨之，恐招其親識來者日眾。

　　臣請將現在洋舡二十五隻，編列字號，即作為定額，破壞者准修造補足，以後不准添置。其西洋人頭目，該國發來更換者，聽其更換，此外無故前來之西洋人，不許容留居住，嚴行地方出入，文武查報。有中國人例前流落海外，搭船回籍者，仍應搭回。如是，則澳門西洋既得貿易生，永為盛世良民，亦不致種類繁庶，混雜內地，寓防閒於寬大之中，益見聖朝之澤及異域矣。

　　奉旨：「著九卿會議。」

澳門史料第二

等因。具題前來。查西洋人附居廣東之澳門,歷有年所,謹守法度,貿易納租,聖朝特嘉其風向慕義之誠,以包容覆宥,俾得安居樂業,但居住既久,種類日繁,而不事耕織,唯在各洋往來貿易,養贍家口,無以防範,恐逐利無厭,必致內誘姦猾,外引番夷,混淆錯雜,漸滋多事。

今該督既稱澳門夷船舊有一十八隻,又從外國買澳船七隻,大小共二十五隻。請將現在船隻編列字號,作為定額,朽壞者,准其修補足,此後不許添置等語,應如該督所請,將現在夷船二十五隻,著為定額,此後總不許再有添置。並所有夷船,令該地方官編列字號,刊該印烙,各給驗票一張,船戶、舵工、水手及商販夷人、該管頭目姓名,俱逐一填注票內,出口之時,於沿海該管警汛,驗明掛號,並報該督撫存案。如有夾違禁貨物,並將中國之人偷載出洋者,一經查出,將該管頭目、商販夷人並船戶、舵工、水手等,俱照通賊之例治罪。若地方各官,不實力盤查,徇情疏縱,事發之日,俱照諱盜例,題參革職。此夷船二十五隻,題定之後,如有實在破壞不堪修補者,報明該地方官,查驗明白,具印甘各結,申報督撫,其補造,仍用原編字號。倘若敢偷造船者,將頭目、工匠亦俱照通賊例治罪。地方失於覓察,亦俱照諱盜例革職。

又該督疏稱:西洋人頭目,有自該國發來更換者,聽其更換。此外無故前來之西洋人,不許容留居住等語,亦應如該督所請。除頭目遇有事故,由該國發來更換者,應聽其更換。其無故前來之西洋人,一概不許容留居住。每年於夷船出口之時,守口各官,俱照票事,將各船人數姓名逐一驗明,通報督撫。倘有將無故前來之人,夾帶入口及容留居住者,將守口各官並該督管之地方文武各官,照失查例議處。舵工、水手及頭目人等,俱照窩盜例治罪,並嚴飭澳門之該□文□地方各官,不時巡查,務令夷漢各守本業,彼此相安,官與兵役,亦不得借端生事,致滋擾累可也。等因。於雍正三年正月二十八日題。

(二月)初一奉旨:「依議。」

乾隆十八年葡使來華紀實

小引

羅馬傳信部檔案處，在 1755 年與 1756 年卷宗內（第 220 頁），藏有葡王若瑟一世（Josepht，1750 ～ 1757 年在位）專使來華紀實，白字很多，如「待」訛為「代」，「坐」訛為「座」，「排」訛為「徘」，語句又多不通順，常有脫漏。是項資料，必為旅華西士信件之譯稿，余曾遍覓原文未得，只好留諸異日。

清初葡萄牙遣使來華共三次：康熙九年（1670 年），葡王阿方索六世（Alphonse VI）遣薩爾達尼（Manuel de Saldanha）；其次雍正四年（1726 年），葡王若昂五世（John V of Portugal）遣使麥德樂（參看拙作〈關於麥德樂使節的文獻〉）；第三次為乾隆十八年（1753 年）葡王若瑟一世（José I）遣巴石喀（Don François xaviel Sssig Pachecoy Sampayo）來華致敬。

這次葡使來華，重在通商，當時葡王舉蓬巴爾（Marquis de Pombal, 1699 ～ 1782）為相，力求葡國復興，一方面脫離英國的控制，另一方面斬絕耶穌會的羈絆。因而在 1757 年葡國驅逐耶穌會修士，1759 年致書英政府，有「吾人以巨額現金奉英王以養五萬多之工人……」之語。蕭一山先生亦言：「乾隆十八年，葡人又派大使，而清廷胥以為屬國朝貢之禮，固不願與議通商之問題也。」（見《清代通史》卷中，第 790 頁）

原稿字跡草率，無題目，因而名之為〈乾隆十八年葡使來華紀實〉。

原文

伯爾都亞欽差到了澳門，就差了兩個人二十七天到北京，送書給欽天監正堂劉老爺 —— 聖名奧思定，官名松齡，熱爾瑪尼亞人 —— 他看了伯爾都亞皇太后的書，托他辦這件欽差的事。他就去見九門提督舒大人。舒大人很喜歡，就作了摺子，發到口外打圍之處，啟奏萬歲。萬歲也就很喜歡，就下旨命舒大人差官同劉老爺，騎驛馬去廣東接欽差大人進京。

過後不久，萬歲差了飛報，十三天到廣東下旨給總督巡撫，命他們好好待西洋大人，命在廣東替萬歲筵宴他們。在這個空兒，廣東總督巡撫的摺子來了，也

啟奏了西洋欽差的事。他們的摺子雖然來的遲，萬歲沒有怪他們的不是，但他們很惱西洋大人，因為差了人到京先啟奏了皇上，他們後啟奏了，這是一件他們惱的不喜歡的事情。後來巡撫要看伯爾都亞王的禮單，西洋大人沒有給他，這又是一件他們惱的不喜歡的。所以後來依旨筵宴他的時候，巡撫將兵部的關老爺讓在首席，劉老爺二席，西洋大人下席，巡撫說他們知道什麼！劉老爺不肯坐二席，將二席讓給西洋大人，對大人說：這筵席萬歲設的為你，巡撫將你安到下席，如何使得！欽差答應說：我為天主來，為天主忍耐。劉老爺說：你忍耐，但怕後來西洋知道，怪我不會辦事，辦事辦得不好。欽差又說：我回去不講這個事，沒有人怪你，你放心。劉老爺又說：既然你要這樣，罷了，你坐我的位，我坐你的位。這樣欽差便坐了第二位。

到了京裡的時候，劉老爺將這件事告訴了舒大人，舒大人說他們錯了，又說放心，後來回去那裡，他們不是這樣，必定好好待你們。看起來舒大人必定寫了字怪他們的不是。

欽差從廣東起身進京，一路地方官都接送，送下程，請酒，酒席中唱戲，看各樣玩耍、各樣技藝。到了張家灣，離京五十里，萬歲差了官接他，四堂的西洋人都去接他，九門提督差兵收拾路，給排對子護送進京。他的公館很大很好的，禮部給他預備的。

三月二十八日進了京，萬歲下旨，命他四月初二日進朝，萬歲登殿見他；又下旨命他初五日到南城接駕，因為萬歲初五日在南城天壇祭天，從南城外回圓明園花園去，教他接駕；為看他帶的兵丁家人，又下旨叫欽差初九日到圓明園赴御宴。這一日欽差的家人兵丁共六十人，排作隊伍到圓明園，進了萬歲他帶來的本國王的禮物，共有四十八抬。禮品是這些金絲緞、銀絲緞、銀器、自來火、大鳥槍、小鳥槍、各樣香料、各樣葡萄酒、各樣葡萄燒的蒸的香露、各樣藥料油、寶劍、寶石、各樣鼻煙盒、玻璃器皿等物，大概共值二十萬上下價值。

初九日圓明園筵宴，萬歲在上，眾王公六部的大人，七八位西洋人在下，陪他吃著筵宴，看戲之後，看各樣的玩耍技藝，後來坐小船游河，看花園，兩岸

上都是玩耍戲法兒的。後來富公爺帶欽差去看西洋房子，很美很好的，照羅瑪樣子蓋的。內裡的陳設，都是西洋來的，或照西洋樣子作的。富公爺問欽差西洋見過沒有，他說有好些沒有見過，因為內裡東西很多，都是頭等的。然後富公爺奉旨，也請了欽差到他的花園，排酒唱戲，下晚回了他的公館。

第二天，萬歲差人送了伯爾都亞王的禮物，有數十抬。賞了欽差，余外也賞了他的兵丁家人，每人一個元寶，幾匹緞子綢子，賞了劉老爺四十個元寶，亮藍頂戴，又賞了富老爺暗白頂戴。到二十四日，萬歲又親自筵宴欽差，如前一樣，親手給欽差一個玉如意，又送了伯爾都亞王好些禮物，後來舒大人請了旨，也請了欽差，也回了禮物，富公爺也回了禮。這時候，欽差就辭了萬歲，請旨要回廣東，旨意准了，定了二十九日起身。二十七日下晚，萬歲下了旨意，留欽差過了端午，看鬥龍舟，看抬歌會。前者沒有留，因為天旱沒有雨，萬歲心中不大喜歡。二十六日下了雨，因喜歡，故此留住過端午節。

這一日筵宴中，叫欽差到萬歲跟前，親手又賞他一個玉如意，一個玲瓏大瓷瓶，內裡有龍舟轉動，外面看得見，萬歲也賞了他。又給他一部小冊頁，一面山水，一面字，很好的裝飾。萬歲親手給他，對他說：這是我親手寫的畫的，王公大人不能得的，我愛你，給你，你看見這個東西，就記著我，你後來再來，我很喜歡。隨後，萬歲送了伯爾都亞王幾箱香袋，扇子，小荷包，紗葛布絹，頂好洋漆的傢夥，各樣頂細瓷器傢夥，又賞大人，又賞他的家人兵丁，共有幾十箱東西。後來下旨，准他初七日起身回廣東，差前官送到廣東，四堂眾西洋人，送到張家灣下船處，離京五十里。一半我見的，一半不能見的，都是西老爺說的，他知道的很細，因為常陪欽差筵宴看戲看花園等事，又因他在朝裡在花園裡作鐘作玩意，天天見萬歲，萬歲很喜歡他，很誇他巧，常望他說話。

如意館內有三位西洋人畫畫，兩位作鐘，共五位，萬歲常向他們兩個說話，就是畫畫的郎老爺，官名士寧，聖名若瑟，很有德的。萬歲很愛他的，他有河道雪亮藍頂戴，王公大人面前有體面。西老爺也是如此。大學士富公爺對西洋人說過，萬歲待欽差很隆重，要待他再好些也不能了，待別國人沒有這樣；又對劉老爺提過福建的事，說伯多祿的事，你知道不？劉老爺答應說知道些。公爺說那些

人都冤枉他，那些人都不好，都受了萬歲的罰，周大人周學建受了殺。伯多祿是善人，他自然有好處。這件事雖然富公爺說，必有皇上的意思，不然他不敢說。

又有一次，對西洋人笑著說，皇上我都是奉天主教的，意思要說皇上愛你們，待你們這樣好的了不得，如同信教人一樣。他也問西洋人說，為什麼別國不差欽差來？這話說過有好幾次。因為看見皇上很愛好，想願各國常有欽差來的。西老爺對劉老爺，劉老爺對舒大人，舒大人對富公爺，說了李老爺 —— 聖名物爾巴諾 —— 在江西監裡的事，富公爺說他無罪，可叫他回去，就是回澳門回西洋，到如今不知道准放了沒有。

舒大人就是九門提督，又是兵部尚書，為人很仁慈，做官有好名，人都讚他，萬歲很托他辦大事。他很愛西洋人，待西洋人很好，他奉旨管西洋人。富公爺是公，又是大學士，萬歲的小舅子，又是親家，又是連襟，滿朝第一得寵的，時刻不離萬歲，為人很仁慈、良善、謙和，從不得罪人，不欺人，遇萬歲喜歡，常替人求恩，人都說他好，他很愛西洋人，替西洋人辦過大事。我們該求天主保佑這兩位大人。

西老爺在如意館內鐘房，常見萬歲，萬歲常同他說話，看他做的，很誇說他的法子很巧。欽差未來之先，萬歲對西老爺說過好幾次，你們快快完西洋房子，你們的西洋大人來了，我叫他看我的西洋房子裡的陳設，都是大西洋來的很好的東西，又有好些都是西老爺做的，很巧很妙的玩意排設。平常對西老爺說，你們的大人某日該到，因為一路的官都寫了給我。明明白白顯出來他很喜歡西洋欽差來中國，後來果然應了。因為待的很好，再無可加，常見了欽差之後，對著西老爺很讚美欽差說：我看他是聰明的人，很有學問的，很會辦大事的。頭一件皇上的大恩是待欽差好像相熟的人一樣，一點不疑，許他帶劍到跟前，這是從沒有的事。天主賞這樣的大體面，因為來意特為聖教。

有外教人說萬歲待他這樣隆重，因為他來意本恭敬，一點買賣沒有。欽差本有德的、有學問、很良善的好人，我們到過他府裡拜他，與他講過話，看他外面很謙和慈善，說的話都是熱心愛天主、為聖教的話。跟他的人也都老成良善，人人都讚美說：這些人都比別國人老成，一個生事的人沒有。欽差來，這一次雖沒

直言聖教，聖教自然有了好處，因為王公大人，外省來的人，引見的文武官員，都看見聽見，萬歲待西洋大人這樣隆重，他們也自然待聖教好，他們回各省，都會講都會傳。

我們這個堂，第一受了西洋大人的好處，本年二月十九日起，拆舊堂蓋新堂，二十四日搭了架上梁。二十六日，萬歲過，遠看見架子，差五大人問是蓋堂麼。因為萬歲常路過，知道有堂，有西洋人住，不見堂，因堂小，門面被鋪遮住。我在門口鼻煙鋪裡，同開鋪的趙會長，因他是旗人，我叫他出鋪答應說：是翻蓋堂。五大人去了，萬歲爺的轎就到了堂門口。二大人又問：是西洋人的下處麼？是蓋堂麼？答應是。又問是哪個西洋人。答應是西澄元。馬跑去趕萬歲的轎，萬歲坐轎，到的都是騎馬。過後街道的官差人，要西老爺報狀。我們答應說等西老爺來，我們不知道他給不給。西老爺來了，去見四門提督，提督說你愛怎麼樣蓋你就怎麼樣蓋，吩咐在下的不許囉嗦。

三月初二日，萬歲又過，因為萬歲出京到花園，從花園必過教堂，因為我們的堂在御路旁邊，起先萬歲出入都關鋪子，如今旨意叫開著，住家人都關，照先一樣。我們出去在鼻煙鋪裡看萬歲說什麼，萬歲看著堂說，都是舊材料，用手比著說，蓋十字堂。到了花園對五大人說，蓋堂為他們西洋大人來遲了，趕不上了。五大人將這些話告訴了西老爺，又說不定萬歲問你這個蓋堂的事，到如今萬歲同他說話，沒有提蓋堂的事。對別的大人說蓋堂的事，都是喜笑著，總沒有一點不喜歡的樣子。感謝天主聖母的恩，到如今很平安，人人過路都看這個堂，講這個堂，這個堂比別堂更顯揚，更出名。因為王公大人們常走這個路到萬歲花園去，外省的文武官員，來引見，都走這條路，都看這個堂。萬歲對西老爺不提蓋堂的事，大概是這個意思，若提起不得不賞，不得不幫助，因為西老爺在萬歲跟前很出力，作的東西很多很好，萬歲很誇，所以不如不說不提，提起不賞，不好意思，賞怕人說萬歲蓋天主堂了。雖然沒有賞，但因萬歲喜歡，不說什麼，眾王公大人都不說什麼，王公大人也有到堂裡看的，有送陳設的，這就是天主的大恩，也是皇上的大恩，定矣足矣。

解散中國耶穌會之餘波

1773 年 7 月 21 日，羅馬教皇克萊芒十四發表諭詔「Dominus ac Redemptor」，解散最有力的耶穌會。這是法國大革命前一件重要史實，因為耶穌會具有政治力量，樹敵甚多，如西班牙之查理三世，葡萄牙總理蓬巴爾，法王路易十五之情婦龐巴度（Madame de Pompadour, 1721 ～ 1764）。只有奧國皇后瑪麗亞·特蕾莎（Maria Theresa，1717 ～ 1780）寄予同情，終以利害關係，亦同意取消耶穌會。當時王權發展，教皇失掉自己主張，在他的諭詔內，竟說：「我們承認耶穌會不能產生碩果……如果這個修會存在，教會內部絕對沒有長久與真實的和平……」[192] 為此要取消它。

在中國的耶穌會，亦受到同樣打擊，他們 190 年的努力（1583 ～ 1773 年），於今差不多完全毀滅，他們有過光榮的歷史，於此未及兩世紀的時間，竟有 472 位西士來華，如利瑪竇、湯若望、南懷仁、張誠、白晉、郎士寧、宋君榮、馮秉正，在文化史上都占有重要的地位。當中國耶穌會解散後，德·邦尼埃（Adrien-Louis de Bonnières, 1735 ～ 1806）寫道：「解散北京的耶穌會，是一件很不幸的事情，也許現在感受不到它的重要，將來會明白這是何等重大的損失。」[193]

當我在羅馬傳信部檔案處蒐集資料時，在 1782 ～ 1784 年東方文獻內，發現八件史料（第 547 ～ 548 頁），都是北京耶穌會解散後爭產的糾紛，這是向羅馬報告附去的中文底稿，除第三件外，余多生澀。茲按原來次序，刊於後：

第一

西洋人趙進修，恭請大人金安。茲所稟者，因京都自建天主堂以來，各堂俱有一人料理家務，名為當家。凡堂中所有房產地土，俱屬當家一人管理，以供眾人日費。此當家非出自己私意，實定於泰西，倘此人或因年老或有別故不能料理，先致書到泰西，另派一別人學習當家。西洋人趙進修在西堂當家，就是當今

192　參看 R. Fulep-Muer, Histoire de la compagnie de Jésus，第二卷，142 頁。

193　參　看 Henri Cordier, La suppression de la Compagnie de jésus et la mission de Pékin, pp.140 ～ 141, 1918.

皇上亦是明知。趙進修等系耶穌會中人，因耶穌會沒有了，趙進修本國王恐其散亂，乾隆四十二年特有來文，此文上說：前有耶穌會時，我知爾等辦理本堂事務很好，今耶穌會靡有了，恐爾等無主張要生變化散亂，我特選趙進修主事當家，凡堂中大小事體上下人等，具要聽伊安排。又說：我隨後差人前去，跟爾學習辦事，後來好接續當家，爾應該好好照應他等語。此文現在趙進修手內。至乾隆四十四年，又特來文說，爾務要小心管理堂中事業，毋許別人爭奪。此文亦在趙進修手內。如今要有人爭家產，奪當家，亂西洋人等二百餘年之舊規，三堂中豈得平安？倘大人承辦此事，懇求細細酌量是祝。

第二

西洋人汪達洪等謹啟：

公爺閣下，洪等為申明被屈事，竊洪與趙進修二人同在堂中管事，因洪在如意館效力，家產托與西洋趙進修料理，不意家產為進修獨霸，這幾年洪等受了多少委屈，不免家務有些損壞。洪等不先說明，因為怕丟了西洋人臉面；如今進修告了，洪等不得不具實訴明了這個根子。西洋人在城內城外，有些鋪房地畝，這是皇上大恩賞賜，准西洋人置買，做西洋人養廉。此養廉有皇上恩賜的，有西洋人親友幫助的，亦有自己帶來銀子買的。這些鋪房地畝，都在此地，全是皇上大恩，准西洋人按著西洋家規行事，洪等真感謝不淺。

西洋人在此不是一國之人，有意大利亞國、玻爾都亞國、熱爾瑪尼亞國、拂郎濟亞國等處，這些西洋人都是平等之人，彼此如朋友一樣。但此西洋人，皆是修道之士，按著天主教規矩，都聽西洋羅馬府這一個宗教，管聖教會之人。論西洋人來此地，不是奉本國王之命來，是自己情願意來，不過聽這一個教宗准了才來，到底西人來此為皇上效力，為發顯天主的教，至於別的世俗事，總不想一絲一毫。

西洋人在此雖都是修道，但修道有各會之修士，雖各會規矩略有不同，照修道之理都一樣。這些各會，羅馬府都有會長，這會長們都聽這一個教宗之言論。三堂西洋人，雖不是一國，到底以前都是耶穌會之人，在羅馬府之會長，各堂定

一個管事之人，按著西洋規矩行事。凡有家務事故，必該合眾西洋人公同商議，不可隨便作主。若有不公道之事，許別人在會長跟前處罰，會長特下言語，立刻辦理妥協。

及至乾隆三十八年，教宗斷了耶穌會各樣會上管事人，全都革退，立不許管事，亦定了給各人廉養份子。頭裡管事人如趙進修、索德超、高慎思、安國寧等，看見割了伊等管事之職，趙進修等都不依，全要霸守此家產，不聽教宗之言，亦不鬆手。趙進修、方守義等私自商量，定了主意，霸占家產，把以前帳簿燒了，另外做了別的帳簿。進修等賣了許多鋪房，銀子分開，一半下余，私自收用。再者，進修等手下家人朋友或給房子地畝，總不和洪等商量。

從那時候到如今，凡家中銀子事務，都隨進修、守義等自便，常串通南堂高慎思、索德超等，彼此互相把持，刻苦洪等。高慎思等估量著教宗知道，不依，高慎思同東堂西洋人等，求澳門一個頭兒，轉求西洋波爾都亞國王護伊等。澳門頭兒上了高慎思等當，背了教宗之言，打發書字，定了高慎思、索德超當家，後來玻爾都亞國王知道此事，聽順教宗之言，打發洋船調澳門頭兒回去問，不是如今已竟回去了。另外教宗想要高慎思回去問，不是因為在皇上地方，不能叫伊回去，但吩咐安德義用天主聖教神罰罰高慎思，連順著伊的西洋人等，如今高慎思、索德超又不服。

至於北堂，按著教宗之言，定下洪與進修管堂中之事。進修不聽，要自擅便獨霸，三年多的功夫，進修與錢德明，暗暗勾串，用公中子，買多少禮物，送拂郎濟亞國大人，全不通知洪等，反妄告東南西堂要霸占北堂眾產。那拂郎濟亞國大人被伊等欺哄，捎來一個無印之回書，謊稱是拂郎濟亞國王之意思，叫進修管事，不許別人。

從那時進修越發隨便花費，立要嚇唬洪等，但洪等情願來中國，全依靠我皇上作主，那進修但依靠無印之書字，算是私的，沒有一點子力量，第一西洋人不算是一國之人，有義大利亞國、拂郎濟亞國等處，第二利瑪竇到了中國以來 180 年，西洋國王總沒有料理西洋人堂中之事，聖教修事全是教宗料理，連西洋本國

修道之事，亦單是教宗一人管理，到如今教宗總不准趙進修一人管事。論西洋人家產，雖聽教宗之言，這是皇上大恩賞賜，准按聖教規矩行事，本不與拂郎濟亞國王相干，西洋人在此都該聽皇上之命，趙進修要拉扯拂郎濟亞國王，不過是要變一個法子獨霸家產。

這些年進修每人不過給洪等花費三百銀子，下余每年剩五千多銀子，不知伊用做什麼，總不肯告訴洪等這些。鬧事情是趙進修、方守義等，如南堂高慎思、索德超等一樣，若不是伊等這樣用法子霸占，洪等都是平安的。

現在西洋教宗都知道這些事，教宗底下會長，聽教宗之言，打發文書責怪高慎思等，不是因為此地離開西洋甚遠，高慎思、趙進修總不聽命，洪等亦不能勉強伊等，所以伊等放心大膽，隨便作主，在西洋國之修士等，聽見伊等這樣霸占不公，怕受伊等奇苦，因此這幾年不敢來中國。

如今沒有別的法子，求皇上恩典，派一個在中國多年的西洋人，懂得家產之事，亦知西洋人規矩，選幾個西洋人同商量此事。第洪等管見，有四條小意思，不知妥當否：第一，各堂房地文書共寫一總單，不許一人隨便自賣，非有了多半的西洋人准了不能賣；第二，北堂家產，每一個西洋人分給過日子養廉，文書摺子各人收存；第三，除了養廉之外，剩下銀子交給料理事之人，為公中或修理房子或為病人使用，又為後來西洋人到中國的養廉，若此事平安之後，西洋人聽見還有上中國來的；第四，有一個西洋人不在世了，他的養廉還入公中，不許一人私收。若這樣斷定，西洋人都平安，沒有別的一點緣故了。再者，今年固安縣地畝一事，因為今年被水災，地戶人等甚苦。趙進修用不妥當之人妄告莊頭種地人等，假寫不好的呈詞，告在固安縣，莊頭回明達洪，因洪是堂中當管事之職，怕進修的霸道露出來，壞了堂中善名，所以平安了事，不顯伊惡樣。誰想進修要獨管橫行，反倒惱恨，又告。洪想固安地方，歷年佃戶，本不欠租，今歲偶被水災，何至妄告，況那裡此時放糧賑饑，進修用人在那裡告狀，要苦莊頭地戶，實與良心不對，洪無奈只得具實訴明，為此乞公爺電鑑施行，庶洪等得以平安效力而伊等不至獨霸家戶矣。上呈，乾隆四十五年十二月二十四日。

第三

奏為奏聞請旨事：臣奉命管理西洋各堂事務，即有西洋來京效力之人，向俱分住東西南北四堂，其各堂置買房地產業，以及出入用度，具系伊等自行經理，迄今安居無事。茲有北堂西洋人趙進修、汪達洪二人為掌管堂中產業，互相稟控到臣，當即派員詳詢。

據趙進修稟稱：北堂向系西洋人蔣友仁管理一切銀錢帳目，蔣友仁故後，本國王派我管事，今已五六年了，現有本國王寄來的書信為證。再我們堂中原有置買的地畝一項，坐落固安縣，每年都是我著人去取租，今年秋間，汪達洪竟派人去取租息，他本不是管事的人，不該攙越，所以我才呈控的等語。

又據汪達洪稟稱：北堂原是西洋人蔣友仁管事，蔣友仁故後，四十一年間，我們西洋教宗寄信來，派我同趙進修共同管事。我因在如意館當差，無暇料理，俱系趙進修一人主事。向有置買坐落固安縣地一塊，趙進修差人去取租，並不告我知道。我們俱是一樣管事的人，他不該自作主意。所以我著人去，將租銀四十二兩，尚有尾欠未清等語，並各將所執拂郎濟亞國王並教宗所寄書信呈出，隨將別堂西洋人傳來，令其認識。僉稱雖系由西洋寄來之信，但並無圖記印信，無從辨別。

伏思西洋人來京效力，如果循守規矩，其家務應無庸代為料理，今趙進修、汪達洪二人以所執書信為憑，各執一詞，互相爭論，自不得不為之清理，以杜紛煩，隨將與趙進修、汪達洪同堂居住之西洋人等傳集詳詢。據稱我們堂中產業，原是大眾公產，本堂一年約得房地租息五千餘兩，共八個人，除一年用度外，約計尚有多餘。趙進修當家管事，我們並不知道一年餘存若干，所以我們眾心不服。至堂中管事，向來俱是我們大家舉出一人，掌管出入帳目，從無國王派管，亦無教宗派管之事，即如東南等堂，俱有管事之人，並非我們國王暨教宗派的等語。眾口如一，似屬可信。

查西洋人在京效力百有餘年，屢受聖恩賞賚，兼之所得錢糧等項，歷年久遠，所有積蓄原為堂中公開，如果出入分明，毫無欺隱，自可安居樂業。今趙進

修所管帳目，已據眾口交相指摘，其平日辦理不善，已可概見。而汪達洪借端撬越，亦未免有覬覦之見。無論所執之西洋書信，本不足憑，即使屬實，亦豈有遠隔數萬里之外，僅憑一書，即能使眾心寧貼之理？應請嗣後西洋各堂家務，不必專令一人管理，將所有帳目租息，公同登記檔冊，每人輪管一年，至次年再舉一人管理，即將此一年出入帳目，造冊一本，眾西洋人公同書押存驗。如此週而復始，同知共見，庶眾心無可積疑，永無爭控之事矣。

至各堂俱置有房地，其取租房間均附近京城內外，應仍聽該堂按月收取租息，唯是地畝一項，散在各州縣地方，距京實遠，西洋人勢不能親往收租，必須覓人代取，設有不肖之徒，從中欺騙，甚至苦累佃農，勒索地戶，均難保其必無。與其事後再費周章，莫若預為籌劃，以慎將來。臣請將西洋堂中所置地畝，令其詳細造冊，開明項畝、租銀數目，呈報造辦處，由造辦處移咨順天府存案，每歲秋成後，牌行該州縣，將各堂應得租息照數徵收，解交造辦處。臣派員監督分給各堂，如此稍微變通，在西洋人既得仰沐仁恩，安享其利，亦可永杜紛煩之弊。是否允協，伏候聖訓，為此謹奏請旨，乾隆四十五年十二月初六日具奏。

奉旨：「依議。」欽此。

第四

乾隆四十五年十二月初七日奉尚書公大人諭：各堂西洋人事務，著派內務府郎中福克精額軍機處行走員外郎伊江阿管理，所有各堂應行具奏行文等事，著各堂掌事西洋人轉報造辦處，該員等立稿呈堂辦理，如有仍前任意在別處具呈控告等事，務將該西洋人奏明辦理，將此諭傳知各堂遵照可也。此諭。

第五

太子太保御前大臣議政大臣領侍衛內大臣兵部尚書一等忠勇公和碩額駙福為嚴禁事，照得向來旗民人等入西洋天主教者，久經奉旨嚴禁，近來竟有無知生監及科甲出身人等，被其愚惑，往往擅入此教，且有為其代作呈詞及主事生事，不

唯有干例禁，且與士子品行大有關係。嗣後除一切服役人等聽其照舊雇覓外，如有預帶人員，信奉入教及代為書寫呈詞、教唆生事等情，著管理西洋人事務之人員，留心查訪，一經查出稟知，本爵部堂實行具奏，交部從重治罪，絕不輕恕，特諭。右諭通知。

乾隆四十五年十二月十六日示諭，實貼天主堂。

第六

西洋遠臣向秉仁謹跪轉奏，為廣推聖德，均霑天恩事：竊仁等自我西土來至中華九萬餘里，無家無依，仰蒙皇上柔遠懷育之恩，是無家而有家，是無依而有依也。乾隆四十五年十二月初九日，尚書公傳西洋四堂遠臣等跪聽上諭，命臣等每年輪流管理堂中家事，並派郎中二員流理欽州。欽遵自今以往，再無爭競之事，實為元協至公至當。仰見我皇上萬機之暇，尚且垂愛遠臣，無微不至，臣等感激聖恩，愧惶彌切，唯有守分自修，竭力報效，庶不負皇上天恩也。

再臣秉仁素日深知四堂遠臣中富餘者極其富餘，窮困者極其窮困，如西堂安德義、那永福、李衡良、葉宗孝四人，每年寄字本國求索銀一百四十兩，以為一人一年資深之費。伏思西洋遠臣，自國初以來，如湯若望、南懷仁、閔明我、戴進賢、劉松齡等以監正效力，郎士寧在如意館效力，此六臣俱系依大里亞國熱里瑪尼亞國之人，昔年叨蒙列聖皇上賜賞之產業，原系賞賜二國之臣，今二國六臣雖故，賜賞之產業猶在，現今二國四臣毫釐不能沾受，反至窮困，遠臣秉仁以為有辜皇恩之特賜也。

臣秉仁自西洋來時，帶有些少資負（斧），今尚未西求，亦且苟延衣食。南堂高慎思等三人一年約得租息銀八九千兩，西北堂梁棟村等一年約得租息銀七八千兩，東堂張繼賢等一年約得租息銀六七千兩，今南東兩堂人少產多，西堂人多全無租產，似此多寡未均，以至求索本國，西洋不知皇恩所賜諸堂產業，每年二萬四五千兩，眾人用度，原自有餘，乃致難困遠取，如此情形，行於九萬外，實屬有負列聖皇上賜賞之恩，致增臣等不貧而貧之深恥也。請將此三堂

每年所進二萬四五千兩租息，使現在十六人按數每人分給五六百兩，尚有多餘一萬三四千兩存為公中正事使用，令尚書公挑選選四國各國一人，公同管理存公銀兩事，茲後如有新到之人，並堂中修造房屋等事，即於公存銀兩中分給動用，隨令分管之人，呈報該管大人官員，然後准行，如此則弊端永絕，侵肥永息，遠臣等富者不致於窮，而窮者可至於富，俾眾遠臣永無睏乏，效力聖朝，上不負皇上柔遠養育之恩，下可免臣等遠求之苦。但此事不奉諭旨，誰肯允從，是以遠臣秉仁，乃敢冒昧瀆陳聖聽，可否允當，伏祈訓諭。為此謹將奏摺呈遞該管尚書公，代為轉奏以聞。

乾隆四十六年正月二十五日題。

第七

　　西洋人高慎思，為呈明事：竊等茲據西堂居住西洋人向秉仁訴稱，東南堂人少產多，西堂人多全無租產，欲將北東南三堂每年資費以現在十六人均分各便，尚餘存公使用，所請四國各國挑選選一人，公同管理等語。伏查南東兩堂肇造建立溯計將近二百載，俱系波爾都亞國之供給，其北堂歷來自行過渡，與東南堂毫無干涉。至於四十年前，獨西堂一人居住，其需費盡系彼國料理，並非吾等一國之供給。至又稱湯若望等六人在此效力中邦，皇上賜有遺存恩惠，但此云向秉仁無知之故，具伊等六人，雖非波爾都亞國之人，然皆系波爾都亞國薦舉，協助來京，一同效力中邦，故一應費度均是南堂料理，非向秉仁等可比。再向秉仁所稱西堂安德義等四人，伊本國每年資助銀一百四十兩，由此一語可知各國供給各國效力之人，不能會合料理過渡，顯然明矣。況南堂曾於四十年正月內經被火災延燒，因己力不能重修，蒙皇上特恩賞借幣銀一萬兩，輔其興建。續於四十五年五月內，將南堂資產取租，坐落正陽門外房間，又被延燒三十九處，已賣典出六處，始間之修蓋，尚未得似前齊全。租銀自必少進，計每年缺得三千餘兩，連現在按限應交幣項不足一年當差需用，現致拮据，無非稱貸度日。至請四國人，各國委出一人料理過渡，更屬可笑。即今四堂居西洋人，並非一國供給，各國均

有資助不同，萬難會合一處，情理亦所不容，即向秉仁等應知不可進他人之田，自稭所不稼也。事不得不據實剖訴，暫行立辦，理合呈明。

乾隆四十六年正月二十八日題。

第八

凡傳教之神父，各有職分之當為，遵其次序，最為要緊，若有一人越分妄行，離經畔道，足能亂聖教之平安，害多靈之長生，至於不能救止，非細故也。羅瑪府掌管天下傳教重務，部院眾位紅衣主教，公同議定，此地各處天堂內，現今之神父，俱至本處所，俱無行聖事之權，唯聽此處現今主教之命，實其傳教之地方，授其行聖事之權衡，或調換他傳教之所在，或收回他行聖事之權衡，一任本主教之安排，為此奏知教宗，奉現今教宗必約第六位，允准依儀，於天主降生一千七百八十年，西曆二月十七日，眾位紅衣主教特發諭帖，本部總理紅衣主教加斯德爾理，親筆花（畫）押，代筆者主教波爾日亞，著此則本主教安，凡在該管之地方傳教之神父，俱遵此辦理，並行傳示，使眾共知。

此按：原文譯出，並無誑言不符之處，有原代權者那神父甘為證憑。

乾隆四十六年五月聖神降臨瞻禮主教安譯錄。

《身見錄》校注 [194]

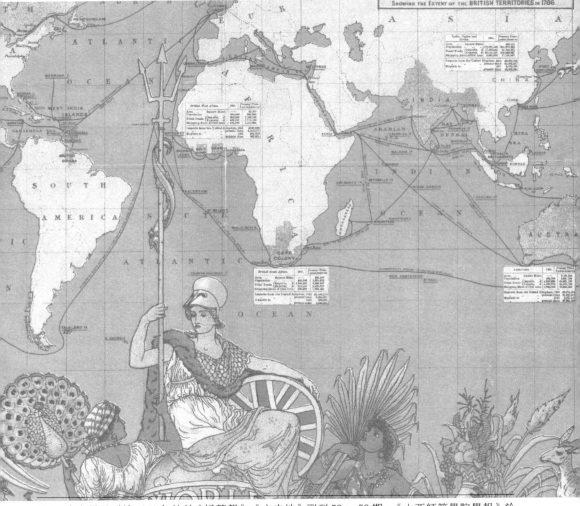

194　本文最早刊於 1941 年桂林《掃蕩報》《文史地》副刊 52～53 期，《山西師範學院學報》於 1959 年 2 月號重新刊載。

《身見錄》自序

余姓樊氏，名守義，生長山右之平陽[195]，虔事真主，唯期無歉於己而已。憶自康熙丁亥歲，季冬之月，遠西修士艾先生諱若者[196]，奉命遣往泰西，偕余同遊。凡所過山川都邑及夫艱險風波，難更僕數，其或耳聞之而目有未睹者，我姑弗道，即所親歷，亦竟未嘗筆載一端也。乃於庚子之六月，余獨回歸中土，時督撫提明，遵旨赴京，獲覲天顏，仰荷寵賚，至辛丑孟夏，蒙王公大人殷殷垂顧，詢以大西洋人物風土，余始以十餘年之浪跡，一一追思，恍如昨見，爰舉往返巔末，為記其略云。

《身見錄》

起自澳門，登巨艦，備資糧，浩浩洋洋，洪無際涯，向西南而晝夜行焉。行二月經過之國，巴拉哥亞[197]也，莫爾乃阿[198]也，瑪辣加[199]也，盤噶[200]也，穌瑪爾辣[201]也，及多海島[202]。地氣至熱，物土豐厚，人煙稠密，產丁香、胡椒、桂皮、穌木、檀香、佳果，終歲不絕。人之容顏，帶有紫色，情性和平，大概如是。內瑪辣加國[203]有大府名巴打斐亞[204]者，乃河濫打國[205]商客集居之地。有洋船二百

---

195 樊守義生於絳州，明以州隸平陽府，清初仍舊，雍正二年改為直隸州，領五縣。以故他的墓上刻著生於絳州。

196 艾先生即艾若瑟，亦名艾遜爵，1661 年生於法國南部的尼斯，1695 年到澳門。1707 年，康熙遣往羅馬，負駁斥鐸羅的禁令。1720 年東還的途中，死於好望角附近

197 巴拉哥亞為 Palawan 的對音，亦作巴拉望，《諸蕃志》「三嶼」條內作巴姥酉。魏源《海國圖志》卷十一「海島國」內說：「巴拉望島，又名巴拉瓜。」

198 莫爾乃阿為 Borneo，《明史》作婆羅。

199 瑪辣加為 Malacca，《瀛涯勝覽》稱滿剌加，《明史》有傳。

200 盤噶即 Bangka，《島夷志略》中稱彭家，亦作邦家。

201 穌瑪爾辣為 Sumatra，古稱須文達那，《島夷志略》作須文答剌，今天稱蘇門答臘。

202 多海島，指麻六甲與婆羅洲間的群島。

203 內瑪辣加即《宋史》中婆國，《島夷志略》「爪哇」條說：「爪哇即古婆國也。」

204 巴打斐亞即 Batavia，即今日的雅加達。

205 河濫打即荷蘭。1602 年，荷人組織聯合東印度公司，向印尼進行侵略，1684 年，借印尼發生事故，成立殖民地的統治政權。

餘艘，停泊海口，兵馬獲[206]守城門，晝夜不懈。其城內街市中界一河，道旁樹木遍值[207]河沿。凡大小西洋與夫中國種種貨殖，靡不畢具。縉紳之家，構園囿於城外。余於是府停舟候風十五日而後行。

約行三四月，始見大狼山[208]，因舟中乏水，遂至亞墨里加洲[209]巴以亞府[210]。府之前乃平水灣，有大船百餘艘，更有極高大而甚堅厚者為戰船，上置大砲。此地富厚，地氣清爽，天時無寒。產巴爾撒木香[211]刀傷油、鼻煙、桂皮、白糖、長米、糧、畜、牛、羊，而金若銀多，且易取波爾都爾國。[212]此處有地靠海邊，府內建立天主堂、聖人堂、修道會院，咸極崇固。諸種器具，悉用雕金，置大學中學，各方俊秀，多會於此。人品聰穎清和，總理其間者若巡撫然，而以下文武共襄其事。有一耶穌會院在山之巔，修道者百餘士人。凡所需之物，則制機輪，用一人在內行走，即時挽上，其巧妙如此。然其地不產石，所蓋大堂，乃先於大西洋制就石料，移此湊成。有屋一所甚寬，其間多藏珍重，上層為書庫，莊[213]書五六十架，不啻數十萬卷，乃是巴以亞府實績也。

是年八月初，始抵大西洋波爾多嘞爾國，進海口，多有築防守炮臺，凡洋物至此[214]，則發號炮，查明報知有司方許入。行五里即見京城，城外有大河[215]一道，從內地出流於海，停泊洋船三四百。

是日也，余登岸居耶穌會院，修士乍見，殷勤如故，即送安頓銀器俱。全

206　獲，應為護。

207　值，應為植。

208　大狼山，狼為浪之訛，即非洲南端的好望角，於1486～1487年由迪亞士發現，稱「風波角」，1488年更名為好望角。

209　亞墨里加洲即美洲。1504～1505年間，刊行亞美利克維斯補琪（Americ Vespuce）的信，他曾參加了四次航行，因而在1507年出版的地誌中，將哥倫布發現的新地，即以維斯補琪的名定為亞美利加。

210　巴以亞即Bahia，亦名聖薩爾瓦多（St. Salvator）。16世紀葡人占領巴西，1763年即以巴以亞為都城。1822年離葡獨立。

211　巴爾撒木為parfum的譯音，意為香料。

212　波爾都爾國及以後的波爾多嘞爾皆指今之葡萄牙。

213　莊為藏之訛。

214　凡洋物至此，文不可解，依照停泊洋船語，物當為船之訛。

215　京城即葡萄牙首都里斯本，大河指達若（Tage）河。

視²¹⁶風景，壯麗可觀，允稱富國，無物不備。地多泉穴，其房俱三四層不一，而公侯王府，更極崇美。若天主堂、聖母堂、聖人堂純用石造，奇峻特異，雕飾供器，悉以金銀。修道院頗多，而每院修道者凡數百，並設學校，分小學四品，中學二品，大學三品。且有養濟院數處，甚廣大，更多富貴園囿。第三日，國王²¹⁷召見，其宮殿之崇美，目所²¹⁸睹者也。外設兵衛，內侍群僚，王之右有弟三人。王年近二旬，容顏溫勵謙和。異日復見王，命朝內游，見紅帳復牆，或錦或繡，若繪畫然。夏以磁器掩下截，玻璃窗、花氈墊、金鑲凳、水晶桌，炫耀人目也。而朝內亦有天主堂，王之便於瞻禮者。往謁大臣，若華²¹⁹差減耳。又翌日，王與後往宗堂謝主，其輿服華麗，則又不可勝述矣。國王之誕，余往祝其禮。國王上立，旁群臣仰上鞠躬，凡三躬，近王前，親王手，或問答，或退班，約略如是，時康熙四十八年正月也，居其國已四月矣。

及辭行，給水陸照各一紙，贈程儀。王公大人各有所饋。爰起程，往東行，過依大利亞國地中海²²⁰，南望亞非利加，北眺大西洋。程途一月，風阻巴斯尼亞國²²¹，有城如波爾多嘞爾亞國者，忘其名矣。又一地，人皆安分，不炫富貴，愛清雅，唯喜亭囿，大率如是。

兩月後，乃至意大里亞國界，曾入一城，宮室悉以石造，多天主堂，產阿里伐果²²²、榛子樹。風土溫和，最為豐厚。有耶穌會院，無論內之規模，見其外貌莊重，已令人景羨矣。余於此留住一日，因大舟難進，易小舟行。二月下旬，至蛇奴劃國²²³，其屬國名格爾西加²²⁴者，風土無非富足，亦產格里伐果，可造油。

216　視當為市之訛。
217　這時葡萄牙國王為若望五世 (Jean V)。
218　按語意，所字下似缺一未字。
219　按語意，華字下似缺一麗字。
220　按照海程計算及文意，應當是經直布羅陀海峽，至西班牙的安達魯西亞 (Andalusia)。
221　巴斯尼亞即西班牙，文中誤將巴斯顛倒，應為斯巴尼亞。
222　阿里伐及後之格里伐皆為拉丁文 Oliva 之譯音，即橄欖果。
223　蛇奴劃為 Genova，義大利西岸的重城，屬於利古利亞 (Liguria) 地區，航業很發達。
224　格爾西加為 Corsica，原屬 Genova，1768 年賣給法國。

多城郭，人情與前各國無異，唯喜出外謀為[225]。王公大族，門樓峻大，金銀珍寶，容人覘玩，在西洋郡[226]稱是國為冠也。所蓋之精，宮室之美，人才之盛，世家之富，難以盡述。城外則近海，有大小洋船百餘，建塔於海口，每夜有以燈照遠客船，至都司格納諸侯之國里務爾諾[227]府，城雖不大，然堅固齊整可觀，風土人情豐厚。

余於此始行陸程，至比撒[228]府，乃古府也。猶有古時宮殿寶塔遺址[229]，周城水繞。又至西合捺府，有總學，[230]招四方弟子學習格物窮理，有耶穌會院。

余居數日而後行往教化王[231]之國，其京都名羅瑪府，乃古來總都，城圍百里，教王居焉。城門暮夜不閉。余至此二日，見教王，承優待，命閱宮殿，內外房宇幾萬所，高大奇異，尤難擬議。多園囿，有大書庫，庫列大廚，無論其所藏經書之多，即書櫃書箱，總難屈指。開闢迄今，天下萬國史籍，無不全備。教王普理聖教事，下有七十二宰相及主教司鐸，本國文武，共襄王事。朝外兵卒，日數更替。法雖有絞斬流，而犯者卒少。有宮殿二所，一在伯多祿聖人堂左[232]，為常居；一在石馬山為，[233]教王夏月居焉。

公侯家，繡緞飾牆，金花鑲凳，寶器無價，擺設床帳，不啻萬億。其出入車馬鞍幃，華美難比。使役僕卒，各以衣帽分職。城內外花園有多景緻，每年修理，春夏憩息，擺列珍玩。又凡各國使臣，務極浮華，為國君光彩。鄰邦貨物，靡不悉具。鄰邦英俊，群集城內。

---

225 為似為生之誤。
226 按語意，郡為群之誤。
227 都司格納為 Toscana，1860 年併入義大利。里務爾諾為 Livorno，由麥地奇（Medicis）家族統治。
228 比撒為 Pisa，位於阿爾諾（Arno）河畔，屬都司格納地區。
229 寶塔即著名的斜塔，建於 12 世紀。遺址指公墓，有壁畫為骷髏舞。
230 西合捺即 Siena，總學即大學，自 14 世紀即著名。
231 這時的教皇為克萊芒十一世（Clement XI，1700～1721 年在位）。
232 此處所指，即今日的梵蒂岡宮。
233 石馬山由於兩座雕像得名，即 Castore 與 Pohuce。此所宮殿由般琪奧（Flaminio Fonzio）計劃，建於 1574 年。

人造一高梁[234]，長九十餘里，引遠高山大泉之水，流入城內，挖洞得泉，十字街堆石山，鑿石人，四傍冒水，街道鋪石，各傢俱有水法[235]，貨物成市，必有其類。修道者每會不計其數。天主堂、聖人聖母堂，無論內外之美，即一祭臺令人看玩不盡。大概以石為之，而祭臺則更以珍貴之石為之也。供器無非金銀。耶穌會有十院，又有三堂。堂中所用器皿祭衣，鑲珠玉金寶。又一堂系一夫婦年老者所建立，因夫婦年老乏嗣，願獻家產於聖母，而未經創製，忽夫婦同兆，見聖母指示蓋堂之處，有雪者是也。時乃炎天，果見有雪處，隨奏教王查閱，建一聖母堂，因名聖母雪堂。[236]有一聖若望堂[237]者，傍有古教王宮殿[238]，堂內深大，雕成十二宗徒白石像，中有聖物庫，四面鐵門。有一完石空塔[239]，可容千人。有一所非宮非殿，其房如塔，形圓，上下五層相連，有萬餘間，周圍窗戶，層層便看，乃古時養獅處，今已坍毀其半矣。[240]有一大橋名天神橋，兩傍多造天神石像，各執耶穌受難之具。[241]有一大爆臺[242]，鐵柵，乃護守宗堂之要。

234　高梁係指克洛底亞水道（Agua Claudia），長 38 古羅馬里，引蘇彼亞哥（Subiaco）水入城。

235　水法係指噴泉。

236　聖母雪堂系羅馬八十聖母教堂中最壯麗者。關於建築起源的傳述，僅能追述到 13 世紀。

237　聖若望堂相傳君士坦丁大帝贈與教皇西爾維斯脫（Sylvestre, 314 ～ 335 年在位）者，事不可靠。至教皇塞爾若斯（Sergius III, 904 ～ 911 年在位）始更名為聖若望堂。

238　古教王宮殿即拉脫朗宮（Latrano），自 313 年後，各教皇居此。1308 年，此宮焚燬，於 1568 年由封達納（Dcm Fantana）重建。

239　完石空塔即安東石柱（Co Lonnadi Marcus-Aurelius）。高 92.5 公尺，共 28 石所成，上刻與日耳曼人戰爭圖。中空，螺旋而上，人可至其頂，所言容千人事，不確。

240　養獅處即鬥獸場（Colosseum），系羅馬帝王維斯巴卿（Vespatienus，69 ～ 79 年在位）而建，可容五萬人。初名伏洛維劇院，取維斯巴卿王朝的名；8 世紀更名為 Collosseum，有說是以劇院宏大，有說是以奈宏大石像的緣故。80 年舉行落成典禮，遊藝百日，死獸五千多。中古流行諺語：「鬥獸場永存，羅馬永存；鬥獸場消滅，羅馬消滅。果有此時，世界末日到了。」

241　天神橋，橫跨地伯爾河上，於 136 年由羅馬帝王亞德里安（Adrien, 117 ～ 138 年在位）所建。1668 年，採用泊爾南（Bernin）的設計，兩邊裝置天使雕像十尊，以故稱天神橋。

242　大爆臺，爆為炮之誤。臺為圓形，臨地伯爾河畔，由牆內螺旋而上，牆很厚，上有宮殿，宮牆有瓦加（Vaga, 1501 ～ 1547）的壁畫。此建築物系亞德里安所建，直到加哈加拉（Caracalla）死後（217 年），羅馬帝王葬於此。6 世紀時，蠻人侵入，羅馬人用此守城，變為炮臺。此堅固奇怪的建築物，在中世紀時，變成了野心家爭奪的藏身地。14 世紀末，歸教皇國所有。1527 年，教皇克萊芒七世在此受圍困者有六個月。

228

有一大堂名聖伯多祿堂[243]，堂門外有一石塔，座下四石獅，從厄日多國[244]送來。上有字跡，乃厄日多國文字。堂門外兩傍，乃石圍廊，內廣，上平，高可三丈，二百四十八石柱，前後左右，白石聖像二百位。左右有水泉，寬二尺，水上湧。堂前面有大門七所，上面有大高石造成門樓數層。其殿宇閎闊，不一而足。柱圍六抱，柱墩尤大，寶蓋高十餘丈，門窗數千。頂上空球內可容二十人，遠望百里，傍寶蓋二座，地鋪花石板，柱用彩石牆，露造聖像。又有聖人伯多祿聖像，堂內葬伯多祿聖身。總言之，則殿處看人若孩。[245]又耶穌受難像在銅柱亭內。有聖額我略[246]、聖盎伯洛削[247]、聖熱樂尼莫[248]、聖奧斯定[249]四位聖人之像在焉。凡石柱傍空處，則更有石聖像。堂門外左向，約行里半程[250]，繩[251]用石環洞相連，至教王內庭之路，統計伯多祿聖人堂，悉用石造，並無寸木，以前略言其概。

羅瑪府城內學宮，一乃熱爾瑪尼亞國公侯子弟之學宮[252]，一乃厄肋西亞[253]國世家子弟之學宮，一乃各國世家子弟統學宮，一乃本府總學，無分貴賤，各有分師，但不若各國者在內居住，俱屬耶穌會管理，別院不知其詳，然所學之事，皆格物窮理之學。城內多養濟院，有兵役養濟院、過客養濟院、窮民及痼病養濟院，皆受益焉。富貴家蠲助，延內外醫生，藥室各有專司，其病人之床，潔淨可愛，大約千間，器皿全具而且潔淨也。又有孤子院，衣食俱備。聖伯多祿曾於獄中化人時，畫十字於地，即得水泉，以便領洗，至今尚在。瞻禮日，各堂音樂大

243　伯多祿堂建於 326 年，15 世紀又加改造。

244　厄日多為埃及 Egypte 之譯。所言石塔系羅馬皇帝加利古拉（Caligura, 37～41 年在位）時，自埃及運回。高 25.5 公尺，一完整石柱，1586 年，豎立於此。

245　按語意，這句話是形容伯多祿堂的廣大，從內看人如小孩。

246　額我略為 Gsegoise（330～390 ?），著有詩文。

247　盎伯洛削為 Ambroise（340～397），為米蘭主教，善詩文，精音律，為奧古斯定老師。

248　熱樂尼莫為 Jerome（331～420），精哲學與神學，譯《聖經》為拉丁文。

249　奧斯定為 Augustin（354～430），著作甚多，最著名者為《懺悔錄》。

250　行約里半程，按實際距離，應為行約半里程。

251　繩為純之誤。

252　學宮即修道院，熱爾瑪尼亞指神聖羅馬日耳曼帝國，即德國。

253　厄肋西亞，按當時耶穌會發展情況，當為法國，即 Gallia 譯音，果如是，即當為厄肋亞。下文統學宮當為總學宮。

成時，洋洋充滿，恍若天國，難以言語形容。教王視朝，與夫賜宴，威儀情狀，亦復難比。

城外二十里，有國君奉教名各斯當底囊者[254]，建聖保祿堂[255]，有聖保祿泉。當時保祿為道致命，聖首下地，三擲即成三泉，余曾飲是泉水。王公家，築圍於城外三十里，有城名夫辣斯加的[256]，如園囿、水法、水琴、水風，種種奇異。又有城名底伏利[257]，亦去府城三十里。類如此，雖西洋亦屬著名園者也。

居羅馬五月，乃至熱爾瑪尼亞之屬國挪波里[258]國中，路經各所，富足無比。入加蒲亞[259]府，有耶穌會院。因入挪波里國，都城土地，華美富厚，人性和樂。城外臨海，各國船集。有山出火煙[260]，城內宮殿，有遺址並有聖蹟。一乃拿祿聖人之血[261]，收藏堂中。此聖人去世多年，然每遇聖人瞻禮之日，堂中所存聖人本身之血，向系乾泯，而誦聖經之時，其血復化，流如新鮮，瞻禮畢，又變為乾。一乃若翰聖人之血，當日為道致命，而門人收葬聖人，唯留取聖人本身之血保存焉，無非思念聖人之功德。聖若翰以迄於今去世已一千七百餘年矣。而聖人之血，尚存堂中，不獨存而已，且於每遇聖若翰彌撒，誦聖若翰經，則聖人本身之血，亦化如新，變為多矣。乃彌撒經誦畢，隨又變乾而少。此聖蹟不論何日，唯聖若翰彌撒經為定，約余誠目睹者也。

254　各斯當底囊即君士坦丁大帝 (Constantin, 274 ~ 337)，自 306 年後，逐步統一羅馬帝國。

255　聖保祿堂系 386 年狄奧多西所建，並非君士坦丁，如文中所言。1823 年毀於火，1854 年又重新建立，失去原建築質樸的風格。保祿泉亦稱三泉，傳述如文中所言，羅馬人迷信飲泉水可以去病。

256　夫辣斯加的為 Frascati，距羅馬 24 公里，在阿爾班山中，景色秀麗，別墅甚多。

257　底伏利即 Tivolli，距羅馬城約 40 公里，系避暑最好的地方，瀑布多。別墅中最著的為埃斯特別墅 (Villa d'Este)，建於 1550 年，為文藝復興時代建築的代表作品，樓臺如畫，噴泉林立，大小不等，水聲如樂，游息於其間，宛若置身於水林。

258　挪波里系古希臘人所建的殖民地，中古世紀，由納曼人建立雙西西里島王國，此後法國、西班牙與德國經常爭奪，1860 年始屬於義大利。這裡景色美麗，多藝術作品。義人常言：「看過挪波里後，好再死去！」

259　加蒲亞即 Capua，位於烏爾杜納 (Vulturne) 河畔，風景秀麗，西元前 215 年，漢尼拔屯軍於此，因而有「深睡在加蒲亞美妙之中」的諺語，意為沉於逸樂失掉好時光。

260　出煙山指維蘇威 (Vesuves) 火山，高 1200 公尺。

261　拿祿 (Janvier, 250 ? ~ 305) 系貝奈文 (Beneventum) 的主教。

復回至羅瑪府，進見教化王，賜見降福，賜大設[262]聖物。在羅馬起程，四[263]至都司噶納國，都城名福樂冷濟亞[264]，府內宮殿、露臺、堂殿、學宮、修道會院，略與羅瑪府相同。有一堂經造二百餘年未免[265]，堅固精巧，難以言語形容。於此往見國王，即聖德賢王，賜見，賜坐，命冠，賜問，賜飲食之物，著人送至館。又賜游看宮殿、寶藏、花園。又往一園，內畜虎象異獸之類。另賜寶藥奇異二箱，又賜車馬送至交界。

又到波羅尼亞[266]大府，乃古時一都城，地極豐豐[267]，人民富庶，公侯世家繁眾，城池宮室極華，而府內人民聰俊好學。後至莫得納[268]府，諸侯都城。又到巴爾瑪大[269]府，諸侯之都城。此府宮室人物之美，不能述記，諸侯賜見。又過巴未亞[270]等府，難以記述。

又至彌辣諾[271]大府，古時龍巴爾的亞[272]國地方，土產極豐，人性和平，府內人民俱富饒，露臺宮殿，盡美難言。公侯世傢俱多造物主之聖堂，有百餘所。又有一總堂[273]，建造至今數百餘年，尚未成就，其兩旁之牆垣，亦未成工，一邊其柱牆如古，其一邊尚未砌完。有大學宮甚多，大養濟院俱系宰相聖家祿蓋造。又有修道會院極多，金銀寶藏花園，亦不乏有。古時宗王宮殿之形跡尚存焉。[274]此時有撒索尼亞[275]及波祿尼亞二國世子游至此府，欲見余。往見時，賜坐賜宴在大

262　按文意，設應為赦之誤。

263　四當為回之誤。

264　福樂冷濟亞為 Firenze，為文藝復興的中心。

265　免似為完之誤。

266　波羅尼亞（Bolognia）位於來諾（Reno）河畔，中世紀，它的大學以法學著稱。

267　後一豐字似為厚字。

268　莫得納（Modena）於 1860 年併入義大利。

269　巴爾瑪（Parma）系伊脫拉斯人所建，1545 年改為公國，與莫得納同時併入義大利。

270　巴未亞（Pavia）臨代桑河，1525 年，法朗梭與查理第五戰於此而被俘。

271　彌辣諾即 Milano，系義大利北部重要城市。

272　龍巴爾的亞為 Lombardia。6 世紀末，龍巴爾的亞人隨歌德人南移，越阿爾卑斯山，入義大利北部波河流域，到處劫掠，經二十多年便定居這裡，因而這塊地帶就稱為龍巴爾的亞。

273　總堂為哥德式，建於 1386 年，至 1805 年始完成，共用了 419 年。

274　古時宗王宮殿係指斯伏爾查（Sforza）宮，今為米蘭博物館。

275　撒索尼亞即 Saxonia，即德國的北部。

眾之前，有音樂。後及辭，過諾瓦辣[276]府，極多城池。到物爾車利[277]名府，又有則濟利亞國王[278]長子賜顧，余即回見焉。後又到都利諾[279]府都城，此府雖不大，見伯孟得[280]諸侯。此府土產豐厚，人性堅強有勇，好交往，又好學，又多公侯世家，臣民俱忠。誠[281]內宮室房屋，均平一體，貧富相等，乙式高大，即窮人亦與大富相同耳。又有一宗堂，在國王宮殿之內，堂中間有祭臺，其臺上有珍寶箱櫃，外金寶鑲嵌，內藏天主耶穌受難去世至寶之物，遺留與門人，至今顯跡千萬世焉。於次[282]見國王，而國王賜見，亦謙恭待人。又罕見希奇之物有二，不知何人巧作。用一大架，水盤上用一巨木為柱，柱上又小轉輪數個，不用人力，其輪自轉作，就絲線傍著二人，可抵五六百人之工。其一有巨木欲為板者，不用人力，乃制[283]之水中，其鋸自能推收其木，又用一繩，自能伸縮相湊，便成為板矣。

又至都林府，有默想會院一所，在於城外。每年有王侯縉紳世家，皆往此院，修省平日，善惡無虧，以八日為度，去而復更。院內樓房宮殿，清雅潔淨。後又至鄂洛穌國[284]二諸侯之子。起身時往羅肋[285]多府拜聖室，其聖室在一大堂內。堂右有一大寶藏，右旁有教王行宮一所，甚堅固高大。聖室即聖母之室，乃天神朝報天主降孕之處。先載[286]如德亞國納撒肋府[287]，後因年久，人民不誠，天主降罰，許寇賊入境戕害之。聖母預令天神，拔舉聖室渡海，而置之瑪祭亞[288]國

276　諾瓦辣即 Novara，1513 年，法人敗潰於此。
277　物爾車利即 Vorcelli。
278　則濟利亞即西西里島，那時與挪波里合而為一王國。
279　都利諾及後之都林 (Torino) 位於波河左岸，19 世紀義大利統一的中心。
280　伯孟得為 Piemont，意為「山麓」，撒丁王國的主要部分，在義大利的西北部。
281　誠似為城之誤。
282　次之下似失一「日」字。
283　製為置之誤。
284　鄂洛穌即俄羅斯。
285　羅肋多 (Loreto) 屬安哥納 (Ancona) 省。據傳述聖室移於此系 1291 年 5 月 9 日夜。終年朝觀者，踵趾相接。
286　載為在之誤。
287　如德亞即猶太，納撒肋傳說為耶穌生地。
288　瑪祭亞現屬南斯拉夫，臨亞得里亞海。

中，乃聖母初遷是國也。越四載，國民亦復如是，聖母又徙至義大利亞國。有兄弟二人，因往者多利益，日繁，致相虐害，聖母又棄之，徙其室於羅肋室[289]，今數百年矣，不復移動，竟成羅肋多府矣。蓋聖母屢遷之後，遐邇流傳，朝禮者甚眾，所遇困難，萬種疾病，苦難災祲，一入聖室，其病立愈消除。所以王侯公卿所贈金銀極多，四海之內，奇珍異寶，概聚聖室之中。曾有盜賊，聞聖室厚積，頓起謀心，望見聖殿之頂，即若雷擊，驚慄失措，不能移步，遂逃歸焉。於是聖教宗主，大興營造，寶石名木，外立巨殿，包圍聖室，又以文錦奇珍彰之。置左六院所，聚博學成德之士，供之使之，或主教或祭祀，或拯濟窮民之匱乏。至於奉教主並大小官職，悉感聖室之聖威靈驗。所以老弱貧病士民人等，無不得其養者。余拜聖室之後即往返焉。

至康熙五十七年二月，復回波爾多噶利亞國，復見國王，即賜見。溫厚賜問良久，又賜黃金一百。於五十八年三月初旬，至[290]大西洋波爾多噶利亞國起身回中國。於康熙五十九年六月十三日至廣東廣州府。於是年八月二十八日至京。於九月初五日到熱河，九月十一日在於波羅湖同北三十里，叩見皇上，賜見賜問良久，此乃余往大西洋之略志也。

後記

當 16 世紀初，葡萄牙人發現新航路後，中國與歐洲的關係開闢了一種新的局面。隨著西方侵略者殖民地的開拓，中西人士的往來亦逐漸頻繁。就資料中所提供的，最早去歐洲的是鄭瑪諾。

鄭瑪諾是澳門人，字維信，自幼隨義大利人衛匡國學習，繼後跟他去歐洲，順治十一年（1654 年）到羅馬，學格物窮理探源之學，於康熙十年（1671 年）東歸，住在北京，康熙十四年（1675 年）去世，活了 38 歲。[291]

289　室為多之訛。
290　至為自之誤。
291　費賴之著：《入華耶穌會士列傳》，法文本，第 1 卷，141 號。

康熙二十年（1681 年），法人柏應理西還，帶了許多中國書籍，法國即借這些書籍開始了漢學的研究。為了翻譯漢文，柏應理邀沈、黃二人西行。到歐洲後，沈學於葡京里斯本，於康熙三十二年（1693 年）東還。黃獨留巴黎，精法文，僅知在 1716 年仍流落在法國。[292]

康熙四十四年（1705 年），因為「禮節問題」，羅馬派鐸羅來華，處理糾紛。清廷以賓禮優遇，但是鐸羅作風不正，於康熙四十六年（1707 年），自南京發布「禁約」。康熙非常不滿，親筆批「禁約」說：「覽此告示，只可說得西洋人等小人，如何言得中國之大理……」[293] 為了將是非澄清，便在同年，康熙派艾若瑟西去，樊守義隨行。

樊守義[294] 字利和，於康熙二十一年（1682 年）生於山西平陽府。

康熙四十六年（1707 年）冬，奉清廷命令，隨艾若瑟去歐洲。初學於義大利的都林，繼後學於羅馬，篤志好學，體質柔弱[295]，於康熙五十八年（1719 年），偕艾若瑟東還。舟行至好望角附近，艾若瑟病故，樊守義獨歸中土。康熙重視所遣使臣，命兩廣總督趙弘燦向粵海關及香山縣探查。樊守義回廣東後，隨即至北京。康熙六十年（1721 年）夏，很多人詢問歐洲的風土情況，遂將其親身經歷，寫成這篇《身見錄》。這是國人寫的最早的一部歐洲遊記，不論其內容如何，都是有特殊意義的。《身見錄》原稿未曾刊行，藏在羅馬圖書館中，夾在《名理探》書內。我於 1937 年將原稿攝回，共 14 頁。樊守義歸國後，並無什麼可敘述的地方，死在乾隆十八年（1753 年）。

《身見錄》原稿未分段，未斷句。現在按照原文加以分段，並試加注釋，也許有不少錯誤的地方。這篇旅歐的紀錄，就內容來說沒有什麼特殊的價值。但是，旅歐將近十三年，就他的觀感記錄下來，也反映了當時的情況，如義大利封建割據的分裂，充滿了中世紀晚期的氣氛。其次，明末西方傳教士東來，自然於

292　巴黎圖書館藏：F. N. A. F. 280，有黃親筆寫的借書條，系法文，1716 年，2 月 19 日。

293　《康熙與羅馬使節關係文書影印本》，第十四件，故宮博物院編。

294　費賴之著：《入華耶穌會士列傳》，法文本，第 2 卷，310 號。

295　「縱使體質不強……」《傳信集》第 3 卷 466 頁。

文化交流起了一定的作用，但是對於殖民地的發展與以後帝國主義的侵略也起了一定的影響，這是無可否認的。所謂「禮節問題」，也便是文化侵略的開端。

　　縱使如此，我們認為《身見錄》仍有它的歷史資料的意義，這是中國最早的一部旅歐遊記，距今已 250 多年了。其性質與《佛國記》相仿。《佛國記》的作者為法顯，晉安帝隆安三年（399 年）春，發自長安，西去求經。「顯俗姓龔氏，平陽武陽人」。平陽時出名人，晉時有涉絕幕的法顯，清初又有渡重洋的樊守義。兩人記述，幸完整傳於今日，這是有特殊意義的。為此，將《身見錄》刊印，能夠注釋的加以注釋，不妥當的地方還請讀者多提意見。

《北使記》箋注 [296]

296　原載《山西地方史研究》第二輯，山西人民出版社，1962 年版。

緒言

　　13 世紀初，成吉思汗進攻中亞時，蒙古大將木華黎與金國作戰，深入山西、河北、陝西等境內。金主完顏珣意識到局勢嚴重，於興定四年（1220 年），派遣禮部侍郎吾古孫仲端（「吾」亦作「烏」），出使北朝，翰林院待制安延珍隨行。

　　關於此次出使，金元兩史的記載不同。《金史》記出使為一次，即自興定四年七月至五年十二月（《金史》卷十六與卷一二四）。劉祁之《歸潛志》中《北使記》與《金史》是一致的。《元史》卻為兩次，繫於太祖十六與十七兩年，而使臣又同為吾古孫。《元史》分繫於兩年，顯然是錯誤的，因短促的時間內吾古孫不可能有兩次的行程。

　　興定五年（1221 年）夏，吾古孫奉國書前往請和，覲見成吉思汗於回鶻國，期兩國和好，以兄弟相稱。成吉思汗不允，並向金使說：「我向欲汝主授我河朔地，令汝主為河南王，彼此罷兵，汝主不從，今木華黎已盡取之，乃始來請耶。」仲端乞哀。帝曰：「念汝遠來，河朔既為我有，關西數城未下者，其割付我，令汝主為河南王，勿復違也。」（《元史·太祖紀》）吾古孫出使的情況只有這樣簡略的記述，卻說明這次出使是失敗的。

　　吾古孫仲端，名卜吉，字子正，承安二年（1197 年）策論進士。興定四年（1220 年）七月，出使北朝。初謁木華黎，安延珍留止。吾古孫獨往西域，涉流沙，逾蔥嶺，於興定五年（1221 年），謁成吉思汗，致其使事，無結果而還。吾古孫後為翰林學士，留守汴京。感觸既深，情意蕭索，知國事不可為，於癸巳（1233 年）正月，閉戶自縊（《歸潛志》卷六）。

　　劉祁為吾古孫朋友，記其出使事實。劉祁字京叔，山西渾源人，生於金泰和二年（1202 年）。父名從益，弟名郁，同為金元間之名家。崔立事變後，文獻喪失甚多，祁留心時事，著《歸潛志》，保存了當時一部分資料。《秋澗集》內，王惲敘述渾源劉氏時，以劉祁活了四十八歲。這樣，他死在元定宗五年（1250年）了。

《北使記》附於《歸潛志》卷十三內。王國維在《古行紀校錄》中，有簡括的校注（《海寧王國維先生遺書》，三十七）。金人稱蒙古為北朝，故以《北使記》命名。若就所記之內容言，實為出使中亞的記述，關於西遼的情形，各地的風俗，亦可補正史的不足，與其弟劉郁所作《西使記》是相同的。此就所知者試為箋注。

《北使記》箋注

興定四年七月，詔遣禮部侍郎吾古孫仲端，使於北朝，翰林待制安延珍副之。至五年十月覆命。

吾古孫：《金史》卷一二四與《歸潛志》卷六作烏古孫。又《金史》卷一六，「興定四年七月，以烏古論仲端使大元」，按：《金史》「論」為「孫」之訛。《金史》卷一二四有「烏古孫仲端傳」，應從《金史列傳》作烏古孫。

五年十月覆命：《金史》卷一六有「興定五年十二月丁巳，禮部侍郎烏古孫仲端、翰林待制安延珍使北還，各遷一階」。以故原文十月應為十二月。

吾古孫謂余日：「僕身使萬里，亙天之西，其所遊歷甚異。喜事者，不可不知也。公其記之。」

劉祁於其《歸潛志》卷六中，述及記錄《北使記》的經過。當吾古孫出使返金後，「備談西北所見，屬趙閒閒記之。趙以屬屏山，屏山屬余。余為錄其事，趙書以石，迄今傳世間也」。按《歸潛志》卷一，趙秉文號閒閒，字周臣，磁州滏陽人。李純甫號屏山，字之純，宏州襄陰人。劉祁以文稱著，並與他們關係很深，故作此記述。

自四年冬十二月，初出北界行，西北向，地浸高，並夏國前七八千里。山之東，水盡東；山之西，水盡西。地浸下。又前四五千里，地甚燠。歷城百餘，皆非漢名。訪其人云，有磨里奚、磨可里、紇里迄斯、乃蠻、航里、瑰古、途馬、合魯諸番族居焉。

磨里奚即蔑兒乞（Merkites）部，亦名兀都亦惕。

磨可里即客烈亦惕（Keraites），包括五個分部。

紇里迄斯即今吉爾吉斯（Kirghiz）。

乃蠻（Naimans）為大部，住斡兒寒河上游。

航里即康里（Kancalis），系烏古思支派之一。

瑰古即畏兀兒（Uigur），蒙古興起時，畏兀兒已衰落，卻仍然保存較高文化。由畏兀兒字母產生了蒙古與滿洲字母。

途馬即禿馬惕（Toumates），其地近吉爾吉斯。

合魯即合剌魯（Karluks），《唐書》稱之為葛邏祿，系烏古思支派之一。

又幾萬里，至回紇國之益離城，即回紇王所都，時已四月上旬矣。

益離城即《元史》亦剌八里（Ilbalik），位於亦列河上，城因河而得名，靠近固勤扎（Kulja），在今伊寧縣內。

大契丹大石者，在回紇國中，昔大石林牙遼族也。太祖愛其俊辯，賜之妻而陰蓄異志。因從西征，挈其孥，亡入山後，鳩集群糺，徑西北，逐水草居，行數載，抵陰山，雪石不得前。乃屏車，以駝負輜重，入回鶻，攘其地而國焉。日益強，僭號德宗，立三十餘年。死，其子襲，號仁宗。死，其女甘氏攝政，姦殺其夫，國亂，誅。仁宗者次子立，以用非其人，政荒，為回鶻所滅。

遼族大石林牙事略，見《遼史》卷三十之《天祚本紀》。天祚保大二年（1122年），金太祖入居庸關，耶律大石自古北口逃走。次年四月，金將婁寶俘獲大石，為太祖次子宗望當嚮導，不以俘虜對待。是年九月，大石自金逃走。

保大四年（1124年）七月，耶律大石自立為王，駐北庭都護府，即別失八里（Besbalik）。集聚十八部族首長，逐水草，以謀恢復疆土。

天會十年（1132年），大石稱帝於起兒漫（Kerman），號葛爾罕（Gur-khan），改元為延慶。延慶三年（1134年），大石林牙東還，建都於虎斯

斡耳朵（Ghaz-ordo），改國號為康國，即世所稱之西遼。康國十年（1143年），耶律大石死，廟號德宗。其子夷列年幼，皇后塔不煙統理國政，有七年之久（1144～1150年）。繼後，夷列即位，改元紹興，在位十三年（1151～1163年）而卒，廟號仁宗。

仁宗子幼，其妹普速完掌握國政，即《北使記》所稱之甘氏。改元崇福，在位十四年（1164～1177年）。

普速完為蕭斡里剌子蕭朵魯不妻，與其夫弟樸古只沙里私通，殺其夫。其翁率兵圍宮，射死普速完及樸古只沙里。立仁宗次子直魯古，改元天禧，在位三十四年（1178～1211年）。

先是，於1208年，西遼史上發生兩件重要的事情。一為花剌子模國王穆罕默德的勢力擴大，並撒馬兒罕，脫離西遼藩屬而獨立。一為屈出律被成吉思汗擊敗後，逃至西遼，受到直魯古的庇護，並娶了他的女兒。直魯古庸弱昏聵，啟屈出律的野心。屈出律與穆罕默德聯絡，共謀西遼。1211年，陷虎斯斡爾朵，俘獲直魯古，西遼以此滅亡，並非如《北使記》中所說：為回紇所滅。按《北使記》文意，回紇是指花剌子模帝國。如果這樣理解，回紇僅起協助的作用，非滅亡西遼的主角。

陰山即塔勒奇（Talki）山，耶律楚材《西遊錄》謂此山東西千里，南北二百里。《西使記》說：「過亦堵兩山間，土平民夥，溝洫映帶，多故壘壞垣，問之，蓋契丹故居也。」常德過此，距西遼之亡，已四十八年。

今其國人無幾，衣服悉回紇也。其回紇國，地廣袤際，西不見疆界，四五月百草枯如冬。其山暑伏有蓄雪，日出而燠，日入而寒。至六月，衾猶綿。夏不雨，造秋而雨，百草始萌。及冬，川野如春，卉木再華。

回紇國地廣袤際，係指花剌子模帝國而言。其時花剌子模帝國統治中亞全境，東起錫爾河，西至烏爾米亞湖，東南至印度河，南至波斯灣。氣候特殊，《長春真人西遊記》中說：「始師來觀，三月竟草木繁盛，羊馬皆肥。及奉詔而回，四月終矣，百草悉枯。」又，「二月二日春分，杏花已落。」耶律楚材《西遊錄》，記撏思干氣候時亦稱：「盛夏無雨。」

其人種類甚眾，其鬚髯拳如毛，而緇黃淺深不一，面唯見眼鼻。其嗜好亦

異。有沒速魯蠻回紇者，性殘忍，肉必手殺而啖，雖齋亦酒脯自若。有遣里諸回紇者，頗柔懦，不喜殺，遇齋則不肉食。有印度回紇者，色黑而性願。其餘不可殫記。其國王闔侍，選印都中之黔而陋者，火漫其面焉。

　　關於中亞居民之狀貌，張騫西去時，便觀察出他們的不同。《大宛傳》中說：「自大宛以西……其人皆深眼多鬚髯。」顏師古注《漢書·西域傳》說，「今之胡人，赤眼赤須，狀類彌猴者，本其種也。」但是，這僅是一種相貌，並沒有什麼可重視處。至於面唯見眼鼻，不能作沙網掩面，那只是形容鬚髯過多，僅露眼鼻。

　　沒速魯蠻為「Mussulman」的譯音，指花剌子模居民而言。遣里為「Herat」譯音，在今阿富汗境內。印都即今之印度。

　　其國人皆邑居，無村落，復土而屋，梁柱檐楹皆雕木。窗牖瓶器，皆白琉璃。金銀珠玉，布帛絲枲極廣。弓矢車服，甲仗器皿甚異。瓷甓為橋，舟如梭然。唯桑五穀頗類中國。種樹亦人力，其鹽產於山，釀葡萄為酒，瓜有重六十斤者，海棠色殊佳，有蔥美而香。其獸則駝而孤峰，牛有口脊，羊而大尾。又有獅、象、孔雀、水牛、野驢。有蛇四跗，有惡蟲狀如蜘蛛，中人必號而死。自余禽獸，草木魚蟲，千態萬狀，俱非中國所有。

　　鹽產於山：長春真人至西域後，遇碣石城（Kesh），度鐵門，又東南行，「西望高澗若冰，乃鹽耳。山上有紅鹽如石，親常見之。東方唯下地生鹽，此方山間亦生鹽」。（《長春真人西遊記》卷下）

　　瓜有重六十斤者：耶律楚材《西遊錄》說：「八普城西瓜大者五十斤」，又說，「瓜大者如馬首」。

　　羊而大尾：馬致遠《紫芝路》中：「青草畔有牧酪牛，黑河邊有扇尾羊，他只是思故鄉。」

　　蛇有四跗：劉郁《西使記》說：「過立訖兒城，所產蛇皆四跗，長五尺餘，首黑身黃，皮如鯊魚，口吐紫焰。」

　　惡蟲狀如蜘蛛：劉郁《西使記》說：「有蟲如蛛，毒中人則煩渴，飲水立死，唯過醉葡萄酒，吐則解。」七十一著《回疆風土記》：「八義蟲，

新疆在在有之，形類土蜘蛛，色褐而圓，八爪微短，紫口，口有四歧，嚙鐵有聲。……少動觸之，輒噬人，最為毒惡，痛徹心髓，須臾不救，通身潰爛而死。」

有山曰塔必斯罕者，方五六十里。蔥翠如屏，檜木成林，山足而泉。其裕衣縞素，衽無左右，腰必帶。其衣衾茵幃，悉羊毳也，其毳植於地。其食則胡餅、湯餅而魚肉焉。

興定五年（1221 年），吾古孫仲端至西域後，覲見成吉思汗於何地，史無明確的記述。《元史·太祖本紀》十六年（1221 年）辛巳夏四月，駐蹕鐵門關，秋，帝攻班勒紇（Balkh）等城。《元聖武親征錄》說，十六年夏，「上駐軍於西域速望壇（按即算端）避暑之地。」多桑述及 1221 年，「成吉思汗滅塔里寒後，駐夏於其附近山中」（多桑《蒙古史》，一卷七章）。塔里寒（Talikan）位於波謎羅川（Murghab）之旁，即塔必斯罕山，可能為巴落帕美斯（Parapamisus）山脈中之一，亦即吾古孫謁見成吉思汗之地。

衣縞素，衽無左右：長春真人敘述中亞習尚時，「衣則或用白氎，縫如注袋，窄上寬下，綴以袖，謂之襯衣，男女適用」。

其毳植於地：此即《西使記》中所提及之壟種羊，按耶律楚材的解釋，壟種羊是木綿。（《湛然居士文集》十二，《贈高善詩》）

其婦人衣白，面亦衣，止外其目。間有髯者，並業歌舞音樂。其織衽裁縫，皆男子為之。亦有倡優百戲，其書契束，並回紇字，筆葦其管。言語不與中國通。人死不焚葬，無棺椁，比斂，必西其首。其僧皆發，寺無繪塑。經語亦不通。唯和沙州寺象如中國，誦漢字佛書。

間有髯者：長春真人《西遊記》卷下，「婦人出嫁，夫貧則再嫁；遠行逾三月者，則亦聽他適。異者，或有鬚髯」。

面亦衣：即指紗網，今波斯等處，婦人仍以紗網掩面，只露兩目。

筆葦其管：中亞一帶用葦筆，波斯人稱之為 Kalam。

和州為今之吐魯番。

沙州為今之敦煌縣。

予曰：嘻，異哉，公之行也。昔張騫、蘇武銜命使絕域，皆歷年始歸。其
艱難困苦，僅以身免。而公以蒼生之命，挺身入不測之敵，萬里沙漠，嘻笑而
還，氣宇恢然，殊不見衰悴憂戚之態。蓋其忠義之氣，素貯乎胸中。故踐夷貊
間，若不出閨閫然。身名偕完，森動當世，懍乎真烈丈夫哉！視彼二子亦無愧。
故余樂為之書，以備他日史有采云。

　　《金史・烏古孫仲端列傳》，論及「仲端為人，樂易寬厚，知大體，奉
公好善，獨得士譽」，這與劉祁的跋語是一致的。

《西使記》箋注 [297]

297　原載《山西地方史研究》第二輯，山西人民出版社，1962 年版。

緒言

元憲宗九年（1259 年），常德出使中亞，渾源劉郁筆錄其經過，題為《西使記》，其中也反映了旭烈兀西征的事跡。

當成吉思汗死後（1227 年），中亞問題並未得到解決。蒙古雖征服了花剌子模帝國，中亞局勢亦未安定下來。波斯仍在繼續抵抗，報達帝國實力強大，威脅蒙古所占領的地帶。旭烈兀承襲了傳統政策，於憲宗二年（1252 年），受命繼續向西方進攻，消滅波斯的木乃奚。此後即進兵兩河流域，征服報達帝國，結束了阿拔斯王朝。復向西進軍，占領敘利亞，到達地中海濱，建立起伊兒汗國。「伊爾汗」意為各族人民的統治者。便在此時，常德奉命西行，出使慰問。自憲宗九年離和林，至世祖中統元年（1260 年）返國，共需時一年又二月。記中雖未提及覲見旭烈兀地點，但按照當時動向，很可能在今日之大不里土（今伊朗）。中統四年（1263 年）三月，劉郁錄其出使情況，成為研究蒙古向外發展的重要資料。

關於常德的情況，我們是不了解的，只知常德字仁卿，《元史》也沒有特殊的記述。王惲《秋澗集》中，有詩二首，題其出使中亞西觀旭烈兀的情況，亦難說明什麼問題，附錄於常德注釋中。

關於劉郁的情況，我們知道得較多一點。王惲作《渾源劉氏世德碑》（《秋澗集》卷五十八）說：「郁字文季，亦名士。中統元年，肇建中省，辟左右司都事。出尹新河，召拜監察御史。能文辭，工書翰，別號歸愚，卒年六十一。」

但是關於劉郁，常有混淆之處。元朝與劉郁同名者，別有一人，字仲文，析州蒲陰人。烏程施國祁於《禮耕堂叢說》中，曾為文明辨。根據劉因《靜修集》卷七的敘述，劉仲文「少從事亳府軍，謝病歸，杜門不出，以春秋左氏學為業。所居里名黃臺，因以為號。後仕京師，為將仕郎，年六十餘，命酌賦詩而終」。顯然這不是《西使記》的作者。顧嗣立於《元詩選》內改採之鵲山詩，自系劉文季的作品。因文季工書翰，為篆隸真行名家，其首章末二句為：「倚天翠壁三千仞，只欠磨崖字幾行。」這表現出一種自信，與其善書法是相符合的。

其次，劉郁的籍貫亦誤為真定人。《元史·世祖紀》有：「中統元年，召真

定劉郁、邢州郝子明、彰德胡祗遹等，乘傳赴闕。」這裡的劉郁即《西使記》作者。那時他寄寓在真定，徵召時自按居住地開列，並不是他的原籍。修《元史》者倉卒照檔案抄錄，未加訂正，以致誤劉郁為真定人。《四庫》書的修訂者亦未能詳察，提要中亦沿此錯誤了。丁謙於《〈西使記〉地理考證》中（浙江圖書館叢書第二集），刪去渾源二字，謂劉郁為真定人，已屬錯誤。更進一步，又以常德為郁的本名，仁卿其字，更是錯誤了。前人如張星烺等已多指正。

《西使記》刊於王惲《玉堂嘉話》中（《秋澗大全集》卷九十四）。王國維於《古行紀校錄》內，有簡略的校注（《海寧王靜安先生遺書》，三十七）。道光五年（1825 年），法人雷慕沙譯為法文；光緒元年（1875 年），俄人布雷特施奈德（Emil Bretschneider, 1833～1901）譯為英文，對研究中古中亞史是有積極意義的。

《中州集》內，元遺山簡介劉從益時說，從益「有二子，祁字京叔，郁字文季，俱有名於時」（《中州集》，卷六）。劉祁筆錄烏古孫出使北朝的經過，劉郁又記述常德出使的情形，真是兄弟媲美了。從山西地方文獻而言，兩種記述，彌足珍貴。故就所知者試為箋注，作為研究中亞歷史的資料。

《西使記》箋注

王子歲，皇弟旭烈統諸軍，奉詔西征，凡六年，拓境幾萬里。

《元史·憲宗紀》，憲宗二年壬子（1252 年）秋七月命「旭烈征西域素丹諸國」。憲宗即蒙哥的廟號。旭烈即旭烈兀，拖雷之子，蒙哥之弟，生於元太祖十二年（1217 年），死於至元二年（1265 年）。

憲宗三年（1253 年）五月二日，旭烈兀離和林。憲宗六年（1256 年）師次阿姆河，繼入波斯，擊潰木乃奚的抗拒。憲宗八年（1258 年）滅報達帝國。憲宗九年（1259 年）入敘利亞。繼因蒙哥皇帝之死，停止遠征。

己未正月甲子，常德字仁卿，馳驛西覲。

憲宗九年（1259 年），常德離和林西行，依據波斯所記，那時旭烈兀駐帖必力思，亦作大不里士（Tabriz），常德應至其地。關山萬里，途路艱

辛,王惲稱讚常德的西觀,附其《題常仁卿運使西觀記行》詩二律:

九萬鵬搏翼,孤忠駕使軺。功名元有數,風雪不知遙。抵北逾鼇極,維南望鬥杓。胡生搖健筆,且莫詫東遼。

三策條民便,踰年致節旄。夢驚羊胛日,險歷幻人刀。碧碗堅昆異,黃金甲第高。白頭書卷裡,留滯敢辭勞。(《秋澗大全集》,卷十二)

自和林出兀孫中,西北行兩百餘里,地漸高。入站,經瀚海,地極高寒,雖暑酷,雪不消。山石皆松文。西南七日,過瀚海,行三百里,地漸下。有河闊數里,曰昏木輦,夏漲以舟楫濟。

和林即哈剌和林(Karakorum),因和林川得名。今稱額爾德尼昭(Erdenitso)。兀孫,《四庫》本作烏孫,泛指今蒙古人民共和國及新疆的東北部。

昏木輦,蒙古人稱渾濁為昏(hun),稱河為木輦(Muren)。昏木輦意為「渾濁河」。按時間猜想,當為今之額爾濟斯河。

數日過龍骨河。復西北行,與別失八里南已相直,近五百里。多漢民,有二麥黍谷。河西注瀦為海,約千餘里,曰乞則里八寺。多魚,可食。有碾磑,亦以水激之。

龍骨河即烏倫古(Ulungur)河。所注入之乞則里八寺(Kizilbash)海,即今之烏倫古湖。1872年,於河入口處建布倫托海城。《元史》卷一四九〈郭德海傳〉,有「從先鋒柘柏西征,渡乞則八里海」之語。

別失八里(Beshbalik)為唐之金滿縣,系北庭都護所在地,在今烏魯木齊東孚遠縣的北部。突厥稱「五」為別失,稱「城」為八里。耶律楚材《西遊錄》稱此城為「鱉思馬」。

南已相直的「已」為北之誤。南北相直始可與下文相接。《西域圖考》卷三有說明,已為北之訛。

碾,《叢書集成》本(簡作《叢書》本)作輾。

行漸西,有城曰業瞞。又西南行,過孛羅城,所種皆麥稻。山多柏,不能株,絡石而長。城居肆圜,間錯土屋,窗戶皆琉璃。城北有海,鐵山風出,往往

吹行人墮海中。西南行二十里，有關曰帖木兒懺，察守關者皆漢民。關徑崎嶇似棧道。

業瞞 (Emil) 為河名，亦為城史。《元史》稱業瞞城為葉密里，《西域圖志》稱為額敏城，今稱為額敏縣。

孛羅 (Borotala) 為河名，亦為城名。孛羅城《元史·西北地附錄》作普刺，《西遊錄》作不刺，今作博羅縣。

城北有海，海指亞拉湖 (Alakul)。盧布魯克於 1253 年曾經此地，記述海中有島，島上有山，稱阿拉爾脫伯 (Araltube)。此山即鐵山，亦即《郭德海傳》中所說的鐵山。山峽中，時起大風，可將行人吹墮海中。

帖木兒懺系蒙古語「Temor cham」譯音，意為「鐵的路」。元時稱之為松關，今稱之為松樹頭。《湛然居士集》卷三，有〈過夏國新安縣〉詩：「昔年今日度松關，車馬崎嶇行路難。瀚海潮噴千浪白，天山風吼萬林丹。」祁韻士《西域釋地》，釋及塔爾奇山時說：「由博羅塔拉越此山之嶺而入，峻險如關，闇路曲折，通一線為果子溝。林木茂密，疑非凡境。」

出關，至阿里麻里城，市井皆流水交貫。有諸果，唯瓜、蒲萄、石榴最佳。回紇與漢民雜居，其俗漸染，頗似中國。又南有赤木兒城，居民多並汾人。有獸似虎，毛厚，金色無文，善傷人。有蟲如蛛，毒中人則煩渴，飲水立死，唯過醉葡萄酒，吐則解。有酒。孛羅城迤西，金銀銅為錢，有文而無孔。方至麻阿中，以馬拖床遞鋪，負重而行疾。或曰，乞里乞四，易馬以犬。

阿里麻里，回語為 Almalik。鄂本篤在《契丹導言》中說：「固爾扎 (Kulja) 位於伊犁河上，距古代阿里麻里城不遠。」根據俄人謝米諾夫所說，固扎爾西北四十俄里伊犁河谷處為阿里麻里，在今伊寧縣境內（參看岑仲勉先生《蒙古史札記》）。《長春真人西遊記》說：「土人呼果為阿里馬，蓋多果實，以是名其城。」

赤木兒，《四庫》本作齊穆爾。耶律大石西移時，統率漢軍，多有並汾人，留在那裡落戶成家。似虎之獸系凶猛的野貓，體力甚強，皮很珍貴，蒙古人稱為歇魯斯 (Shelus)。

毒蛛，土人稱之為哈剌庫爾忒（KharaKurt），意為黑蟲，系蟲中最毒者，咬人即死。《回疆風土記》（《小方壺齋輿地叢鈔》，第二峽）稱之為「八義蟲」，形似「土蜘蛛，色褐而圓，八爪微短，紫口，只有四歧，嚙鐵有聲」。

嗜酒，《叢書》本作畜酒。

麻阿，未詳。按文意似指阿里麻里。

乞里乞四為吉爾吉思（kirghiz），《新唐書》稱為黠戛斯。

二月二十四日，過亦堵兩山間，土平民夥，溝洫映帶，多故壘壞垣。問之，蓋契丹故居也。計其地去和林萬五千里而近。有河曰亦，運流洶洶東注。土人云，此黃河也。

亦堵為「夷朵之略也」（《王國維遺書》三十九，《西遼城考》）。亦堵即《遼史·天祚紀》之虎思斡爾朵（Guz Ordo）。耶律楚材《西遊錄》說：「又西有河曰亦列，其西有城曰虎思窩魯朵，即西遼之都是也。」亦堵在吹河（Chu）之畔。

亦河「即葉河，亦即碎葉之略」（王國維，同上）。隋唐時，稱吹河為碎葉川。準噶爾人言混濁曰「吹」，故土人說吹河為黃河。

《叢書》本誤斷句為「有河曰亦運」，運當與「流洶洶」相連。

二十八日，過塔剌寺。三月一日，過賽藍城，有浮圖，諸回紇祈拜之所。三日，過別石蘭，諸回紇貿易，如上巳節。四日，過忽章河，渡船如弓鞋然。土人云，河源出南大山，地多產玉，疑為崑崙。山以西多龜蛇，行相雜。郵亭客舍，甃如浴室。門戶皆以琉璃飾之。民賦歲止輸金錢十文，然貧富有差。

塔剌寺（Talas）為河名，亦為城名。塔剌寺城即漢時的郅支城（《漢書》七十，《陳湯傳》）。《元史》作答剌速。河名今仍舊，城名今為Auliata。

賽藍即塞里木（Sairam）。《明史》卷三三二說：「賽藍在達失干之東，西去撒馬兒罕千餘里。有城郭，週二三里，四面平曠。」王國維注《長春真人西遊記》，以賽藍為唐初笯赤建國。

別石蘭似為石國的都城柘折（Chaj）。拉施特稱之為白訥克特（Binkath）。《明史》作達失干（Tashkend）。長春真人西行時，自賽藍至霍闡沒輦，需用六天時間。常德經此時，自賽藍至忽章河，路途相同，而僅用三天的時間。按時間推算，當為今之塔什干城。

忽章河即今之錫爾河（SyrDaria）。《隋書》與《唐書》中稱藥殺水。大食稱細渾河（Sihun），突厥稱葉葉河（yapyap），意為川流不息。

蒙古西侵後，規定丁稅，最富者每人每年納十底納爾（Dinar），貧者納一底納爾。這樣造成貧者負擔過重。1258 年，阿兒渾陳明此弊，旭烈兀敕令改變丁稅，貧者仍舊，富者增至五百底納爾（多桑《蒙古史》四卷五章）。

南大山，《叢書》本作南太山，以大山為是。

八日過捫思干，城大而民繁。時群花正坼花，唯梨、薔薇、玫瑰如中國，余多不能名。隅城之西，所植皆蒲萄、粳稻，有麥亦秋種，其乃滿地。產藥十數種，皆中國所無。藥物療疾甚效。曰阿只兒，狀如苦參，治馬鼠瘡、婦人損胎及打撲內損，用豆許，咽之自消。曰阿息兒，狀如地骨皮，治婦人產後衣不下，又治金瘡膿不出，嚼碎傅瘡上即出。曰奴哥撒兒，形似桔梗，治金瘡及腸與筋斷者，嚼碎傅之自續。余不能盡錄。

捫思干即撒馬爾罕（Samarkand），《希臘古地誌》作 marcanda。《大唐西域》作颯秣建，在今烏茲別克。捫思干位於塞拉夫森河（Zarafshan）南，此河亦稱金河，源出於吉沙爾山。《叢書》本干訛作千。

《叢書》本坼作開，坼後之花字在梨字之後，作「時群花正開，唯梨花、薔薇……」

《叢書》本無隅字，又缺「其乃」二字，按文意，刪去是不妥當的。

所言阿只兒、阿息兒及奴哥撒兒藥物，均為李時珍輯入《本草綱目》二十一卷內。唯李著中稱《西使記》為《西域記》，不知所本。

十四日，過暗不河。夏不雨，秋則雨。溉田以水，地多蝗，有鳥飛食之。十九日，過里丑城，其地有桑棗，征西奧魯屯駐於此。二十六日，過馬蘭城，又過納商城。草皆苜蓿，藩籬以柏。二十九日，殯掃兒城，山皆鹽，如水晶狀。

暗不河之「不」系木之誤，《元史‧郭寶玉傳》有「次暗木河」之語。暗木河（AmuDaria）古稱媯水（Oxus），今稱阿姆河。大食稱之為只渾河（Jihun），亦作齊紅河。

　　里丑城不可考。按文意，「征西奧魯屯駐於此」，而奧魯（Ogrouk）意為留置眷屬及輜重之處，那麼旭烈兀於憲宗六年一月初渡阿姆河後，曾結營於黍布兒干（Schaubourgan）草原，於此駐冬（多桑《蒙古史》，四卷四章），即里丑城當在此地的周近。

　　馬蘭，《元史》作麻里兀，亦作馬魯（Merv）。《後漢書‧安息傳》稱之為木鹿。

　　納商，《元史》作你沙不兒（Nishapur）。尼沙與納商音相近，不兒為城之意。

　　殢掃兒城前缺一「過」字，依《叢書》本補正。城的位置不可考。按自納商至殢掃兒城只用了三天的時間，距木乃奚國僅六七里，這樣情況，殢掃兒城可能在沙赫魯德（Shahrud）周近。憲宗六年六月，旭烈兀至徒思城（Tus），結幕於阿兒渾園，繼後又至尼沙不兒。到十一月去木乃奚國時，曾經過沙赫魯德，而這一帶至今仍是產鹽地區。為此，殢掃兒城可能在沙赫魯德城的周近，或者就是這個城。

近西南六七里，新得國曰木乃奚。牛皆駝峰，黑色。地無水，土人隔山嶺鑿井，相沿數十里，下通流以溉田。所屬山城三百六十，已而皆下。唯擔寒西一山城名乞都不，孤峰峻絕，不能矢石。丙辰年，王師至城下，城絕高險，仰視之，帽為墜。諸道並進，敵大驚。令相大者納失兒來納款。已而兀魯兀乃籌灘出降。籌灘猶國王也。其父領兵別據山城，令其子取之，七日而陷。金玉寶物甚多，一帶有直銀千笏者。

　　木乃奚，《元史》作木剌夷（《太宗紀》），亦作沒里奚（《憲宗紀》），同為大食語 Malahidas 的譯音。波斯語稱木乃奚為亦思馬因（Ismail），意為「迷途者」。這個國家實力很強，占領襖楼答而（Mazanderan）及庫底斯坦（Kurdistan）地區。堡寨很多，選擇地勢險峻的絕壁，以資防守，與蒙古人作長期對抗。其塞著名者，有阿拉模忒（Alamut）與乞都

不 (Ghirdkuh) 等。波斯缺雨，自古即組織複雜的人工灌溉，隔山鑿井，稱之為坎兒井 (kariz)，亦稱暗井。

所屬山城三百六十，《叢書》本作三百五十。

擔寒可能為裏海南 Damghan 的對音。《叢書》本擔誤作檐。乞都不，《元史‧郭侃傳》作乞都卜。此城須懸梯上下，守以精兵悍卒。當蒙古大將怯的不花圍攻之時，郭侃架炮轟擊，守將火者納失兒投降。按，原文大為火之誤。火者，尊稱也。故「令相大者」應為「令相火者」。

兀魯兀乃應為兀克乃丁 (Rokn-ud-din khourschah)，系阿老瓦丁 (Ala-ud-dinllmohammed) 之子。1255 年 12 月 2 日，阿老瓦丁被暗殺後，其子兀克乃丁繼位，成為木乃奚的統治者，常居麥門底司 (Meimoun-diz)。兀克乃丁命其民遵守正教，清除盜匪，以期有所建樹。是時旭烈兀西征，木乃奚割據堡壘，失掉互相聯繫，而蒙古吸取中國攻城戰術，所向無敵。兀克乃丁迫於形勢，不得已有投降之意，但是態度並不堅決。為了利用他的影響，旭烈兀施以壓力，1256 年 11 月 19 日，兀克乃丁投降蒙古。次年正月，隨旭烈兀至哈馬丹，受到旭烈兀的優待。便在這一年，兀克乃丁自請入朝蒙哥皇帝。既至後，蒙哥拒絕接見，於返歸的途中，蒙古命人殺之於統阿山附近。

山城指阿剌模忒，系木乃奚首都。阿剌模忒在可疾雲 (Kazvin) 東北的愛爾不斯山 (Elburs) 中，建於 860 年。此城地形優良，鑿岩為室，儲存寶物、圖書、糧食甚多，經久不變，可保存長久的時間。旭烈兀巡視時，見此高山絕嶺，深為驚異。蒙古圍攻阿剌模忒時，兀克乃丁之父已死。蒙古人縱火焚燒房屋，卻取得許多珍貴的圖書及儀器。

金玉寶物，依《叢書》本補入「玉」字。

其國兵皆刺客，俗見男子勇壯者，以利誘之，令手刃父兄，然後充兵。醉酒，扶入窟室，娛以音樂美女，縱其欲。數日，復置故處。既醒，問其所見，教之能為刺客，死則享福如此。因授以經咒日誦，蓋使蠱其心志，死無悔也。今潛使未服之國，必刺其主而後已。雖婦人亦然。其木乃奚在西域中最為凶悍，威脅鄰國四十餘年。王師既克，誅之無遺類。

木乃奚系波斯回教的宗派，屬十葉派，亦稱亦思馬因派。好勇鬥恨，自視如神，陰結黨羽，使權貴畏懾。常採用暗殺方法，消除異己，因稱之為「刺客派」。刺客之名，源於敘利亞的亦思馬因人，稱此等人為哈失歆（Haschischin）。富浪人讀此字為「Assissin」，由此而引申出法文 Assassin，意為刺客或暗殺者。

旭烈兀出師時，蒙哥命他滅盡亦思馬因人。征服木乃奚後，單就庫底斯坦一地區，死者達一萬兩千人。其未死之木乃奚人，如猶太人分散於諸國。受刺客威脅者，至此始安。（參看多桑《蒙古史》，四卷四章）

威脅鄰國四十餘年，《叢書》本作霸四十餘年。

四月六日，過訖立兒城。所產蛇皆四跗，長五尺餘，首黑，身黃，皮如鯊魚，口吐紫焰。過阿剌丁城，禡咱蒼兒人，被髮，率以紅帕首，衣青如鬼然。王師自入西域，降者幾三十國。

訖立兒，《元史·郭侃傳》作兀里兒。憲宗七年（1257 年）正月，蒙古軍於此伏兵取勝。按自殲掃兒城至此的時間推算，當在今德黑蘭的西邊。

《叢書》本作紅帕勒首，多勒字為是。

阿拉丁即阿剌模忒（Alamut），《郭侃傳》作阿剌汀，蒙古軍破木乃奚遊兵三萬。

禡咱蒼兒系 Mqzenderan 的譯首，「蒼」為「答」字之訛。禡咱答兒為波斯省名，即今之基良省。

有佛國名乞石迷西，在印壽西北，蓋傳釋迦氏衣鉢者。其人儀狀甚古，如世所繪達摩像。不茹葷酒，日啖粳一合，所談皆佛法，禪定至暮方語。

乞石迷西即《新唐書》所稱個失蜜。《元史·郭侃傳》作乞石迷，今稱克什米爾（Kashmir）。開元八年（720 年）八月，唐遣使冊個失蜜國王真陀羅祕利為個失蜜國王（《冊府元龜》卷九六四）。元憲宗二年（1252年）秋七月，命諸王托羅該薩奇勒征身毒。憲宗三年夏六月，命塔塔兒帶等征怯失迷兒等國。《西使記》所言或即此次出征的結果。《郭侃傳》說：「至乞石迷部忽里箄灘降。」

丁巳歲，取報達國。南北兩千里，其主曰合里法（今譯哈里發）。其城有東西，城中有大河。西城無壁壘，東城固之以甓，繪其上甚盛。王師至城下，一交戰，破勝兵四十餘萬。西城陷，皆盡屠其民。尋圍東城，六日而破，死者以數十萬。合里法以觚走獲焉。其國俗富庶為西域冠，宮殿皆以沈檀烏木降真為之，壁皆黑白玉為之，金珠珍貝，不可勝計。其妃後皆漢人。所產大珠曰太歲強蘭石瑟瑟金鋼鑽之類。帶有值千金者。其國六百餘年，傳四十年，至合里法則亡。人物頗秀於諸國。所產馬名脫必察。合里法不悅，以橙漿和糖為飲。琵琶三十六弦。初合里法患頭痛，醫不能治。一伶人作新琵琶七十二弦，聽之立解。土人相傳，報達諸胡之祖，故諸胡皆臣服。

丁巳為 1257 年。當旭烈兀征服木乃奚後，即著手準備征服報達的工作。1257 年 9 月 21 日，旭烈兀遣使至報達，通知合里法謨斯塔辛 (Mo-stassim) 投降。謨斯塔辛庸弱無能，沉溺逸樂，妄自尊大，在位十五年（1242～1257），無所建樹。其復旭烈書，有「余將為伊蘭之主，進兵杜蘭，恢復原狀。持此舉將足以變更世界面目」之語，說明他昧於形勢，而不知大禍之將臨。

合里法，《叢書》本誤作：「其王曰合法里。」

1257 年 11 月中，旭烈兀軍次曲兒忒山地，結營於塔克基斯拉 (Taq Kasra) 附近。這時候，蒙古大將怯的不花已占領羅耳大部分土地。1258 年 1 月，蒙古大軍已渡達遏水，達遏水即今之底格里斯河。18 日，旭烈兀結營於報達城東。30 日，蒙古諸軍同時進攻，戰鬥劇烈。2 月 5 日，蒙古軍占領阿只迷門樓。合里法知大勢已去，三次遣人投降，旭烈兀拒絕接見。10 日，謨斯塔辛率其三子及阿里族人三千，親至旭烈兀軍營，旭烈兀以禮接見，留於怯的不花營中。13 日，蒙古大軍入城。15 日，旭烈兀宴諸將於合里法宮中。劫掠報達城有七日之久，蒙古人獲得無數的財富。

「后妃皆漢人」的說法是不夠正確的。報達城淪陷後，旭烈兀命人籍其後宮人數，得嬪妃女奴七百人、宦者千人。旭烈兀允許選留百人，謨斯塔辛選其親屬。西方記述中未見有提及漢人者。

「東城固之以甓甓」，王國維校本多一「甓」字，依《秋澗》本刪去。

255

報達城陷後，屠城七日，穢氣滿城，旭烈兀移駐城外瓦迦夫（Va-caf），命人召謨斯塔辛，合里法知在所難免，決意就死。2月20日，蒙古軍以囊盛謨斯塔辛及其長子，並宦者五人，在瓦迦夫附近，驅群馬踐踏，至死為止。謨斯塔辛死之日，旭烈兀任命阿里八哈都兒（Ali Bahadour）為報達長官。謨斯塔辛活了四十六歲。

「傳四十年」的「年」為「主」之誤，依《叢書》本改正。

西元762年，合里法滿速兒（Al-Mansur，714～775）定都於報達城，橫跨達遏水。632年，阿布伯克（Abou-Bek）建立第一任合里法。但是，在750年，阿布爾阿拔斯（Aloul-Abbas）建立阿拔斯王朝，傳至謨斯塔辛為三十七世，並非四十世。若以穆罕默德紀年言，自622年至1258年共為636年，即常德所言六百餘年是正確的。

旭烈兀西征，滅木乃奚與報達，在波斯建立起一個新國家，稱伊兒汗國，都於帖必力思（Tabriz），統治了七十八年（1256～1334）。

報達之西，馬行二十日，有天房，內有天使神，胡之祖葬所也。師名癣顏八兒。房中懸錢緝（372年），以手捫之，心誠者可及，不誠者，竟不得捫。經文甚多，皆癣顏八兒所作。轄大城數十，其民富實。

天房指默伽（Mekka）言，亦作麥加。祖葬所指黑石殿（kaaba）。穆罕默德不葬於麥加，而葬於麥地納。

癣顏八兒，《四庫》本作巴延巴爾，系波斯語 Peighember 之對音，意為「先知者」。

西有密乞兒國，尤富。地產金，入夜視有光處，志之以灰。翼日發之，有大如棗者。至報達六千餘里。

阿拉伯人稱埃及首都開羅為密乞兒（Misr），開羅建於973年。《元史·郭侃傳》作密昔兒。當蒙古軍向西亞擴張的時候，埃及強盛，於1249年俘獲法王路易九世。那時，法王為封建領主的領袖，繼續十字軍的侵略戰爭，侵略埃及，而為埃及所挫敗。1250年，名將艾伯各（Eibeg）即位，在埃及建立馬木路克（Mamluk）王朝，奮發圖強，抗拒外來敵人的侵略。

報達滅亡後，旭烈兀向敘利亞進軍，以怯的不花為前鋒，占領摩蘇爾、阿勒坡、大馬士革等城。自忽禿思（Couttouz）為埃及算端後，決心抗拒蒙古的侵略，1260 年 7 月（不是 9 月），兩軍戰於拜桑（Baissan）附近，蒙古軍遭受到沉痛的打擊，怯的不花戰死。旭烈兀震驚，急欲為怯的不花復仇，但是因蒙哥皇帝的死，被迫放棄報復性的侵略，他不能再作遠征了。

國西即海，海西有富浪國。婦人衣冠如世所畫菩薩狀。男子胡服，皆善寢，不去衣。雖夫婦亦異處。有大鳥，駝蹄，蒼色，鼓翅而行，高丈餘，食火，其卵如升許。

富浪國指歐洲而言，系 Franks 的譯音。當歐洲十字軍處於衰落的時候，路易九世遭受到挫敗，故遣使魯柏羅克（G.Rubruk）至和林，1254 年 1 月 3 日，觀見蒙哥皇帝，企圖結盟，拒抗土耳其，以保護歐洲人在西亞所獲的利益。終於無結果而還。

大鳥即鴕鳥。陳藏器說：「高七尺，足如橐駝，鼓翅而行。」（《本草綱目》卷五十下）

依庫本補卵字。

其失羅子國出珍珠。其王名襖思阿塔卑。云西南海也，採珠，盛以革囊，止露兩手。腰垣石墜入海，手取蛤並泥沙，貯於囊中。遇惡蟲，以醋噀之即去。既得蛤滿囊，撼絙，舟人引出之，往往有死者。

石羅子（Shiraz），《元史》作泄剌失（《西北地附錄》），在波斯故都柏舍波里（Persepolis）南。到中古後期，石羅子衰落，其商業為記施（Kish）所代替（《諸蕃志》，捲上）。襖思阿塔卑，《元史·郭侃傳》作換斯干阿答華。阿塔卑為 Atabeg 的譯音，系地方首長的稱號。

印毒國去中國最近。軍民一千兩百萬戶。所出細藥、大胡桃、珠寶、烏木、雞舌、賓鐵諸物。國中懸大鐘，有訴者擊之。司鐘者紀其事及時，王官亦紀其名，以防奸欺。民居以蒲為屋，夏大熱，人處水中。

印毒即印度。蒙古人侵印度，僅至印度河流域。到憲宗時，雖有征身毒及怯失迷兒之舉，並無結果可言。

《西使記》箋注

己未年七月，兀林國阿早丁籌灘來降，城大小一百二十，民一百七十萬。山產銀。

1259 年蒙古征兀林國事，《元史·郭侃傳》言之較詳。「己未破兀林游勇四萬，阿必丁算灘大懼，來降，得城一百二十。」這樣，阿早丁之早為畢之誤。《四庫》本作烏蘭國阿克丹。兀林國當在羅石子與乞里彎之間，很難確定切實地方。戊午年（1258 年），郭侃征富浪後，師還至中亞西南部石羅子，又至賓鐵。己未年又至兀林及乞里彎。按其進軍行程，排列順序，即兀林國應為波斯南部濱海地區，現在的第七省。

黑契丹國名乞里彎，王名忽教馬丁算灘。聞王大賢，亦來降。其拔里寺大城。獅子雄者，鬃尾如纓，拂傷人，吼則聲從腹中出，馬聞之怖溺血。狼有鬃。孔雀如中國畫者，唯尾在翅內，每日中振羽。香貓似土豹，糞溺皆香如麝。鸚鵡多五色，風駝急使乘，日可千里。鶡鴿傳日亦千里。珊瑚出西南海，取以鐵綱，高有至三尺者。蘭赤生西南海山石中。有五色鴨，思價最高。金鋼鑽出印毒，以肉投大澗底，飛鳥食其肉，糞中得之。撒八兒出西海中，蓋璊玳之遺精，蛟魚食之，吐出，年深結為，價如金。其假者，即犀牛糞為之也。骨篤犀大蛇之角也，解諸毒。龍種馬出西海中，有鱗角。牡馬有駒，不敢同牧。騳馬引入海，不復出。阜雕一產三卵，內一大者，灰色而毛短，隨母影而走，所逐禽無不獲者。墾種羊出西海，羊臍種土中，溉以水，聞雷而生。臍系地中，及長，驚以木，臍斷，嚙草，至秋可食，臍內復有種。又一胡婦，解馬語，即知吉凶，甚驗。其怪異等事，不可殫紀。往返凡一十四月。

黑契丹即西遼。乞里彎即今之克爾曼（Kerman）。當成吉思汗於 1218年征服西遼後，哈籍伯（Borak Hadjib）逃走至克爾曼，自立為主，建立新國，維持到 1309 年。

忽教馬丁，《郭侃傳》作忽都馬丁，投降蒙古，藉以維持流亡局面。

拔里寺城，依據張星烺意見（《匯篇》，五冊），似指克爾曼首府 Bardashir 城。

這段所敘述的各種奇產異物，久經傳述，真偽相雜，茲就特殊者，簡注如次。

香貓：亦稱靈貓，李時珍依據劉郁所述收入《本草》五十一卷中。

蘭赤：《輟耕錄》卷七，回回石頭有刺，色豔如紅玫瑰，即紅寶石。蘭赤譯音而兼譯意。蘭即《輟耕錄》所稱之刺，系波斯語 Lal 的譯音。

思價最高，庫本作其價最高，以其為是。

珊瑚：波斯語為 marjan。景教碑有「南流珊瑚之海」。

撒八兒：系阿拉伯語 Anbar 的譯音，即龍涎香。

年深結為：《叢書》本作年深結成，以結成為是。

瑇玳：《本草》記述大如扇，似龜甲有文，解毒兼避邪。

壟種羊：《湛然居士集》卷十二《贈高善長》說：「西方好風土，大率無蠶桑，家家植木綿，是為壟種羊。」按此，壟種羊為木綿的別名。

郁嘆曰：西域之開，始自張騫。其土地山川固在也。然時代浸遠，國號變易，事亦難考。今之所謂瀚海者，即古金山也。印毒即漢身毒也。曰鴕鳥者，即安息所產大馬爵也。蜜昔兒即唐拂菻地也。觀其土產風俗可知已。又《新唐書》載拂菻去京師肆萬里，在海西上，所產珍異之物，與今日地理正同，蓋無疑也。中統四年三月渾源劉郁記。

丁謙改「郁嘆曰」為「郁跋曰」。據《秋澗集》，仍以「嘆」為是。拂菻是拜占庭，密昔兒是埃及，不能混而為一，劉郁所言是錯誤的。

中統四年為 1263 年。

《西使記》箋注

《佛國記》箋注 [298]

298　本文寫於 1965 年 3 月。

法顯昔在長安，慨律藏殘缺，於是遂以弘始二年，歲在己亥，與慧景、道整、慧應、慧嵬等同契，至天竺尋求戒律。

《晉書》載記十七《姚興（上）》，有「改元弘始」的話，卻沒有說相當於晉帝的哪一年。但是在姚興改元弘始後，提到襄陽流入萬人，叛晉而奔姚興，《晉書》帝紀十將此事繫於安帝隆安二年十二月。這樣可以確定姚興改元弘始在隆安二年十二月前了。己亥為隆安三年，改元弘始時為元年，所以法顯稱其動身時為弘始二年。

《高僧傳》初集卷三說到法顯，「以晉隆安三年（399）年，發自長安，西渡流沙」。按在乾歸國法顯夏坐時間推算，即他離開長安的時間，應該是在隆安三年三月間。《〈法顯傳〉考證》中，日人足立喜六說：「依《晉書》後秦姚興改元弘始，時在隆安三年九月，實法顯發跡長安後之事也。」這樣說法是不夠妥當的。

初發跡長安，度隴，至乾歸國，夏坐。

隴指陝西與甘肅間之隴山，山高而長，古稱「欲上者七日乃得越」。

《晉書》載記二五稱，乾歸國仁死後，乞伏乾歸被推為「河南王，赦其境內，改元曰太初」，這是發生在太元十三年（388年）。隆安元年（397年），呂光「遣其子纂伐乾歸，使呂延為前鋒。……引師輕進，果為乾歸所敗，遂斬之」。乾歸取勝後，因「所居南景門崩，惡之，遂遷於苑川」。按洪亮吉《十六國疆域志》卷十五，苑川「即今蘭州理是也」。法顯到時，這個小國暫時安定，法顯去後的次年（400年），這個國便為後秦滅亡了。《晉書》說：「隆安四年秋七月，姚興伐乞伏乾歸降之。」

夏坐亦稱安居，雨季時靜修的意思。《西域記》卷八說：「故以四月十六日入安居，七月十五日解安居也。」為時約三個月。法顯常提到安居，有助推算他的行程。

夏坐訖，前行至耨檀國。

耨檀國即南涼禿髮傉檀統治的國家。《晉書》記述隆安三年「秋八月，禿髮烏孤死，其弟利鹿孤嗣偽位」。元興元年（402年），「禿髮利鹿

孤死，其弟傉檀嗣偽位」。由此可見法顯至南涼時，傉檀尚未繼承王位。法顯所以稱為耨檀國是回憶的提法，也是印象的提法。《晉書》載記二六說：「是以諸兄不以授子，欲傳之於傉檀。及利鹿孤即位，垂拱而已。軍國大事皆以委之。」這說明法顯到南涼時，傉檀是實際領導者。《晉書》又說：「烏孤以安帝隆安元年（397 年）僭立，至傉檀三世凡十九年，以安帝義熙十年（414 年）滅。」這樣，南涼為西秦滅亡時，法顯已返國兩年了。事經既久，傉檀統治較長，亦較為突出，語之為「傉檀國」，亦是可理解的。禿髮居地為樂都，即今之碾伯縣。

度養樓山至張掖鎮。張掖大亂，道路不通。張掖王殷勤，遂留為作檀越。於是與智嚴、慧簡、僧紹、寶雲、僧景等相遇。欣於同志，便共夏坐。

關於養樓山，尚無確定的解釋，可能為養女山。《水經注》卷二說：「長寧亭北有養女嶺，即浩亹山，西平之北山也。」《十三州志》中，張澍亦引作「浩亹之西山，西平之北山也」。西平為禿髮烏孤稱西平王之地，在今西寧縣北。

法顯到張掖，段業為張掖王。《晉書》八七說：「呂光末，京兆段業自稱涼州牧。」所言張掖大亂，道路不通，係指段業部屬李暠與索嗣的衝突。

關於張掖王殷勤，足立校刊中改為「張掖王段業」，文雖顯明，卻又如他說，「諸本所未見」，這樣仍以存疑為是。

檀越梵文為 Dānapai，意為保護者。

夏坐訖，復進到敦煌。有塞，東西可八十里，南北四十里。共停一月餘日。

敦煌為漢武帝元鼎六年（西元前 111 年）設置。敦煌塞指玉門關附近一段長城。武帝為了防禦匈奴，詔諭酒泉太守，根據「察地形，依阻險，堅壁壘，遠望侯」的原則，建築長城和烽燧。

法顯等五人隨使先發，復與寶雲等別。敦煌太守李浩供給度沙河。沙河中多有惡鬼熱風，遇則皆死，無一全者。上無飛鳥，下無走獸，遍望極目，欲求度處，則莫知所擬。唯以死人枯骨為標識耳。

胡震亨跋《佛國記》說:「敦煌太守李浩,即涼武昭王李暠,按暠於是年(指隆安四年)三月,受段業敦煌之命。」浩為暠是無疑的。闞駰《十三州志》說:「後魏天興三年(400年),涼昭王立於敦煌,以子讓為之郡守。」

沙河即沙漠。法顯自敦煌西行,出玉門關,經沙漠,感到強烈的困難。玄奘於《西域記》十二說:「從此東行入大流沙,沙則流漫,聚散隨風,人行無跡,遂多迷路。四遠茫茫,莫知所指,是以往來者聚遺骸以記之。」

行十七日,計可千五百里,得至鄯善國。其地崎嶇薄瘠。俗人衣服,粗與漢地同,但以氈褐為異。其國王奉法,可有四千餘僧,悉小乘學。諸國俗人及沙門盡行天竺法,但有精粗。從此西行所經諸國,類皆如是。唯國國胡語不同,然出家人皆習天竺書、天竺語。

鄯善國古稱樓蘭國,是西域許多國家中最靠近中國的。漢昭帝時攻破樓蘭,改名為鄯善。《西域記》稱樓蘭為「納縛波」,意為新城,即梵語Navapur 的譯音。《魏書》說到鄯善,「地多沙鹵,少水草」,與法顯所說「崎嶇薄瘠」是相符合的。

住此一月日。復西北行十五日到烏夷國。

烏夷國,《西域圖志》稱之為哈喇沙爾(Karashahr),《西域記》卷一稱之為阿耆國。烏夷國古稱焉耆國,今稱焉耆縣。

烏夷國僧亦有四千餘人,皆小乘學,法則齊整。秦土沙門至彼都不預其僧例。法顯得符行堂公孫經理,住二月餘日。於是還與寶雲等共為烏夷國人,不修禮義,遇客甚薄。智嚴、慧簡、慧嵬遂返向高昌,欲求行資。法顯等蒙符公孫供給,遂得直進。

《魏書》卷一〇二論焉耆說,「俗事天神,並崇信佛法」,學小乘,歧視大乘,所以法顯說:「秦土沙門至彼都不預其僧例。」今錫蘭、緬甸等地,尚保存此種習俗。大乘出家者至其處,須重新依法出家,方能參預僧例。但在執行上,亦有寬嚴不同。

魏晉之時，對焉者的評論是苛刻的。《魏書》說：「國小人貧，無紀綱法令。」《晉書》卷九七說，「好貨利，任奸詭」，這與法顯所說烏夷國人「不修禮儀，遇客甚薄」是相似的。

高昌為吐魯番縣屬之哈剌和卓城。漢時為高昌壁，晉時稱高昌郡。

西南行，路中無居民，涉行艱難，所經之苦，人理莫比。

法顯由烏夷國出發，向西南行，經一月多的時間到于闐。法顯於通路敘述簡略，途路艱苦，可能橫渡大沙漠，溯媲摩川，出尼攘城，然後到于闐。《西域記》十二有：「媲摩川東入沙磧，行兩百里至尼攘城，週三四里，在大澤中。澤地熱濕，難以履涉，蘆草荒茂，無復途徑。唯趣城路，僅得通行。故往來者，莫不由此城焉。」媲摩川為今之克里雅河，依玄奘所述，即此路為晉所趣之道。

《水經注》卷二，將「涉行」改為「沙行」，涉有經行之意，仍以涉為是。

在道一月五日，得到于闐。其國豐樂，人民殷盛。盡皆奉法，以法樂相娛。眾僧乃數萬人，多大乘學，皆有眾食。彼國人民星居，家家門前皆起小塔，最小者可高二丈許。作四方僧房，供給客僧，及余所須。

《北史》九七論「于闐，山多美玉。……俗重佛法，寺塔僧尼甚眾」。《西域記》稱于闐為瞿薩旦那 (Kustana)，今之和田縣。

國主安頓法顯等於僧伽藍。僧伽藍名瞿摩帝，是大乘寺。三千僧共犍槌食。入食堂時，威儀齊肅，次第而坐。一切寂然，器鉢無聲。淨人益食，不得相喚，但以手指麾。

僧伽藍為 Sainghārāma 的譯音，意為園林。以後略作「伽藍」，變為寺院的通稱。

瞿摩帝為 Gomati 的譯音，意為潔淨。

犍槌，梵文為 Ganta，寺院中集合眾僧用的打擊樂器。

慧景、道整、慧達先發向竭叉國。

竭叉國,《水經注》卷二引道安語:「有國名迦舍羅逝,此國狹小而總萬國之要,道無不由。」《高僧傳》初集《智猛傳》說:「猛於奇沙國見佛文石唾壺。」由此可見竭叉、迦舍與奇沙同為 Khasa 的譯音。《西域地名》Khasa 條中以為是 Kashkar 之省譯,「因其名與 Kashgar 相類,故義淨不空誤識為疏勒」。竭叉不是疏勒,而是今之契特拉 (Chitral)。

法顯等欲觀行像,停三月日。其國中十四大僧伽藍,不數小者。從四月一日城裡便掃灑道路,壯嚴巷陌。其城門上張大幃幕,事事嚴飾。王及夫人采女皆住其中。瞿摩帝僧是大乘學,王所敬重,最先行像。離城三四里,作四輪像車。高三丈餘,狀如行殿。七寶莊校,懸繒幡蓋。像立車中,二菩薩侍,作諸天侍從,皆金銀綢瑩,懸於虛空。像去門百步,王脫天冠,易著新衣,徒跣持華香,翼從出城迎像。頭面禮足,散華燒香。像入城時,門樓上夫人才女,遙散眾華,紛然而下。如是莊嚴供具,車車各異。一僧伽藍則一日行像。四月一日為始,至十四日行像乃訖。行像訖,王及夫人乃還宮耳。其城西七八里有僧伽藍名王新寺,作來八十年,經三王方成。塔後作佛堂,莊嚴妙好,梁柱、戶扇、窗牖皆以金薄。別作僧房亦嚴麗整飾,非言可盡。嶺東六國諸王,所有上價寶物,多作供養,人用者少。

嶺東六國指蔥嶺以東南方的六國,即沙車、于闐、扜彌、精絕、且末與鄯善。

既過四月行像,僧韶一人隨胡道人向罽賓。

僧韶是本初作僧紹,據思溪藏本仍以僧韶為是。

罽賓即今之迦濕彌羅 (Kasmira)。《西域記》卷三稱:「四境負山,山極峭峻,雖有門徑而復隘狹,自古鄰敵無能攻伐。」

法顯等進向子合國,在道二十五日便到其國。國王精進。有千餘僧,多大乘學。住此十五日已。

子合國為今之葉城縣。《後漢書》西夜條說:「子合國居呼鞬谷,去疏勒千里。」《洛陽伽藍記》作朱駒波國,謂「人民山居,五穀甚豐」。

《新唐書》卷二二一上說：「朱俱波亦名朱俱槃漢子合國也。……直于闐西千里。」

於是南行四日，入蔥嶺山，到於麾國安居。

蔥嶺含意較廣，包含新疆西南諸大山，不專指帕米爾。

於麾國為漢之蒲犁，亦稱塔什霍爾罕（Tashkurghan）。《西域地名》以於麾為今犊縣治，全縣境稱色勒庫爾（Sarikol）。

安居已，山行二十五日到竭叉國，與慧景等合。值其國王作般遮越師。般遮越師漢言五年大會也。會時請四方沙門皆來雲集，集已，莊嚴。眾僧坐處，懸繒幡蓋，作金銀蓮華，著僧座後，鋪淨坐具。王及群臣如法供養。或一月二月或三月，多在春時。王作會已，復勸諸群臣設供供養，或一日二日三日五日。供養都畢，王以所乘馬鞍勒百副，使國中貴重臣騎之。並諸白氎，種種珍寶，沙門所須之物，共諸群臣，發願布施。布施已，還從僧贖。

足立於《〈法顯傳〉考證》中，妄改「安居已，山行二十五日」

為「安居訖，北行二十五日」是沒有根據的。前已提到竭叉國不是疏勒，法顯自無北行的需要。

般遮越師為 Pancavariska 的譯音。阿育王（Aśoka Maurya，B.C. 304～B.C. 232）第十二年宣布：「在朕領屬內忠良之臣民及外國人，須每五年參於大會。」

其地山寒，不生余谷，唯熟麥耳。眾僧受歲已，其晨輒霜，故其王每請眾僧，令麥熟然後受歲。其國中有佛唾壺，以石作，色似佛鉢。又有佛一齒，國人為佛齒起塔。有千餘僧，盡小乘學。自山以東，俗人被服，粗類秦土，亦以氎褐為異。沙門法用轉勝，不可具記。其國當蔥嶺之中。自蔥嶺已前，草木果實皆異，唯竹及安石榴、甘蔗三物與漢地同耳。

受歲指僧人受戒後，每年夏坐，即增一法臘。七月十五日為受歲之日，在那裡早晨即要降霜了。

從此西行向北天竺，在道一月得度蔥嶺。蔥嶺冬夏有雪，又有毒龍，若失其意，則吐毒風雨雪，飛沙礫石，遇此難者萬無一全，彼土人即名為雪山也。度嶺已到北天竺。始入其境，有一小國名陀歷。亦有眾僧，皆小乘學。

法顯由竭叉國起程，行一月至陀歷。陀歷為 Daril 的譯音，在蔥嶺之南，印度河的北面，距烏萇國舊都城曹揭厘 (Manglaor) 約有千里。這條路是去烏萇國最短與最險的道路。《洛陽伽藍記》說：「漸出蔥嶺，土田嶢峓，民多貧困，峻道危路，人馬僅通。」

其國昔有羅漢，以神足力將一巧匠上兜率天，觀彌勒菩薩長短色貌，還下刻木作像。前後三上觀，然後乃成。像長八丈，足趺八尺。齋日常有光明，諸國王競與供養，今故現在於此。

昔有羅漢為末田底迦 (Madhyantika)。《西域記》卷三說：「達麗羅川中大伽藍側，有刻木慈氏菩薩像……末田底迦阿羅漢之所造也。」

順嶺西南行十五日，其道艱阻，崖岸險絕。其山唯石，壁立千仞，臨之目眩，欲進則投足無所。下有水，名新頭河。昔人有鑿石通路施傍梯者，凡度七百。度梯已，躡懸絚過河。河兩岸相去減八十步。九譯所記，漢之張騫、甘英皆不至此。

凡西行而經此途路者，都敘述這段道路的艱阻。宋雲說：「鐵鎖為橋，懸虛為度，下不見底，旁無挽提。倏忽之間，投軀萬仞，是以行者望風謝路。」玄奘說：「逆上信度河，途路危險，山谷杳冥。或履絚索，或牽鐵鎖，棧道虛臨，飛梁危構。椽棧躡登，行千餘里至達麗羅川，即烏杖那國舊都也。」達麗羅川即陀歷。

眾僧問法顯：「佛法東過其始可知耶？」顯云：「訪問彼土人皆云：古老相傳，自立彌勒菩薩像後，便有天竺沙門齎經律過此河者。像立在佛泥洹後三百許年，計於周氏平王時。由茲而言，大教宣流，始自此像。非夫彌勒大士繼軌釋迦，孰能令三寶宣通邊人識法。固知冥運之開，本非人事。則漢明之夢有由而然矣。」

關於釋迦牟尼逝世的年代，歷來有不同的意見，有的以為在西元前483 年，有的以為在西元前 543 年。如取後一種年代，即法顯所記立像的時間為西元前 243 年，這樣當然不是周平王的時候了。

度河，便到烏萇國。其烏萇國是正北天竺也，盡作中天竺語。中天竺所謂中國，俗人衣服飲食亦與中國同。佛法甚盛，名眾僧住止處為僧伽藍。凡有五百僧伽藍，皆小乘學。若有客比丘到，悉供養三日。三日過已，乃令自求所安。常傳言佛至北天竺，即到此國也。佛遺足跡於此。跡或長或短，在人心念，至今猶爾。及曬衣石，度惡龍處，亦悉現在。石高丈四尺，闊二丈許，一邊平。

度河，指渡蘇婆（Svat）河，喀布爾河的支流。

烏萇國，《洛陽伽藍記》作烏場國。宋雲經此地時說：「北接蔥嶺，南連天竺，土氣和暖，地方千里，民物殷阜。」《西域記》卷三作烏仗那（Udyana），其地花果茂盛，寒暑和暢；其人好學而不功，禁咒為藝業。都城為瞢揭厘，即今之 Mankial。

慧景、道整、慧達三人先發向佛影那竭國。法顯等住此國夏坐。

那竭國，《洛陽伽藍記》作那迦羅訶（Nagarahara），其都城為今之迦拉拉巴特（Jalalabad）。《西域記》卷二稱其地：「深澗峭絕，瀑布飛流，懸崖壁立。」

坐訖，南下到宿呵多國。其國佛法亦盛。昔天帝釋試菩薩，化作鷹鴿，割肉貿鴿處。佛既成道，與諸弟子遊行。語云：此本是吾割肉貿鴿處。國人由是得知，於此處起塔，金銀校飾。

宿呵多國在斯瓦特河與印度河之間，斯坦因在 Girarai 處發現遺址，得到證實。《洛陽伽藍記》說：「七日渡一大水，至如來為屍毗王救鴿之處，亦起塔寺。」《往五天竺國傳》中，慧超稱宿呵多為西業者多（Svastu），並稱「此城俯臨辛頭大河北岸」。

從此東下五日行到犍陀衛國，是阿育王子法益所治處。佛為菩薩時，亦於此國以眼施人。其處亦起大塔，金銀校飾，此國人多小乘學。

犍陀衛國（Gandhusa），《北史》九七乾陀國條稱：「在烏萇國西，本名業波，為嚈噠所破，因改焉。」都城為布色羯羅伐底（Pushkaravati），約在今 Hashtanagara 處。

法益為阿育王太子拘浪拏。他的遺蹟在呾義屍羅。《西域記》卷三記呾義屍羅城外東南，「南山之陰，有窣堵婆高百餘尺，是無憂王太子拘浪拏為繼母所誣抉目之處，無憂王所建也。」

《西域記》卷二，記述以眼施人的傳述，發生於犍陀國。「從眾生欲惠施不倦，喪身若遺。於此國土，千生為王，即斯勝地，千生捨眼。」

自此東行七日，有國名竺剎屍羅。竺剎屍羅漢言截頭也。佛為菩薩時，於此處以頭施人，故因以為名。

竺剎屍羅為 Taksacila 的譯音。Taksacila 由 Chedanarm 與 Siras 兩字形成，意為截頭。《西域記》卷三說：「如來在昔修菩薩行為大國王，號戰達羅鉢剌婆，唐言月光，斷頭惠施，若此之捨，凡歷千生。」竺剎屍羅當今 Shahdheri 處。

復東行二日，至投身餧餓虎處。此二處亦起大塔，皆眾寶校飾。諸國王臣民競與供養，散華然燈，相繼不絕。通上二塔，彼方人亦名為四大塔也。

關於傳述中捨身餵虎的地點，至今並無定論。沙畹釋《宋雲行紀》說：「欲求其地，應在 mahaban 中尋之。」這也是不可能的。

四大塔係指貿鴿、捨眼、截頭與餵虎四塔。

從犍陀衛國南行四日，到弗樓沙國。

宋雲稱弗樓沙為佛沙伏。《洛陽伽藍記》說：「復西行十三日至佛沙伏城。川原沃壤，城郭端直，民戶殷多，林泉茂盛。」佛沙伏為 Purusha-pura 的譯音。《西域記》卷二言及健馱羅國的都城，「號布路沙布邏，週四十餘里。王族絕嗣，役屬迦畢試國，邑里空荒，居人稀少。」由宋雲與玄奘的記述，弗樓沙在隋唐之間的變化是很大的。弗樓沙當今之白沙瓦（Peshawar）城。

佛昔將諸弟子遊行此國，語阿難云：「吾般泥洹後，當有國王名罽膩伽於此

處起塔。」後罽膩伽王出世，出行遊觀時，天帝釋欲開發其意，化作牧牛小兒，當道起塔。王問言：「汝作何等？」答曰：「作佛塔。」王言大善。於是王即於小兒塔上起塔，高四十餘丈，眾寶校飾。凡所經見塔廟，壯麗威嚴，都無此比。傳云閻浮提塔，唯此為上。王作塔成已，小塔即自傍出大塔南，高三尺許。

罽膩伽為貴霜王國的創始人，於西元前 58 年即位，統治了大約 28 年。按其排列為迦膩色迦一世。

佛鉢即在此國。昔月氏王大興兵眾，來伐此國，欲取佛鉢。既伏此國已，月氏王篤信佛法，欲持鉢去，故大興供養。供養三寶畢，乃校飾大象，置鉢其上。象便伏地，不能得前。更作四輪車載鉢，八象共牽，復不能進。王知與鉢緣未至，深自愧嘆，即於此處起塔及僧伽藍，並留鎮守，種種供養，可有七百餘僧。日將欲中，眾僧則出鉢與白衣等，種種供養，然後中食，至暮燒香時復爾。可容二斗許，雜色而黑多，四際分明，厚可二分，瑩徹光澤。貧人以少華投中便滿。有大富者欲以多華而供養，正復千萬斛，終不能滿。

《大莊嚴論經》馬鳴說：「我昔曾聞拘沙壇中有王名真檀迦膩吒，討東天竺。」馬鳴為西元 2 世紀的人。拘沙為貴霜的別譯，所謂「我昔曾聞」，必然是回憶往日的事實。真檀迦膩吒即迦膩色迦一世。

寶雲、僧景只供養佛鉢便還。慧景、慧達、道整先向那竭國供養佛影、佛齒及頂骨。慧景病，道整住看。慧達一人還於弗樓沙國相見。而慧達、寶雲、僧景遂還秦土。慧景應在佛鉢寺無常。

關於「慧景應在佛鉢寺無常」的解釋，胡震亨於《佛國記》跋語中，謂佛鉢寺無常者為慧景，而法顯南度小雪山同行為道整與慧應。《佛游天竺記考釋》中，岑仲勉亦以為是慧景，「但應之為義，是追述時歸咎運命之語，不云小雪山而云佛鉢寺者，乃舉其附近勝地言之。」在《〈法顯傳〉考證》中，足立以為死於佛鉢者為慧應，「景」字系竄入原文者。根據法顯前後文情，足立所說較近事實。法顯於同行者的生死是不會忽略的。

由是法顯獨進，向佛頂國所。西行十六由延，便至那竭國界醯羅城。中有佛

頂骨精舍，盡以金薄七寶校飾。國王敬重頂骨，慮人抄奪。乃取國中豪姓八人，人持一印，印封守護。清晨八人俱到，各視其印，然後開戶。開戶已，以香汁洗手，出佛頂骨，置精舍外高座上。以七寶圓磌。磌下琉璃鐘覆上，皆珠璣校飾。骨黃白色，方圓四寸，其上隆起。每日出後，精舍人則登高樓，擊大鼓，吹螺，敲銅鈸。王聞已，則詣精舍，以華香供養。供養已，次第頂戴而去。從東門入，西門出。王朝朝如是供養禮拜，然後聽國政。居士長者亦先供養，乃修家事。日日如是，初無懈倦。供養都訖，乃還頂骨於精舍中。有七寶解脫塔，或開或閉，高五尺許以盛之。精舍門前，朝朝恆有賣華香人。凡欲供養者，種種買焉。諸國王亦恆遣使供養，精舍處方四十步，雖復天震地裂，此處不動。

由延 (Yojana)，《西域記》卷二作踰繕那，並稱「踰繕那者，自古聖王一日軍行也。」在《〈法顯傳〉考證》中，足立將法顯與玄奘所記行程作了比較，法顯用六朝尺度，較玄奘用者為大。法顯所稱之由延，亦因地不同。在北部，每一由延為 8.045 公里；在恆河流域，每一由延為 10.458 公里。

醯羅 (Hidda) 系梵文 Hilo 的訛轉，其意為骨，在今巴格拉姆 (Begram) 附近。《西域記》卷二醯羅城「週四五里，豎峻險固，花林池沼，光鮮澄鏡。……第二閣中，有七寶小窣堵波，置如來頂骨。」

從此北行一由延，到那竭國城。是菩薩本以銀錢貿五莖華，供養定光佛處。城中亦有佛齒塔，供養如頂骨法。城東北一由延，到一谷口，有佛錫杖，亦起精舍供養。杖以牛頭旃檀作，長丈六七許，以木筒盛之。正復百千人，舉不能移。入谷口四日西行，有佛僧伽梨精舍供養。彼國土亢旱時，國人相率出衣禮拜供養，天即大雨。那竭城南半由延有石室，博山西南向，佛留影此中。去十餘步觀之，如佛真形。金色相好，光明炳著。轉近轉微，彷彿如有。諸方國王，遣工畫師模寫莫能及。彼國人傳云：千佛盡當於此留影。影西百步許，佛在時剃髮剪爪。佛自與諸弟子共造塔，高七八丈，以為將來塔法，今猶在。旁有寺，寺中有七百餘僧。此處有諸羅漢辟支佛塔乃千數。

僧伽梨（Samghati）即袈裟，為僧人用衣之一。

博為搏之訛。搏，圍也，有環繞之意。後文到闍崛山時，有「入谷搏山，東南上十五里」。

辟支（Pratyeka），意為獨覺，言在無佛之世，能獨自領悟者。

住此冬三月，法顯等三人，南度小雪山。雪山冬夏積雪。山北陰中遇寒風暴起，人皆噤戰。慧景一人不堪復進，口出白沫，語法顯云：「我亦不復活，便可時去，勿得俱死。」於是遂終。法顯撫之悲號，本圖不果，命也，奈何。

由那竭國南行，度小雪山，所遇的山隘可能是開伯爾（Khyber）山口。按照敘述慧景死的情況，法顯的悲傷，這樣深刻的事件，法顯不會錯誤的。佛鉢寺去世者不是慧景，而是慧應。

復自力前得過嶺南，到羅夷國。近有三千僧，兼大小乘學。住此夏坐。

羅夷國（Rohi）為今之 Lakki，在古勒姆（Kurram）河南岸的小鎮。

坐訖，南下十日到跋那國。亦有三千許僧，皆小乘學。

跋那國，《西域記》卷十一作伐剌拏（Varna），當今之 Bannu，亦作Harana。

從此東行三日，復渡新頭河，兩岸皆平地。過河，有國名毗荼，佛法興盛，兼大小乘學。見秦道人往，乃大憐愍。作是言：「如何邊地人能知出家，為道遠求佛法。」悉供給所須，待之如法。

毗荼，《西域記》卷十一作鉢伐多國（Parvata），即今之 Llch。

從此東南行，減八十由延，經歷諸寺甚多，僧眾萬數。過是諸處已到一國，國名摩頭羅。

摩頭羅（Mathura）為今之馬圖拉（Muttra），在閻牟那（Yamuna）河西岸。《華嚴經音義》中言及摩頭羅說：「此云孔雀城，或云密善，皆吉事者也。」

又經莆那河，河邊左右有二十僧伽藍，可有三千僧，佛法轉盛。凡沙河已西天竺諸國，國王皆篤信佛法。供養眾僧時，則脫天冠，共諸宗親群臣，手自行食。行食已，鋪氈於地，對上座前坐。於眾僧前，不敢坐床。佛在世時，諸王供養法式相傳至今。

莆那河亦譯作閻牟那河，為恆河支流。

從是以南名為中國。中國寒暑調和，無霜雪。

中國（Madhyadesa）為中天竺之別稱。《水經注》卷一說：「自是以南皆為中國，人民殷富。」

人民殷樂，無戶籍官法。唯耕王地者，乃輸地利。欲去便去，欲住便住。王治不用刑斬，有罪者但罰其錢，隨事輕重。雖復謀為惡逆，不過截右手而已。王之侍衛左右，皆有供祿。舉國人民，悉不殺生，不飲酒，不食蔥蒜，唯除旃荼羅。旃荼羅名為惡人，與人別居。若入城市，則擊木以自異，人則識而避之，不相搪突。國中不養豬雞，不賣生口。市無屠酤及酤酒者。貨易則用貝齒。唯旃荼羅漁獵師賣肉耳。

旃荼羅為 Candala 的譯音，《翻譯名義集》作旃陀羅。《摩奴法典》確定四個瓦爾納（婆羅門，剎帝利，吠舍，首陀羅）後，不同種姓者不得通婚。如果違犯這種規定而生的子女，即為「最下的賤民」，賤民必須住在村外，階級的壓迫是十分殘酷的。此處所提的旃荼羅著重指漁獵師。

自佛般泥洹後，諸國王長者居士為眾僧起精舍供養，供給田宅、園圃、民戶、牛犢。鐵券書錄後王王相傳，無敢廢者，至今不絕。眾生住止房舍、床蓐、飲食、衣服，都無缺乏。處處皆爾。眾僧常以作功德為業，及誦經坐禪。

印度奴隸主竭力支持宗教，壓迫人民。統治者建立寺廟，給予如文中所說那樣豐富的物資，寺廟經濟得到有力的發展。透過這些寺廟，奴隸主鞏固他們的政權。

客僧往到，舊僧迎逆，代擔衣鉢，給洗足水，塗足油，與非時漿。須臾息已，復問其臘數次第，得房舍臥具，種種如法。眾僧住處，作舍利弗塔、目連阿

難塔並阿毗曇律經塔。

　　印度習俗稱正午前為時，正午後為非時，非時不得食，只能飲果汁等，故稱非時漿。

　　舍利弗、目連、阿難同為釋迦弟子。阿毗曇意譯為「論」。

　　安居後一月，諸希福之家，勸化供養僧，行非時漿。眾僧大會說法，說法已，供養舍利弗塔，種種香華，通夜然燈。使伎人作舍利弗，本婆羅門時詣佛求出家。大目連大迦葉亦如是。諸比丘尼多供養阿難塔，以阿難請世尊聽女人出家故。諸沙彌多供養羅雲。阿毗曇師者供養阿毗曇。律師者供養律。年年一供養，各自有日。摩訶衍人則供養般若波羅蜜、文殊師利、觀世音等。眾僧受歲竟，長者居士婆羅門等各持種種衣物，沙門所須，以布施僧。眾僧亦自各各布施。佛泥洹以來，聖眾所行，威儀法則，相承不絕。自渡新頭河至南天竺，迄於南海四五萬里，皆平坦無大山川，止有河水耳。

　　阿難請世尊聽女人出家，《印度簡史》有解釋，其大意：當釋迦說法的第五年，輸頭陀羅國寡居的皇后，三次請求出家，都被釋迦拒絕了。但是她並不甘心，剪去頭髮，著破衣，隨著釋迦行列前進。阿難看到這種情況，又為她三次請求，卻又被釋迦拒絕了。阿難就問釋迦：「假如一個婦女由於奉行釋迦牟尼佛所宣布的教義和宗規，離開家庭去過無家室的生活，能夠悟解精神上的真理嗎？」釋迦回答：「她能夠。」阿難乘勢請求，釋迦同意婦女出家。

　　大迦葉為釋迦弟子。羅雲為釋迦之子羅睺羅。

　　摩訶衍即大乘教法。

　　般若波羅蜜，般若意為「智慧」，波羅蜜意為「到彼岸」，便是說竭其智慧以求達到涅槃境地。

　　從此東南行十八由延，有國名僧伽施。佛上忉利天三月為母說法來下處。佛上忉利天，以神通力，都不使諸弟子知。未滿七日乃放神足。阿那律以天眼遙見世尊，即語尊者大目連，汝可往問訊世尊。目連即往，頭面禮足，共相問訊。問

訊已,佛語目連:「吾卻後七日當下閻浮提。」目連既還,於時八國大王及諸臣民,不見佛久,咸皆渴仰,雲集此國,以待世尊。

　　僧伽施在閻牟那河與恆河之間,即今之僧結薩(Sankisa)。《西域記》卷四作劫比他國。

　　閻浮提(Jambuduipa)為佛經所稱四大洲之一。中國與印度同屬閻浮提洲。

時優鉢羅比丘尼自心念,今日國王臣民皆當奉迎佛,我是女人,何由得先見佛。即以神足化作轉輪聖王,最前禮佛。佛從忉利天上來向下,下時化作三道寶階,佛在中道七寶階上行。梵天王亦化白銀階,在右邊執白拂而侍。天帝釋化作紫金階,在左邊執七寶蓋而侍。諸天無數從佛下。佛既下,三階俱沒於地,餘有七級現。

　　優鉢羅(utpala)為花名,亦稱紅蓮。

　　忉利天為天帝釋住處,傳在須彌山。

　　為母說法,《西域記》卷四稱:「昔如來起自勝林,上升天宮,居善法堂,為母說法。過三月已,將欲下降,天帝釋乃縱神力,建立寶階,中階黃金,左水精,右白銀。」

後阿育王欲知其根際,遣人掘看,下至黃泉,根猶不盡。王益信敬,即於階上起精舍,當中階作丈六立像。精舍後立石柱,高三十肘,上作師子。柱內四邊有佛像,內外映徹,淨若琉璃。有外道論師與沙門諍此住處。時沙門理屈,於是共立誓言:此處若是沙門住處者,今當有靈驗。作是言已,柱頭師子乃大鳴吼見證。於是外道懼怖,心伏而退。佛以受天食三月,故身作天香,不同世人。即便浴身,後人於此處起浴室。浴室猶在。優鉢羅比丘尼初禮佛處,今亦起塔。佛在世時,有剪髮爪作塔,及過去三佛並釋迦文佛坐處,經行處,及作諸佛形象處盡有塔,今悉在。天帝釋梵天王從佛下處亦起塔。此處僧及尼可有千人,皆同眾食,雜大小乘學。住處一白耳龍,與此眾僧作檀越,令中國豐熟。雨澤以時,無諸災害,使眾僧得安。眾僧感其惠,故為作龍舍,敷置坐處,又為龍設福食供

養。眾僧日日眾中別差三人到龍舍中食。每至夏坐訖，龍輒化形作一小蛇，兩耳邊白。眾僧識之，銅盂盛酪，以龍置中。從上座至下座行之，似若問訊。遍便化去。年年一出。其國豐饒，人民熾盛，最樂無比。諸國人來，無不經理供給所須。

阿育王於西元前 272 年即位，統治了約四十年，對佛教的傳播起了重要的作用。他建造了許多佛塔與石柱，遺留下許多銘文。他是孔雀王朝最突出的統治者。

寺北五十由延，有一寺名火境。火境者，惡鬼名也。佛本化是惡鬼，後人於此起精舍，布施阿羅漢以水灌手，水瀝滴地，其處故在。正復掃除，常現不滅。此處別有佛塔，善鬼神常掃灑，初不須人工。有邪見國王言：汝能如是者，我當多將兵眾住此，益積糞穢，汝復能除不？鬼神即起大風，吹之令淨。此處有百枚小塔，人終日數之不能得知。若至意欲知者，便一塔邊置一人已，復計數人。人或多或少，其不可得知。有一僧伽藍可六七百僧。此中有辟支佛食處，泥洹地大如車輪。余處生草，此處獨不生。及曬衣地處，亦不生草，衣條著地跡，今故現在。法顯住龍精舍夏坐。

此節系法顯在僧伽施的傳聞，並非實地經歷者。

坐訖。東南行七由延到罽饒夷城。城接恆水，有二僧伽藍，盡小乘學。

罽饒夷城為戒日王所居地，即今之卡瑙傑（Kanauj）。《西域記》卷五，稱此城為羯若鞠闍，意為花城，亦即曲女城。

恆水（Ganges），《西域記》作殑伽河。罽饒夷城長二十餘里，跨越殑伽河兩岸。《西域記》卷五稱「城隍堅峻，臺閣相望，花林池沼，光鮮澄鏡。異方奇貨，多聚於此」。

去城西六七里，恆水北岸，佛為諸弟子說法處。傳云說無常苦、說身如泡沫等。此處起塔猶在。

關於說法處，《西域記》卷五稱：「在昔如來，於此六月。說身無常，苦空不淨。」

度恆水南行三由延，到一村名呵梨，佛於此中說法、經行、坐處，盡起塔。

呵梨亦作呵梨底（Hariti），意為歡喜天。

從此東南行十由延，到沙祇大國。出沙祇城南門道東，佛本在此嚼楊枝，刺土中即生長七尺，不增不減。諸外道婆羅門嫉妒，或斫或拔遠棄之，其處續生如故。此中亦有四佛經行坐處，起塔故在。

沙祇大為 Saketa 之譯音。《佛游天竺記考釋》中，岑仲勉引用《括地誌》的話：「沙祇大國即舍衛國也，在月氏南萬里，即波斯匿王浚處。」按浚應作治，以唐人諱改之。《西域記》卷五作鞞索迦，即今之 Ayod-hya。

從此南行八由延，到拘薩羅國舍衛城。城內人民希曠，都有兩百餘家，即波斯匿王所治城也。大愛道故精舍處，須達長者井壁及鴦掘魔得道般泥洹燒身處，後人起塔皆在此城中。諸外道婆羅門生嫉妒心，欲毀壞之，天即雷電霹靂，終不能得壞。

南行八由延為「北行」之誤，因法顯出沙祇城北行八由延恰好至舍衛城。

拘薩羅（Kosala），《西域記》作憍薩羅。《西域地名》以南北二國同用此名，南國以沙祇為國都，北國以舍衛城為國都。

舍衛城，《西域記》卷六作室羅伐悉底（Sravasti），在今帕特那（Pat-na）西北的 sahet-mahet 地區，近發掘出許多遺物。法顯至此城時，人民稀曠，反映衰落的情況。

波斯匿（Prasenajit）王為拘薩羅國王，曾親自拜見釋迦。《西域記》言及舍衛城時，「此則如來在世之時，鉢邏犀那特多王所治國都也」。

出城南門千兩百步，道西，長者須達起精舍。精舍東向開門戶。兩廂有二石柱。左柱上作輪形，右柱上作牛形。池流清淨，林木尚茂，眾華異色，蔚然可觀，既所謂祇洹精舍也。佛上忉利天為母說法九十日。波斯匿王思見佛，即刻牛頭栴檀作佛像，置佛坐處。佛後還入精舍，像即避出迎佛。佛言還坐，吾般泥洹

後，可為四部生作法式，像即還坐。此像最是眾像之始，後人所法者也。佛於是移住南邊小精舍，與像異處，相去二十步。

徐達為舍衛城長者，《西域記》卷六稱之為「蘇達多」（Sudatta）。玄奘注此：「唐言善施，舊曰須達，訛也。」

祇洹精舍木有七層，諸國王人民競興供養。懸繒幡蓋，散華燒香，燃燈續明，日日不絕。鼠銜燈柱，燒華幡蓋，遂及精舍，七重都盡。諸國王人民皆大悲惱，謂栴檀像已燒。卻後四五日，開東小精舍門，忽見本像。皆大歡喜，共治精舍，得作兩重，還移像本處。

須達於舍衛城南，購祇陀太子園林，建立精舍，即著名的祇洹精舍。法顯至此，精舍仍蔚然可觀。玄奘稱此地為「逝多林」，距法顯僅兩百多年，精舍「室宇傾圮，唯余故基」，園林已荒廢了。

法顯、道整初到祇洹精舍，念昔世尊住此二十五年，自傷生在邊夷，共諸同志遊歷諸國，而或有還者，或有無常者，今日乃見佛空處，愴然心悲。彼眾僧出問顯等言：「汝從何國來？」答云：「從漢地來。」彼眾僧歎曰：「奇哉！邊地之人，乃能求法至此。」自相謂言，我等諸師和上相承以來，未見漢道人來到此地也。」

相傳釋迦在祇洹精舍住二十五年，說《金剛經》與《阿彌陀經》。法顯至其地，追懷往昔，愴然心悲。

邊夷，足立喜六校本作「邊地」，按下文有「奇哉，邊地之人」，應以邊地為妥。

精舍西北四里，有林名曰得眼。本有五百盲人依精舍住此。佛為說法，盡還得眼。盲人歡喜，刺杖著地，頭面作禮。杖遂生長大。世人重之，無敢伐者，遂成為林。是故以得眼為名。祇洹眾僧中食後，多往彼林中坐禪。祇洹精舍東北六七里，毗舍佉母作精舍，請佛及僧，此處故在。

毗舍佉為彌伽羅長者的女兒，因她生於二月，而印度稱二月為毗舍佉，故亦名毗舍佉。毗舍佉鹿子長者之母，故亦稱鹿母，所建的堂稱鹿母堂。

祇洹精舍大院落有二門，一門東向，一門北向。此園即須達長者布金錢買地處。精舍當中央佛住此處最久。說法、度人、經行、坐處亦盡起塔，皆有名字。及孫陀利殺身謗佛處。

相傳外道謗佛，以孫陀利與佛有利。復殺此女而緘其口，埋屍於逝多園。

出祇洹東門，北行七十步道西，佛昔共九十六種外道論議，國王、大臣、居士、人民皆雲集而聽。時外道女名旃遮摩那起嫉妒心，乃懷衣著腹前似若妊身，於眾會中謗佛以非法。於是天帝釋化作白鼠，嚙其腰帶斷，所懷衣墮地，地即劈裂，生入地獄。

旃遮摩那系婆羅門女，《西域記》卷六作瞿伽梨苾芻，以她帶盂謗佛，欲「敗佛善譽，當令我師獨擅芳聲」。

及調達毒爪欲害佛，生入地獄處，後人皆標識之。又於論議處起精舍，精舍高六丈許，裡有坐佛。

調達為釋迦從弟，與釋迦有宿怨。《西域記》卷六稱：「伽藍東百餘步，有大深坑，是提婆達多（Devadatta）欲以毒藥害佛，生身陷入地獄處。」

其道東有外道天寺，名日影覆，與論議處精舍夾道相對，亦高六丈許。所以名影覆者，日在西時，世尊精舍影則映外道天寺。日在東時，外道天寺影則北映，終不得映佛精舍也。外道常遣人守其天寺，掃灑、燒香、燃燈供養。至明旦，其燈輒移在佛精舍中。婆羅門恚言：「諸沙門取我燈，自供養佛為爾不止。」婆羅門於是夜自伺候。見其所事，天神持燈繞佛精舍三匝，供養佛已，忽然不見。婆羅門乃知佛神大，即舍家入道。傳云近有此事。繞祇洹精舍有九十八僧伽藍，盡有僧住，唯一處空。此中國有九十六種外道，皆知今世後世，各有徒眾，亦皆乞食，但不持鉢。亦復求福，於曠路側立福德舍。屋宇、床臥、飲食供給行路人及出家人來去客，但所期異耳。調達亦有眾在，供養過去三佛，唯不供養釋迦文佛。舍衛城東南四里，琉璃王欲伐舍夷國，世尊當道側立，立處起塔。

琉璃王，《西域記》作毗盧擇迦王（Viru-dhaka），系波斯匿王之子，末利夫人所生。

舍夷國（Sakya）意為證者。《西域記》卷六作劫比羅伐窣堵國（Ka-pilavastu），亦稱迦夷，系釋迦所生地。舍夷在今尼泊爾境南，白塔瓦爾州的塔賴（Talai）地方。淨飯王夫人寢殿側有精舍，以紀念釋迦生處。西元前252年時，阿育王立紀念柱，刻「釋迦牟尼佛生於此」。此柱於1895年在Uska西北處發現，證實生於嵐毗尼園中的傳述。

世尊當道側立，《西域記》卷六說：「毗盧擇迦王嗣位之後，追怨前辱，興甲兵，動大眾，部署已畢，伸命方行時，有苾芻聞已白佛。世尊於是坐枯樹下，毗盧擇迦王遙見世尊，下乘敬禮。退而言曰：茂林扶疏，何故不坐？枯株朽蘗，而乃游止。世尊告曰：宗族者，枝葉也。枝葉將危，庇蔭何在！王曰：世尊為宗親耳，可以回駕。於是睹聖感懷，還軍返國。」

城西五十里，到一邑名都維，是迦葉佛本生處，父子相見處，般泥洹處，皆悉起塔。迦葉如來全身舍利亦起大塔。

都維（Tadwa）是迦葉佛（Kasyapa）本生處。都維亦稱碓國，在舍衛城西五十里。玄奘去時已荒蕪。

從舍衛城東南行十二由延，到一邑名那毗伽，是拘樓秦佛所生處，父子相見處，般泥洹處，亦有僧伽藍，起塔。

那毗伽（Napika）是拘樓秦佛（Krakuch-chhanda）本生處。

《西域記》卷六謂此系故城，在劫比羅伐窣堵南五十餘里。

《〈法顯傳〉考證》譯本中，略去「起塔」二字，這是錯誤的。《西域記》卷六說：「城甫不遠，有窣堵波。」

從此北行減一由延，到一邑是拘那含牟尼佛所生處，父子相見處，般泥洹處，亦皆起塔。

拘那含牟尼（Kanakamuni），《西域記》卷六作迦諾迦牟尼，為舊大城市，在那毗伽東北三十餘里，按嘉來爾（Carlleyle）的考訂，擬今之Kanak-pur村。

從此東行減一由延，到迦維羅衛城。城中都無王民，甚如丘荒。只有眾僧，民戶數十家而已。白淨王故宮處，作太子母形象。及太子乘白象入母胎時，太子出城東門，見病人回車還處皆起塔，阿夷相太子處，與難陀等撲象枒射處。箭東南去三十里入地令泉水出，後世人治作井，令行人飲之。佛得道，還見父王處，五百釋子出家向優波離作禮地六種震動處。佛為諸天說法，四天王守四門，父王不得入處。

　　　　法顯至伽維羅衛城時，城無王民，甚如荒丘。玄奘去時，「荒蕪已甚，王城頹圮」。

　　佛在尼拘律樹下東向坐。大愛道布施佛僧伽梨處，此樹猶在。

　　　　尼拘律樹即榕樹。佛至榕樹園，大愛道即憍曇彌，以金縷袈裟獻佛。《大智度論》卷二十二說：「佛知眾僧堪能受用，告憍曇彌以此上下衣與眾僧。」

　　琉璃王殺釋種子，釋種子先盡得須陀洹，立塔今亦在。

　　　　琉璃王前欲滅種，遇佛當道還兵。繼又聽其生母言，復帶兵前往，攻陷迦維羅衛，悉滅釋種。

　　　　須陀洹即預流果，意為「去凡夫初入聖道之法流也」。

　　城東北數里有王田，太子樹下觀耕者處。城東五十里有王園，園名論民。夫人入池洗浴，出池北岸二十步，舉手攀樹枝，東向生太子。太子墮地行七步。二龍王浴太子身，浴處遂作井。及上洗浴池，今眾僧常取飲之。凡諸佛有四處常定，一者成道處，二者轉法輪處，三者說法論議伏外道處，四者上忉利天為母說法來下處，余則隨時示現焉。

　　　　論民園為釋迦外祖母嵐毗尼所有，故亦稱嵐毗尼（lumbini）。釋迦父為淨飯王，母為摩訶摩耶（mahamaya），當她懷妊時，相傳在園中手攀無憂樹而生釋迦。阿育王二十年時，於此建立石柱，以作紀念。

　　迦維羅衛國大空荒，人民希疏，道路怖畏白象師子，不可妄行。

迦維羅衛途路艱險，慧超經行時說：「林木荒多，道路足賊，往彼禮拜者甚難，方迷。」

從佛生處東行五由延，有國名藍莫。此國王得佛一分舍利，還歸起塔，即名藍莫塔。塔邊有池，池中有龍，常守護此塔，晝夜供養。阿育王出世，欲破八塔，作八萬四千塔。破七塔已，次欲破此塔，龍便現身，持阿育王入其宮中，觀諸供養具已。語王言：「汝供若能勝是，便可壞之持去，吾不與汝爭。」阿育王知其供養具非世之有，於是便還。此中荒蕪，無人灑掃，常有群象以鼻取水灑地，取雜華香而供養塔，諸國有道人來，欲禮拜塔，遇象大怖，依樹自翳，見象如法供養。道人大自悲感。此中無有僧伽藍可供養此塔，乃令象灑掃。道人即捨大戒還作沙彌，自挽草木，平治處所，使得淨潔。勸化國王作僧住處。已為寺主。今現有僧住，此事在近。自爾相承至今，恆以沙彌為寺主。

藍莫，《西域記》卷六稱：「藍摩國空荒歲久，疆場無紀，城邑丘墟，居人希曠。」藍莫今地尚未能確定。

從此東行三由延，太子遣車匿白馬還處，亦起塔。

車匿（Chandaka）為釋迦的侍者，所乘白馬為犍陟（Kanchaka）。釋迦出藍莫城後，解寶衣，去瓔珞，命車匿還白馬於其父，從此遠去了。

從此東行四由延到炭塔，亦有僧伽藍。

炭塔為畢鉢羅部族所建。釋迦寂滅後，舍利已分，畢鉢羅部族無所獲，乃求炭燼供養。《西域記》卷六說：「收余灰炭，持至本國，建此靈基而修供養。」

復東行十二由延到拘夷那竭城。城北雙樹間希連河邊，世尊於此北首而般泥洹。及須跋最後得道處，以金棺供養世尊七日處，金剛力士放金杵處，八王分舍利處，諸處皆起塔，有僧伽藍，今悉現在。其城中人民亦希曠，止有眾僧民戶。

拘夷那竭城，《西域記》卷六作拘屍那揭羅（Kusinagara），在印度聯合省葛拉喀堡（Gorakhpar）地區。通常稱「matha-kumuar」，意為「太子涅槃」。

希連河為今之拉普底 (Rarti) 河。

須跋亦作蘇跋陀羅 (Subdhara)，為拘夷那竭城的賢者，耆老多智。當他聽到佛將涅槃，即來雙樹間，聽佛說法，成為釋迦最後的弟子，先佛而涅槃。

法顯到拘夷那竭城，居民希曠。慧超去時，「佛入涅槃處，其城荒廢無人住也」。

從此東南行十二由延，到諸犁車欲逐佛般泥洹處而佛不聽。戀佛不肯去，佛化作大深塹不得渡。佛與鉢作信遣還其家。立石柱上有銘題。

梨車 (Lichhavis)，據《佛游天竺記考釋》，可能為占領毗舍利北部族之一，後為摩竭提阿闍世王所擊退。

《增一阿含經》卷三六說：「爾時世尊欲使毗舍離城人民還歸，即化作大坑，如來將諸比丘眾在彼岸，國土人民而在此岸。是時世尊即擲己鉢，在虛空中與彼人民。」

自此東行五由延，到毗舍離國。毗舍離城北大林，重閣精舍，佛住處及阿難半身塔。

毗舍離 (Vaisali) 為古北族居民的城市。《西域記》卷七作吠舍厘，玄奘去時，「城已甚傾頹，其故基址，週六七十里。宮城週四五里，少有人居」。《佛游天竺記考釋》引用肯寧漢 (Cunningham) 的考訂，毗舍離當今之 Besarh 村。

其城裡本庵婆羅女家為佛起塔，今故現在。城南三里道西，庵婆羅女以園施佛，作佛住處。佛將般泥洹，與諸弟子出毗舍離城西門。轉身右轉，顧看毗舍離城，告諸弟子是吾最後所行處。後人於此處起塔。

庵婆羅女為毗舍離淫女，聽到佛至毗舍離，便先梨車迎佛至家供養，聽說法而得道。《西域記》卷七言吠舍厘城南，「有精舍，前建窣堵波，是庵婆羅女國，持以施佛」。

城西北三里有塔名放弓仗。所以名此者，恆水上流有一國王，王小夫人生

一肉胎。大夫人妬之，言：汝生不祥之徵。即盛以木函，擲恆水中。下流有國王遊觀，見水上木函。開看，見千小兒端正殊特。王即取養之。遂便長大，甚勇健。所往征伐，無不摧伏。次伐父王本國，大王愁憂。小夫人問王，何故愁憂。王曰：彼國王有千子，勇健無比，欲來伐吾國，是以愁耳。小夫人言：王勿愁憂，但於城東作高樓，賊來時置我樓上，則我能卻之。王如其言。至賊到時，小夫人於樓上語賊言：「汝是我子，何故作反逆事？」賊曰：「汝是何人，云是我母？」小夫人曰：「汝等若不信者，盡仰向張口。」小夫人即以兩手搆兩乳。乳各作五百道，俱墮千子口中。賊知是我母，即放弓仗。二父王於是思唯，皆得辟支佛。二辟支佛塔猶在。後世尊成道，告諸弟子，是吾昔時放弓仗處。後人得知，於此起塔，故以名焉。千小兒者，即賢劫千佛是也。佛於放弓仗塔邊告阿難言：我卻後三月，當般泥洹。魔王嬈固阿難，使不得請佛住世。

千子見父母事，《西域記》卷七記述較為複雜，言小夫人為鹿女，足所踏過的地方便生蓮花。梵豫王畋游，見花尋跡，同載而返。「日月既滿，生一蓮花，花有千葉，葉坐一子。余婦誣罔，咸稱不祥，投殑伽河，隨波泛濫。烏耆延王下流遊觀，見黃雲蓋，乘波而來，取以開視，乃有千子，乳養成立，有大力焉」。

魔王嬈固意為阿難被魔王波旬所惑。《西域記》卷七，言魔王請佛，佛答：「卻後三月，吾當涅槃，魔聞歡喜而退。」

從此東行三四里有塔，佛般泥洹後百年，有毗舍離比丘，錯行戒律，十事證言，佛說如是。爾時諸羅漢及持戒律比丘凡有七百僧，更檢校律藏，後人於此處起塔，今亦在。從此東行四由延，到五河合口。

五河合口處為由毗舍離到巴連弗邑的渡口。五河為恆河（Ganges）、搖無那河（Jumna）、舍牢浮河（Saragu）、阿夷羅婆提河（Hiranyavati，即今之甘達基河）及拉普底河（Rapti）。

阿難從摩竭國向毗舍離欲般泥洹，諸天告阿闍世王。阿闍世王即自嚴駕將士眾追到河上。毗舍離諸梨車聞阿難來，亦復來迎，俱到河上。阿難思唯，前則

阿闍世王致恨，還則梨車復怨，即於河中央入火光三昧燒身而般泥洹，分身作二分，一分在一岸邊。於是二王各得半身舍利，還歸起塔。

摩竭提（Magadha）於西元前 6 世紀時為恆河兩岸十六國之一。在頻毗沙羅統治期間，征服了東部鴦伽王國，摩竭提便這樣強盛起來。

阿闍世王（Ajatasatru）為頻毗沙羅之子，於西元前 491 年即位，崇信佛法。為了與梨契察毗族鬥爭，加強控制，在恆河岸上建立華氏城。華氏城亦名巴連弗邑城。

關於分身事，《西域記》卷七說：「東南行三十餘里，殑伽河南北岸各有一窣堵波，是尊者阿難陀分身與二國家。阿難陀者，如來之從父弟也。」二國指摩竭提與毗舍離。

度河，南下一由延到摩竭提國巴連弗邑。巴連弗邑是阿育王所治。城中王宮殿皆使鬼神作。累石起牆闕，雕文刻鏤，非世所造，今故現在。

巴連弗邑（Pataliputia）為摩竭提國的首都，即今之巴特那（Patna）。《羅摩衍史詩》中亦提到這所名城。《西域記》卷八說：「昔者人壽無量歲時，號拘蘇摩補羅城（唐言香花宮城），王宮多花，故以名焉。逮乎人壽數千歲，更名波吒厘子城（舊曰巴連弗邑，訛也）。」玄奘去時，其城荒蕪雖久，基址尚在。

阿育王弟得羅漢道，常住耆闍崛山，志樂閒靜。王敬心請於家供養。以樂山靜，不肯受請。王語弟言，但受我請，當為汝於城里作山。王乃具飲食，召諸鬼神而告之曰：明日悉受我請，無座席，各自齎來。明日諸大鬼神各持大石來，闊方四五步。坐訖，即使鬼神累作大石山。又於山底以五大方石，作一石室，可長三丈，廣二丈，高丈餘。

阿育王弟名宿大多（Vitasoka），《西域記》卷八作摩醯因陀羅。玄奘詳記此事，宿大多感悟得道後說：「今出危城，志悅山谷，願棄人間，長從丘壑。」阿育王勸說：「欲靜心慮，豈必幽岩，吾從爾志，當乃崇樹。」王為弟在城中築山，躬迎請住此山廬。

耆闍崛山（Gridhakuta），《水經注》卷一作靈鷲山，系五峰中的東

峰，相傳釋迦於此講《法華經》與《楞嚴經》。《西域記》卷九說：「宮城東北行十四五里，至姞栗陀羅矩吒山，唐言鷲峰，亦謂鷲臺，舊日耆闍山，訛也。」

有一大乘婆羅門子名羅汰私婆迷，住此城裡，爽悟多智，事無不達，以清淨自居。國王宗敬師事，若往問訊不敢並坐。王設以愛敬心執手。執手已，波羅門輒自灌洗。年可五十餘，舉國瞻仰，賴此一人，弘宣佛法。外道不能得加陵眾僧。於阿育王塔邊造摩訶衍僧伽藍，甚嚴麗。亦有小乘寺，都合六七百僧眾，威儀庠序可觀。四方高德沙門及學問人，欲求義理，皆詣此寺。婆羅門子師亦名文殊師利，中國大德沙門，諸大乘比丘皆宗仰焉，亦住此僧伽藍。

羅汰私婆迷的「汰」為「沃」之訛。《高僧傳》初集卷三《智猛傳》中說：「後至華氏國阿育王舊都，有大智婆羅門名羅閱宗，舉族弘法，王所欽重。」羅閱宗當即羅沃宗。

凡諸中國唯此國城邑為大。民人富盛，競行仁義。年年常以建卯月八日行像。作四輪車，縛竹作五層。有承櫨偃戟，高二丈許。其狀如塔，以白氎纏上，然後彩畫作諸天形象，以金銀琉璃莊校其上。懸繒幡蓋，四旁作龕，皆有坐佛菩薩立侍。可有二十車，車車莊嚴各異。當此日，境內道俗皆集，作倡伎樂華香供養。婆羅門子來請佛，佛次第入城。入城內再宿，通夜然燈，伎樂供養。國國皆爾。

建卯月為印度的歲首月，經北星在建卯位時，亦稱角月。角月當唐時的二月。

其國長者居士各於中立福德醫藥舍。凡國中貧窮孤獨殘跛一切病人皆詣此舍。種種供給醫師，看病隨宜，飲食及湯藥皆令得安，差者自去。

《善見律毗婆沙》卷二稱：「是時阿育王聞人宣傳為作供養，王念言，我國中比丘求藥而不能得。王於四城門邊起作藥藏，付藥滿藏中。」法顯所見醫藥舍系阿育王所創立的，分人獸兩種，以療疾病。

阿育王壞七塔，作八萬四千塔。最初所作大塔在城南三里余。此塔前有佛腳跡。起精舍戶北向塔。塔南有一石柱，圍丈四五，高三丈餘。上有銘題云：阿育王

以閻浮提布施四方僧,還以錢贖,如是三反。塔北三四百步,阿育王本於此作泥犁城。中有石柱,亦高三丈餘,上有師子。柱上有銘記作泥犁城因緣及年數日月。

泥犁城 (Niraya) 意為地獄。《西域記》卷八說阿育王即位後,崇尚外道,作地獄殘殺人民。繼後見比丘靈異,皈依佛法,建立石柱。

從此東南行九由延至一小孤石山。山頭有石室,石室南向,佛坐其中。天帝釋得天樂般遮彈琴樂佛處。帝釋以四十二事問佛,一一以指畫石,畫跡故在。此中亦有僧伽藍。

小孤石山 (Giryek),在耆闍崛山之東。《西域記》稱之為因陀羅勢羅窶訶 (India-sailaguha) 山,即帝釋窟。玄奘敘述:「其山岩谷杳冥,花林蓊鬱,嶺有兩峰,岌然特起。西峰南岩間,有大石室,廣而不高。」西峰即小孤石山。

般遮 (Panchasikha) 為音樂神名。

從此西南行一由延到那羅聚落。是舍利弗本生村。舍利弗還於此村中般泥洹,即此處起塔,今亦現在。

那羅聚落,《西域記》卷九作迦羅臂拏迦邑 (Kalapinaka),在釋帝窟西三十餘里,與法顯所述相合。

舍利弗 (Sariputra) 知佛涅槃,欲先涅槃,返那羅本生地,集親說法而入涅槃。

從此西行一由延到王舍新城。新城者是阿闍世王所造,中有二僧伽藍。出城西門三百步,阿闍世王得佛一分舍利起塔,高大嚴麗。

王舍新城 (Rajagriha),以頻毗娑羅王住此,故稱王舍城。又傳阿闍世王繼位後,以此城為都,故稱阿闍世王所建。其地為今之王舍城 (Rajgir),在 Behar 西南十六里處。

出城南四里,南向入谷,至五山裡。五山周圍,狀若城郭,即是沙王舊城。城東西可五六里,南北七八里。舍利弗目連初見頻螺處,尼犍子作火坑毒飯請佛處,阿闍世王酒飲黑象欲害佛處。

五山在舊王舍城周近。城西北為毗布羅山（Vaibhavgiri），城南為七葉窟山（Sonagiri），城東北為薩箕恕魂直迦鉢婆羅（Sarpiskundikaparara），即今之 Viplagiri，城東北次遠處為耆闍崛山（Chatagiri），城東北更遠處為帝釋窟山（Giryek）。

洴沙王為頻毗娑羅（Bimlisana）之略，舊城即摩揭陀首都上茅宮城。《西域記》卷九稱：「多出勝上吉祥香茅，以故謂之上茅城也。」

城東北角曲中，耆舊於庵婆羅國中起精舍，請佛及千兩百五十弟子供養處。今故在。其城中空荒無人住。

耆舊（Jivaka）亦作耆婆，系頻毗娑羅王之子，王舍城的名醫。《西域記》卷九說：「時縛迦大醫，舊曰耆婆訛也。於此為佛建說法堂。周其墻垣，種植花果。餘枝藥株，尚有遺蹟。如來在世，多於中止。」

入谷搏山東南上十五里，到耆闍崛山。未至頭三里，有石窟南向，佛本於此坐禪。西北三十步，復有一石窟，阿難於中坐禪。天魔波旬化作雕鷲，住窟前恐阿難。佛以神足力，隔石舒手，摩阿難肩，怖即得止。鳥跡手孔今悉存，故曰雕鷲窟山。

鷲鳥怖阿難事，《西域記》卷九說：「如來鑑見，申手安慰，透過石壁，摩阿難頂，以大慈言而告之曰：魔所變化，宜無怖懼。阿難蒙慰，身心安樂。」

窟前有四佛坐處。又諸羅漢各各有石窟坐禪處，動有數百。佛在石室前，東西經行，調達於山北嶮巇間橫擲石傷佛足指處。石猶在。佛說法堂已毀壞，止有磚壁基在。其山峰秀端嚴，是五山中最高。

調達擲石，《西域記》卷九記述大石：「高丈四五尺，週三十餘步，是提婆達多遙擲擊佛處也。」

法顯於新城中買香華油燈，倩二舊比丘，送法顯上耆闍崛山。華香供養，然燈續明。慨然悲傷，抆淚而言，佛昔於此住，說首楞嚴。法顯生不值佛，但見遺蹟處所而已。即於石窟前，誦首楞嚴。停止一宿，還向新城。

法顯至耆闍崛山，停止一宿，《高僧傳初集》卷三，神化其事。以「顯既至山，日將曛夕，遂欲停宿。兩僧危懼，舍之而還。……至夜，有三黑獅子，來蹲顯前，舐唇搖尾，顯誦經不輟。」

出舊城，北行三百餘步，道西迦蘭陀竹園精舍，今現在。眾僧掃灑。

迦蘭陀（Karanda）在王舍舊城北門外一里多的地方，建有溫泉的竹園，施於外道。繼見如來後，聞法淨信，追惜竹園所居異眾，《西域記》卷九說迦蘭陀「於此建立精舍，功成事畢，躬往請佛。如來是時遂受其施」。

精舍北二三里有屍摩賒那。屍摩賒那者，漢言棄死人墓田。

屍摩賒那（Smasana）為棄屍處，亦稱屍陀林，靠近耆闍崛山。

搏南山西行三百步，有一石室名賓波羅窟。佛食後，常於此坐禪。又西行五六里山北陰中，有一石室名車帝，佛泥洹後五百阿羅漢結集經處。出經時鋪三高座，莊嚴校飾。舍利弗在左，目連在右。五百數中少一阿羅漢，大迦葉為上座。時阿難在門外不得入。其處起塔，今亦在。搏山亦有諸羅漢坐禪石窟，甚多。

車帝窟亦稱七葉窟（Sartaparna）。《西域記》卷九說：「竹林園西南行五六里，南山之陰，大竹林中有大石室。」其地為如來涅槃後，摩訶迦葉波佛典結集處。

出舊城北東下三里有調達石窟。離此五十步有大方黑石。昔有比丘在上經行，思唯是身無常苦空，得不淨觀厭患是身，即捉刀欲自殺。復念世尊制戒不得自殺。又念雖爾，我今但欲殺三毒賊，便以刀自刎。始傷肉，得須陀洹。既半得阿那舍，斷已成阿羅漢果般泥洹。

關於比丘自殺事，《西域記》卷九說：「昔有苾芻，勤勵心身，屏居修定，歲月逾遠，不證聖果。退而自咎，竊復嘆曰：無學之果，終不時證，有累之身，徒身何益？便就此石自刺其頸，是時即證阿羅漢果。」

從此西行四由延到伽耶城，城內亦空荒。

伽耶（Gaya）在王舍舊城西南，系釋迦成道的地方。《西域記》卷八說：「西南行四五十里，渡尼連禪河至伽耶城。城甚險固，少居人。」

復南行二十里，到菩薩本苦行六年處，處有林木。

釋迦在伽耶城南烏留頻螺（Ururilva），勇猛苦修六年。其地在尼連禪河邊，亦稱苦行林。

從此西行三里到佛入水洗浴，天案樹枝得攀出池處。又北行二里得彌家女奉佛乳糜處。從此北行二里，佛於一大樹下石上東向坐食糜，樹石今悉在。石可廣長六尺，高二尺許。中國寒暑均調，樹木或數千歲，乃至萬歲。從此東北行半由延到一石窟，菩薩入中，西向結加趺坐。心念若我成道，當有神驗。石壁上即有佛影現，長三尺許，今猶明亮。時天地大動，諸天在空中白言，此非過去當來諸佛成道處。去此西南行減半由延，貝多樹下是過去當來諸佛成道處。諸天說是語已，即便在前唱導，導引而去。

佛影石窟，《西域記》卷八說「：室中龍曰，斯室清勝，可以證聖。唯傾慈悲，勿有遺棄。菩薩既知非取證所，為遂龍意，留影而去。」

貝多樹（Bodhivrksa）原稱畢鉢羅樹。釋迦於貝多樹下成正覺，故稱為菩提樹。

菩薩起行，離樹三十步，天授吉祥草，菩薩受之。復行十五步，五百青雀飛來，繞菩薩三匝而去。菩薩前到貝多樹下敷吉祥草，東向而坐。時魔王遣三玉女從北來試。魔王自從南來試。菩薩以足指按地，魔兵退散，三女變老。自上苦行六年處及此諸處，後人皆於中起塔立像，今皆在。佛成道已七日觀樹受解脫樂處，佛於貝多樹下東西經行七日處，諸天化作七寶臺供養佛七日處，文鱗盲龍七日繞佛處。佛於尼拘律樹下方石上東向坐，梵天來請佛處。四天王奉鉢處。五百賈客授麨蜜處。

關於五百賈客，《西域記》卷八稱：「二商主各持行資麨蜜奉，世尊受納。」伽耶城商業發達，新起的佛教是與奴隸時代的商業有關係的。

度迦葉兄弟師徒千人處。此諸處亦起塔。佛得道處有三僧伽藍，皆有僧住。

眾僧民戶，供給饒足，無所乏少。戒律嚴峻，威儀坐起入眾之法。佛在世時，聖眾所行，以至於今。佛泥洹以來，四大塔處，相承不絕。四大塔者，佛生處、得道處、轉法輪處、般泥洹處。

關於伽葉兄弟三人，《西域記》卷八敘述如來告優婁頻螺迦葉波曰：「棄鹿皮衣，舍祭火具，時諸梵志，恭承聖教，以其服用，投尼連河。」其二弟捺地迦葉波及伽耶迦葉波，各率兩百五十徒眾，仿效其兄所為，願修梵行。

阿育王昔作小兒時當道戲，遇釋迦佛行乞食，小兒歡喜，即以一掬土施佛，佛持還泥經行地。因此果報作鐵輪王。王閻浮提，乘鐵輪案行閻浮提，見鐵圍兩山間地獄治罪人，即問群臣：「此是何等？」答言：「是鬼主閻羅治罪人。」

相傳世有七山八海，互相環繞。繞第八海鹹海之山為鐵圍山。

王自念言，鬼王尚能作地獄治罪人，我是人主，何不作地獄治罪人耶？即問臣等，誰能為我作地獄主治罪人者？臣答言，唯有極惡人能作耳。王即遣臣遍求惡人。見池水邊有一長壯黑色發黃眼青，以腳釣魚，口呼禽獸，禽獸來便射殺，無得脫者。得此人已，將來與王，王密敕之：「汝作四方高牆，內殖種種華果，作好浴池，莊嚴校飾，令人渴仰。牢作門戶，有人入者輒捉，種種治罪，莫使得出。設使我入，亦治罪莫放。今拜汝作地獄王。」有比丘次第乞食，入其門，獄卒見之，便欲治罪。比丘惶怖，求請須臾，聽我中食。俄頃復有人入，獄卒內置碓臼中擣之赤沫出。比丘見已思唯此身無常，苦空如泡如沫，即得阿羅漢。既而獄卒捉內鑊湯中，比丘心顏欣悅，火滅湯冷，中生蓮華，比丘坐上。獄卒即往白王，獄中奇怪，願王往看。王言，我前有要，今不敢往。獄卒言，此非小事，王宜疾往。更改先要，王即隨入。比丘為說法，王得信解，即壞地獄，悔前所作眾惡。

悔前所作眾惡：阿育王第八年（西元前 261 年）征服迦餕伽國，以其所為殘暴，皈依佛法。阿育王第十三諭中說：「併吞迦餕伽以來，天愛熱烈維護正法，又宣揚正法之教規。天愛因征服迦伽而感痛恨。」

由是信重三寶，常至貝多樹下，悔過自責，受八齋。王夫人問：「王常游何處？」群臣答言：「恆在貝多樹下。」夫人伺王不在時，遣人伐其樹倒。王來見之，迷悶闢地。諸臣以水灑面，良久乃蘇。王即以磚累四邊，以百甖牛乳灌樹根，身四布地，作是誓言：若樹不生，我終不起。誓已，樹便即根上而生，以至於今。今高減十丈。

關於伐菩提樹事，《西域記》卷八說：「王妃素信外道，密遣使人夜分之，後重伐其樹。無憂王旦將禮敬．唯見蘗株，深增悲慨。至誠祈請，香乳漑灌，不日還生。王深敬異，疊石周垣，其高十餘尺，今猶見在。」

從此南三里行到一山名雞足，大迦葉今在此山中。劈山下入，入處不容人。下入極遠有旁孔，迦葉全身在此中住。孔外有迦葉本洗手土，彼方人若頭痛者，以此土塗之即差。此山中即日故有諸羅漢住。彼方諸國道人，年年往供養迦葉。心濃至者，夜即有羅漢來共言論。釋其疑已，忽然不現。

從此南三里行，按照法顯行文習慣，應為三由延。《〈法顯傳〉考證》說：「故雞足山即在菩提樹東南約二零里之地，此適與法顯三由延及玄奘之百餘里云云吻合。」

雞足山在伽耶城東南二十里處，《西域記》卷九說：「莫訶河東，入大林，野行百餘里，至屈屈吒播陀（Kukkutapada）山，唐言雞足山。」此山榛木茂盛，又多獅子虎狼，不可妄行。

雞足山周近，途路艱阻，《西域記》卷六說自炭塔東北行，「經途危阻，山牛、野象、群盜、獵獅伺求旅行，為害不絕」。《往五天竺傳》中，慧超說：「林木荒多，道路足賊，往彼禮拜者甚難。」

法顯還向巴連弗邑，順恆水西下十由延，得一精舍名曠野，佛所住處，今現有僧。

因為恆水向東流，所以順恆水西下應為順恆水西行。下文接著「復順恆水西行十二由延」，說明「下」為「行」之訛。

曠野精舍在今 Baliya 東約一里的 Bikayur 地方。

復順恆水西行十二由延，到迦屍國波羅㮈城。城東北十里許，得仙人鹿野苑精舍。此苑本有辟支佛住，常有野鹿棲宿。世尊將成道，諸天於空中唱言：「白淨王子出家學道，卻後七日當成佛。」辟支佛聞已即取泥洹，故名此處為仙人鹿野苑。世尊成道已，後人於此處起精舍。

迦屍（Kasi）為西元前 5 世紀公國，其地即今之貝那勒斯（Benares）。《華嚴經音義》說迦屍為竹名，竹堪為箭，其.國多竹，以故為名。

波羅即今之貝那勒斯，《西域記》卷七稱為婆羅尼斯，並說該城「西臨殑伽河，長十八九里，廣五六里。閭閻櫛比，居人殷盛，家積聚萬，室盈奇貨」。釋迦選此繁榮的城市傳播佛教是十分重要的。

鹿野苑今稱 Sarnath，《西域記》卷七有如來與提婆達多俱為鹿王斷事的敘述，以其林為施鹿林，因而稱為鹿野苑。

佛欲度拘鄰等五人，五人相謂言：「此瞿曇沙門本六年苦行，日食一麻一米尚不得道，況入人間恣身口意，何道之有？今日來者慎勿與語。」佛到五人皆起作禮處。復北行六十步，佛於此東向坐，始轉法輪，度拘鄰等五人處。其北二十步，佛為彌勒受記處。其南五十步，翳羅鉢龍問佛：「我何時當得免此龍身？」此處皆起塔，見在。中有二僧伽藍，悉有僧住。

五人為拘亦作憍陳如，頞鞞亦作馬勝，跋提亦作小賢，十力迦葉亦作起氣，摩訶男拘利亦作摩訶男。淨飯王命他們於苦行林服侍太子。

自鹿野苑精舍西北行十三由延，有國名拘睒彌。其精舍名瞿師羅園，佛昔住處。今故有眾僧，多小乘學。從是東行八由延，佛本於此度惡鬼處，亦嘗在此住經行坐處，皆起塔，亦有僧伽藍，可百餘僧。

拘睒彌（Kausambi），《西域記》卷五作賞彌，為鄔陀衍王居住地，在貝那勒斯西北約八十一里的 Kosam 村。釋迦在此住數年，無著在此著唯識論，世親於此著顯揚聖教論。

瞿師羅（kokila）為鳥名。有長者聲似鳥聲之美，故名瞿師羅長者。《西域記》卷五說：「城內東南隅有故宅余址，是具史羅（舊云瞿師羅，訛也）長者故宅也。」佛於此說法數年。

從此南行兩百由延，有國名達嚫。是過去迦葉佛僧伽藍，穿大石山作之，凡有五重。最下重作象形，有五百間石室。第二層作師子形，有四百間。第三層作馬形，有三百間。第四層作牛形，有兩百間。第五層作鴿形，有百間。最上有泉水，循石室前繞房而流，周圍回曲，如是乃至下重，順房流從戶而出。諸層室中，處處穿石作窗牖通明，室中朗然，都無幽暗。其室四角頭，穿石作梯蹬上處。今人形小，緣梯上，正得至昔人一腳所躡處。

達嚫國約當今之得干（Dekkan）地區。法顯未至其地，所記為傳聞。

因名此寺為波羅越。波羅越者，天竺名鴿也。其寺中常有羅漢住，此土丘荒無人民居，去山極遠方有村，皆是邪見，不識佛法、沙門、婆羅門及諸異學。彼國人民常見人飛來入此寺。於時諸國道人欲來禮此寺者，彼村人則言汝何以不飛耶？我見此間道人皆飛。道人方便答言翅未成耳。達嚫國險道路艱難，難知處。欲往者要當賚錢貨，施彼國王。王然後遣人送，展轉相付，示其徑路。法顯竟不得往，承彼土人言，故說之耳。

關於波羅越，《西域記》卷十敘述憍薩羅時，以西南三百餘里，至跋邏末羅耆山，所記精舍情，「閣有五層，層有四院」，與法顯所言，頗為符合。但是，跋邏末羅耆厘（Bhraranagiri）意為「黑峰」，而波羅越（Para-vata）意則為「鴿」，二者音雖相近，意卻不同。波羅越伽藍，法顯以為迦葉佛所建，玄奘卻以為龍猛，未知哪個是正確的。

從波羅國東行，還到巴連弗邑。法顯本求戒律，而北天竺諸國皆師師口傳，無本可寫。是以遠步乃至中天竺。於此摩訶衍僧伽藍得一部律，是《摩訶僧祇眾律》，佛在世時最初大眾所行也。於祇洹精舍傳其本，自余十八部各有師資，大歸不異，然小小不同。或用開塞，但此最是廣說備悉者。

《摩訶僧祇眾律》（Mahasanghika）為大眾部所傳之律藏。法顯回國後，住錫道場寺，於義熙十二年與佛陀跋陀羅共譯此律為四十卷。

復得一部鈔律，可七千偈，是《薩婆多眾律》，即此秦地眾僧所行者也。亦皆師師口相傳授，不書之於文字。

《薩婆多眾律》（*Sarvastiuadah*）亦稱說一切有部，繫上座部的一分支。

復於此眾中得雜阿毗曇心，可六千偈。

雜阿毗曇心（samyaktabhidharma-hridayasasha）意為大法，亦稱雜心論。宋元嘉十年（433 年），寶雲傳譯於長干寺，共十四卷。

又得一部《綖經》，兩千五百偈。

《綖經》，《高僧傳》初集卷三作綖經。

又得一卷《方等般泥洹經》，可五千偈。

《方等般泥洹經》（*Vaipulya-parinirvanasutra*）即大乘般泥洹經，共六卷。義熙十三年（417 年），法顯與佛陀跋陀羅譯出，寶雲執筆。

又得《摩訶僧祇阿毗曇》。

《摩訶僧祇阿毗曇》（*Abhidharma*）為大眾所傳之阿毗曇，後無所傳。

故法顯住此三年，學梵書梵語寫律。道整即到中國，見沙門法則，眾僧威儀，觸事可觀，乃追嘆秦土邊地，眾僧戒律殘缺，誓言自今已去至得佛願不生邊地，故遂停不歸。法顯本心欲令戒律流通漢地，於是獨還。

法顯住三年，即自義熙元年至義熙三年，學口傳戒律與寫經。

順恆水東下十八由延，其南岸有瞻波大國。佛經行處及四佛坐處，悉起塔，現有僧住。

瞻波（Champa），《西域記》卷十記述：「週四千餘里，國大，都城北背殑伽河，週四十餘里。」當今之 Bhagalyrur。

從此東行近五十由延，到多摩梨帝國，即是海口。其國有二十四僧伽藍，盡有僧住，佛法亦與。法顯住此二年，寫經及畫像。

多摩梨帝國（Tamalitti），《西域記》卷十作耽摩栗底，「國大，都城周十餘里，濱近海陲，土地卑濕」。其地當今為塔姆盧克（Tamluk）。

於是載商人大舶，泛海西南行，得冬初信風，晝夜十四日到師子國。彼國人云，相去可七百由延。其國本在洲上。東西五十由延，南北三十由延。左右小洲乃有百數，其間相去或十里、二十里，或兩百里，皆統屬大洲。

冬初信風，在印度東岸於每年十月中旬至十二月中旬發生，同時有與風方向相同的海流。到五月中旬至九月中旬，即發生相反的季節風與海流。

師子國亦稱僧伽羅（Simnhala），即今之錫蘭。錫蘭的廣袤，法顯的記述是錯誤的。錫蘭東西為 137 里，南北為 217 里，即南北長於東西。今已改稱斯里蘭卡。

多出珍寶珠璣，有出摩尼珠地方可十里。王使人守護。若有采者十分取三。

摩尼珠為寶玉的總稱。《酉陽雜俎》卷三說：「摩尼珠中有金字偈。」

其國本無人民，止有鬼神及龍居之。諸國商人共市易。市易時，鬼神不自現身。但出寶物，題其價直。商人則依價直取物。因商人來往住，故諸國人聞其土樂，悉亦復來，於是遂成大國。其國和通，無冬夏之異，草木常茂，田種隨人，無有時節。

師子國為印度洋貿易要地。《西域記》卷十一說到僧伽羅，「本寶渚也，多有珍寶，棲止鬼神」。

佛至其國，欲化惡龍。以神足力，一足躡王城北，一足躡山頂。兩跡相去十五由延。於王城北跡上起大塔，高四十丈。金銀莊校，眾寶合成。

山頂即佛足山，《星槎勝覽》解釋錫蘭說：「海邊有一磐石，上印足跡，長三尺許，常有水不乾，稱為先世釋迦佛從翠藍嶼來登此岸，足躡其跡，至今為聖蹟也。」佛足山在科倫坡之東。

塔邊復起一僧伽藍，名無畏山，有五千僧。起一佛殿，金銀刻鏤，悉以眾寶。中有一青玉像，高二丈許，通身七寶焰光，威相嚴顯，非言所載，右掌中有一無價寶珠。

無畏山又名阿跋耶祇厘。《西域記》卷十一說佛教到僧伽羅後，經兩百餘年，「各擅專門，分成二部。一曰摩訶毗訶羅住部，斥大乘，習小教。二曰阿跋耶祇厘住部，兼學二乘，弘演三藏。」兩派互相對峙，互相爭論。《〈法顯傳〉考證》以無畏山住部創建於西元前八十七年。

法顯去漢地積年，所與交接悉異域人。山川草木，舉目無舊。又同行分披或留或亡，顧影唯己，心常懷悲。忽於此玉像邊，見商人以晉地一白絹扇供養，不覺淒然，淚下滿目。

> 法顯於義熙四年（408 年）至錫蘭，停居兩年，去國已久，心常懷悲，見白扇而淒然下淚，不只反映出深厚的情緒，更說明中錫友好關係、經濟貿易往來，很早已發生了。

其國前王遣使中國，取貝多樹子，於佛殿傍種之。高可二十丈，其樹東南傾。王恐倒故，以八九圍柱柱樹，樹當柱處心生，遂穿柱而下入地成根，大可四圍許。柱雖中裂，猶裹其外，人亦不去。樹下起精舍，中有坐像，道俗敬仰無倦。城中又起佛齒精舍，皆七寶作。王淨修梵行，城內人信敬之情亦篤。

> 阿育王在位時，初遣其子摩哂陀（Mahinda）去錫蘭傳授佛教。繼後，為了度帝須王（Tissa）夫人阿㝹羅（Anula），又派遣桑伽密多（Sangamitta）公主，取道海上至錫蘭，並帶去貝多樹，植於彌伽園（Meghavana）中。相傳今日園中活著的菩提樹是她帶來的。

其國立治已來，無有餓荒散亂。眾僧庫藏，多有珍寶，無價摩尼。其王入僧庫遊觀，見摩尼珠即生貪心，欲奪取之。三日乃悟，即詣僧中稽首悔前罪心。告白僧言，願僧立制，自今已後，勿聽王入其庫看，比丘滿四十臘然後得入。其城中多居士、長者、薩薄商人，屋宇嚴麗，巷陌平整。四衢道頭皆作說法堂。月八日、十四日、十五日鋪施高座，道俗四眾皆集聽法。

> 薩薄為 Sarva 之譯音，意為一切。

其國人云都可六萬僧，悉有眾食。王別於城內供五六千人。眾須食者則持本鉢往取。隨器所容，皆滿而還。佛齒常以三月中出之。未出前十日，王莊校大

象，使一辯說人著王衣服，騎象上擊鼓唱言。菩薩從三阿僧祇劫，苦行不惜身命，以國妻子及挑眼與人割肉貿鴿，截頭布施，投身餓虎，不吝髓腦。如是種種苦行為眾生，故成佛。

三阿僧祇劫意為三期無量時間。釋迦經過三期修養成正果。

在世四十九年，說法教化，令不安者安，不度者度。眾生緣盡，乃般泥洹。泥洹已來一千四百九十七年。世間眼滅，眾生長悲。卻後十日，佛齒當出至無畏山精舍。中國道俗欲殖福者，各各平治道路，嚴飾巷陌，辦眾華香供養之具。

關於佛滅的年代，中國採用「眾聖點記」推算，載於《善見律毗婆沙》。相傳優婆離尊者於佛滅後結集律藏已，在《善見律毗婆沙》上做一點記，以志佛滅後的第一年。自是以後，每年做一點，年年不絕，傳至覺音尊者。隨後覺音以此律本授予佛陀跋陀羅。齊武帝永明七年（489年），佛陀跋陀羅來中國，與僧綺合譯此律本為中文。次年安居後又加一點，總計為九百七十五點。據此而推，1956年錫蘭舉行佛滅兩千五百年紀念會時，按中國所傳的計算，相差六十年，即一個甲子，佛滅不是兩千五百年，而應為兩千四百四十年。關於這種差法，在《現代佛學》（1956年第五期）呂澂談南傳的佛滅年代時，以為與印度曆法木星紀年（Vrihaspati-chakra）有關。假使掌握不好一個年代的週期，便要發生六十年的差距。如宗喀巴生於至正十七年丁酉（1357年），有人卻以為永樂十五年丁酉（1417年），相差有六十年。法顯於義熙七年即411年言佛滅為一千四百九十七年。由此而推，佛滅應為一千零八十六年。呂澂以此數為加倍計年法，實際折半計算，即為西元前544年，其間包括一年的起點數。以此與1956年相和，即為兩千五百年。法顯關於佛滅的記述給錫蘭紀念會提供了踏實的資料。

如是唱已，王便夾道兩邊作菩薩五百身已來種種變現，或作須大拏，或作變，或作象王，或作鹿馬。如是形象，皆彩畫莊校，狀若生人。然後佛齒乃出，中道而行，隨路供養，到無畏精舍佛堂上。道俗雲集，燒香然燈，種種法事，晝夜不息。滿九十日乃還城內精舍。城內精舍至齋日則開門戶，禮敬如法。

五百身意為五百世，指最長的時間。

須大拏（Sudana）亦作須提梨拏。《大智度論》卷十二說：「須提梨拏太子，秦言好愛，以其二子施婆羅門，次以委施，其心不轉。」

無畏精舍東四十里有一山，山中有精舍名跋提，可有兩千僧。僧中有一大德沙門，名達摩瞿諦。其國人民皆共宗仰。住一石室中四十許年，常行慈心，能感蛇鼠，使同止一室而不相害。

一山，指眉沙迦（Missaka）山，摩哂陀至師子國後，與帝須王相會於此山。摩哂陀常住於此。

城南七里有一精舍名摩訶毗可羅。有三千僧住。有一高德沙門戒行清潔，國人咸疑是羅漢。臨終之時，王來省視，依法集僧而問比丘得道耶。其便以實答言是羅漢。既終，王即案經律以羅漢法葬之於精舍東四五里。

摩訶毗訶羅（Mahavihara）精舍為帝須王所建，在今 Ruvanveli 塔附近。帝須王於此地迎接桑伽密多公主，植其菩提樹於彌伽圍。

積好大薪，縱廣可三丈餘，高亦爾近。上著栴檀沉水諸香木，四邊作階，上持淨好白氎，周匝蒙積，上作大轝床。似此間轜車，但無龍魚耳。

車為沒有車輪的喪車。

當闍維時，王及國人四眾咸集，以華香供養，從轝至墓所。王自華香供養。供養訖，轝著積上，酥油遍灌，然後燒之。火然之時，人人敬心，各脫上服及羽儀傘蓋，遙擲火中以助闍維。闍維已，收撿取骨，即以起塔。法顯至，不及其生存，唯見葬時。

闍維意為火葬。

王篤信佛法，欲為眾僧作新精舍，先設大會飯食僧。供養已，乃選好上牛一雙，金銀寶物莊校角上，作好金犁，王自耕頃四邊，然後割給民戶，田宅書以鐵券。自是已後，代代相承，無敢廢易。法顯在此國，聞天竺道人於高座上誦經云：佛鉢本在毗舍離，今在犍陀衛。竟若干百年（法顯聞誦之時有定歲數，

但今忘耳），當復至西月氏國。若干百年，當至于闐國。住若干百年，當至屈茨國。若干百年，當復來到漢地。住若干百年，當復至師子國。若干百年，當還中天竺。

屈茨（Kucha）即龜茲國。

到天竺已，當上兜術天上。彌勒菩薩見而嘆曰：釋迦文佛鉢至，即共諸天華香供養七日。七日已還閻浮提，海龍王持入龍宮。至彌勒將成道時，鉢還分為四複本頻那山上。彌勒成道已，四天王當復應唸佛如先佛法賢劫千佛共用此鉢。

頻那山即須彌山之毘那怛迦（Vinataka）山，相傳為四天王所住。

鉢去已，佛法漸滅。佛法滅後，人壽轉短，乃至五歲。十歲之時，粳米酥油皆悉化滅。人民極惡，捉木則變成刀杖，共相傷割殺。其中有福者逃避入山。惡人相殺盡已還復來出。共相謂言：昔人壽極長，但為惡甚，作諸非法，故我等壽命遂爾短促，乃至十歲。我今共行諸善，起慈悲心，修行仁義。如是各行仁義，展轉壽倍，乃至八萬歲。彌勒出世初轉法輪時，先度釋迦遺法弟子出家人及受三歸五戒齋法供養三寶者，第二第三次度有緣者。法顯爾時欲寫此經，其人云：此無經本，我止口誦耳。

三歸謂皈依佛、法、僧。五戒謂不殺生、不盜竊、不邪淫、不妄語及不飲酒。

法顯住此國兩年，更求得彌沙塞律藏本。得長阿含，雜阿含，復得一部雜藏，此悉漢土所無者。

住此國兩年系自義熙六年（410年）至義熙七年（411年）。

彌沙塞律（Mahisasaka），《高僧傳》卷三《佛馱什傳》中稱：「先沙門法顯於師子國得彌沙塞律梵本，未及翻譯，而法顯遷化。京邑諸僧，聞什善所學，於是請令出焉。以其年冬十一月（宋景平元年即423年）集於龍光寺，譯為三十四卷，稱為五分律。」

長阿含（Dirghagama）為涼州沙門竺佛念所譯，道含受筆。

《高僧傳》初集卷二《佛陀耶舍傳》中提及後秦弘始十二年（410 年）翻譯此經。那時法顯正在師子國，所以他得到長阿含經時說：「漢土所無者。」

雜阿含（Samyuktagama）為求那跋陀羅及寶雲等譯出，共五十卷。宋元嘉十二年（435 年），求那跋陀羅到廣州。《開元釋教錄》卷五上說：「雜阿含經五十卷，於瓦官寺譯，梵本法顯齎來……」

雜藏，部歸小乘，為法顯所譯。

得此梵本已，即載商人大船上，可有兩百餘人。後系一小舶，海行艱險，以備大船毀壞。得好信風，東下二日便值大風，船漏水入。商人欲趣小船，小船上人恐人來多，即斫絙斷。商人大怖，命在須臾。恐舶水滿，即取粗財資擲著水中。法顯亦以君墀及澡罐並餘物棄擲海中，但恐商人擲去經像，唯一心念觀世音及歸命漢地眾僧：「我遠行求法，願威神歸流，得到所止。」

法顯返國的時間，大約為義熙七年八月（411 年 9 月）。他說「得好信風」，即是西南季節風轉變的時候。

如是大風，晝夜十三日，到一島邊。潮退之後，見船漏處即補塞之。於是復前。

法顯於海上遇大風，經十三晝夜至一島邊，《〈法顯傳〉考證》擬為今之尼科巴群島。

海中多有抄賊，遇輒全無。大海彌漫無邊，不識東西，唯望日月星宿而進。若陰雨時，為逐風，去亦無準。當夜暗時，但見大浪相搏，晃然火色，黿鼉水性怪異之屬。商人荒遽不知所向。海深無底，又無下石住處。至天晴已乃知東西，還復望正而進。若值伏石，則無活路。如是九十日許，乃至一國名耶婆提。

關於耶婆提（Yavadvipa），爭論最多，尚無確定。《佛游天竺記考釋》中說：「質言之，記文簡單，無可比勘。而耶婆提之名，昔人復常混用，究為今之爪哇抑蘇門答臘，一時尚難論定矣。」可能在蘇門答臘。

其國外道，婆羅門興盛，佛法不足言。停此國五月日，復隨他商人大船上，

亦兩百許人，賷五十日糧，以四月十六日發，法顯於船上安居。東北行趣廣州。一月餘日，夜鼓二時遇黑風暴雨，商人賈客皆悉惶怖。法顯爾時亦一心念觀世音及漢地眾僧，蒙威神佑，得至天曉。

黑風系南海初夏所起的旋風。

曉已，諸婆羅門議言，坐載此沙門，使我不利，遭此大苦，當下比丘置海島邊，不可為一人，令我等危險。法顯本檀越言：「汝若下此比丘，亦並下我。不爾，便當殺我。如其下此沙門，吾到漢地，當向國王言汝也。漢地王亦敬信佛法，重比丘僧。」諸商人躊躇不敢便下。於時天多連陰，海師相望僻誤，遂經七十餘日。糧食水漿欲盡，取海鹹水作食。分好水，人可得二升，遂便欲盡。商人議言，常行時正可五十日便到廣州。爾今已過期多日，將無僻耶。即便西北行求岸，晝夜十二日，到長廣郡界牢山南岸，便得好水菜。

長廣郡於晉武帝咸寧三年（277 年）置。《晉書》十五說長廣郡「統縣三，戶四千五百」，隸屬青州。

牢山即嶗山，在今即墨縣東南六十里。

但經涉險難，憂懼積日，忽得至此岸，見藜藿依然，知是漢地。然不見人民及行跡，未知是何許。或言未至廣州，或言已過，莫知所定。即乘小船入浦，覓人欲問其處，得兩獵人。即將歸，令法顯譯語問之。法顯先安慰之，徐問：「汝是何人？」答言：「我是佛弟子。」又問：「汝入山何所求？」其便說言，明當七月十五日，欲取桃臘佛。又問：「此是何國？」答言：「此青州長廣郡界，統屬晉家。」

義熙六年（410 年），劉裕滅南燕。青州與兗州從東晉元帝南遷後，便為南燕的領地，當然也屬劉裕了。以故宋紹興初思溪藏本作「統屬劉家」，亦可理解的。

聞已，商人歡喜，即乞其財物，遣人往長廣。太守李嶷敬信佛法，聞有沙門持經像乘船泛海而至，即將人從至海邊迎接經像，歸至郡治。商人於是還向揚州，留法青州，請法顯一冬一夏。

「留法青州」應為「留兗青州」，《隋書》地理志稱，「兗州蓋取水為名」，所以兗州亦作「沇州」。法為沇之誤。《資治通鑑》卷一一六，義熙八年九月，「北徐州刺史劉道憐為兗、青二州刺史，鎮京口」。法顯返長廣郡後，應劉道憐的邀請，在京口住一冬一夏。京口即今之鎮江。

夏坐訖，法顯遠離諸師久，欲趣長安。但所營事重，遂便南下向都，就諸師出經律。

法顯出國時，志在發揚律藏。回來後，前秦已滅，佛馱跋陀及寶雲等已南下建康，住道場寺。法顯以經律為重，南下，就諸師翻譯經律。

法顯發長安，六年到中國，停六年還，三年達青州。凡所遊歷減三十國。沙河已西迄於天竺，眾僧威儀，法化之美，不可詳說。竊唯諸師未得備聞，是以不顧微命，浮海而還，艱難具更。幸蒙三尊威靈，危而得濟。故竹帛疏所經歷，欲令賢者同其聞見。是歲甲寅。

法顯全部歷游時間，自隆安三年三月出發至義熙八年七月返抵青州，共需時間十三年又四月。他所經歷的國家，自沙河以西算起共為二十七國，即其結語中所說「減三十國」。

「是歲甲寅」一語，不當列入跋語內，應視為《歷游天竺記傳》初稿時日。甲寅為義熙十年（414 年），法顯已返青州，在京口住一冬一夏，到建康，寫其歷游的概述。兩年後，義熙十二年（416 年）丙辰，因講集重問遊歷，「由是先所略者，勸令詳載，顯復具敘始末」。因而疑「甲寅」為初稿時日。

晉義熙十二年，歲在壽星。夏安居末，迎法顯道人，既至，留共冬齋。因講集之餘，重問遊歷。其人恭順，言輒依實。由是先所略者，勸令詳載，顯復具敘始末。自云，顧尋所經，不覺心動汗流。所以乘危履險，不惜此形者。蓋是志有所存，專其愚直。故投命於不必全之地，以達萬一之冀。於是，感嘆斯人，以為古今罕有。自大教東流，未有忘身求法如顯之比。然後知誠之所感，無窮否而不通；志之所將，無功業而不成。成夫功業者，豈不由忘夫所重，重夫所忘者哉！

《佛國記》箋注後記

魏晉時代，佛教漸盛。當朱士行於甘露五年（260 年）從于闐取回《般若經》後，大乘思想在魏晉玄學的基礎上得到發展，受到統治階級的支持，姚興便是一例。他專志佛法，迎接鳩摩羅什，翻譯了許多大乘經典，廣為傳播，影響頗深。

便在佛教的傳播中，律藏殘缺是難以建立僧伽制度的。慧遠寄曇摩流支說：「至於沙門戒律，所關尤多。」為了彌補這個缺陷，法顯決心創闢荒途，到印度尋求律藏，以補缺陷。

法顯俗姓龔，平陽武陽人。武陽不可考，平陽為今之臨汾縣。他幼年體弱，早歲度為沙彌。受大戒後，於晉安帝隆安三年（399 年）離開長安，去印度尋求律藏，費時將近十四年之久。法顯出國的年齡，至今尚無一致的解釋，根據現有的資料，大約在六十歲以上，這真是古今所罕有的。法顯於義熙八年（412 年）返國，後至荊州，卒於辛寺，春秋八十有六。

《佛國記》有種種不同的名稱。在藏經內，多稱之為《法顯傳》；在叢書中，又多題為《佛國記》。明胡震亨跋此書時說：「據宋僧跋語，當名《佛國記》。」這樣提法，就書的內容來說，是比較妥當的。

《佛國記》是佛教史的重要資料，也是關於國外史地最早有系統的紀錄。法顯善於觀察，他到竭叉國，看到「其地山寒，不生余谷，唯熟麥耳」。他到恆河流域，察覺到旃荼人「與人別居，若入城市，則擊木以自異」，反映出受婆羅門人的迫害。在遠程航海中，他說：「大海瀰漫無邊，不識東西，唯望日月星宿而進。」當然，《佛國記》中有許多不恰當的地方，倘如去其糟粕，其於中古世界史是有益的。從 1836 年，雷慕沙譯《佛國記》為法文後，外人譯注者相繼輩出，如比耳（S. Beel）、瞿理斯（H. A. Giles, 1845～1935）、足立喜六等，引起史學界的重視與研究。

前收集中亞與南海資料時，得向覺明先生的幫助，以南京四學院所刻《歷游天竺記傳》為底本，參照《宋雲行紀》、《西域記》、《佛游天竺記考釋》及

《〈法顯傳〉考證》等，試為箋注，對中西交通史資料或有補於萬一。

1965 年 3 月

杜赫德的著作及其研究 [299]

299　本文為閻宗臨博士學位論文，用法文寫成，1936 年在瑞士印刷出版。

一、引言

杜赫德神父的名字永遠和《中華帝國志》、《耶穌會士書簡集》聯繫在一起。他在法國文學史中的地位與《一千零一夜》的譯者安托萬・加朗（Antoine Galland, 1646～1715）的地位相差不遠。他關於中國的知識並不是第一手的，這些知識來自於他的同行們。然而他卻很善於選擇整理這些知識，以致 18 世紀的作家們都援引他的作品。

杜赫德當時的工作，正如我們所料的一樣，是 18 世紀前半個世紀的法國耶穌會士們對中國的研究。這個世紀的法國思想經受了一次深刻的變革，中國至少是間接地以它與希臘、拉丁、基督教迥異的文明加速了人們思想的轉變，對於那些聰明、睿智的人們來說，這種文明不僅是令人佩服的，而且它尤其是理性主義和克己主義的。對於哲學家們來說，能夠發掘這種文明該是多麼大的意外收穫啊！

18 世紀初，在中國的耶穌會士們都是些科學家和道德家。繼利瑪竇之後，他們以高度的機智和堅韌的毅力來耕耘這塊神聖的土地。他們方法上的基本點是：為使中國人民信教，首先他們自己得在文化和語言上成為中國人；而後，在掌握了孔子哲學的同時，他們以為便可以得心應手地把中國人置於福音的靈光之下；最後，同當時傾向於積極進取的中國人那樣，他們企圖用科學征服中國的人心。這種辦法是值得稱讚與令人欽佩的，它使得他們在各種情況下獲得研究中國並深入到其文明中去的良機。

但是，這種辦法也同樣使耶穌會士們處於一種非常微妙的境況，在中國這樣一個國家，如果把基督教作為絕對真理，中國人絕不會對它感興趣。由於拉丁的嚴格性與中國人的中庸精神相牴觸，如果天主教作為來自西方的某種哲學而出現，那它就會如同佛學一樣，又存在著失去自身面目的危險。耶穌會士們體驗到這種悲劇性的困境。禮儀之爭僅僅是兩種運動鬥爭的結果。不管是耶穌教士還是他們的對手，似乎都既不全錯，也不全對。

在 18 世紀，耶穌教教士們以極端歐化的報導而成為拉丁世界追求異國情調

的主要引路人。在這個群體思想趨向開放的世紀裡，作家們不僅借鑑了他們的事實，而且向他們借鑑了某些與自己思想相關的論據，以至在寫作中守舊的文人指責耶穌會士們是為異教徒服務的。假如這些人稍稍想到他們的真正目標，他們的指責或許就不那麼激烈了。他們壓倒一切的目標是在於傳播福音。他們既沒有在中國成為純學者的打算，也沒有取悅於他們在法國的同胞的意圖。

可以肯定，耶穌會士們從文化的角度揭示了中國。任何人要談論中國，即使在現在，都必需求助於耶穌會士們寫的東西，特別要借助於杜赫德神父的《中華帝國志》。在這不朽的著作面前，人們思忖著耶穌會士們是否真的了解了中國。依我們看來，他們介紹的知識值得相信，但也是些經驗主義的知識。可以說耶穌會士們把中國拍攝下來，但不是畫下來。這裡有很大差別。維厄爾（Léon Wieger, 1856～1933）保證說：「中國的過去，對於我們來說，再也沒什麼可取的了。」[300] 這純粹是無知的傲慢。因為真實的中國，我是說它的靈魂與文化，還尚未被歐洲所認知。

當耶穌會士們到達中國時，在中國的知識界產生了什麼樣的反應？當他們傳播他們對於中國所寫的東西時，在法國的精神上又引起了什麼反響？他們如何能獲取那樣多的知識？他們主要寫些什麼內容的東西？在這篇謹慎的微不足道的論文裡，我們想對這些問題做出回答。

每當我們閱讀關於 18 世紀以前研究中國的作品時，法國人存在的偏見總給我們強烈的印象。對於我們來說，盲目的讚賞就等於根本的否定。我們依據中法兩國的各種文獻資料，像法官們伸張正義所做的那樣，來恢復中國的廬山真面目。不建立在最值得信賴的文獻基礎上的論點，我們連一個也不發表。

這部作品分為六章：我們敘述中國教外文人如何尊重耶穌會士，以及康熙皇帝和傳教士之間的關係；由於皇帝的保護，耶穌會士們在知識界展開了哪些活動。由於擁有傳教士們的文字資料，杜赫德神父寫出了著名的作品《中華帝國志》，我們試圖衡量一下它的實際價值。杜赫德的作品在 1735 年發表之後對作

300　維厄爾（Leon Wieger）：《年代悠久的中國》第 278 頁，1920 年。

家們產生了一種巨大的影響，我們將以特殊方式研究其中的三位作家：孟德斯鳩、伏爾泰、魁奈。

這裡要說明一下，我們曾受益於很多先前的作品，特別是皮諾特先生、陳垣先生的著作。我們無意寫一部包羅萬象的作品，只就相關問題表示自己的見解，這可以幫助西方人更好地深入了解耶穌會士們對 18 世紀法國文學所作的貢獻。

（一）1685 年以前法國對中國的認知

在 16 世紀以前，多虧了馬可‧波羅、鄂多立克的作品，契丹，這個對中國的古老稱呼，早已馳名歐洲。這個被人們敘述得那樣美妙的神奇的國度，像惹人喜愛的魔術一樣，影響著歐洲人的想像。它在哪裡？確實存在嗎？

世界地理中托勒密（Claude Ptolémée）錯誤觀念的受害者們，歐洲的學者們不能解決這個問題。自從 1245 年英諾森四世和 1249 年、1253 年路易九世（Louis IX , 1214 ～ 1270）的使節到來以後，人們確信契丹的存在，但人們不知道它的確切位置在哪裡。此外，很快流傳歐洲的「支那」一詞提示了另一個問題。契丹和支那是表示同一個國家還是兩個不同的地區？傳教士們透過尋找在契丹的基督教徒來消除這個難點。

羅耀拉請沙勿略確切測定他所經過的地區的氣候、溫度。後者 1552 年 4 月 9 日寫信給前者：「從中國出發，我打算去耶路撒冷，當我知道了路程的距離時，我將寫信告訴你。」[301] 但是八個月以後他死了。我們對中國的地理方面的情況，就再也不知道更多的東西了。對於 16 世紀的人們，中國還是一個未知的世界，它與歐洲沒有任何官方或其他的往來。

嚴格地說，認定契丹就是中國，應歸功於利瑪竇。以馬可‧波羅指示的跡象為基礎，利瑪竇在 1595 年訪問了南京之後，寫道：「符合我的假設的是波羅說的人們到達這座城市（南京）是透過一條叫做『江』的河。在中國，人們的確是這樣稱呼這條河的，不過人們還加上了揚子江的稱呼。另外，他說在這條河的南

301　裴化行（Henri Bernard）：《鄂本篤兄弟在上亞洲的穆斯林中》第 11 頁，天津，1934 年。

方有八個王國，這是該河這一邊中國的八個省。而在河的北邊有七個王國，這是中國十五個省分中的七個省。因此，依我之見，契丹不是不同於中國的一個王國，波羅說的大的國王只不過就是中國的國王。」[302] 從這時起，人們最終使中國上了世界地圖。

中國與歐洲之間變得來往很頻繁了。從 1610 年利瑪竇去世到 1687 年 5 名法國耶穌會士到達中國期間，有 162 位傳教士的名字出現在《傳教中國之耶穌會諸神父名錄》[303] 上，但是關於中國的認知仍然相當模糊。蒙田（Montaigue）在他的論文中出色地談論了中國，他的話已經描繪出為伏爾泰所清晰描述的中國之輪廓，然而他們缺乏準確性。他說道：「在中國，沒有我們的商業性和知識性，但王國的管理和藝術之卓越絕倫，在若干方面超過了我們的典範，它的歷史使我們覺得世界是如此廣闊而且豐富多彩，這是無論我們的古人和今人所不能體會的……」[304] 但是，這仍使我們注意到蒙田的興趣一直延伸到中國，他的興趣開創了轉向遠東的異國情調的法國文學。

中國僅僅被很有學問的人所了解，而這種人的數量是很有限的。在 1685 年之前，為數眾多的作家還在創造中國的傳奇。在一本名為《中國和東京崇拜、風俗、愛好和習慣之關係》的書中，我們讀到這樣天真的話：「此外，不應該忽略中國人的相當可笑和奇特的一種習俗：他們的妻子在生孩子之前，哪怕是在一兩個小時之前，還在從事家務勞動，好像什麼事也沒有似的（因為她們體格太健壯了），而丈夫說上床就上床。如果妻子生了一個女兒，便可躺 11 天；如果生個男孩，躺 18 天；即使在此期間，他也要由妻子來伺候和服侍，就像丈夫是產婦一樣。」[305] 這純粹是一個臆想中的敘述。我們絕對不知道這種稀奇古怪的習俗存在於中國的什麼地方！然而我們也知道法國人對於中國的看法，甚至現在，仍是一個荒唐可笑的主題。因為在法國文學中有一個以旅遊者敘述為基礎的傳統，而

302　同上，第 38 頁。

303　柯帝埃（Henri Cordier）：《18 世紀中國研究史片段》第 6 頁，巴黎，1845 年。

304　蒙田（Montaigue）：《隨筆》第 3 冊第 3 篇第 13 章第 369 頁，斯托夫斯基出版社，1919 年。

305　《中國和東京崇拜、風俗、愛好和習慣之關係》（S. L. N. D）第 11 頁。

這些旅遊者的目的不在於學習而在於消遣。

耶穌會士們懷疑這些可笑的故事，並且經常抱怨學者們。巴多明神父寫信給科學院領導人德邁蘭說：「我看過一些夫妻相處的情況，其中，除了夾雜著些粗魯的情形以外，沒有什麼太引人注目的東西。」[306]

17世紀，在利瑪竇神父以後，中國變成了有閒作家的相當新鮮的主題。他們唯一的目的在於說些非同尋常的事物和能夠取悅於讀者的東西。然而我們也要指出，使一個國家了解一種外國的文明，這是一件非常艱難的任務。要確切地評價一些本國以外的觀念和習俗，需要時間和開放的精神。

此外，歐洲人對茶葉的了解，也表明在17世紀關於中國的知識是多麼不清楚。1660年9月25日，普庇斯在他日記中敘述道：「我派人去找一杯茶（一種中國的飲料），這東西過去我從未喝過。」[307] 柯帝埃（Henri Cordier, 1849～1925）不無道理地說：「唯有在18世紀，茶葉才最終被歐洲所接受。」[308]

可以說，1685年以前，對歐洲人來說中國仍是個神奇的國度。然而經過法國耶穌會士們研究之後，至少在某些方面中國變得「比歐洲的若干省分還出名」[309]。

（二）耶穌會士到達時中國知識分子的狀態

為了更好地理解18世紀中國在法國所獲得的聲望，有必要形成一種對這個國家知識分子所處的精神狀態的正確看法，這種精神狀態是在耶穌會士到達時的情況。人們過於經常想像中國是一成不變的，不論是在思想上，還是在教育上，都不會發生演變。這是一個誤解。

306　《耶穌會士書簡集》第34卷第54頁。神父還說道：「然而，假如這些稀有的篇章能逃脫時代的不公，而在千年之後在某個著名的圖書館的廢紙堆裡保留一二的話，可能會有某隻慈悲之手把它們從灰塵中拔出來，一家出版社也會為大眾服務並使他們懂得17世紀末的中國的實況。可是由於前前後後的優秀作家所寫的東西沒有這種機遇，所以人們才毫無根據地說時代變了。」

307　轉引自柯帝埃：《中國在18世紀的法國》第761頁，銘文研究院講座彙編，1908年。

308　同上。

309　《中國驅逐耶穌教徒實錄》第1頁，1769年。轉引自馬爾蒂諾：《17、18世紀法國文學中的東方》第107頁，阿舍特，1906年。

從宋朝建立（960 年）到明朝垮臺（1644 年），這期間，一種新哲學 —— 新的儒學思想產生了。這種學說吸取了六百多年的中國思想觀念。它的出現原因有二：

其一，在隋（581 ～ 618 年）、唐（618 ～ 907 年）兩朝，經濟發展很快，由於生活變得不那麼艱難了，人們開始尋求豪華與娛樂，在 755 年的天寶時期，安史之亂宣告了這種物質文明的末日來臨，被戰爭與物質財富搞得疲憊不堪的知識分子轉向一種更富精神的、簡樸好靜的內心生活。

其二，在佛教引進之後，520 年，一位傑出的印度禪宗派人物菩提達摩（Bodhidharma）到了廣東，以後一度定居在河南的嵩山。他創立了禪宗學派。文人們起先對佛教持冷漠態度，但到了唐朝中期，他們分成了兩個營壘：以韓愈為首的反佛教派和支持佛教的佛教派。這時，禪宗改造了他們的理論，取消外部的矯飾，集中精力於內省，這恰好迎合了中國這一時期的精神需要。

新儒學只不過是儒學和佛學的一種混合。起先的儒學很少談到本質，只談人命與天命。為了置身於精神實際中，可以說它幾乎排除了所有玄學。創新者在以他們的觀念與佛學相悖的藉口下，創立了新的玄學。其形式仍是儒學形式，但是，它的實質是佛學。最傑出的代表人物是去世於 1529 年的哲學家王陽明，他的基本思想可以總結為：上天是存在的，絕對的，而且是人的歸宿；對於人來說，意識就是上天；透過天生的本性，它向我們揭示善與惡、該做與不該做的事情。

當這種新玄學在社會上流傳時，文人們處於麻木狀態，為了捍衛王陽明的真理，終於產生了可悲的爭論。新儒學風尚盛行，甚至將軍們也想闡明他們關於本質與意識的見解。他們中最優秀者僅知道撰寫一些倫理學的格言，其他人則只是尋找消遣。新儒學的蛻化，是明朝覆滅的主要原因之一，它導致了 1644 年 3 月 19 日的災難，皇帝自縊於煤山，明王朝就這樣覆滅了。

因此，文人們在有了這種相當的理想主義的哲學的同時，又受辱於明的後繼者滿洲人的統治，於是他們拋棄了這種思潮而趨向於積極的研究。

　　這種反映從好幾個方面表現出來。首先，王陽明學派失去了它們的威望。明朝的覆滅給它以致命的打擊。明代偉大的哲學家劉宗周（蕺山）死於 1644 年，他是第一位改革王氏理論的人。他的基本思想凝集於這樣一句話：「再好的理論也抵不上一個微小的行動。」從這時起，人們不為學習而學習，而為行動而學習。他嚴厲地攻擊不符合實際的儒學，並創造了一種新的哲學氣氛。不少傑出的作家追隨這個運動。除劉宗周外，還有朱舜水（1600 ～ 1682）、黃梨洲（1619 ～ 1695）、顧炎武（1613 ～ 1683）、王船山（1619 ～ 1695）等。他們的行動擴展到兩個領域：1. 為恢復漢族的統治而開展反滿鬥爭；2. 恢復儒學的真正的論點與思想，使之不被錯誤的觀念所歪曲，從而導致了一場復古運動。

　　隨之，人們開始著手於本質哲學的研究。從新儒學的創立開始，知識分子傾其全力於人文哲學研究上，但他們跌入了陳規舊套。而一些人確信積極的研究是會有成果的。因為透過經驗，他們可以驗證自己研究的對象。這裡有兩位作家特別值得我們注意：徐霞客和宋應星。

　　徐霞客（1585 ～ 1640）是一位偉大的地理學家，為了研究山脈與河流而周遊各地，足跡遍布整個中國。他的著作《徐霞客遊記》不僅具有文學價值，而且特別具有地理學價值。潘稼堂在前言中寫道：「霞客之遊，在中州者，無大過人，其奇絕者，閩、粵、楚、蜀、滇、黔百蠻荒徼之區，皆往返再四，其行不從官道。……向來山經地誌之誤，釐正無遺。……然未嘗有怪迂侈大之語，欺人以所不知。」

　　另一位作家是宋應星。他死於康熙皇帝執政初年，是一位偉大的博物學家，其代表作《天工開物》按科學分法論述食物、服裝、家具、顏色。此外，這部著作中有為數眾多的圖畫，這些圖畫簡明扼要地說明了他的論點。有評論家這樣評價這部著作：「16 世紀以前在工業方面沒有一本著作能超過它，即便是在全世界，這部著作也是無與倫比的。」

　　最後，是佛教的改革。這時，禪宗達到鼎盛時期，但是，由於它的玄奧晦澀，人們覺察到它的思辨與其說是照亮人類的智慧，不如說是使人的智慧受到矇蔽。於是一種反對派出現了，一位南宗僧人袾宏（1535 ～ 1615），成為這場改革

運動的倡導者。他寫了許多小作品，並建立了虔誠的法規。由於大樸大智的指引，他懂得滔滔不絕地談悟性是危險的，應該強調的是實踐的理性。

我們可以用兩句話來描述 16 世紀末中國知識界的狀態：由於它的主觀主義的形而上學，新儒學再也不能保持自己的權威，知識分子為改變國家的文化和政治狀況而不斷地尋求積極的知識。這就促成了耶穌會士們的成績，這些耶穌會士們在利瑪竇之後，給中國帶來基督教的同時，也帶來了科學。

（三）明末清初被中國知識分子所評價的耶穌會士

當明朝末年傳教的耶穌會士到達中國時，他們帶來的不僅是一種新的宗教，而且還有科學知識。在中國知識界，這兩種東西的傳入產生了怎樣的反響呢？換言之，面對這種文化與信仰，中國的文人作出了何種反應呢？

隨著利瑪竇的作品的發行[310]，為數眾多的知識分子對傳教士給予很大關注。儘管學術思想不同、傳統不同，但他們之間的關係密切，結下了不解之緣。這些良好的關係與其說是宗教的，不如說是以科學為目的的。我們看到了傾向於正面學習的這時期一般的思想精神。耶穌會士們以其執行命令的天才的靈活性，很快明白了科學的重要性，於是科學後來成了他們傳教的最好手段。

歐洲的科學為中國的知識分子打開了一個新世界。學者韓思崑（1686 ～ 1772）寫道：「約在萬曆皇帝（1573 ～ 1620 年在位）統治中期，利瑪竇到了中國。從點、線、面、體積開始，他創立了幾何學。他按照幾何的方法構成的形與物是非常準確的。」耶穌會士們給中國學者們的禮物總是科學儀器。1719 年 10 月 14 日卜文氣（P. Porquel）神父在寫給他兄弟的信中有些很有趣的報導：「可以使他們感到高興的差不多是這樣一些東西：表，望遠鏡，顯微鏡，眼鏡和諸如平、凸、凹、聚光等類的鏡，漂亮的風景畫和版畫，小而精緻的藝術品，華麗的服飾，製圖儀器盒，刻度盤，圓規，鉛筆，細布，琺瑯製品等。」[311]

310　利瑪竇中文作品目錄：1.《天主實義》；2.《幾何原本》六卷；3.《交友論》；4.《同文算指》；5.《西國記法》；6.《測量法義》；7.《二十五言》；8.《勾股義》；9.《畸人十規》；10.《徐光啟傳》；11.《辯學遺牘》；12.《渾蓋通憲圖說》。

311　《耶穌會士書簡集》第 29 卷第 205 頁。關於畫像，我們這裡有一份有趣的文獻寫道：請僅為我們

這些物品受到中國文化人的高度評價，能使他們作出更深入的研究。但是，在思想狹隘的人中間，西方科學的優越性引起了不信任和懷疑。就像當人們第一次面臨浩蕩的大海，他們表現出一種恐懼。利瑪竇 1599 年到達北京時，正值中日衝突，人們不相信他，當時的報導把他當成一個日本間諜。

　　這種對傳教士們的不信任歸因於他們的科學能力和兩個並非不重要的原因：首先，在中國歷史上，從軍事上看，明朝是最軟弱的朝代之一，它經歷過眾多的外部失利，例如，日本在沿海省分的掠奪，蒙古王國國王的專橫。對於外國，明朝保持著一種防禦態度，它表現得如果說不是害怕至少也是不信任。其次，傳教士們會製造大砲。1622 年，應閣臣徐光啟的要求，皇上命令神父羅如望（Jean de Rocha, 1566 ～ 1623）、龍華民（Nicholas Longobardi, 1559 ～ 1654）和陽瑪諾（Emmanuel Diaz, 1573 ～ 1659）製造大砲，用以抗擊日本海盜。1639 年畢方濟（P. François Sambiaso, 1582 ～ 1649）向崇禎皇帝（1628 ～ 1644 年在位）建議：「在這關鍵時候，為了強國利民、一統天下，必須改曆；為了提供軍費，應該開挖礦藏；為了自己，應向歐洲購買大砲；為了陛下與自己的敵人鬥爭，僅獻四門大砲的區區薄禮，它們肯定能使您戰績卓著和獲得意外的滿意。」[312] 此外，畢方濟和一些葡萄牙軍隊在 1644 年清軍入關之後，還支援明朝王室反對清軍。

　　當歐洲艦隊帶著大砲和裝備到達中國時，人們以為他們是來征服中國的。學者全祖望（1705 ～ 1775）的詩是這種思想狀態的見證：

　　　　五洲海外無稽語，奇技今為上國收。

　　　　別抱心情圖狡逞，妄將教術釀橫流。

　　　　天官浪詡龐熊歷，地險深貽閩粵憂。

　　　　夙有哲人陳曲突，諸公幸早杜陰謀。

　　1784 年在陝甘總督福康安接到的聖旨上有這樣的話：「近聞西洋人與回人本屬一教，今年甘省逆回滋事，而西洋人前往陝西傳教者，又適逢其會。且陝甘

送來救世主、聖母、羅耀拉、沙勿略、格扎維埃守護神等像。但他們除了露出臉和手以外，不要暴露身體其他部位，不然他們對我們有害無益。

312　蕭一山：《清代通史》第 1 卷第 578 頁，上海，1932 年。

兩省，民回雜處，恐不無勾結煽惑情事。著傳諭福康安、畢沅，務須不動聲色，留心防範，嚴密訪拿。」

　　經多次調查，福康安寫了一份報告，我們用幾句話概括如下：根據劉道明（Dominique Liu）的供詞，天主教完全不同於伊斯蘭教，他們吃豬肉，七天中有兩天齋戒，他們敬仰唯一的上帝，並遵守十戒。我覺得這些話是善意的。歐洲人不是伊斯蘭教徒，因為他們不知道《古蘭經》。

　　然而，不應認為所有的中國人都表現出對傳教士的不信任和恐懼，很多非天主教的中國學者為修道士辯護。沈德符在其名為《萬曆野獲編》的著作中指出：一般而論，天主教是佛教的一個分支，它的學說是非常誘人的。如果認為他們，如利瑪竇、王豐肅（Alfonso Vagnoni, 1566 ～ 1640）是到我們國家來當間諜並伺機應變，我們就從根本上大錯特錯了。

　　由耶穌會士帶來的基督教同樣引起了敵視，反天主教思想在很多著作中占統治地位。但這種不利於基督教的思想與其說出自敵意，不如說來自無知。將近明末，在《罪言》中，王朝式寫道：「最初，入華歐洲人僅僅 13 位，現在多不勝數。過去僅僅在南京用天堂的諾言來吸引人民，現在，在好幾個省流傳。過去僅僅地位低下的人接受聖油和聖水，現在文化人也這樣做而且十分起勁。這些人甚至撰寫序言和跋，以此而誇耀傳教士們的美德，並躋入我們的聖人行列！假如過去的文人看到這種情況，他們會不禁失聲慟哭，因為我們正在墜落。」

　　1697 年，另一位作者郁永河談到天主教時說：「誘人入其教中，中國人士被惑，多皈其教者。今各省郡縣衛所皆有天主堂，局門閉甚密，外人曾不得窺見，所有不耕不織，所用自饒。皆以誘人入教為務，謂之『化人』。」

　　其實這是在讚美。很遺憾，他們沒有就這種吸引人的方法向我們提供更多的細節。只要看到傳教士的熱情得到的好結果就夠了。在另一部名為《破邪集》的書中，我們看到給人印象更深刻的引證，黃貞寫道：「邇來有天主教中人利瑪竇、會友艾姓儒略名，到吾漳。而鈍漢逐隊皈依。深可痛惜。更有聰明者素稱人杰，深感惑其說，堅為護衛，煽動風土，更為大患。」

如果我們仔細地探究不信任的原因，我們會覺察到基本的異議之一是基督教的排他性。由古希臘精神轉化來的經院式哲學給了他們太多的思辨。傳教士們忘記了中國知識分子的教養完全不同於西方。

此外，傳教士中那些不是耶穌會士的人太強調教理，這種強調使他們失去了中國人的人心甚至精神，[313] 同時這種強調也引起禮儀之爭。中國人對宗教不感興趣，而這些宗教的代表者們卻對一些教義和禮儀問題爭執不休。此外，這些教徒不懂漢語，更不懂這個國家的歷史，他們冒失地宣稱，中國人是偶像崇拜者，因為他們還保存著對孔夫子和先輩的祭祀。在皇家檔案的第十一部卷宗中，我們讀到康熙皇帝如下的話：「因自鐸羅來時，誤聽教下顏璫，不通文理，妄誕議論。若本人略通中國文章道理，亦為可恕。伊不但不知文理，即目不識丁，如何輕論中國理義之是非？」

同樣，我們應強調人們該把反天主教運動歸於宗教禮儀的紛爭。康熙多次聲稱：「中國的天主教徒應隨從利瑪竇規矩。否則，這種宗教信仰於中國有害。」這個證據使我們看到，如果說從一開始非天主教知識分子談起天主教都搖頭咂舌的話，可他們對利瑪竇卻還能保持著強烈的同情。這種讚揚性的評價顯而易見應歸於他的善行與科學，似乎應特別歸於他對使命的機智和靈活性。

對天主教來說，佛教是個可怕的對手。如果我們瀏覽一下傳教士們的著作，我們會讀到對佛教徒的辛辣的批評，傅聖澤（Foucquet）對德拉福斯（Auguste-Ar-mand de la Force, 1878～1961）公爵寫道：「和尚是我們所信仰的聖教理論的大敵，他們一般總是惡意中傷我們的首倡者，他們巧舌如簧地在人民中間散布流言蜚語。為了醜化我們，又用千奇百怪的沒有半點信仰的故事來添油加醋。」[314]

但是，人們不應該對這種敵視過分渲染。我們知道利瑪竇與和尚袾宏之間有友好的書信往來。此外，在《天說》中，袾宏為我們提供了這樣生動的事實：「一老宿言：『有異域人，為天主之教者，子何不辯？』予以為叫人敬天，善事

---

313 威廉·馬丁（William Martin）：《必須了解中國》第 184 頁，佩蘭，1935 年。

314 《耶穌會士書簡集》第 26 卷第 231 頁。

也，奚辯焉！」

約在 16 世紀末，在徐光啟的鼓勵下，天主教傳播很快。一位文人陳思淳有一本叫《天文學入門》的著作。在這本著作中，他攻擊天主教。他把這部書的手稿寄給了濟明和尚。濟明和尚是知識界的名人。後者回信給他：「我高興地看到你的信和讀了你的著作，由於我脫離了世俗生活，所以我不願挑起爭論。你說傳教士極力攻擊佛教，我可以告訴你佛是任何東西也毀不掉的。而且，目前佛教徒們不再恪守其本分了，他們保留的僅僅是形式而已。傳教士們的攻擊倒會使他們了解自己的真實處境，從而回到自己的真正使命上來。對於佛教來說，這是一種祝福。」這封信相當清楚地向我們表明了在天主教傳入以後佛教的態度。

在中國現代文明史中，透過耶穌會士而引入的實驗科學，對於我們似乎是一個舉足輕重的事件。出於對科學的熱愛，傳教士們特別為中國文人所重視。在他們之間，存在著真誠的交往，但同時也存在著天真的誤會。梅文鼎（1632～1721）的詩便是一個很好的例子。

梅文鼎是著名數學家，他認為，要和傳教士們一起研究數學，必須成為基督教徒。他想保持自己思想的完好無損，因此，儘管他熱愛科學，卻不敢接近這些宗教。這使他感到痛苦。後來，當他得知學者薛儀甫（即薛鳳祚）在沒有成為基督教徒的情況下，由穆尼閣神父（P. Nicholaus Smokoleusk）指導，達到了一種科學的高度，他感到非常吃驚。他的這首給薛儀甫的詩，表現了面對傳教士的中國人心理上的有趣面貌之一。

> 大地一黍米，包舉至圓中。
>
> 積候成精測，寧殊西與東。
>
> 三角御弧度，八線量虛空。
>
> 竊觀歐羅言，度數為專功。
>
> 思之費寢食，奧義心神通。
>
> 簡平及渾蓋，臆制亦能工。
>
> 唯恨棲深山，奇書實罕逢。

我欲往從之，所學殊難同。

讵忍棄儒先，翻然西說攻。

或欲暫學歷，論交患不忠。

立身天地內，誰能異初終。

晚始得君書，昭昭如發蒙。

曾不事耶穌，而能彼術窮。

乃知問郊者，不墜古人風。

安得相追隨，面命開其矇。

總之，指出中國的天主教文人對基督教的讚頌是適當的，他們的評價是確切的，這些評價，能使我們對耶穌會士在中國的活動有一個全面的看法。

謝肇淛寫道：「天主國在佛國之西，其人通文理，儒雅與中國無別。有利瑪寶者，自其國來，經佛國而東……其書有《天主實義》，往往與儒教互相發，而與佛老一切虛無若空之說，皆深詆之，是亦迷陽之類耳。……其說為近於儒，而勸世較為親切，不似釋氏動以恍惚支離之語愚駭庸俗也。與人言恂恂有禮，詞辯叩之不竭。異域中亦有人也已！」

另一位作家張爾岐（1611～1677）為我們描繪出利瑪寶一幅唯妙唯肖的畫像。這幅肖像是一個珍貴的明證，因為張爾岐不僅對經典著作很博學，而且是一位偉大的思想家，請看他是怎樣描繪這位傑出的傳教士的吧：

（張爾岐的《蒿庵閒話》。）瑪寶初至廣州，下舶，髡首祖肩，人以為西僧，引至佛寺，搖首不肯拜，譯言我儒也。遂僦館延師讀儒書，未一二年，「四子」「五經」皆通大義。乃入朝京師。所言較佛氏差為平實，大指歸之敬天主，修人道，寡欲勸學，不禁殺生。專以闢佛為事，見諸經像及諸鬼神像，輒勸人毀裂。

如此生動準確的肖像，不需要加以評論。時代的總精神趨向是積極的，基督教披著科學的外衣加以傳播，正是對中國當時的實際傾向的一種反應。人們以基督教的積極的特點來與佛教分庭抗禮。

1925 年發現的皇家檔案第十一部卷宗，使我們了解到康熙五十九年（1720年）十一月十八日皇帝召見耶穌會士的情況。這個皇帝御筆修改過的文件談到鐸羅來華後的禮儀之爭。康熙對教士們說：「自利瑪竇到中國，二百餘年，並無貪淫邪亂，無非修道，平安無事，未犯中國法度。」「今爾教主，差使臣來京，請安謝恩。倘問及爾等行教之事，爾眾人共同答應中國行教俱遵利瑪竇規矩。」

「貪淫」二字是皇帝親筆加的，原文只有「並無邪亂」的字樣。皇帝的這個補充告訴了我們皇帝本人對耶穌會士的意見。

耶穌會士們受到了非天主教文人一致而友好的承認。康熙年間，天主教有很大發展，下一章，我們將闡述康熙與天主教的關係。

《耶穌會士書簡集》為我們提供了為數眾多的證明，我們只需引證一位僧人璣山《詠澳門教堂》的兩句詩就夠了：

> 街口相逢者，
>
> 皆是去教堂。

二、康熙皇帝和耶穌會士們

1661 年，24 歲的順治皇帝駕崩，並指定其第三個兒子即後來有名的康熙，這位「中國的路易十四」[315]繼位。在這位皇上未成年之前，由皇家四位親王攝政，但他們的決定需得到皇太后的批准。

妃嬪所生的康熙皇帝，從童年時代就表現出少有的聰明和智慧。1667 年處決他的大臣鰲拜之後，愈加顯示出他的性格。[316] 白晉在自己的著作中說：「他的威嚴構成中國皇帝的歷史性的肖像。」他身材勻稱，氣宇非凡，面容端莊，雙眼比他同族的人要大而且炯炯有神，鼻梁微彎，鼻尖圓潤，天花在他臉上雖然留下了幾個麻點，但絲毫沒有使他煥發的風采減少分毫。[317]

315　布魯凱爾（Brucker）神父：《18 世紀傳教士繪製中國地圖和書簡集》（根據未出版文獻整理）第387 頁，巴黎，1890 年。

316　《清代通史》第 3 卷第 1 冊第 396 ～ 399 頁。

317　白晉：《中國皇帝康熙傳》第 11 頁，巴黎，1698 年。

康熙皇帝面色溫和，顯得有幾分仁慈而溫文爾雅。據當時的回憶錄載，他的威儀不僅不會使人恐懼，而且會使人產生一種愛戴感，一眼便使人看出，他是天朝大國的主宰。[318]《耶穌會士書簡集》的序言中，對康熙皇帝的精神面貌有所描述：「康熙的靈魂，特別偉大，取巧與欺詐都不敢逞顯。他記憶特強，遇大事有決斷，凡斷一事，非常慎重，必不冒險，可以說永遠能夠控制自己。」[319]

耶穌會士們所做的這種褒揚性的描述是符合實際的。在皇帝與教士之間建立起一種和諧與默契的相互關係。從以上的敘述中可以看到，這種熱情是出於不同的動機：皇帝一方是為了科學，另一方，傳教士們是為了傳播《聖經》。正是由於這個原因，當代人強烈地譴責傳教士們是在尋求社交的榮耀和大人物們的庇護。請看下面的事實，傳教士們的反對者在宗教和禮儀的探討性的爭論中表現出盲目的反對情緒，爭論的雙方被情感迷住了眼睛。當湯若望被任命為欽天監監正時，耶穌會士安文思於 1649 年初向他發難，並於該年年中，上書要求罷免湯若望。在羅馬書院的教授們進行了長達十五年之久的一系列調查之後，耶穌會會長奧利瓦才得出如下的結論：「看來湯若望神父是像從前一樣工作。為了基督教的繁榮、穩固和擴張，他負起如此重大之使命，並不覺得困難。」[320] 這是 1664 年 1 月 13 日的事了。

康熙皇帝與耶穌會士的關係自然而然地引出如下三個問題：

1. 為什麼康熙如此器重這些宗教人士？
2. 他們的關係是怎樣形成的？
3. 其結果又如何？

我們試著回答這些問題，這是很重要的，因為對這些問題所提出的答案，將有益於理解杜赫德的著作。

---

318 南懷仁神父在陪皇帝旅行中，陛下向他問在法語中幾種鳥的名字。幾年以後，遇到同類鳥時，皇帝陛下可以用南懷仁神父的語言向他說出這種鳥的名字。參見《中國皇帝康熙傳》第 30～31 頁。

319 《耶穌會士書簡集》，《中國回憶錄》第 23 卷第 18 頁、第 25 卷第 16 頁，巴黎，1831 年。

320 德·拉·塞爾維耶爾 (De la Serviere)：《一部新作中的湯若望神父》，載《傳教史》雜誌，1934 年，第 519～521 頁。

（一）為什麼康熙重視耶穌會士

可以說康熙皇帝對傳教士特別是耶穌會士的親善是出於他的天性：「他生來就有一種博大、睿智和好奇的精神。」[321] 這三種品格足以證明他的開明治國的偉大。17、18 世紀的歐洲作家們把他的名字和路易十四的名字相提並論。拉蓋特（Raquet）神父在讚賞《中華帝國志》這部書時，以不容置疑的方式寫道：「法國的耶穌會士們是些出類拔萃的人物，他們與生俱來的天才和在致力於福音書的推廣中所煥發出的卓越精神，使與他們同時代裡的兩位最偉大的帝王路易十四和康熙爭先恐後地賜予他們恩惠。」[322]

康熙的博大精神體現在一切領域之中。為了持久的和平，他不僅想打破漢人與滿人的隔閡，而且還想取消中國人與歐洲人的界限。1928 年 3 月，人們在北京的故宮檔案裡發現了十四件關於梵蒂岡教廷使團來華的文獻資料。[323] 康熙皇帝親手用硃筆御批的第十一件文書顯示著他的博大的精神境界。我們把這個反映當時由於傳教士們之間的看法分歧而使他們的使命處於危難境地的文件翻譯一下，康熙的博大精神便可見一斑了。他寫道：「前日曾有上諭，鐸羅好了陛見之際再諭。今聞鐸羅言『我未必等到皇上次來』的話，[324] 朕甚憐憫。所以將欲下之旨曉喻。朕所欲言，近日自西洋所來者甚雜，亦有行道者，亦有白人借名為行道，難以分辨是非。如今爾來之際，若不定一規矩，唯恐後來惹出是非。也覺教化王處有關係，只得將定例，先明白曉喻，命後來之人謹守法度，不能稍違方好。以後，凡自西洋來者，再不回去的人，許他內地居住。若今年來明年去的人，不可叫他居住。此等人譬如立於大門之外，論人屋內之事，眾人何以服之？況且多事。更有做生意、做買賣，此等人益不可留住。凡各國各會皆以敬天主者，何得論彼此，一概同居同住，則永無爭競矣。為此曉喻。」

321　《耶穌會士書簡集》，《中國回憶錄》第 23 卷第 18 頁、第 25 卷第 16 頁，巴黎，1831 年。

322　杜赫德：《中華帝國志》第 4 卷《讚賞》，含雷·拉海依出版，1736 年。

323　《康熙與羅馬使節關係文書影印本》（插圖版），北京，1932 年。這些文獻是珍貴的，它們確定了在禮儀之爭中康熙皇帝的態度。

324　康熙四十五年二月四日，皇帝在北京周圍巡察。

如果說這位皇帝眼界的開闊值得我們欣賞的話，那是因為他實踐了如下的基本原則：作為一個君王，在他身上統一性和多向性應該是共存的，這種共存不是混合在一起，而是融合在一起的。在他的同代人眼裡，康熙皇帝幾乎像個超自然的人物。1743 年著名畫家王致誠神父向達索（d'Assaut）先生寫道：「這裡有一位蓋世無雙的人，這就是皇帝。」[325] 這種與絕對權威相得益彰的思想品格使他贏得了功德與光榮。「他的功德與光榮越過了遼闊的海域，使整個歐洲都刮目相看和無比讚譽。」[326]

博大精神脫離了智慧，那將像一朵沒有香味的花，不管它有多麼美麗，總是一種缺憾。1704 年，當中國學者撰寫清朝的上一個朝代 —— 明朝的歷史時，康熙御筆寫下了一個充滿智慧的按語，他說：「明史不可不成，公論不可不探，是非不可不明，人心不可不服。關係甚巨，條目甚繁。朕日理萬機，精神有限，不能逐細批覽，即敢輕定是非，後有公論者，必歸因朕。朕不畏當時而畏後人，不重文章而重良心者也。」[327]

不論是在他的公務生活還是在他的私生活中，康熙皇帝的智慧都宛若一盞聳立於孤島上的明燈，在充滿暴風雨的沉沉黑夜裡驅逐著黑暗，指引著大海的航船。正是由於這個原因，杜赫德神父在談及康熙皇帝的大治時，指出：「中國享受著深沉的和平，沐浴在皇帝的榮光與智慧之下。」[328]

在宗教事務中，作為至尊的皇帝，所表現出的謹慎是顯而易見的。對天主教和對其他宗教一樣，他總是表現出一種父親般的親情。不要忘記，在康熙皇帝眼裡，基督教是一種外國宗教；也不要忘記，在耶穌會士們眼中，這位帝王，「生於偶像崇拜的氛圍之中，從童年起就飽受民眾的逢迎，受到迷信觀念的哺育」[329]。然而馬若瑟（Joseph de Prémare, 1666 ～ 1736）神父 1699 年 2 月 17 日給拉謝茲（Père Lachaise, 1624 ～ 1709）神父的信寫道：「使我感到最大的欣悅

325　《耶穌會士書簡集》第 35 卷第 247 頁。
326　《中華帝國志》第 2 卷第 6 頁。
327　《清代通史》第 1 卷第 632 ～ 633 頁。
328　《中華帝國志》第 1 卷第 478 頁。
329　李明（Louis Le Comte）：《中國現狀新志》第 1 卷，書簡，阿尼松出版社，巴黎，1696 年。

是，這位君王給天主教以從未有過的優待。」[330] 假如沒有其他文件來證明皇帝這一優厚的恩惠，那麼這封信的價值尚可值得懷疑，但在 1925 年 7 月發現的皇家檔案中的第十一件文書中，我們找到這種相吻合的言論，皇帝寫道：「使爾等各獻其長，出入禁中，曲賜優容致意。爾等所行之教，與中國毫無損益。」[331]

為了更好地理解康熙的關注精神，讓我們讀讀白晉神父下面這句話吧，皇帝一直對他特別厚待[332]：「他（皇帝）詢問得很多，並難得地首先袒露了他的感情，他傾聽著人家對他講的一切，以便從容地進行更改，一位對他所見所聞進行如此思考的帝王是很難得的。」[333] 下面，讓我們試著進一步探討一下皇帝的精神境界。

明末清初，耶穌會教士們用西方文明對中國所做的啟蒙是中國文明史上一件具有重大意義的事情。當白晉神父論及耶穌會教士的科學對這個帝王產生的影響時，用有點自豪的口氣提出下面的話是有道理的：「耶穌會士們長期以來使他了解到關於歐洲所有的王國和世界其他民族，以及獻給他的不同時代的外國優秀作品，尤其是他從我們的藝術和科學中獲得的眾多知識，使他認識到：尊重和擅長科學與藝術的人不僅中國有，外國也有。」[334]

誰不尋求好奇心的滿足？但一位帝王如果為求知欲所驅使，則要比一般人更容易招來危險：新的愛好會使人幾乎忘記自己的本能。但在康熙身上，他的求知精神總是保持著適度的分寸。他不僅能控制自己求知的激情，而且還懂得利用這種激情。杜赫德神父在《中華帝國志》中對他這種稟賦講得很透徹：「這位日理萬機的一代君王，卻仍是偷閒去鑽研科學，他對科學有著一種特殊的天才和嗜好……他想學習幾何、代數、物理、天文、醫學和解剖學。」[335]

330　《耶穌會士書簡集》第 26 卷第 89 頁。

331　《康熙與羅馬使節關係文書影印本》，第十一件文書。

332　《耶穌會士書簡集》，第十三。康熙五十五年十二月二十二日，教廷代表嘉樂大人被皇帝召見。皇帝對他說：「在中國之眾西洋人，並無一人通中國文理者，唯白晉一人稍知中國書義，亦尚未通。」

333　《中國皇帝康熙傳》第 28、31 頁。

334　《中國皇帝康熙傳》第 28、31 頁。

335　《中華帝國志》第 1 卷第 478 ～ 479 頁。

他執政的時代是一個輝煌的時代。他的偉大應毫不含糊地歸於他的文化素養，這種素養能使他尊重大臣們的建議和珍惜學者們的勞動。他的私人房間裡不像他的先輩們一樣充滿首飾和古代藝術品，而是以科學儀器作為裝飾。下面是白晉神父一句意味深長的話：「在所有的儀器中，他最喜歡的是用於觀察天體的雙筒望遠鏡、兩座掛鐘、水平儀，這種儀器精確度很高，他讓把這些儀器擺在自己的房間裡。」[336] 這樣的房間與其說是寢室，倒不如說更像是個實驗室。

必須指出，康熙皇帝對耶穌會士們的器重不只是由於他與生俱來的難能可貴的稟賦，而更重要的是一種傳統的中國態度。在這種親善中，可以看出他是在忠於孔夫子的思想。孔夫子說：「父在觀其志，父沒觀其行。三年無改於父之道，可謂孝矣。」[337] 在中國，一位偉大的帝王的品格就是忠於父道。假如我們觀察一下順治和湯若望之間的關係，就明白了，為什麼康熙對耶穌會士們充滿好感。

1650 年，在攝政的多爾袞死後，清朝的第一任皇帝順治執政。這位年輕的帝王有著優秀的品格，尤其熱愛正義，但他太沉緬於酒色。湯若望透過他的科學和品德很快得到了這位君王的恩寵。皇帝喜歡看到這位德高望重的老人[338]，並把他稱作「通玄教師」[339]。如果德·拉·塞爾維耶爾神父關於湯若望的文章可靠的話，那麼在皇帝和這位天文學家之間存在著一種確定的親密關係。他說：「有一天湯若望為滿足這位年輕君王的好奇心，穿戴上神職服裝，表演和解釋彌撒儀式的主要程式。」[340]

此外，順治愛和他一起長時間聊天，或者一起在花園裡一邊摘花採果，一邊散步。這種厚待也許在歐洲人看來是很自然的事，然而在中國人眼裡，這簡直是不可思議的事情。因為，不要忘記，正如杜赫德神父所說：「皇帝有絕對權威，

---

336 《中國皇帝康熙傳》第 142 ～ 143 頁。

337 普梯埃（Pauthier）：《東方經書》，《論語·學而篇第一》，十一，第 178 頁，巴黎，1840 年。

338 在 1656 年和 1657 年之間，中國皇帝順治曾 24 次到湯若望寓所探望他。參見德·拉·塞爾維耶爾《一部新作中的湯若望神父》第 510 頁。

339 喬斯·肖（Jos Siao）：《中國教會史》第 283 頁，1931 年。「神奇的神父」中文為「通玄教師」。

340 《一部新作中的湯若望神父》第 510 頁。

他威嚴的儀表簡直就像神。」[341] 無論如何，湯若望得到順治皇帝的歡心，這一點是確定無疑的。著名歷史學家蕭一山先生確認說：「亙順治之世，清廷對於若望等，始終優待，無中國菲薄夷狄種族之見。」[342]

康熙對利瑪竇也是同樣的態度。對中國人甚至對皇帝來說，首要的義務是謹守父道。

但是，我們剛才闡明的理由不是唯一的，應該強調指出的是，耶穌會士們的優秀科學代表西方文明確實是當之無愧的。

「把科學和理性灌輸給執政者」[343]，這是耶穌會士們在世界所有國家的辦法。這種辦法對中國不僅適用，而且是機靈而大受歡迎的。所謂機靈，是指其同中華民族在透過「長期科舉制而形成的一種僵化精神相對而言的」[344]；所謂大受歡迎，是因為在實驗科學方面，中國沒有歐洲那樣教養有素。因此，耶穌會學者們在中國文人中重新喚起了對天文學、數學，特別是對實用科學的興趣。梁啟超先生死於 1928 年，但是他的影響至今還能感覺得到。他公正地說：「明末有一場大公案，為中國學術史上應該大筆特書者，日歐洲歷算學之輸入。中國知識線和外國知識線相接觸，晉唐間的佛學為第一次，明末的歷算學便是第二次，在這種新環境之下，學界空氣，當然變換。」[345]

我們不能同意皮諾特先生的觀點。他說：「耶穌會士們充滿對中國精神進行讚美的渴望，是由於中國人給數學、天文學……帶來熱愛和尊敬，然而事實並非如他們異想天開的那樣美好。」[346] 為了對這種非議做出回答，我們不妨從康熙統治下的中國非天主教學者們所撰寫的《明史》中尋找答案，從該書我們知道，「當時中國非天主教學者們認為，來自西方的文人是些教養很高的人。他們不在乎名譽，而專心致志於自己的使命。他們著作中所論之事我們尚不知道。有些好奇的

---

341 《中華帝國志》第 2 卷第 10 頁。

342 《清代通史》第 1 卷第 679 頁。

343 G.S. 德莫朗（G. S. de Morant）:《法國耶穌會士在中國的業績》第 43、44 頁，格拉塞出版社，1928 年。

344 同上。

345 梁啟超:《中國近三百年學術史》第 13、14 頁，上海，1927 年。

346 皮諾特:《中國與法國哲學思想之形成》第 21 頁，1932 年。

人愛和他們聯繫……相當多的人，除了皇親以外，都和這些文人有了聯繫」[347]。

對傳教士懷有好感的康熙皇帝首先是一位藝術與科學的朋友。這些「在中國宣傳信仰的耶穌會士們，不僅對自己的宗教高度地虔誠，而且是些光輝無比、文學造詣甚高、熟悉幾何的人，是些天才學者，即使在歐洲，他們也是傑出的天才的人物」[348]，因此，皇帝豈能無動於衷？中國的偉大帝王們都恪守這樣的格言：「利用天才乃是智慧的象徵。」

洪若翰神父在 1703 年 2 月 15 日寫給拉謝茲神父的信中說：「11 月 2 日我們接到皇帝召我們去北京的充滿善意的聖旨：『所有傳教士們都到我的宮廷來，懂得數學的人留在我的身邊服務，其他人可去外省或他們願去的地方。』」[349] 這已成了一個定規，耶穌會士們在離開自己的國家之前，就得使自己通曉科學。難道他們錯了嗎？這種方式能說明他們的目的嗎？這個問題不屬於我論述的範疇了。可以肯定的是，耶穌會士們在中國宣傳科學的同時，他們也毫不隱瞞自己的計畫，即在中國培植天主教信仰，並要消除異教的勢力。[350]

（二）皇帝與耶穌會士的關係

在進入問題的重點之前，先該做一個重要的提醒。從導致形成這種友好和有時雙方彼此疑惑的關係來看雙方的意圖，如果他們不是根本對立的，起碼他們也是不相同的。康熙皇帝對耶穌會士們的感情是以分享共同利益為標準的，誰有卓越的才能誰就受到君王的器重，是這位皇帝的一個直接的原則。如果耶穌會士們在北京宮廷受過獎勵，那是因為他們精明和能幹。可以舉出很多這樣的例子。如劉應（Claude de Visdelou, 1656 ～ 1737）神父曾「受皇帝之召到各省去治理泛濫全國的洪災」[351]。至於耶穌會士們，他們是把宗教利益置於首位的，假如給他

347　陳垣：《從教外典籍見明末清初之天主教》。

348　《現代作品概況》第 6 卷第 284 頁，1736 年。

349　《耶穌會士書簡集》第 27 卷第 76 ～ 77 頁。

350　《中國皇帝康熙傳》第 250 ～ 251 頁。「由於一個多世紀的經驗，人們認識到科學是一切自然手段中最重要的手段，上帝想讓傳教士利用這種方式把信仰傳入中國並在中國紮根。今天似乎還想讓他們以大張旗鼓的方式利用它在中國剷除異教」。

351　《耶穌會士書簡集》第 26 卷第 90 頁。

們機會教化於皇上的話，他們能接受任何重任。皮諾特先生用他帶點諷刺的語調說：「體力活，我說的是假如人們需要手藝的話 —— 在神父們的生活中占有比數學更重要的地位。」[352] 果真如此的話，那麼對耶穌會士們來說，這是一種分外的光榮。

在像中國這樣一個文化與宗教傳統如此根深蒂固的國家裡，實用目的和宗教目的很難達成協議。要使這兩個截然不同的目的之間建立起一種和諧，的確非得有像康熙皇帝這樣一位英明的君主所擁有的權威才行。[353]

耶穌會士們利用了康熙皇帝的這種精神狀態，把天主教信仰的根子在中國扎得如此之牢，以致儘管康熙的兒子和繼承人雍正皇帝百般禁止，在他執政十年之後，據廣東政府的報告，僅廣州一城就有八座教堂，信徒達一萬之眾。[354] 要達到這樣的數字，耶穌會士們和皇帝之間的關係達到了一種多麼友好和牢固的程度啊！下面我們願意對這種關係給一個清楚而準確的描述。

這種關係首先帶有知識的特點。對康熙皇帝來說，耶穌會士們不是教徒，而是教授。眾多的文獻資料告訴我們，康熙皇帝以何等熾灼的熱情來研究實用科學。洪若翰神父 1703 年 2 月 15 日的信告訴我們，皇帝「把著直尺和圓規愛不釋手」[355]。身居金鑾寶殿，身穿龍袍蟒褂，頭帶珍珠皇冠的皇帝洗耳恭聽身穿朝服的耶穌會士們的講解。這是位神奇莫測的學生 ——「皇帝在短短的時間內竟變得那樣通曉，以至他竟寫成了一本幾何書」[356]。他的確熱愛這門科學，他說「他相信自己讀歐幾里得《幾何學》從頭到尾至少有 12 次之多」[357]。他不僅知道歐

352　《中國與法國哲學思想之形成》第 23 頁。

353　雷昂・維埃瑞（Leon Vieger）在一篇談及中國的文章中寫道：「由於傳教士在北京受到厚待，基督教才度過了幾次危機。1692 年康熙皇帝頒發寬宏的詔令，但由於文人們心懷恐懼，所以這詔令是康熙皇帝實際上又將它禁止了。」（《天主教信仰的衛道字典》，巴黎，1911 年，《中國錄》第 525 頁。）事實駁斥了這種謊言。根據中國最近在北京發現的文獻，禁止傳播基督教是宗教禮儀之爭的結果，而不是康熙皇帝對傳教士態度的轉化。甚至在教皇克萊芒十一世《論另一世界》詔書之後，康熙皇帝對耶穌會士仍保持著非常真誠的感情。

354　《從教外典籍見明末清初之天主教》第十一章。

355　隋葛駝（Suoeo Goto）：《現代遠東和西方最初的文化交流》，載《比較文學》雜誌，1928 年，第 407 頁。

356　同上。

357　《中國皇帝康熙傳》第 128 ～ 131、126 ～ 127 頁。

幾里得，而且知道阿基米德。

這種熱情自然引起親近他的人的欣賞。白晉神父向我們提供了關於這方面有趣的細節：安多（Antoine Thomas, 1644 ～ 1709）用中文向他講解南懷仁（F. Verbiest, 1623 ～ 1688）神父以前教過他的教學器具的使用方法及幾何、算術的應用。他叫我們慢慢講解他一直想知道的歐幾里得的原理之精髓，而且想對這些東西理解得和老師一樣深刻。[358]

幾何不能滿足他求知的胃口。他還想知道其他的科學。在談到杜赫德的著作時，《現代著述略覽》的作者向我們提供了極有意義的情況，這些情況使我們準確地了解到這位偉人的科學知識是多麼豐富：「他們（耶穌會士們）教他有關光學的知識，並在好多試驗中向他展示各種奇蹟，同時還教他反射光學、透視、靜力學以及流體靜力學等。」[359]

要知道，在中國人的頭腦中，老師的地位是和天地、人君、父母同等的，對他不僅應該尊敬，而且必須崇拜。因為對中國人來說，老師是傳播真理的人。這種近似宗教式的感情向我們說明了康熙皇帝對耶穌會士們厚待的程度。在白晉的《中國皇帝康熙傳》中，我們讀到這樣的話：「終於，他竟讓我們和他並肩坐在他的寶座上，這使我們誠惶誠恐，因為除了對他的孩子而外，他對任何人也不曾這樣做過。」[360]

在我們說康熙對耶穌會士們的高度器重不是由於宗教的原因時，這毫不意味著在他們的交談中不涉及基督教的真諦。根據我們掌握的中國資料和歐洲文獻，我們能肯定，康熙皇帝不僅高度評價天主教，而且當著滿朝文武讚揚過天主教。[361]

在南懷仁神父逝世十天後，於 1688 年 2 月 7 日五位新的教士抵達北京。[362]3 月 31 日，他們受到皇帝的召見，皇帝的純樸使他們深有感觸。

358　同上。

359　《現代作品概況》第 7 卷第 17 頁。

360　《中國皇帝康熙傳》第 165 頁。

361　《耶穌會士書簡集》第 25 卷第 21 頁。

362　五位法國耶穌會士是：居伊・塔夏爾（Guy Tachard）、張誠（Jean F. Gerbillon）、白晉、李明、劉應（參見《耶穌會士書簡集》第 27 卷第 106 頁）。

這些被路易十四授予數學家頭銜的耶穌會士們,透過自己的科學和品德在中國取得了牢固而特殊的地位。作為對他們服務的報償,1692 年皇帝頒發一道對他們優惠的豁免詔書,這是一個明顯的進步,因為國家首腦明確地承認了「天主教沒有做任何不好或有失檢點的事情」。[363]

1693 年 7 月,皇帝懷著父親般的善意為法國耶穌會士在皇城賜選一座寓所,神父們在周圍建造了一所小教堂。六年以後,康熙皇帝特許他們在這座房子附近一塊廣闊的場地上建造一座教堂。張誠和白晉兩位神父用四年的工夫經營,建成了一座外觀十分漂亮的教堂。此外,康熙皇帝還想讓他手下的一位大臣把那座寓所和教堂都管起來,以向全朝表明這是陛下特別關注的事情。[364] 在皇帝第二次(1689 年)巡遊南方諸省之前,他曾詢問過洪若翰神父,「在他的途中是否會找到幾個我們的教堂」[365]。這表明,耶穌會士與皇帝始終保持著極好的宗教關係。郭弼恩神父(Charles Le Gobien, 1652 ～ 1708)說:「深諳基督教的康熙皇帝對教士們有求必應。」[366] 他的話是有一定道理的。

此外,白晉神父一直享受特殊的待遇。在給拉謝茲神父的一封信中,他講道:「同一天晚上八點,陛下在他的書房第二次召見我們,而且比上午更親近,談的時間更長。」[367] 但更使我們感到有點破格的是,皇帝向南京和杭州的教堂派去了一個人,「了解這些教堂的情況,以表示對那裡真正的上帝的尊崇,並了解這些教堂的情況」[368]。

當然,我們也無需誇大皇帝的這些稟賦。康熙之所以歡迎耶穌會士,更重要的原因不是他們的宗教,而是他們的科學。其證明是,當他們接到豁免詔書時,皇帝對他的執法長官說:「須寫給各省傳教士,善用此種特許,毋使各地官吏有

---

363 康熙三十一年陰曆正月三十日,康熙皇帝詔書:「各省居住西洋人並無為惡亂行之處,又並非左道惑眾,異端生事。」參考郭弼恩神父的《中國皇帝就基督教頒發詔書史》,巴黎,安尼松書屋,1698 年。

364 《耶穌會士書簡集》第 26 卷第 127 頁。這個教堂毀於 1827 年。

365 《耶穌會士書簡集》第 27 卷第 106 頁。

366 《中國皇帝就基督教頒發詔書史》第 126 頁。

367 《耶穌會士書簡集》第 26 卷第 105、107 頁,第 27 卷第 125 ～ 126 頁。

368 同上。

所控告。反之，朕即立刻撤銷。」[369]

　　耶穌會士們不知道康熙對他們的真實感情，他們把這些情況告訴了自己的同事和朋友，《耶穌會士書簡集》反覆證明了這一點。這裡必須說明一下耶穌會士們所使用的方法。首先，透過科學實踐，他們贏得康熙皇帝的厚遇，由於這種厚遇，他們才得以進行傳教活動。其次，他們向中國人指出儒學與基督教義之間理論上的契合，用這種方法來開闊中國人的眼界。這種策略得到了教皇英諾森十一世（Innocent XI）的讚許，他在 1681 年 12 月 3 日給南懷仁神父的信中寫道：「但願助人的上帝給你們保佑，我對你和像你一樣的人在這個民族作為宗教利益服務的人們別無它求……」[370] 對於這第二步，皮諾特先生講得千真萬確：「中國人看到基督教不違背自己的傳統和歷史，而只是自己的歷史和傳統的另一種表達方式，他們才會自發地親近基督教。」[371]

　　透過這種機智、高尚而合法的手段，耶穌會士們取得了輝煌的成就。「看到皇帝如此公開地宣布自己是我們教會的庇護人，對於基督徒來說是莫大的喜悅。」[372] 由於這位帝王對基督教親善的舉止，當時人希望「在一個世紀後出現一個全盤基督教化的中國」[373]。

　　中國的傳教史是充滿痛苦的，唯有康熙皇帝和耶穌會士們之間的純潔燦爛的友誼之星在昔日蒼涼的天空中大放光明。在康熙十分寵愛的一位漢族血統的王子死後，在他的長子、王位繼承人被廢黜以後，家庭糾紛使他浸入萬分憂鬱之中，並伴有劇烈的心悸病，人們開始擔心他的生命。[374] 疾病使他處於十分衰弱的境地，從中醫的觀點來看，他已沒有任何希望了。[375]「羅德先神父服侍他恢復了健康，耶穌會士們為恢復他精神上的健康比為了恢復他的身體的健康更為賣力，他

369　同上。

370　布魯凱爾（Brucker）：《耶穌會》第 662 頁，1919 年。

371　《中國與法國哲學思想之形成》第 92 頁。

372　《耶穌會士書簡集》第 26 卷第 127 頁。

373　《中國皇帝康熙傳》第 242 ～ 244 頁。

374　《耶穌會士書簡集》第 28 卷第 52、55、56 頁。

375　同上。

們滿懷著希望的心情」，「為了這位偉大帝王的康復」[376] 而不斷使自己的祈禱花樣翻新。

（三）皇帝與耶穌會士們親密關係的結果

這些關係的第一個積極成果是基督教的發展。我們可以在《耶穌會士書簡集》中找到有關在中國傳教的不可勝數的細節。大歷史學家萬斯同總是誤解基督教，他寫了一首打油詩，告訴我們基督教是怎樣迅速傳播的：

> 天主教設何怪妄，
>
> 著書真欲欺愚昧。
>
> 流入中華未百年，
>
> 駸駸勢幾遍海內。[377]

由於康熙皇帝的庇護，基督教才得以迅速傳播。他的這種庇護甚至被寫到打油詩裡。這一事實引起了伏爾泰的嘲笑。基督教的迅速擴張引起了非基督教人士精神上的不安，人們簡直懷疑這些傳教士是些政客。首先是他們的科學能力使人不安；其次，他們自由出入宮廷，使人擔心他們會有什麼陰謀。[378]

第二個結果是，由於傳教士對中華帝國的種種效力，他們被提到大臣的顯要地位。需要說明一點，沒有一個傳教士接受正式官員的職務，比如一個省的總督之類，但他們的官品卻使他們享有相當高的榮譽。

舉例來說：「當白晉神父外出時，他享有與欽差大臣同樣高的禮遇，眾人陪同，前邊是樂隊，接著是抬著『布道臺』的吶喊者和馬鞭隊。其中有人舉著紅色木牌，上寫『欽差』兩個大字，『欽差』就是宮廷特使的意思。其他人執著龍杖，在兩根粗方棍頭上盤繞著兩隻金色的神龍。抬轎子的人們緊隨其後，轎子兩

376　同上。

377　萬斯同（1642～1702），浙江人，《明史稿》的作者。我們引用的詩名《新樂府》參閱《從教外典籍見明末清初之天主教》第六章。

378　梁啟超：《中國近三百年學術史》第29～30頁。根據口頭傳聞，耶穌會士們參與了皇太子胤礽反對由喇嘛所支持的胤禛的糾葛。後者在康熙皇帝死後成了皇帝，下令禁止基督教。

邊幾個人步行伴隨，其他人則騎馬步後，一個人打著一把大黃羅傘，傘高高地撐著，在空中飄蕩。另一個人則持著一把類似大方扇的東西，上部向下彎著，每逢官員們乘露天轎子外出時，它總是為他遮著太陽。因為白晉神父的轎子是封頂的，所以這把風扇只加雜在隊伍之中，但由於它是金色的而且體積很大，所以它總是一個很醒目的裝飾品。」[379]

在康熙手下的，我們應首先提到南懷仁神父，他是欽天監監正，工部右侍郎。「對南懷仁，康熙總是從心眼裡器重，他給他以從未給別人的特殊待遇。」[380] 其次，我們應該提及戴進賢神父，康熙任命他為欽天監監正。這位神父知識淵博，人們稱讚他是一位「精神磊落的人，並在天文學上是首屈一指的人物」[381]。以後，他的地位更加顯赫了。這證實了皮諾特先生的話：「一件朝服就像一種美德的合格證。」[382] 這似乎是一種諷刺，實質上，這是千真萬確的。因為，一位當時的人評述道：「這些歐洲人的操行是純潔的。」[383]

我們同樣應提到張誠和徐日升，他們在和俄國訂《尼布楚條約》時（1689年）當過翻譯。在會談期間，這兩位神父表現得機智而忠誠，受到雙方的高度評價。由於他們的斡旋，中俄之間終於達成和解。他們的竭誠服務後來由頒發的豁免詔書而得到了報償。[384]

這些在中國錦衣朝服、出門乘轎的耶穌會士們引起了很多的批評。洪若翰預見到這種後果，他說：「我可以保證，這並不是我們所追求的，而是我們儘量避免的。但是當我們接受王命而進出於皇宮時，我們是無權拒絕這種殊遇的。」[385]

第三個據我的看法是更為重要的結果，那是在知識範疇內所引起的後果。一

379　吉奧·吉拉爾蒂尼（Gio Ghirardinu）：《1698 年乘昂菲特里特號輪船漫遊中國紀實》第 73 ～ 75 頁，巴黎，尼古拉·佩比出版社，1700 年。

380　《中國皇帝康熙傳》第 162 頁。

381　L. 溫赫（L. Van Hée）：《在中國做官的耶穌會士》，載《傳教史》雜誌，1931 年，第 39 頁。

382　《中國與法國哲學思想之形成》第 73 頁。

383　陳懷康的話。轉引自《從教外典籍見明末清初之天主教》第七章。

384　還有其他在清朝為官的耶穌會士，但是因為我們談的是康熙與耶穌會士的關係，所以我們沒有提到那些與康熙沒有官方關係的耶穌會士們。

385　《耶穌會士書簡集》第 27 卷第 78 頁。

方面是西方文明被引入中國，另一方面是歐洲人了解了中國。聖馬丁（Vivien de Saint Martin, 1802～1896）在他的《地理學史》中中肯確切地指出：「中國地理學歷史的偉大時代是 1687 年。這一年，法國布道團的到來具有劃時代的意義，其中塔夏爾（應為洪若翰）、張誠、劉應、李明和白晉形成了第一個核心。這個布道團一直因擁有眾多的傑出人物而享有盛名。多虧了這個布道團，人們才會看到一大批關於東亞的歷史、人文科學、地理學知識的珍貴文獻。」[386]

中國對於以上結果顯得更為嚴肅。它首先採取一種消極的態度，就事論事，為了避免可能會產生棘手的困難的兩種文明間的衝突，它寧願保持孤立。它沒有看到文化的孤立與其繁榮是背道而馳的。滾滾東去的大江是任何人力難以阻擋的，即使築起了堤壩，所造成的災難會更不可收拾。耶穌會士帶來的西方文明就好比這樣的大江。康熙死後，科學被丟棄了，但現實是，經過一段劇烈的奮爭以後，它已吸引了所有學者們的注意。

中國現代文明的歷史，應該有耶穌會士們的一份功勞，如果人們有時談到對「耶穌會士們為把科學推向了上層社會而感到遺憾的話，那麼，他們的誠心誠意則肯定會使人給予諒解」[387]。

無論如何，在 17 世紀末 18 世紀初的中西文明之間，耶穌會士們造成了一種溝通的作用。這種作用有其重要意義，因為任何一種文明都不是完美無缺的，它需要由其他文明來加以充實，而且，任何文明缺少了宗教因素，也不會得以持續。

1722 年 11 月康熙皇帝駕崩。這對天主教徒們是一個沉重打擊。殷弘緒神父在寫給杜赫德神父的信中，淒涼地說：「幸運的時代，一去不復返了，它隨著這位君王的逝世而消失了。」[388]37 年以後，談及宋君榮神父逝世時，錢德明神父在寫給學者里斯勒（L'Isle）的信中，充滿了對昔日光榮的緬懷和深沉的悲哀：「這

386　聖馬丁（Vivien de St Martin）：《地理學史》第 404 頁，巴黎，1873 年。

387　阿·杜麥里爾：《耶穌會傳教士們對 18 世紀思想發展的影響》，科學院論文集第戌，第三類，第 2 卷第 3 頁，1874 年。

388　《耶穌會士書簡集》第 36 卷第 121 頁。

座皇城裡的事物已經大變樣了，甚至整個帝國都大變樣了。傳教士和他們所宣傳的神聖宗教的庇護人 —— 康熙皇帝，偉大的康熙不在了！……」[389]

三、
17 世紀末 18 世紀初耶穌會士對中國文化的研究及其影響

1658 年，衛匡國的《中國史》發表之後，對這部著作充滿不倦好奇心的帕斯卡（Pascal）寫道：「中國是黑暗的，但也有可找到的光明，請探尋它吧！」[390]的確，在 17 世紀，中國還是一個尚未被了解的國家，雖然人們已經開始品味中國的產品了。[391]

中國被發現，嚴格地說不過是開始於 17 世紀末。這種發現起源於兩種迥然不同而又平行存在的精神。一方面是唯利是圖的精神，一種對財富瘋狂追求的精神，它推動著人們來到中國的沿海；另一方面，是一種企圖向全人類傳播福音的精神。這兩種強有力的傾向在法國表現在兩種具體的行動上：其一，是 1660 年法國印度公司創立；其二，是 1685 年路易十四（Louis XIV）派耶穌會士到中國。

如果查閱一下德埃貝洛（Barthélemy d'Herbelot, 1625～1695）的《東方文庫》中〈孔夫子〉一文，人們會發現一種歪曲歷史真實的情況。該文稱：「好像中國人從印度人那裡吸收了大部分科學知識，這一事被孔夫子的生活所證實，這位中國的偉大理論家在哲學上受到了印度理論家的薰陶。」[392]

然而，孔夫子死於西元前 479 年，享年 73 歲。而佛教的傳入則始於西元 65 年漢明帝時，按傳說，漢明帝在夢裡見到一位穿金衣的人對他說：「到西方去尋找幸福吧。」為找到真神，他立即派出一個使團，這個使團找到了佛教。孔子逝世與佛教傳入中國，其間相隔有五個世紀之久。

389　《耶穌會士書簡集》第 37 卷第 12～13 頁。

390　帕斯卡（Pascal）：《思想與出版物》，第五篇第 593 條，由布倫斯維格（L. Brunschvig）發表，巴黎，阿舍特出版社。

391　參閱 H. 貝勒維赤 —— 斯坦科維赤（H. Belevitch-Stankevitch）的論文：《路易十四時期法國的中國情趣》，巴黎，1910 年。

392　德埃貝洛：《東方文庫》或《東方知識百科詞典》，巴黎，1796 年。

這個例子除了無知的成分以外，還使我們看到當時一種精神上的不幸的習氣，有很多作品的作者信口雌黃，1736 年的《特雷武回憶錄》（*The Journal de Trévoux*）中，曾說道：「由於人們喜愛海外奇談和講些稀奇古怪的事情，並用以譁眾取寵。因此，當時的大部分思想平庸的人，不管是海外來的還是一般庸人，其論事的方式總是自然而然地帶著一種添油加醋或誇張，甚至有點撒謊的特點。所以，使得歷史的真實性和中國關係的真實性變得有些可疑了。」[393]

路易十四派來的耶穌會傳教士們，他們的目光是遠大的，在柯爾貝（Colbert）的啟迪下，曾盡一切可能傳授科學和藝術，並使之成為一個完善的事業，他們並沒有沾染信口雌黃的習氣。首先，路易十四和拉謝茲神父一樣「想的是法國的利益與宗教和科學的利益是一致的」[394]。其次，「柯爾貝以為在歐洲一無所知的中國會給法國的手工業帶來新的光明，提供一些借鑑」[395]。正是出於這雙重意圖，他們才把理智地認識中國的使命委託給耶穌會士們，而耶穌會士們在完成自己的使命時也的確表現出非凡的毅力。

在上一章我們已經提到，耶穌會士們由於向宮廷提供了詳細、充實、可靠的知識而獲得特殊的地位。讓我們聽一聽巴多明是怎麼說的吧：「當我談到作家時，請不要以為這是些簡單的抄書匠。他們是些機智的官宦子弟，企圖能有朝一日被賞識，能在朝廷謀得高官顯爵。」[396]

可以肯定，對耶穌會士們的文化行為做一番考核是極其重要的，不僅他們的著述成了杜赫德神父著作的泉源（對此，我們馬上會談到），而且尤其是耶穌會士們發現了中國是一個「具有理性和道德的社會」[397]。這個中國受到 18 世紀哲學家們的讚響。

本章將論述耶穌會士對中國歷史、地理、哲學的研究及其影響。

393　《特雷武回憶錄》第 529 頁，1736 年。
394　《18 世紀中國研究史片段》第 7 頁，巴黎，1845。
395　隋葛駝在一篇文章中引述：《現代遠東和西方最初的文化交流》，載《比較文學》雜誌，1928 年，第 414 頁。
396　《耶穌會士書簡集》第 30 卷第 80 頁。
397　《特雷武回憶錄》第 1300 頁。

（一）耶穌會士的歷史著作

1782 年，傅聖澤在寫給漢學家富爾蒙（Fourmont）的信中談到他研究中國時說：「我越是深入地研究，就越是從中發現了一座令人崇敬的古老宮殿，而至今歐洲對它尚全然無知。」[398] 確實，研究中國的文明是一件艱巨的事情。對於當代人來說，一方面工具不足，缺少科學方法，必然有一些困難；另一方面，中國文獻資料之豐富使他們望而生畏。這就是為什麼在談及中國歷史時，富爾蒙有理由覺得：「這裡至少有 150 卷書，中國沒有任何中斷，它代表著二十二個皇族，每一個皇族，曾經統治了三個、四個、八個乃至十個世紀之久。」[399]

當傳教士們處在像中國這樣一個歷史悠久的國家時，了解它的歷史似乎是最迫切不過的事情了。但他們對這樣一個偉大的國家的悠久歷史尚然無知，因此，不難理解出版中國歷史以滿足開化的歐洲的意願就成為耶穌會士們工作的第一個成果。

首先，我們應該指出衛匡國神父用拉丁文寫的《中國史》。此書的第一部分的法文譯文是 1692 年被佩萊蒂埃（Peletier）修道院長譯成法文的。這部著作贏得了某種榮譽，因為它帶有許多漢語的原文。同時，因為他大膽地把有關伏羲氏的傳說編入其中，更引起了人們的重視。一位現代評論家說：「直到馮秉正神父時期，還沒有任何可以和衛匡國神父的書相比肩的著作。」[400]

我認為，衛匡國神父的功績是雙重的：首先，他的《中國史》不是對中國習俗一種走馬看花式的資料彙集；此外，他大膽地接受了這樣的結論：「中國生活在諾亞洪水之前。」他是中國古老文明的最熱情的捍衛者之一，他具有向被《聖經》肯定下來的記載進攻的勇氣。

要弄清中國的編年史，必須經過一番專門的研究才行。這裡，我們順便提一提衛匡國神父的著作所產生的意外結果：由於他的《中國史》，從此以後中國成為純粹的無神論國家。我們從中找到了伏爾泰為什麼不斷譴責博須埃的真正道理，是因為博須埃在他的《世界通史講話》裡有意將中國排除在外。我們從中也

398　皮諾特：《1685 —— 1740 年間法國關於中國知識的未發表文獻》第 10 頁，巴黎，1932 年。

399　富爾蒙：《對古老民族史批評的思考》，1735 年。

400　金紹清：《1650 —— 1750 年間法國人筆下的中國》第 40 頁，巴黎，1928 年。

找到了帕斯卡在扯碎的紙片上寫上「摩西（猶太教的先知者）和中國哪一個更可信」[401] 時所表現的無法挽回的不安的原因了。

其次，在眾多關於中國的史書中，[402] 我們要特別指出 1732 年由蘇西埃（P. Souciet）神父發表的宋君榮神父的《中國天文學簡史》，因為它具有相當重要的科學價值。確切地說，它不是純粹的歷史，它只是透過某些史實而構成的一個編年實錄，例如有夏、商、週三代的存在。宋君榮是傳教士中最資深的一位學者，但又是一位非常謹慎的人。[403] 他在自己的史著中對很多事情做了保留。他所下的每一個斷語，都以對天文的實際觀察為基礎，都是為了評論《周易》上的某些記載，或是以對中國著作中的某些事實進行了一番慎重客觀的研究為基礎才得出來的。他的清晰的智慧和博大的精神給史學研究帶來了一種新的開拓。在他確定了《書經》上關於日食、月食的可靠性之後，寫道：「這是班固將夏、商、周時期斷代的一個偉大的證據。」[404] 此外，宋君榮神父於 1739 年發表了一部重要著作《成吉思汗和蒙古帝王史》，借助中文資料來使人們認識這位偉大的皇帝。談到這本書時，雷慕沙說：「它足以使一位作家贏得聲譽。」[405] 確實，為了更好地介紹亞洲的歷史，中國古代的編年史是至關重要的，在他之前，還沒有人這樣好地了解它們，還沒有人以這樣有益的方式來開掘它們。

被譽為「活圖書館」[406] 的宋君榮神父在撰寫他的《中國史論集》時，[407] 不是

401　《思想與出版物》第 9 編第 593 頁。

402　我們這裡指出關於中國歷史的主要作品，米歇爾·鮑迪埃（Michel Baudier）：《中國王宮史》，1662 年；曾德昭（Alvarez Semedo）：《中國通史》，1667 年；米歇爾·鮑迪埃（Michel Baudier）：《中國征戰史》，1670 年；奧爾良（Orléans）神父：《征服中國的韃靼人的征戰史》，1688 年；衛匡國神父：《中國史》，1692 年（法文版由雷梯埃修道院長翻譯）；白晉神父：《中國皇帝康熙傳》，1697 年；郭弼恩神父：《中國皇帝就基督教頒發詔書史》，1698 年；李明神父：《中國現狀新志》，1796 年；宋君榮：《中國史中蒙古族最初五位皇帝歷史編年摘要》，1729 年，《中國天文學簡史》，1732 年，《成吉思汗和蒙古帝王史》，1739 年；等等。

403　《學者報》，1757 年。

404　宋君榮：《中國天文學簡史》第 41 頁。

405　由布魯凱爾援引《中國和遠東》，根據於 1723 ～ 1759 年間在北京的傳教士宋君榮神父的歷史著作，參見《歷史問題雜誌》第 37 卷第 509 頁。

406　《耶穌會士書簡集》第 37 卷第 10 頁。

407　其餘引自《唐史》，1791 年。

以一種整理的方式或以走馬看花的方式，而是以一種客觀精神來真正地揭示中國。在談到這些關於中國歷史性的著作時，錢德明神父 1759 年在寫給里斯勒的信中說「迄今我還沒有看到過人們對這些歷史著作有任何應用」[408]。他以不倦的精神致力於縝密的研究，他所擁有的中國知識之淵博是令人嘆服的。[409] 順便說一下，「宋君榮神父是唯一不認為自己比中國人更了解中國的傳教士」[410]。我不知道金紹清先生是根據什麼來下這一斷語的，但可以肯定的是，他作為一個道地的漢學家，確實從沒有過戴遂良 (Léon Wieger, 1856～1933) 著作中那種先入為主的精神。

儘管史學家不勝其數，其中大部分是耶穌會士們，但真正的中國歷史在 17 世紀末和 18 世紀初尚未被寫出來，他們對中國的歷史知識仍然是粗略而帶有偏見的。但當時研究中國在歐洲又很時髦，這就是馮秉正神父翻譯《中國史》的基本原因。

1702 年這位神父動身來中國，並以非凡的毅力翻譯根據宋代最傑出的歷史學家司馬光的著作編著的《通鑑綱目》[411]。這是一部最重要的中國編年史巨著，自開天闢地以來的中國古代的重大事件它都有記載，同時也是一部儒家的代表作。它是以向行政官員們傳授政治哲學和教育他們在上述事務中該做什麼不該做什麼為宗旨的。馮秉正神父的翻譯於 1730 年完成，譯稿在 1737 年左右到達法國，寄存在里昂的耶穌會士們手中。當時的學者弗雷烈 (Freret) 於 1735 年已收到這部譯作的序言，1742 年左右，他想將它在羅浮宮發表。但是，由於經費的原因，「沒有一家書店願印這三十卷的《中國史》」[412]。然而，茹夫 (Joseph-Baptiste Jouve, 1701～1758) 對此種說法持否定態度，他說他以自己手中馮秉正的信為證，其真正的原因是，耶穌會士們像 18 世紀初的作家們一樣，想迎合大眾的口味。當時，宋君榮神父已發出抱怨：「人們不喜歡這樣抽象、這樣枯

408　《耶穌會士書簡集》第 37 卷第 14 頁。

409　錢德明神父宣稱：「中國學者們自己從中找到了自我教育的東西。」同上，第 10 頁。

410　《1650──1750 年間法國人筆下的中國》第 49 頁。

411　《通鑑綱目》即《中國通史編年》。這部珍貴著作於 1084 年完成，明朝於 1476 年加以補充，1707 年為康熙皇帝欽定。它成了中國歷史的一種教材。

412　《中國與法國哲學思想之形成》第 143～145 頁。

燥的東西，人們想要的是某些描繪，某些關係，尤其想要的是用以娛樂消遣的東西。」[413] 另一個原因是耶穌會士們拖延了它的發表時間。因為馮秉正神父的譯作中所介紹的中國編年史同《聖經》的記載有著水火不容的衝突和矛盾，[414] 只有這部譯稿經過同人的刪節，到了克羅西神父（Jean-Baptiste Grosier, 1743～1823）手裡，它才得到了發表的機會。出版工作從 1777 年延續到 1783 年，才僅僅出到 13 卷的第 4 期。

這些歷史著作使中國在歐洲得到認識。然而由於這些著作是按中國觀點所撰寫，它們又出於外國作者之手，特別是涉及現代內容的史著，更具有另一種重要的意義，它們可以使《中國史》更加完善。作為外國人和宗教人士的耶穌會士們，他們的作品不受審查，他們勇於講出自己所要講的事情，對此，中國人應該尊重他們。

無論如何，由於耶穌會士們的著述，法國才得以能從此獲得有關中國歷史的比較可靠的知識。

（二）耶穌會士們的地理學作品

耶穌會士們在編纂歷史著作的同時，他們的文化知識活動在另一個領域 —— 地理學領域裡也產生了作用。這就進一步提高了他們的聲譽，以致使他們的名字永遠寫在中國地理學的史冊上。

可能恰恰是由於他們在地理學中所取得的重要成績，致使某些作者無比天真地認為：「中國人透過耶穌會士們繪製的地圖來認識他們他自己的國家。」好像在他們之前，中國的地理學根本不存在似的。這種偏見純屬無知，因為世界古老的地理學當然是《書經》中的《禹貢》。宋君榮神父在自己的天文學觀察報告中說：「在這一章裡所提到的地方被確定的方位是那樣精確，以致可以繪製出一幅包括大半個中國的地理圖。」[415] 確實，大禹把中國分為九個部分，命名為州，該

413　《中國與法國哲學思想之形成》第 143～145 頁。
414　柯帝埃：〈可以補充遠東教會史的未發表之文獻〉，載《遠東雜誌》第 3 卷第 79 頁。
415　《東方經書》，《書經》第二部分，《夏書》第 60 頁。

字表示「可居住的地方」。

此外，中國的地理學家收集和累積了有關中國的全部資料。因此，斯文 · 赫定 (Sven Hedin, 1865 ～ 1952) 有理由指出：「中國人受益於政治、貿易及地理學上的實際見聞，因此，在某些方面（如東方的一些大河的源流）所做的詳盡描述，其準確性勝過 19 世紀末歐洲人的設想。」[416] 是的，中國地理學不是始自於宋君榮神父。

我們提出這樣的看法，絲毫沒有貶低耶穌會士們的功績的意思。恰恰相反，我們的意圖正是要突出這些優秀的智慧之作的客觀價值。

大約在 1582 年，當利瑪竇到達廣東時，儘管他們地理知識十分豐富，他的腦海裡還是出現了這樣一個問題：是否中世紀的作家們所講的「契丹」就是中國？經過大量的調查，特別是個人的經驗之後，經過 16 年的時間，利瑪竇得出下述結論：「契丹」就是中國，「大汗」與中國皇帝沒有區別，但是汗八里是北京而不是南京。[417] 在中國文人看來，利瑪竇的成就主要是在地理學方面的。一方面是由於他撰寫了《天與地》[418] 一書；另一方面，是他向皇帝提供了一本《世界全圖》。[419] 從這時起，中國不再像以前那樣被當做一個世界，而它只是世界的一部分了。這在中國人的觀念中是一場重大的革命。

艾儒略 (P. Jules Aleni, 1582 ～ 1649) 1623 年完成的《職方外記》至今尚不失為一部名著。說實在的，這部著作不是他獨創的作品，正像他在序言裡說的，它是龐迪我神父 (Diego de Pantoja, 1571 ～ 1618) 和熊三拔神父 (Sabbathin de Urris, 1575 ～ 1620) 著作的一個補充。這部著作象徵著偉大的進步，它的意義在於：作者借助中國的原始資料標出了城市和山脈的距離。但是，由於中國地理學上的缺陷，導致他們忽視了天文觀測。在他們的描寫中，中國地理學家們總是采用一種丈量地畝的尺度作為標準，而這種尺度在使用上又沒有統一的標準，所以

416　《鄂本篤兄弟在上亞洲的穆斯林中》第 40 頁。
417　《鄂本篤兄弟在上亞洲的穆斯林中》第 39 頁。
418　《天與地》，用中文寫成，冠以下述標題：《乾坤體義》，有 3 卷。
419　關係到地圖《萬國輿圖》。

所得到的數據很不可靠。

我們應該對衛匡國的功績給以公正評價。他的著作《中國新地圖集》一書[420]顯示出他善良的願望，他善於利用中國資料，但不善於避開它們的錯誤。南懷仁關於地理學的著作，以及 1672 年分為兩卷的《坤輿圖說》和 1674 年的《坤輿全圖》，都是按照老辦法纂寫的。它們有某種歷史價值，但除了照搬中國已知的東西之外沒有什麼新的東西。

這裡要加兩點必要的說明：一、自利瑪竇來華以後，地理學一直是耶穌會士們極為關注的事，因為這門學科成了深入中國知識界最有效的手段之一；二、下面我們將要談的法國耶穌會士們撰寫的地理學著作的真正功績，並不意味著由他們創立了一個新學科，因為他們廣泛地利用了中國的原始資料和他們前人—— 傳教士們的著作。他們真正的功績似乎在於他們的方法以及他們所做的堅持不懈的努力。

這項宏偉的工作是在康熙統治時期進行的。在《中國書目》中，高田詳細地引述宋君榮的信並指出產生這部巨著的根源：「第一，這是巴多明想出的一個透過讓康熙皇帝看長城的地圖從而使皇帝產生一種對地理學的好奇心的辦法；第二，這位皇帝對白晉、雷孝思、杜德美三位神父所繪製的長城地圖如此滿意，以致他決心使他們繪製中國轄輯統治下的所有遼闊國土的地圖。」[421]此外，還有另一個沒有說出來的原因，但我們一想便知，那就是康熙統治初期，中國經常處於戰亂之中，康熙願有一個領土一覽表，以便改革他的經濟和軍事形勢。

耶穌會士們來中國之前本來就是學者，他們不僅擁有最新最好的科學儀器，而且他們還就地做些完全新穎的試驗。張誠神父曾陪同康熙八次巡視蒙古地區。[422]他精心地透過天文觀察測定緯度，透過羅盤測定經度。而後，除去以前傳教士進行的觀測，1699 年黃河泛濫和 1700 年白河決堤給了耶穌會士們繪製地圖

420　《中國新地圖集》，1655 年發行，藏在讓·博路 (Jean Blean) 處，於阿姆斯特丹 (Amsterdam)。

421　柯帝埃：《中國書目》第 1 卷第 510 頁，巴黎，1878 年。

422　張誠神父陪同康熙皇帝巡視蒙古的日期如下：第一次於 1688 年，第二次於 1689 年，第三次於 1691 年，第四次於 1692 年，第五次於 1696 年，第六次於 1696 年，第七次 1697 年於寧夏，第八次於 1698 年。巡遊報導見於杜赫德神父的《中華帝國志》第 4 卷第 103～483 頁，出版於 1736 年。

的機會。因此，白晉、雷孝思和巴多明開始了一項使陛下頗為滿意的工作。

康熙是一位充滿智慧和求知精神的皇帝，1708 年，他想要一幅長城地圖，白晉、雷孝思和杜德美被授命試制。6 月 14 日，他們離京西去。兩個月後，白晉在陝西病倒，雷孝思和杜德美繼續向前勘測，直到西寧，以便透過長城內側的地圖來完善自己的工作。1709 年 1 月 10 日，他們返回北京。地圖繪製得相當精緻，以致康熙很快決定讓他們再製一幅全國地圖。

下面是可以對這項不朽的工作略見一斑的圖表：

日期	省別	測繪者姓名
1715	蒙古	費隱（Fridelli）、白晉、雷孝思、杜德美
1715	直隸	費隱、杜德美、雷孝思
1715	黑龍江	
1715	山東	雷孝思、麥大成
1715	山西、陝西、甘肅	費隱、杜德美、湯尚賢、潘如
1715	河南、江南、浙江、福建	雷孝思、馮秉正、德瑪諾
1715	江西、廣東、廣西	麥大成、湯尚賢
1715	四川	費隱、潘如
1715	雲南、貴州、湖南、湖北	雷孝思、費隱
1715	中國全圖	白晉

這一地理學上的壯舉以其持續之久和工作的幅度之廣堪為我們折服。從 1709 年 5 月 8 日開始，到 1717 年元旦結束，共有 15 幅分省地圖、1 幅朝鮮圖、12 幅中國所屬轄鄀地區圖、9 幅西藏圖問世。也就是說，東從朝鮮、烏蘇里、黃海，直到西部阿爾泰山、突厥斯坦和西藏，北從色楞格河和西伯利亞，南到東京，通通包括在內了。這些地圖首先用中文出版，隨後，在著名地理學家唐維爾（Jean-Baptiste Bourguignon D'Anville, 1697 ～ 1782）領導下，於 1730 至 1734 年間，在法國刻版印刷。[423] 從此以後，在歐洲人眼裡，中國不再是一塊「隱姓埋名的土地」了。

423　參見唐維爾：《中國回憶錄》，巴黎，1776 年。

這部巨著的巨大聲譽應歸功於為使之成功而採取的方法。對於這個問題，宋君榮神父是這樣解釋的：「他們（耶穌會士們）有幾個大羅盤，一些其他儀器，一個水平儀和其他一些與執行皇帝旨意相關的物件。用一些標著精確尺碼的繩子，準確地測量著從北京出來的路程……在路上，他們觀測和記錄太陽子午時的高度，隨時觀測羅盤經緯方位，並精心地觀察羅盤針的變化與傾斜。」[424]

從 1717 年以後，中國對自己領土有了更精確的地圖。人們指責耶穌會士們的地圖沒有恰當處理物理地理學問題，然而，只要看一看他們當時完成這一責任所遇到的困難，對他們的評價或許會更公正一些了。宋君榮神父還談到：「……陪同他們的中國和韃靼官員們，對他們約束很緊，這些官員居然下令不讓神父們去他們應去的地方……」[425] 他在 1736 年 11 月 5 日給蘇西埃神父的信中還寫道：「我們大家不能不感謝你寫的關於地圖方面的東西；是由於對我們法國布道團的榮譽的真正熱忱，才使你講出這些話的，因此，理所當然應為你爭氣……無論如何，大眾將清楚地看到我們的神父們已經做出了依靠自己的才智所能做到的一切……」[426]

康熙對這些地圖非常滿意。湯尚賢神父指出：「陛下在好幾個省分巡察他親自標示的地方。這位皇帝多次說：畫得一點也不錯。」[427] 這就是說沒有任何錯誤。當這些地圖呈交皇帝時，皇帝對他的大臣、朝中的大學者蔣廷錫說：「此朕費三十餘年之心力，始得告成，山脈水道，亦合《禹貢》，爾可以此圖並各省分圖，使九卿細閱，倘有不合，九卿有所知者，可即面奏。」[428] 由此可見，這部著作深得康熙皇帝賞識而且對它的作者們是懷著深深謝意的。

424　布魯凱爾：《18 世紀傳教士繪製中國地圖書簡集》，1889 年巴黎第三屆地理科學國際會議，第369、388 ～ 389、395 ～ 396 頁。

425　同上。

426　同上。

427　《中華帝國志》第 1 卷，前言，第 42 頁。

428　《清代通史》第 1 卷第 683 頁。

（三）耶穌會士們的哲學作品

中國用它浩瀚的文籍來滿足耶穌會士們來華求知的胃口，但是不應該以為了解中國的地理和歷史是他們唯一的目的。當路易十四派使團來中國時，柯爾貝對洪若翰神父說：「神父，科學不值得你遠涉重洋，不值得你遠離自己的祖國和朋友，而屈尊生活在另一個世界。然而用宗教去馴化人心，為耶穌基督去贏得靈魂的願望則往往誘使你們去進行類似的遠行⋯⋯」[429] 這些教徒的根本目的首先在於傳播福音。

僅僅為了使中國人接受基督教這一學說，就會使耶穌會士們把深入了解中國的哲學視為必不可少的東西。哲學的中國，被視為作為宣傳宗教信仰而研究的對象，這的確是歐洲人的偉大發現之一。李明神父在他的《中國現狀新志》中寫道：「中國人民保存著兩千年對上帝的真知，而且以其堪稱楷模和足以使基督徒受到教益的方式使上帝感到榮耀⋯⋯」[430] 假如中國之思想智慧沒有提供足夠的、不可否認的證據的話，這位神父是不會下這樣的斷語的。

中國的典籍就是這種斷語的一個明證，沒有一位傳教士否認過它的價值。當然對它們可以進行各種爭論，但人們絕對不能否認其對理性與道德進步方面所作出的巨大貢獻。關於這些典籍的問題，曾引起過兩種截然相反的意見：一、深深為這些經書的智慧之偉大所感動的耶穌會士們總是發表一種讚譽的評價，故而，劉應神父回答中國皇帝說，孔子學說「不僅毫不與基督教相悖，而且與它的原則十分吻合」[431]；二、耶穌會士的對手們則相反，他們猛烈地攻擊這種學說，例如何努多修道院長（Renaudot），出於其好鬥的本性，不願做出任何妥協，他想「把中國人貶低到美洲蠻人的水準」[432]。

因此，耶穌會士們有必要及時翻譯中國的經典著作，更確切地說，是改寫這

429　《耶穌會士書簡集》第 27 卷第 46 ～ 47 頁。

430　李明：《中國現狀新志》第 2 卷第 141 頁，巴黎，阿尼松，1696 年。對這些話，檢察官寫道：「命題是虛偽、輕率、可恥、錯誤的，是對神聖的基督教的侮辱。」

431　《中國皇帝康熙傳》第 288 ～ 289 頁。

432　《中國與法國哲學思想之形成》第 239 頁。

些著作。首先，為了使基督教牢固地紮根於中國，需要把基督教學說同中國文明和諧地結合起來，以提高中國人民所創造的這種文明。其次，傳教士們在來中國之前需要吸取中國經典著作中所闡明的道德力量。再次，為了反對自己的對手，難道如實地指出中國的思想不是一個最機智的方法嗎？然而如何把基督的本質與奠定書經基礎的無神論協調起來呢？

按編年順序，耶穌會士翻譯和改編的中國經典著作如下：

1. 《中國科學提要》，1662 年，郭納爵神父（Ignatius da Costa）譯，這是一部《大學》和《論語》的合譯本，在殷鐸澤神父（Prospero Intorcetta, 1626 ～ 1696）的關懷下出版。

2. 《中國政治道德科學》，巴黎，1672 年出版，殷鐸澤譯，是一部《中庸》的譯本。首先用拉丁文附有中文原文在 1667 年發表，1671 年在印度果亞再版，1676 年在南京再版。

3. 《中國哲人孔子》，在 1687 年出版，由殷鐸澤、恩理格、魯日滿（Rougemont）、柏應理（Couplet）四人合作編譯，是一部引起很大爭議的著作。皮諾特曾指出書刊審訂者對原文的變動。下面是一個例文：

手稿	出版的正文
相反地，對這樣一位偉大祖先的紀念尤其被後人永遠保留在氏族的祭禮裡。	相反地，對這樣一位偉大祖先的紀念尤其被後人永遠保存在祭祖的宗教儀式中。[433]

4. 《中國六經》，由衛方濟神父（François Noël, 1651 ～ 1729）編譯，1711 年發表於布拉格。這是《四書》的一部新的譯本，《孝經》和《小學》的譯文也收在其中。

5. 《書經》，由宋君榮譯，由德金（Joseph de Guignes, 1721 ～ 1800）於 1770 年在巴黎發表。1740 年宋君榮就將譯文附上詳細的注釋寄給弗雷烈，然而這本書耽擱了三十年後才發表。《書經》是一部非常有名的著作，這是

---

433 《中國與法國哲學思想之形成》第 156 頁。

西元前 24 世紀至西元前 8 世紀政府的道德規範，智者傳下的公理，成為中國古老文明的概括。

6. 《易經》，由雷孝思譯成拉丁文，這部譯著在 1834 年才發表出來。雷孝思神父死於 1738 年，是在他死後一個世紀才得以發表。雷孝思利用了馮秉正翻譯的《易經》。[434] 與這部著作相關的作品有馬若瑟的《易經理解》[435] 和劉應的《易經說》[436]。

此外，從 17 世紀以來，許多關於中國哲學的著作已經出版，這些著作只不過是些普及性和經過整理的書。甚至杜赫德在《中華帝國志》中，也僅僅援引了一些簡要的摘錄。這些著作具有不可否認的重要性。首先我們應該說明的是，這是天主教第一次面對中國典籍時，對它們重要性的一種近乎幼稚的誇獎。白晉神父在寫給萊布尼茲的信中，認為這些中國的「聖書」是帶有預言性的著作：「如果我有暇在這裡能談談其中細節的話，你將透過這封信高興地了解到真正的宗教幾乎全部蘊藏在中國的古籍之中，而且救世主的生與死和他的神職的基本功能，以一種預言的方式都包括在了中國古代這些不朽著作之中。」[437] 這是些相當卓越的觀念。

孔子哲學進入西方哲學之中，這是不容忽視的另一種結果。從此之後，他的名字躋入了與希臘著名哲學家並駕齊驅的行列。因為孔夫子是「若干個世紀不曾有過的最偉大的人類導師」[438]。耶穌會士們的著作都十分推崇孔子精神。它的道德學說是那樣自然，那樣崇高，薈萃了人類理性最精純的泉源，從而使人更加敬佩。在 1769 年一份簡介中，有這樣奇特而意味深長的話：「孔子總是和用線條代表源遠流長哺育地球的大河、用圓點代表裝點河山的大城市的地理學家們一樣，用簡潔的筆觸勾畫自己的思想。」[439]

434　《耶穌會書目》，「馮秉正」條，1895 年，巴黎，皮卡爾 (Picard)。

435　法國國家圖書館，中文部，27203。

436　《東方經書》第 137～149 頁。

437　萊布尼茲 (P. M. de Leibniz)：《關於哲學、數學、歷史等各種學科文集》第 79 頁，由克雷梯安·考爾托勒 (Chretien Kortholt) 發表，安布爾出版，1734 年。

438　《東方經書》第 11 頁。

439　《大禹與孔夫子》，《中國史》著作的簡介，第 5、6 頁，於蘇瓦松，1769 年。

應不應該責備耶穌會士們對孔子的讚揚有點過分呢？肯定是不應該的。但是，使我們感到驚奇的是，為什麼在如此眾多的中國哲學家中，耶穌會士們偏偏只讚頌孔子呢？由此可知，這些教士們的作品會給他們的讀者們一種怎樣眾口一詞的印象了。說實在的，儘管孔子特別受歐洲人的青睞，但他的學說已不再是唯一純粹的東西了，特別是佛教傳入以後。其他學派，在這位偉大哲學家生前同樣存在著。此外，18 世紀作家們濫用中國文明達到了驚人的程度。孟德斯鳩和伏爾泰不認識一個中國字，但都勇於深信不疑地談論中國。人們盲目地相信他們，因為他們是著名的作家。所以這種輿論不完全是由耶穌會士們造成的。對中國的發現導致了一種道德新觀念的形成。這種觀念不再是貴族式的，而變成大眾化的東西了。以後我們將會看到，18 世紀的哲學家們所宣揚的理性宗教和大眾宗教完全是一碼事。這種看法乍看起來似乎有點難以令人理解，但讀一讀杜赫德神父下面這段話便會茅塞頓開了：「透過這篇作品，人們將會看到，中國的聖賢們在道德上是大眾化的，是致力於改造民俗的，如果說他們毫不像希臘、羅馬的哲人們那樣使自己的思想閃露光芒，那麼，人們很容易發現他們是在力圖使自己的學說適應民眾的理解力。」[440] 哲學家們從而得出結論：學說與權威的結合是阻礙進步的錯誤根源。「讓每一個人在自己的法律中去和平地尋找光明吧！」[441] 這句話變成了一條百科全書派的格言。

　　如果說耶穌會士們在中國取得了不亞於他們在歐洲取得的如此眾多的成就，那是因為他們對中國沒有採取像他們的對手一樣的態度。在他們的同代人眼裡，「那些開發中國和印度的人們，他們不想成為這些被開發的東方人」[442]。但用西方的眼光來看，似乎全世界都應按歐洲方式生活。[443] 利瑪竇和他的繼承者們以遠見卓識的智慧，始終站在中國人的立場上，無論是在科學工作中，還是在宣揚福音書中，他們不是只顧獻身於教會的教育，而是始終尊重中國的傳統和結構。

440　《大禹與孔夫子》，《中國史》著作的簡介，第 5、6 頁，於蘇瓦松，1769 年。

441　艾密爾·法蓋：《18 世紀》，前言，第 16 頁，巴黎。

442　G. 朗松（G. Lanson）：《18 世紀哲學觀念的形成與發展》第 65 頁，1909 年。

443　本篤十四（Benoit XIV）在他 1755 年 7 月 26 日的詔書中，直截了當地說：「讓所有的人都是天主教徒，而不要全變成拉丁人。」參考《新星與老手》（*Nova et Vetera*），No.2，1935 年，第 229 頁。

耶穌會士們在文化知識方面的活動是富有成果的。他們的科學和宗教的著作產生了巨大的影響。清朝在典籍研究中卓有成就的著名學者們，都至少間接地受到西方的研究方法即分析法的影響。

透過上述簡要概括的說明，我們或許可理解到這些智慧的創造者的重要性。透過他們的歷史、地理和哲學的著作，中國的輪廓被很好地勾畫了出來。中國不再是傳奇性和想像中的國家了。在一篇論「漢學」的文章中，愛德華・沙畹（Edouard Chavannes, 1865 ～ 1918）不無道理地寫道：「當人們在查閱卷帙浩繁的 4 大卷對開本著作（指《中華帝國志》）時，會發現這裡蘊藏著 18 世紀漢學的礦藏，他們不能不嘆服法國某些宗教人士們所完成的巨大勞動。面對一種多姿而壯闊的古老文明，這些先驅們懂得開闢一條康莊大道的重要意義。它能使後人們一起瞥見這個遼闊的領域並把自己探求的矛頭指向這裡。」[444]

四、杜赫德的《中華帝國志》

耶穌會傳教士們利用自己得天獨厚的條件和不倦的活動開始系統地探索中國。儘管 18 世紀初，中國變得時髦起來，但是西方對它的認識，還是表面多於實質。雷孝思、宋君榮和馮秉正諸神父的不朽巨著的發表是以後的事。宗教禮儀之爭使得耶穌會士們特別謹慎，以避免被自己的對手抓住把柄，這是很自然的事情。因此，上述著作的手稿被埋沒在圖書館的塵土之中不能發表，只能作為這些卓越作者所留下的珍貴紀念品而被保存。

在這種可悲的環境中，運氣降臨到杜赫德的頭上。為了準備著手撰寫著作，他批閱了生活在中國的同事們的回憶錄和筆記。由於很多在北京的神父不時地把自己的著作寄給外省的神父，杜赫德神父沒能讀到它們。此外，我們應該說明一下，由於這些回憶錄和注釋的遲遲不能發表，杜赫德關於中國的著作的成就變得更加突出和持久。

要很好地使法國了解中國在 18 世紀的情況，研究杜赫德的著作是絕對必要

444　沙畹編：《漢學，法國科學》第 2 卷第 137 頁，巴黎，拉羅斯出版社。

的。這些作品不僅作為中國知識的「總和」而出現，而且它對 18 世紀的哲學家們來說是一座了解人類精神進步的寶庫，他們就是到這裡來尋找理性主義的論據的。杜赫德的著作的重要性是毋庸置疑的。下面，我們將對杜赫德其人、其作，特別是《中華帝國志》，進行一番論述。

（一）杜赫德神父其人

溫和、親切、虔誠，對自己的責任兢兢業業，這就是杜赫德。人們不了解他的生平也可以研究他的《中華帝國志》，這是一部十分漂亮的輯錄，是來自第二手資料的科學著作。此外，杜赫德是一位學者，不是藝術家；是一位書齋裡的教徒，[445] 不是活動家。在這位傑出的漢學家的生平中，沒有什麼驚天動地的事。

我們在《耶穌會書目》的一篇名為「杜赫德」的文章中，看到一段他的傳記性的簡介，照抄如下：

> （讓‧巴普蒂斯特‧杜赫德）1674 年 2 月 1 日生於巴黎，1692 年 9 月 8 日進耶穌會。1708 年，他在巴黎書院任教，隨即被選為郭弼恩的繼承人。郭氏是收集整理各國有關耶穌會士們信件的負責人，是皇帝的懺悔神父勒特利（P. Le Tellier）的祕書。1729 年特雷武（P. Trevou）去世後，他成為雷讓（Regent）之子奧爾良公爵（Duke of Orléans）的懺悔神父。1734 年 8 月 18 日逝世於巴黎。[446]

儘管這是個很簡單的介紹，但它可為我們繪出杜赫德的一個基本輪廓，並了解到他的著作之所以成功的原因。「他是一個巴黎人，」日內瓦畫家托普弗（Wolfgang-AdamTöpffer，1766～1847）心懷叵測地寫道：「無疑，杜赫德是所有人中最輕浮的一個。」[447] 這種指責是不公正的。然而，當人們對某些微妙之處作出自己的判斷時，也難免會有所偏見。例如在宗教禮儀的爭議中，杜赫德始終持謹慎態度，主持人布耶（Jean Bouhier, 1673～1746）在一封信中肯定地說：

445　「杜赫德神父，其思想是健康而純潔的⋯⋯」參見《現代作品概觀》第 5 卷第 164 頁。

446　《耶穌會書目》「杜赫德」條。

447　R. 特普費爾（R. Toepffer）：《日內瓦珍畫瑣語與思考》第 35 頁，巴黎，阿舍特，1865 年。

「我看不到他（杜赫德）在這篇文章中留下什麼可攻擊的把柄。」

作為耶穌會教士，杜赫德很了解自己的處境。在這種關鍵時刻，他必須與耶穌會的對手們進行鬥爭，尤其是必須完成自己應盡的義務。在糾紛中，杜赫德保持著客觀態度，在他的同事看來，也是如此。《學者報》寫道：「儘管他有點自負，但考慮到和傳教士們的文字關係，杜赫德承認，由於傳教士們把旅行業做自己的主要目標，並把注意力集中到這個目標上，因此，在充斥於他們作品中的事物的描寫上沒有能保持足夠的謹慎，沒有能使之準確可靠，他們有點太附會中國。作家對自己國家的事物所做的描寫，往往出自敝帚自珍和自賣自誇的立場。」[448] 杜赫德所採取的態度是客觀而機智的。

當他的《中華帝國志》在 1735 年發表時，受到了人們的熱烈歡迎。人們認為杜赫德不僅是一位學者和歷史學家，而且是一位古典作家。《現代作品概觀》中談到《中華帝國志》時這樣寫道：「總之，他是一個文筆簡樸、嚴謹、有判別力和韌性的人，始終受著理性和真理的支配。」確實，杜赫德首先是一位古典作家，但我們要講清楚，他的古典主義已不是 17 世紀的古典主義了。幾乎可以這樣說，他是蛻變了的古典主義。人們可以感受到伏爾泰的悲劇，是在步拉辛（Racine）的後塵。

在杜赫德的著作中，我們要指出兩個基本的特徵：一方面，他的豐富的感情使他能想像得到除他自己的觀點以外的其他觀點；另一方面，他在使大眾認識中國的同時，與這個遙遠的國度息息相通。他密切注視著讀者的趣味，以便不傷害他們的細膩的情感。皮諾特在談到他的一篇作品時不無道理地說：「顯然，他（杜赫德）精煉了這篇作品，純化了這篇作品。因為傳教士們的作品太古色古香和太具有中國式的風格，而這會使法國人感到刺耳。」[449]

作為《耶穌會士書簡集》的編輯、《中華帝國志》的作者，杜赫德在大眾面前成了耶穌會士們關於中國事物的發言人和專家。他熱愛他從未見過的中國。

---

448 《學者報》第 617 頁，1735 年。
449 《中國與法國哲學思想的形成》第 174 頁。

「杜赫德在對中國人形象的描述上，也竭盡奉承之能事。」[450] 一位傳教士這樣說。

耶穌會士們的意圖是透過一般方法來使人們認識中國思想，保持人們對中國的敬重，尤其是振奮起「那些對這樣一個如此禮貌如此通情達理的民族感興趣的人們的熱情」[451]。聖西門 (St-Simon) 把《耶穌會士書簡集》叫做「狡獪的敘述」[452]，不是沒有道理的。故而，我們應該考察一下《中華帝國志》是否也是一種編造的歷史，或者編造的痕跡達到何種程度。

杜赫德神父在中國思想的傳播上起了重要的作用。在 18 世紀，經常把中國作為榜樣而加以引述的有兩類作家，「自然神論者和經濟學家。這兩類人在耶穌會士中都有奉為大師的人」[453]。在這些具有深刻影響的大師中，德高望重的當首推杜赫德。

這種斷言不是輕率的，而是有充分道理的。在論及杜赫德的文章中，高田毫不猶豫地寫道：「儘管杜赫德神父從未到過中國，他的法文著作仍是關於這個大帝國著作中最上乘的作品。」[454] 在考察《中華帝國志》之前，我們應先考察一下《耶穌會士書簡集》，因為實際上這些信件是《中華帝國志》的主要素材。

（二）《耶穌會士書簡集》

17 世紀末，文化生活的面貌可以概括在這樣一句話裡：「如果你好奇的話，那就去旅行吧……」[455] 這種精神狀態同樣也感染了傳教士們，致使他們的書信集也冠以一種莫名其妙的名字：《有益而有趣的書簡》。

這些信件采自傳教團所在的不同國度，自 1702 年起有規律地發表，1 ～ 8

450　《耶穌會士書簡集》第 37 卷第 128 頁。

451　《耶穌會士書簡集》第 35 卷第 92 頁。

452　聖西門：《回憶錄》第 25 卷第 184 頁。

453　A. 杜密里（A. Dumeril）：《耶穌會對 18 世紀思想運動的影響》，科學院論文集第戌，第三類，第 2 卷第 15 頁，1874 年。

454　柯帝埃：《大百科全書》中關於「杜赫德」的條目。

455　保羅·阿扎爾（Paul Hazard）：《歐洲意識危機》第 1 卷第 6 頁，1935 年。

卷由郭弼恩主編，1711 年 6 月 18 日至 1743 年 4 月 25 日的 9～26 卷由杜赫德主編，1746～1776 的第 27～34 卷[456]由帕杜耶神父（P. Patouillet）和馬賽爾神父（P. Marchal）主編。這部書簡集是該世紀一部扛鼎之作。「它們是一個寶庫，為 18 世紀的政治與宗教的對立提供了最得力的武器，是當時哲學家和政治家們廣泛開採的寶藏。」[457]

對這部多卷本的書簡集有兩種評價：一種評價聲稱這些信件是由耶穌會士們用「審視的剪刀」[458]裁剪而成的，「以招攬虔誠的顧客」[459]；另一種評價保證說，「傳教士們努力想講真話，但他們卻時而抹殺一部分，時而又表現得彷彿害怕自己的作品寄回中國或被翻譯成中文」[460]。然而，我們贊同這樣一點：《耶穌會士書簡集》沒有被如實按原來寫的樣子發表，它們的改動大部分責任該由杜赫德神父來負。

杜赫德修飾、加工、整理過《耶穌會士書簡集》的原文是確定無疑的。假如我們贊同皮諾特先生關於「我們懷疑杜赫德」[461]的結論，那我們也只有懷疑了。我們知道，耶穌會傳教士們寫過兩類信件，一類是祕密的，始終掌握在會長手裡；另一類像《書簡集》中的信件一樣，是公開發表的。只要第一類信件不全部公開發表，我們就很難了解耶穌會士們對中國問題的真實思想。同樣，在第一類中，我們可以採取「同樣完全可靠」[462]而贊同耶穌會士們的結論或反對他們的結論兩種不同的態度。因此，對《耶穌會士書簡集》的研究，往往成了作者表示對中國或對耶穌會士們同情與反感的一種方式。

這些信件所表現出的首要的品格是簡樸。皮埃爾‧馬蒂諾（Pierre Martino，1880～1953）在他的論著《17、18 世紀法國文學中的東方》裡正確地指出：「諸

---

456 《中國書目》第 415～417 頁。

457 《耶穌會士對 18 世紀思想運動的影響》第 5 頁。

458 《中國與法國哲學思想之形成》第 165 頁。

459 同上。

460 約翰‧巴洛（John Barrow）：《中國遊記》。轉引自耶穌會士 A. 布魯（A. Brou）的文章：《北京的耶穌會士漢學家和巴黎的出版者》，載《傳教史》雜誌第 11 卷，1934 年，第 557 頁。

461 《中國與法國哲學思想之形成》第 161 頁。

462 《北京的耶穌會士漢學家和巴黎的出版者》第 556、557 頁。

君打開的這部書，將會給人一種這樣的印象：對近乎愚蠢的善良、幼稚的信仰表現出一種天真爛漫。」[463] 在三十四卷《書簡集》中所保持的樸素特徵應歸功於杜赫德的潤色加工。至於這種潤色加工是為了中國還是為了他的同事，我們尚難以做出結論。

不要忘記，這些信是給大眾看的，是新聞報導式的實錄，因此，需要有雅俗共賞的特點。

此外，「這些信件發表的宗旨在於吸引大眾對傳教團的注意」[464]，同時也要維護那些了解傳教使團內情的人們的利益。湯尚賢神父（Pierre Vincent de Tartre）在給他父親的一封信中寫道：「可你要我怎麼寫呢？這又不是一本小說，可以自由地演繹一些冒險故事來取悅讀者。我寫的是上帝願意給予我們的那些東西，我也只能寫這些東西，因為我知道你希望從我筆下賞心悅目地了解到發生在遠離你的兒子身上最細微的事情。」[465]

在《耶穌會士書簡集》的序言中，作者宣布：「我們將向讀者奉獻的不再是野蠻人和處於被奴役悲慘境地的民族的景象。他們是久已組成社會的民族，享受著政府開明立法和維持治安秩序的優越性。」[466] 因此，《書簡集》彷彿是耶穌會士們為中國利益而炮製的一部誇張的辯護詞。換言之，耶穌會士們想把中國人民的高尚思想介紹給人們。但這些宗教人士並沒有掩飾中國人的缺陷。

不要忘記，中國人和法國人一樣，「既不是神，也不是獸，而是人」[467]，就是說，他們有自己的優點和不足。至於耶穌會士們的肯定，他們所寫的有關中國風俗方面的東西不是絕對的，但它與法國風俗迥然不同。至於杜赫德神父，儘管他的剪刀無情，但無論如何，他還是「保留了來自我們神父的資料」[468]。照我的看法，這些信應被看做是一家報紙的特殊通訊。真正的問題是：是否耶穌會士

463　馬爾蒂諾（P. Martino）：《17、18 世紀法國文學中的東方》第 114 頁，阿舍特，巴黎，1906 年。
464　《北京的耶穌會士漢學家和巴黎的出版者》第 556、557 頁。
465　《北京的耶穌會士漢學家和巴黎的出版者》第 556、557 頁。
466　《耶穌會士書簡集》第 25 卷，前言，第 1 頁。
467　《思想錄》第 2 卷 140 頁。
468　《中國回憶錄》第 15 頁。

們對中國人有點過分的恭維？他們把中國塑造成了一個什麼樣的形象？

　　耶穌會士們沒有以布瓦維（Poivre）的方式談論中國。布瓦維說：「如果這個帝國的法律成為所有人民的法律，那麼整個地球將出現象中國這樣令人陶醉的局面。」[469] 他們也沒有以安松（Anson）和何努多（Renaudot）的方式談論它。上面兩位，一個認為，中國人的麻木不仁是「相當低下和可鄙的性格標記，這與眾多作家對這個民族的天性的讚揚大相逕庭，我有理由認為這些讚揚是太過分了」[470]；另一個認為，中國人是滑稽可笑的，「他們不注意衛生，他們不用水洗臉洗澡，在他們認為有必要時，僅僅用紙擦擦而已」[471]。從《耶穌會士書簡集》來看，耶穌會士們談論中國的態度是比較公正的，至少他們力圖保持這種態度。例如，中國人幾次問傳教士們歐洲是否有很壞的基督教徒。羅班神父（P. Loppin）寫道：「怎麼回答他們呢？應該不應該對他們說也許只有當一個教徒犯了教規而不知道是罪惡時，說他是壞的才是正確的，儘管有大量而持續不斷的靈魂拯救，但時刻想著自己的歐洲人常常比一位可憐的中國人更不相信宗教，他在一年中，只能一次接近聖禮。」[472]

　　實際上，在中國和在其他地方一樣，缺陷與道德永遠並存。如果說 18 世紀哲學家使中國理想化了，那麼錯誤不僅僅來源於耶穌會士們對這個帝國的讚揚，更重要的是在於這些哲學家本身。對於他們來說，進步的理論不僅僅適用於物質領域，也適用於精神領域。這種思想本身是如此錯誤，卻在指導著他們的評論。在《耶穌會士書簡集》中，耶穌會士們對中國人「周密」而「規範」的[473]法律與精神準則給予大力讚揚是確實的，但是他們同樣以嚴厲甚至不公正的方式談論中國人的缺陷。布爾熱瓦（P. François Bourgeois, 1753 ～ 1811）寫道：「這些人有

469　布瓦維（Poivre）：《一位哲學家的旅行》第 148 頁，1769 年。

470　G. 安松（G. Anson）：《環球旅行》第 276 頁，阿姆斯特丹，1749 年，由理查·瓦戴爾（Richard Waltter）發表。

471　奧塞伯·何努多（Eusébe Renaudot）：《兩位穆斯林旅遊者筆下的印度與中國之古老關係》第 17 頁，也請參閱第 16 頁，巴黎，1718 年。

472　奧塞伯·何努多（Eusébe Renaudot）：《兩位穆斯林旅遊者筆下的印度與中國之古老關係》第 17 頁，也請參閱第 16 頁，巴黎，1718 年。

473　《耶穌會士書簡集》第 32 卷第 253 頁。

著各種各樣的大毛病而且相當夜郎自大……他們是偉大的模仿者，但不具備某種創造的天資。」[474] 如果我們把這些話再放到他的時代（1767 年）的話，人們很可能責怪中國人是傲慢的，但絕不是模仿者。

讓我們多少詳細一點地考察一下耶穌會士們是如何談論中國人缺陷的吧。我們會看到他們所描繪的中國人的形象不僅僅是出於吹捧。

首先從皇帝開始，在對蘇努家族的迫害中，我們譴責雍正皇帝的凶狠殘忍。當皇帝九弟允禟的岳父和女兒一起流放時，死於道途之上。兩個月後，皇帝「下令掘墓焚屍揚灰」[475]。

在巴多明的所有信件中，雍正都被看做是尼祿[476]的同類。他殘忍到不放過這個家族的一個孩子，連哺乳的嬰兒也要戴鎖。「將軍們預訂的鎖鏈製成了，他們給這個家族的親王們每個人上九道鎖鏈，甚至連最小的孩子也照此辦理，對孩子有與他們的年齡相配的鎖鏈。」[477]

談到官員們，馮秉正神父這樣寫道：「中國人民對這些官員的辱罵與謊言已經習以為常了。」[478] 他還寫道：「這些大老爺們用美妙的詞語來推卸自己的罪責，對他們來說，謊言是不在話下的。」[479] 作為貪官汙吏的犧牲品的中國人民受盡痛苦和折磨，我們並不認為耶穌會士們會用美麗的圖畫來掩蓋真相。

對於異教的人民，耶穌會士們有時以相當苛刻的言詞描述：「當他們閉著眼睛不看那些對顯而易見的真理和一切能引導他們認識上帝的東西時，魔鬼就會這樣嘲弄這個不相信上帝的不幸民族。」[480] 不用談殺嬰和偶像崇拜，僅就這些例子，就可看出耶穌會士不是只奉承中國的道德了！

在 1703 年 2 月 10 日的一封信中，沙守信神父（Emeric de Chavagnac, 1670 ～

---

474 《耶穌會士書簡集》第 32 卷第 253 頁。

475 《耶穌會士書簡集》第 31 卷第 68 頁。

476 尼祿：羅馬皇帝，以殘酷毒辣而聞名於歐洲。

477 《耶穌會士書簡集》第 31 卷第 71 ～ 72 頁，參考第 31 卷全卷。

478 《耶穌會士書簡集》第 34 卷第 93 ～ 94 頁。

479 《耶穌會士書簡集》第 34 卷第 103 頁。

480 《耶穌會士書簡集》第 26 卷第 232 ～ 233 頁。

1717）寫道：「要使那些重要人物，尤其是官員們改變高利盤剝的宗旨更是困難的，因為他們大部分人以勒索不義之財為生，加之，他們能養活多少個女人，身邊就有多少個妻妾，這就像一條條難以掙脫的鎖鏈纏鎖在他們的身上。」[481] 談到改變宗旨的困難，他還寫道：「籠罩在中國人中間的頹敗氣氛是他們難以克服的障礙。」[482] 在這封信的後面，他寫道：「在他們心靈的腐敗和混亂之中仍然有一種對基督教的敵意，他們表面上道貌岸然，而暗中卻津津樂道於最卑鄙無恥的罪惡。」[483] 說這是傳教士們對中國過分吹捧，[484] 我看結論下得有點為時過早了。

中國文人的頭等大事是閱讀典籍，閱讀典籍帶來一種不容置疑的可喜的後果。然而，巴多明神父在給當時學者德邁蘭的信中寫道：「因此，歐洲人應該閱讀大量這些典籍以外的中國書籍，以免上當受騙……」[485]

我想上述例子已回答了我們提出的問題。耶穌會士說了中國的好話，但也說了中國的壞話。歸根究柢，中國像其他國家一樣，它既不應該被全盤讚揚，也不應該遭全盤譴責。儘管安松對中國反感，但他說得不無道理：「這些老爺們和其他人一樣也是些泥捏的東西，他們利用法律所賦予的權威，不是阻止犯罪，而是為了從那些犯罪的人身上榨取財富以自肥。」[486]

讀一讀《耶穌會士書簡集》，置身於曾受到這些信件啟發的精神狀態之中，我們可能會更好地理解《中華帝國志》了，因為該書作者杜赫德神父不僅是《書簡集》的編輯，而且這些信件是他資訊的直接來源。

481　《耶穌會士書簡集》第 26 卷第 232 ～ 233 頁。

482　《耶穌會士書簡集》第 27 卷第 31、32、33 頁。

483　同上。

484　安松的環球旅行在下述年間進行：1740 年，1741 年，1742 年，1743 年，1744 年。參見《環球旅行》，第 228 頁。

485　《耶穌會士書簡集》第 35 卷第 61 頁。

486　安松的環球旅行在下述年間進行：1740 年，1741 年，1742 年，1743 年，1744 年。參見《環球旅行》，第 228 頁。

（三）《中華帝國志》

「先生，幾天以來，我在埋頭閱讀一本書，它不僅優秀、新鮮，而且廣博重要。這本書叫《中華帝國志》。」[487] 這是在這部名著發表不久出現於《現代作品概觀》上的一段話。

《中華帝國志》是一部華美的輯錄，一部百科全書，是耶穌會士們在中國所得知識的大全。雖然包羅萬象，但它不可能使好奇的民眾的廣泛要求得到滿足。確實，「在好多方面沒能充分滿足人們的好奇，然而什麼都談，對什麼問題都未卜先知，這對一個歷史學家來說是可能的嗎？」[488]

在認識中國的發展史上，《中華帝國志》這部光輝著作標誌著一個新的階段。它的無所不包的標題《中華帝國及其轄畢地區的地理、歷史、編年、政治、物理之記述》，使我們想像到這部作品內容的豐富性，並了解到作者的偉大抱負。

《中華帝國志》於 1735 年以對開四卷本出版，附有石版畫、插圖、地圖和獻給路易十五的題辭。杜赫德的這部書獲得了非同凡響的成功，僅僅幾年的工夫，法文本出版了三次，英文本出版了兩次，並有一個德譯本和一個俄譯本，其聲名顯赫，非比尋常。

這部著作成功的原因之一是它的科學價值。直到今天，杜赫德的這部著作仍值得參考。不求助於這部著作，人們就很難得體地談論中國。因此，加爾加松（M. E. Carcassonne）斷言：「這部概括了許多傳教士研究成果的宏偉巨著，既不是頌揚，也不是挖苦，而是一部至今仍值得權威鑑賞家高度評價的科學著作。」[489]

杜赫德透過他掌握的來自中國的地圖和回憶錄，占有了當時人一無所知的珍貴資料。他不但是《耶穌會士書簡集》的編者，而且在 24 年中與在華的傳教士們保持著聯繫。可以說他集他在中國的同事們作品的大成，[490] 他不僅有第一手

487　《現代作品概觀》第 3 卷第 3 頁。
488　《現代作品概觀》第 3 卷第 24 頁。
489　加爾加松：《〈法意〉中的中國》，載《法國文學史》雜誌，1924 年，第 194 頁。
490　下列是杜赫德神父在《中華帝國志》中所提到的作者的姓名：衛匡國、南懷仁、柏應理、安文思、

的文獻資料，而且還有活的原始資料。例如，當龔當信神父（P. Contancin）在中國生活了 32 年之後，來到巴黎，杜赫德趁機向他求教，並請求允許閱讀他的手稿。如果沒有歪曲事實的話，我們敢斷言，至少杜赫德想寫出一部科學性的作品。儘管宗教禮儀問題掀起了狂風驟雨般的鬥爭，[491] 杜赫德卻一勞永逸地把中國原原本本地介紹給大眾。在布魯神父（P. Brou）說《中華帝國志》是「在構寫豪華、開明、大治的中華帝國的傳奇方面寫得最好的一部書」時，[492] 我覺得他似乎有點背叛了杜赫德的思想。首先，像《耶穌會士書簡集》一樣，《中華帝國志》既從好的方面也從壞的方面對中國加以介紹；其次，更為重要的是，杜赫德在他的序言裡清楚地講道：「儘管人們在其中沒有找到我們神聖的格言、有益的思想和值得稱頌的人道範例，但人們仍足以從中感受到自己行動中的罪惡和瑕疵，自己的思想和恪守的格言中的虛假和過分的東西。」[493]

我們從不吹噓他對中國道德和國家事務的管理做出了總的評斷。杜赫德的著作和其他耶穌會士們的著作一樣，是以比較特殊的方式來描寫中國的，但我們需要指出的是，杜赫德神父並沒有創造一部傳奇。道理很簡單，中國不是一個既無法律又無信仰的國度，它有著自己的文明。人們不能把中國與非洲或美洲相比。當時到過非洲、美洲的人的確有過一些異想天開的描寫。然而，也不應得出結論說，儘管耶穌會士們讚賞中國，卻否定自己的信念。杜赫德明確地說：「我遠不想把中國的學者引到歐洲讓他們來上道德課。」[494]

因此，為了理解《中華帝國志》，必須始終想到杜赫德所堅持的首先是基督教的觀點。如果說他頌揚了中國，那是因為他認為中國如果不是一個基督教的國家，至少也帶有基督教的傾向。

白晉、張誠、衛方濟、李明、劉應、雷孝思、馬若瑟、殷弘緒、赫蒼璧、龔當信、夏德修、戈維里、杜德美、巴多明、湯尚賢、馮秉正、郭中傳、彭加德、沙守信、宋君榮、楊嘉祿。

491　宗教禮儀問題不與我們直接相關。因為我們常常提及這種紛爭，所以最好知道主要事實，以便了解它的嚴重性，並說明我們在作品中所談到的形勢（詳細情況見本節後的備注）。

492　〈北京的耶穌會士漢學家和巴黎的出版者〉，載《傳教史》雜誌第 11 卷，1934 年，第 561 頁。

493　《中華帝國志》第 1 卷，序言第 31 ～ 32 頁。

494　《中華帝國志》第 1 卷第 32 頁。

由於他的文筆優美以及他的嘔心瀝血，杜赫德的著作吸引著好奇的讀者，而並沒有睡在書庫裡無人問津。據可靠的情報說，人們對這部著作愛不釋手。下面就是一例：「我可以向你擔保，假如世界上存在一種值得有頭腦的人去探索、關注、去嘗試的事物的話，那麼，就請讀一讀這部偉大的著作吧，它會把你愉快地帶到一個新的世界。」[495] 下面是另一例子，「……全書充滿一種高尚、純樸的氣氛，它隨處都使人感受到作者真摯而善良的意見和評斷……」[496]

《中華帝國志》成了一部了解中國頭等重要的著作。對於傳教士之間的爭論，杜赫德宣稱保持絕對中立的態度。他罕見而淵博的學識，使他在未到中國的情況下，就贏得了一個「真正的歷史學家」的稱號。[497]1733 年，《中華帝國志》的內容簡介中寫道：「迄今為止，人們發現的關於中國的知識是十分不完善的，而且這些東西，與其說是喚醒大眾的探索精神，不如說是投其所好。正是由於這種原因，杜赫德神父才用多年不懈的工作來致力對這個大帝國的描述……」[498] 他所說的都是真實的，但他的意圖是想指出中國是一個天然的基督教國家。

然而，《中華帝國志》是用第二手資料寫成的一部著作，不僅涉及中國的東西是如此，即使序言也不例外。例如：

李明在《中國現狀新志》中道：有許多人到達一個新的國度時，想像能夠透過一時的所見而受到教益，他們下車伊始，像一個饑不擇食的人，東奔西跑，貪婪地收集他們碰到的一切，而且不加區別地將一些道聽途說的東西通通塞進自己的作品中去。

杜赫德的《中華帝國志》是這樣用上述資料的：當一隻歐洲輪船在中國港口靠岸時，船上的人們便立即貪婪地收集資訊，不僅把他們親眼在這個如此遼闊的國家看到的一切奇事，而且把他們同毫無教養的人的談話通通記下來。[499]

495　《現代作品概觀》第 169 頁。

496　《學者報》，第 622 頁，1735 年。

497　《學者報》，第 622 頁，1735 年。

498　〈杜赫德神父簡論〉，刊於《特雷武回憶錄》第 497 頁。

499　《中華帝國志》前言。

18 世紀的大眾不像今天的讀者那樣苛求，某些借來的資訊是被允許的。儘管這是一部彙編，但杜赫德還是成了他同時代人眼裡「一位在忠實程度上可以和一切古今的世俗歷史學家相媲美的作家」[500]。

1747 年，一位不知名的作者寫道：「伏爾泰追隨杜赫德，這幾乎是他唯一可以追隨的人，而且是沒有比之更好的嚮導了。以耶穌會傳教士們的回憶錄為基礎寫出的《中華帝國志》，是這類著作中最好的作品之一。」[501] 他的影響是極其廣泛的，對此，我們將在另一章中加以探討。現在我們要就這部名著提出如下問題：1. 它新在何處？ 2. 它介紹的關於中國的知識是確切的嗎？

杜赫德著作中表現的興趣是雙重的，有地理學方面的，也有哲學方面的。

《中華帝國志》地理學方面的興趣是不可否認的，確實，一方面，由唐維爾刻版的地圖精確地體現了這個未被認識的國家的新奇性；另一方面，一些未出版過的回憶錄被插入書中，如《遊記三篇》[502] 和《韃靼地理略覽》[503] 等。甚至那些不完全贊同這部書的人們，也不否認地理部分的價值。例如馮秉正，他說：「據說杜赫德的這部書被大眾接受了，如果你們看過我寄去的著作，你將和我們一樣確認，如果他把地圖放在他的書裡，那它會獲得比分開出版更高的榮譽」[504]。

介紹中國的地理是杜赫德寫作《中華帝國志》的一個原因，正如他在給路易十五的獻辭中所寫的那樣：「陛下，您屈尊賜予這部著作中的地圖的厚愛使我鬥膽在您尊貴的名譽下將它公之於世，並願陛下閱讀它時能產生某種愉悅之感。」[505] 事實上，北京的耶穌會士們知道葡萄牙國王正在準備中國地圖的一種版

500　《現代作品概觀》第 170 頁。

501　轉引自《中國與法國哲學思想之形成》第 168 頁。

502　這是這些遊記的全名：〈神父白晉、洪若翰、張誠、李明、劉應從寧波港至北京對一路所經過的省分進行準確詳細的描述〉，《中華帝國志》第 1 卷第 73 ～ 79 頁。〈神父洪若翰從北京至絳州，從杭州至江南省南京所經之路〉，《中華帝國志》第 1 卷第 97 ～ 113 頁。〈1693 年白晉神父被康熙皇帝派往歐洲時從北京至廣東所經之路〉，見《中華帝國志》第 1 卷第 113 ～ 130 頁。

503　《中華帝國志》第 4 卷第 1 ～ 21 頁。

504　馮秉正：《中國史》第 1 卷第 191 頁。

505　《中華帝國志》第 1 卷，書簡。

本，他們不希望自己的功績埋沒在沉默之中。馮秉正說：「杜赫德如果知道《中國和韃靼地圖》實質僅是法國耶穌會士們的作品，可能會更好些。」[506]

哲學的功績也並非不重要。自從中國經典作品被改編以來，西方知識分子懂得這些作品的價值。但由於宗教禮儀之爭，這些人中很多人的才華被埋沒了。杜赫德曾產生過一種非常光輝的思想：把中國的經書介紹給讀者。這些經書按傳統劃分法可以分為兩類：第一流的典籍，即「五經」；第二流的典籍，即「四書」。[507]

從語言的用法上說，中國人所說的「經」字有三個意思：1.「經」是指紡織，由此演變出「線」的含義；2.「經」意味著「法」的意思，皇帝用它統治國家；3.「經」還意味著「道路」，借助於它，人們可以互相溝通。杜赫德的注釋本中所說的「經」，不是這個意思，而是基督教意義上的。例如：「經，意味著一種崇高而牢固的學說，而且它建立在一種不可動搖的原則之上，一點也不可改變。」[508] 在《耶穌會士書簡集》中，還有這樣的話：「它們（經書）教人認識和敬仰至高無上者的存在。」[509] 對《詩經》（「頌」），杜赫德寫過一個簡短的引言，其中有這樣的話：「這部作品（指《詩經》）被混在裡面的幾首壞詩搞糟了，因為這些詩有點荒唐和大逆不道，所以給人們偽造的印象。」[510]

然而，杜赫德還是勇於承認「他們（中國的聖賢）追隨著理性之光，因而，他們具有真理的某些萌芽和對真理的一種初始的參與」[511]。此外，杜赫德以「歷史學家的膽略」[512]，發表了中國經典摘要，並宣稱如實地介紹了中國思想。「天」這個字眼，向他提供了一個卓越的範例。杜赫德寫道：「他們崇拜的首要對像是一個至上者的存在，萬物的主宰和君王，他們崇拜擁有上帝名義的人，即

---

506 〈可以補充遠東教會史的未發表之文獻〉，載《遠東雜誌》第 3 卷第 652～653 頁。

507 這種劃分法是武斷平庸的。但由於杜赫德在他的著作中是這樣闡述的，我們為了方便起見，採用了這種劃分法。

508 《中華帝國志》第 2 卷第 343、369 頁。

509 《耶穌會士書簡集》第 33 卷第 38 頁。

510 《中華帝國志》第 2 卷第 343、369 頁。

511 《中華帝國志》第 1 卷，前言，第 32 頁。往後「中國的賢哲們確實曾認識了某些真理」。

512 《中華帝國志》第 1 卷，前言，第 31 頁。

至高無上的皇帝，或者叫天，照中國人看來，這是一碼事。翻譯們說，天，就是主宰上蒼的精神，因為天是一切之本源。」[513]

杜赫德深為這種純正的學說所打動，他有理由和他很多的同事一樣認為「中國不是一個有神論的國家」。但恰恰相反，「在這個帝國裡，真正的上帝的觀念，從未像希臘和拉丁人一樣被詩人千奇百怪的想象所扭曲」[514]。貝尼埃（Bernier）在給德·拉·薩布利埃夫人（Marguerite de la Sablière, 1640～1693）的信中寫道：「您會永遠有興致看到這個世界裡沒有人拋棄道德、智慧、謹慎、信仰、誠摯、憐憫、慈善、溫存、忠誠、禮儀、嚴肅、謙虛和服從天命。對於這些只有自然之光而沒有任何其他光輝的人們，你還能要求些什麼呢？」[515]

貝尼埃的這番話可能有值得商榷的地方，但「服從天命」這句話是講對了。那就讓我們來指出相信有天的中國人的真正思想吧。這樣，我們可以一方面理解杜赫德作品的價值，另一方面，我們認為儘管耶穌會士們的觀點是基督教的，但他們在談及中國的經典作品時是很有道理的，所以給他們以肯定是完全正確的。

《書經》中有好多地方談到天：

（堯）乃命羲和，欽若昊天。

天亦哀於四方民。

天敘有典，敕我五典五惇哉……

天秩有禮。

天有顯道，厥類唯彰。

天討有罪……[516]

「天」字在舊的文字中有四種完全不同的意思。天，首先意味著是相對地的宇宙；其次，意味著上帝，它不依賴其他而存在著，它是完全獨立的；它同樣

513　《中華帝國志》第3卷第3頁。1706年8月2日康熙帝就「天」字之義宣布了他的見解。他的看法可以用一句話來概括：「中國人的天，也就是中國所崇拜的天，這就是基督教徒的上帝。」

514　《現代作品概觀》第6卷第273頁。

515　《學者報》1688年6月7日。

516　《東方經書》第46、49、53、57頁。

意味著自然之神，對於它，人們只知其然而不知其所以然；最後，它意味最高的本原，它和諧地主宰著萬物生靈。[517]

1737 年 8 月 8 日弗雷烈寫給宋君榮的信裡說：「我確信古時中國人曾是有神論者和上帝的崇拜者，而遠不是以後諸世紀中的無神論者。」[518]

綜上所述，我們可以說《中華帝國志》的新穎之處在於它的地理與哲學兩方面的內容。

在這些耶穌會士中，最大膽的無疑要數李明了。在他眼裡，中國人的道德是很純潔的，因為在古代，中國不僅保存了真正上帝的知識，而且崇拜它並為之獻身。杜赫德則更為謹慎些，他總怕因此而受到連累。如果他在古典著作中遇到某種困難，他懂得如何擺脫困境。在對《易經》進行了一番讚揚之後，他補充說：「這些中國古代的不朽之作，落入了盲人學者之手，這些人的思想已被流行的偶像崇拜和牽強附會的風氣所敗壞，他們把《易經》的含義曲解為徒然無益的卜卦。」[519] 這種對古文化又贊成又反對的模棱兩可的態度，使杜赫德無論是在朋友中還是在敵人中，都贏得了名聲。他在日常事務中，也採取同樣的態度。杜赫德說：「善良的願望並不是他們所推崇的道德，尤其是當他們（中國人）和外國人打交道時，如果可能的話，他們常常欺騙外國人……」[520]

當杜赫德談到佛教時，他失去了自己四平八穩的謹慎。「這都是些騙人的鬼話，講這些鬼話的偽君子們愚弄著人民的輕信。」[521]「這是一堆迷信、玩弄魔術、偶像崇拜和無神論的不可思議的群氓。」[522] 我們不想評判什麼樣的宗教才是

---

517 參考《學者報》，1735 年，第 22 頁，「杜赫德神父僅從歷史學的角度來談中國人的信仰問題，並沒有深入到關於『天』的真實含義的眾說紛紜的爭論之中去，他只是援引了一些典型作品中的說法，而由讀者自己去加以判斷，而當他談及那些作品使他得到崇拜天的觀念時，『天』這個詞就意味最高存在，天主，或者就是簡單的顯而易見又具體的天」。

518 皮諾特：《1685 年至 1740 年，法國有關中國知識未出版的文獻資料》第 170 頁，巴黎，1932 年。

519 《中華帝國志》第 2 卷第 350 頁。其實，這種態度已經體現在《耶穌會士書簡集》中了。神父回答說，我們的信仰可以和古書的記載相一致，但不要要求翻譯者們都寫相一致的東西。第 27 卷第 132 頁。

520 《中華帝國志》第 2 卷第 91 頁。

521 《中華帝國志》第 2 卷第 30 頁。

522 《中華帝國志》第 2 卷第 35 頁。

真正的宗教，我們只是想說，既然他宣稱要寫一部公正的歷史著作，那他這種陳述方式已表明了一種成見。

這種思想不禁使我們對他作品的底細產生一種懷疑：杜赫德真的了解中國嗎？

為了回答這個問題，必須留神一下由他的同事們供給的，他所使用的文獻資料。其中有些學者如宋君榮、馮秉正等，學識是很淵博的，但有些人與其說是漢學家，倒不如說是傳教士。杜赫德所使用的資料價值是參差不齊的。在杜赫德開始寫他的《中華帝國志》時，宗教禮儀之爭達到了頂點。我們不敢說他是要捍衛耶穌會士的事業，但我們可以認為他是不願給對手留下把柄。在其他傳教士們的眼裡，中國是一個充滿崇拜的國度，中國人沒有半點耶穌會士們常教育的那種道德。這些足以解釋《中華帝國志》作者研究的態度。當時漢學尚沒有成為一門學科，但耶穌會士們的著作卻促使它誕生了。歸根結底，杜赫德是透過書和紀錄來了解中國的，而不是透過直接接觸了解中國的。

由於《中華帝國志》是中國知識的大全，我們的研究不能不侷限在為數不多的幾個方面。我們僅以《詩經》和《書經》的片段為例，把它們和中文原文對照一下，便可很好地看出杜赫德對他握有的資料是如何處理的了。

杜赫德對《書經》內容按照自己的方式進行了一番整理，下面是一個例子。

宋君榮譯，普梯埃校文 [523]	杜赫德文
禹答道：「我的道德不足以治天下人，人民會不服我。皋陶不同，他的才智在其他人之上，人民知道他，皇帝應該考慮到他。不管我多麼想你能給我以重任，不管我是否拒絕，不管我怎樣坦率而真誠地講出自己的思想，我總是忘不了皋陶，而且我一直在說應該選擇他。你身居皇位，應想著每個人的功績。」[524]	「唉！」禹答道：「微微使我難負此任，而人民很了解我，他們不同意一種這樣的選擇。但是你有皋陶：這是一種真正的智慧，他具有一切必備的條件，他向全體人民喚起明智之愛，而且人民感到他的作用，他們從內心擁戴他。注意這些吧！想著他的功績，我對他望塵莫及，提升他吧，既然是他值得提升，讓我像一個無用之人一樣留在這裡吧。在這樣一件舉足輕重的事情中，唯有德行才是第一重要的。」[525]

523　由 G. 普梯埃過目和校對的、宋君榮神父翻譯的《書經》譯文相當好。為了跟杜赫德的文章進行比較，我們讀讀譯文。

524　宋君榮譯，普梯埃校：《書經》第 54 頁。

525　《中華帝國志》第 2 卷第 358 頁。杜赫德說這些文章是由馬若瑟神父翻譯的。同上，第 365 ～ 357

總之，杜赫德是想維護《中華帝國志》風格的優美。他避免陳舊的語法結構，從而使人喜歡讀它。但是，因為他不懂中文，而悄悄地把自己的觀念塞進了他的敘述之中：「這是一個真正的聖賢」，或者「這是值得重視的一種道德」。此外，他給《書經》加了一個相當古怪的標題：《古代帝王之格言》。不用說他的遺漏之處，但從總體看，他已把兩章混淆在一起了。他引述的是第四章《大禹謨》，卻把同一章的《陶謨》加了進去。嚴格說，杜赫德在《中華帝國志》中所介紹的《書經》是經過一番加工的作品。

對《詩經》也一樣，杜赫德寫道：「為了介紹這部作品的若干思想，我將引證幾首頌歌，它們已被馬若瑟神父忠實地譯了出來。」[526] 然而引文完全被歪曲了。

杜赫德引文	原文
是天造就了這座高山，而大王卻把他變成荒蕪，這個損失唯一的原因是他的錯誤。然而文王使其第一次放出光輝。前者所選的道路充滿了危險，但文王的道路是筆直而容易走的。一位如此智慧的國王的後代珍貴地保留著他給你們所帶來的幸福。[527]	維天之命，於穆不已。於乎不顯，文王之德之純！假以溢我，我其收之，駿惠我文王，曾孫篤之。[528]

這首頌歌是一首聖歌。它是在周代祭祀祖先時唱的。頌詞中，顯然杜赫德譯文中的「荒蕪」、「他的錯誤」、「危險」諸詞不符合原意，而且，在原文中根本就沒有這些詞！

每當人們把一種文字或哲學翻譯為另一種不同的語言時，很難使之保留原來的風格，特別對來自於在 18 世紀如此陌生的中國的作品更是如此。

在杜赫德發表他的《中華帝國志》時，漢學剛剛誕生。在 1727 年之後，馬若瑟神父和富爾蒙進行聯繫，儘管後者是一位驕傲而愛虛榮的人，神父還是以大公無私的方式給他以支持。在 1728 年，馬若瑟神父給他寄去了《中國語言志略》（Nōtitia）的手稿，這肯定對 1742 年出版的《中文語法》的編纂有所裨益。

頁。
526　《中華帝國志》第 2 卷第 370 頁。
527　《中華帝國志》第 2 卷第 370 ～ 371 頁。
528　《詩經·周頌·維天之命》。

正是他，第一次介紹了 214 個「中文詞根」，至今它們仍是中文教學的基礎。

我們對杜赫德神父不能過分苛求。儘管這樣一部作品存在著不可避免的訛誤，我們仍不掩飾對這位如此可親、如此機智的作者的敬佩之情。

我們在關於《中華帝國志》的闡述上提出了一個問題：究竟杜赫德神父的這部著作給了我們一個怎樣的中國形象？我們曾說過，這位漢學家不想為我們製造一個傳奇式的中國，因為他聲稱自己是歷史學家。寧可說，杜赫德給我們的中國形象是合適的。中國的歷史、制度、風尚，特別是中國的精神，在他的著作中都得到了讚美性的描述。在他眼裡，古代中國是基督教式的。[529] 如果它今天還是原來的那種狀況，那就沒什麼可嚮往的了。與杜赫德相反，對於哲學家來說，中國之所以是一個人間樂園，恰恰是因為它不是基督教式的國度，因此，耶穌會士們所描寫的中國的讚賞者們的精神境界，與它的描寫者們的精神境界是迥然不同的。

在古代，中國文明所讚揚的與其說是物質價值，不如說是精神價值。傳教士們懷著巨大的驚奇，發現了這個極大地發展著人類理性的國度。「在希伯來人中，有一位特殊的天使保管著信仰的寶庫，同樣，在中國人中也有一位特殊的天使保管著理性的寶庫。」[530]

在政治上也同樣如此。「在中國，政府的要職只委任給那些學問最好的人。」[531] 因而中國沒有什麼高貴之說，沒有什麼遺傳的高貴。德·希魯埃（M. de Silhouette）先生寫道：「中國人不承認除了有德之人以外還有更高貴的階層。他們透過開明的政治，使得受貴族的遊手好閒而毀滅的商業大加繁榮。」[532] 這種政治為自己帶來一種奇特的力量。它走向一種高度的完善。甚至在今天，每當人們

529　最使杜赫德神父驚訝的是向天祈雨的「天壇」，下面是他在《中華帝國志》裡的一段描述：「老天爺，我曾向您獻上這所有的貢品，以祈求您的恩典，但卻沒有結果。無疑是我給我的人民帶來這不幸。請允許我大膽相問，是我的人品使您不高興了嗎？還是我的宮殿的豪華使您看著不快呢？是我的几案太講究了？是法律所允許我的嬪妃太多了嗎？我要用我的謙卑、勤儉和節制來改掉這些錯誤，而如果這還不夠，那就請您審判，請您懲罰我吧，但寬赦我的人民。讓霹靂落在我的頭上，但要把甘霖普降田裡，以免除這人世的苦難。」

530　《特雷武回憶錄》第 1300 頁。

531　德·費奈斯（Henri de Feynes）：《從巴黎到中國的陸上旅行》第 169 頁，巴黎，1630 年。

532　德·希魯埃（M. de Silhouette）：《政府的總體思想與中國人的道德》第 19 ～ 20 頁，1729 年。

談起侵略中國的侵略者時，某些批評還在遵循著很久以來形成的那種觀念：「征服者沒有找到除了採用被征服人民的法律以外的更好的事情要做。因此，儘管中國的主宰在更替，但其政體始終如一。」[533] 首先，「中國具有延續了四千年之久的優於世界其他各國的文明：它幾乎始終由國家天生的帝王所統治，採用相同的服裝、風俗、法律、習慣和方式，從不改變其帝國誕生時最初的立法者明智地建立起的規矩。」[534] 其次，中國的政治「是一種樸實、通情達理和純理性的政治。」[535]

這種理性文明的研究，使我們推導出三種結果：第一，中國人民的道德不是教條主義的，而是建立在經驗基礎之上的。杜赫德很好地定義了中國人的精神：「一般說，中國人是性格溫柔、可通融和人道的。他們的表情和舉止顯得十分和藹可親，而且沒有任何嚴厲、尖刻和暴躁。」[536] 第二，如果說中國皇帝擁有絕對的權力，那只是一種慈父般的人所應有的權力。「人們用尊敬來服從，用慈善來統帥，當必須做一種果斷決定時，那也只是一種慈父般的決斷，而不是暴君的專橫。」[537] 正是由於這個原因，中國的制度為伏爾泰所讚賞。對此，我們將在下一章論及。第三，在社會範圍內，中國總是高度重視農業。每年，皇帝去耕種一塊地，以此為人民做榜樣。因此，「居民們在自己家裡享受著所有生活應有的方便和樂趣。他們有自給自足的信心……」[538] 實際上，在 18 世紀時，中國是幸福的，工商業都很繁榮。杜赫德說：「運河貫穿南北，難以數計的船隻和畫舫航行其上。」[539] 簡言之，中國，在西方人眼裡是一個「美的帝國」[540]。

533　錢德明：《關於中國人的歷史、科學和藝術的回憶》第 5 卷第 35 頁。

534　《中華帝國志》第 2 卷第 1 頁。

535　《特雷武回憶錄》第 1371 頁。「我毫不想做什麼文字遊戲，但我可以斷言我們歐洲的政策是理性化和理性式的政策，它和中國人的政策是背道而馳的……」

536　《中華帝國志》第 2 卷第 88 頁。

537　《耶穌會士書簡集》第 25 卷第 10 頁。

538　《中華帝國志》第 2 卷第 1 頁。

539　《中華帝國志》第 1 卷第 18 頁。

540　喬·吉拉爾迪尼 (Gio Ghirardini)：《1698 年乘昂弗特利特 (Amphitrite) 號船在中國旅行紀實》，巴黎，尼古拉·佩比 (Nicolas Pepie)，1700 年。「這裡一切都是那樣多彩多姿，一切是那樣整齊有序、喜氣洋洋和令人耳目一新。這是綠意盎然、一望無際的草原，這是柔媚和綠柳成蔭的原野，

中國這幅喜氣洋洋的圖畫，正好反映了 18 世紀的精神世界。霍爾巴赫（Holbach, 1723 ～ 1789）說：「做有道德的人，也就是做易於交往的人，就是致力於使那些和我們自己的命運緊密相連的人生活得幸福，反過來又使他們對我們盡忠效力。」[541] 然而，杜赫德神父毫無單純從這方面介紹中國的意圖。在他看來，中華帝國是光明的，但也同樣是煙霧繚繞的。可以說，關於中國的所有壞東西在《耶穌會士書簡集》中都存在，同樣，在《中華帝國志》中也並不鮮見。他讚揚文人們，但也對他們嚴厲批評。下面就是一例：「他們的謙虛令人驚嘆，文人們總是一副道貌岸然的神氣。」[542] 實際上，這句話是說，這些文人有點虛偽。而下面這句話是：「中國文人們像人們所見到的其他文人一樣，附庸於現代評論，企圖用自然原因來解釋一切，而陷入無神論之中。」[543]

如果關於中國的形象總是介紹得不太忠實或有點過分地吹捧，其原因不在杜赫德，而在書簡撰寫者們。只要中國自給自足，來宣傳福音書的傳教士們就形成另外一個階級。他們可以進入康熙的宮廷，但是不能深入知識分子中間。他們所認識的所有中國人都是些能力知識平常的人。真正有活潑而獨立思想的學者無法接受天主教的絕對的最高權力的思想。當教皇克萊芒十一世於 1704 年 10 月 20 日發表他的關於宗教儀式的禁令時，耶穌會士們的朋友 —— 康熙皇帝寫道：「覽此告示，只可說得西洋人等小人，如何言得中國之大理。況西洋人等，無一人通漢書者，說言議論，令人可笑者多。……以後不必西洋人在中國傳教。禁

這是層次分明、妙手點翠的小山坡，這裡生滿綠苔的山岩，它們有著無窮的妙用，這是掩映在小樹林裡的村落，這裡時而像幾片小島，時而又與大地融合露出自然生機之變的河岸的運河，還有那來自五湖四海的一隻小舟，更使這風景令人嘆為觀止，人們彷彿就在草上滑行著，怡然往返於這綠色的草原中央。但我卻認為，我是浸沉在這仙境般的寧靜之中，我相信這些船隻、草地、山谷、樹林，我們所看到的一切如此令人神往，我說這話一點不錯，因為，中國到處都是這麼美麗，人們可以稱它為美的帝國。」

541　V. 皮諾特：《重農主義者和 18 世紀的中國》，載《近代和當代史雜誌》第 8 卷，1907 年，第 212 頁。

542　《中華帝國志》第 2 卷第 90 頁。

543　《中華帝國志》第 3 卷第 59、38 頁。「他們以極為複雜和難以理喻的方式對『太極』和『禮』爭論以後，必然墜入無神論，在他們對這種超自然的原因進行歸納的過程中，他們只遵從一統一的與物質合而為一的道德，他們把這種道德稱為『禮』或『太極』。」

止可也，免得多事。」[544]

　　從一開始，具有靈敏的天才和很少偏見的耶穌會士們都被當做例外來看待，但是宗教禮儀之爭強迫他們放棄了他們原來的舉止，以便符合羅馬教皇的決定。在他們的作品中，找不到康熙時代一個學者的名字；相反，在中國文人的作品中，基督教總是被稱作「夷教」。這一精神狀態被《耶穌會士書簡集》所證實。下面是其中一例：「你們的宗教都不在我們的書中，因為它是外國宗教。」[545] 傳教士們的生活遠離知識界，他們僅認識宮廷官員。1795 年德金說：「傳教士們只依靠一位官員，他負責他們的事務。他們相當自由，在城裡和鄉村有房子……他們有騾子和車輛，他們很會做麵包，但不會做酒。」[546] 由於這個原因，如果我們用中國人的觀點，可以得出下面的結論，耶穌會士們了解中國某種事物，但不了解整個中國。

　　儘管杜赫德的《中華帝國志》不夠完善，我們還是應該感謝他。他對錢德明神父的這些話是當之無愧的：「在所有寫中國的作家中，杜赫德是一個這樣無可辯駁的人，他對有些回憶錄作了比較精心的加工，內容更豐富而且比較可靠。儘管他總是在自己的書房中來看中國，但他的觀點卻相當正確，以致彷彿他不是從回憶錄中得來的這些認知，他的思想不是出於像他這樣一種處境的人的頭腦，他帶給讀者的精確認知，使他超出了一切偏見的虛偽時代。因此，他的著作歷時愈久，聲譽就愈隆。因為他將無愧於自己的身價，而且甚至使孟德斯鳩、伏爾泰和當代作家們對他驚訝不已，使他們不敢明顯地小看中國，因為他們反對杜赫德關於中國的思想，就是企圖使人相信謊言和夢想所要求的那樣再現中國……」[547]

544　《康熙與羅馬使節關係文書影印本》，文獻第十四。

545　《耶穌會士書簡集》第 27 卷第 28 頁。參閱下邊這段話：「雍正皇帝又說了許多不太重要的話，但他反覆強調的是，我們不信教，我們不對我們的父輩加以崇信，我們還要把這種蔑視傳示子孫。他的語調斬釘截鐵，似乎他對我們的指責儼然是不容辯駁的真理，使我們無言以對。」

546　轉引自柯帝埃：《耶穌會被取消和北京傳教團》第 139 頁，萊德 (Leyde)，1918 年。

547　《關於中國人的歷史、科學和藝術的回憶》第 2 卷第 564 ～ 565 頁。

備注

1610 年：利瑪竇神父逝世，龍華民神父接替他。

1633 年：道明會士到達福建。

1633 年：西班牙道明會的修士黎玉范（Juan Bautista Morales, 1597 ～ 1664）和聖瑪利方濟各會的修士到達中國。

1637 年：道明會士和方濟各會士被趕出中國。

1639 年：黎玉范神父向耶穌會視察員陽瑪諾神父交了 12 份文件。未及時答覆。黎玉范去羅馬。

1643 年：黎玉范到達羅馬。

1645 年：黎玉范得到英諾森十世 9 月 12 日的聖旨。

1649 年：黎玉范把聖旨通知在華耶穌會副省會長等。

1651 年：耶穌會士們派遣衛匡國神父去羅馬。

1656 年：3 月 23 日衛匡國神父得到亞歷山大七世一道矛盾的旨意。

1661 年：黎玉范將《聖教回憶錄新編》寄給羅馬。

1662 年：康熙皇帝登基。

1664 年：閔明我（Domingo Fernández Navarrete, 1618 ～ 1689）接替黎玉范為駐中國道明會的督察。

1669 年：11 月 13 日神父讓·德·普拉姆（Jean de Polamo）收到一道旨意確認同年 11 月 20 日由克萊芒九世發出的旨意。

1673 年：閔明我去羅馬。

1676 年：閔明我發表《韃靼人》的第一卷。

1687 年：作為對閔明我的回答，戴里埃神父（P. le Tellier）發表了《保衛新基督徒》。

1690 年：外方傳教士路易斯·德·蓋莫納（Louis de Quémener, 1643 ～ 1704）被派往羅馬。

1693 年：3 月 26 日，主教顏璫訓諭。神父德·蓋莫納呈遞訓諭。

1694 年：神父戴里埃《保衛新基督徒》在羅馬被查禁。

1697 年：1 月 15 日英諾森十二（Innocent XII）的敕書。3 月 19 日，由顏璫派駐羅馬的尼古拉·沙爾莫（Nicolas Charmot）遞呈他的第一份陳情書給教廷。7 月 3 日教廷詔書。8 月 6 日，呈遞沙爾莫的〈偽造的事實〉。

1699 年：耶穌會士向康熙皇帝申訴。4 月 18 日英諾森十二委任負責檢查的紅衣主教第一次會議。

1700 年：外方傳教團的文件；5 月 8 日，巴黎神學院的聲明；10 月 18 日李明神父《中國現狀新志》、郭弼恩神父的《詔書史》被禁。

1702 年：7 月 2 日，鐸羅被命為教皇特使。

1704 年：11 月 20 日，教廷發表一項詔書，教皇特使負責執行。

1705 年：鐸羅到達廣東（4 月 8 日）。康熙四十四年（1705 年）十月十六日受第一次召見。

1706 年：8 月 7 日，康熙闡明「天」的意義；8 月 22 日顏璫離開北京；12 月 17 日康熙皇帝詔書。

1707 年：鐸羅主教在南京訓諭。

1710 年：6 月 8 日紅衣主教鐸羅逝世。9 月 25 日克萊芒十一世下詔書。

1711 年：10 月 14 日克萊芒十一世頌揚紅衣主教鐸羅。

1715 年：3 月 19 日教皇諭旨《自登極之日》。

1720 年：9 月 26 日，嘉樂到達澳門。

1721 年：3 月 4 日嘉樂被召見。11 月 4 日，教皇特使在澳門公開行使職務。

1722 年：康熙逝世。他第四個兒子繼位，年號為雍正。

1723 年：在中國正式禁止基督教。

1735 年：雍正皇帝去世。其四子繼位，年號為乾隆。9 月 26 日克萊芒十二世下詔書。

1742 年：7 月 11 日，本篤十四世（Benoît XIV）諭旨：《自上主聖意》（*Ex quo singulari*）。

五、中國對 18 世紀法國的影響

耶穌會士們對中國的發現產生了若干重大後果。對於歐洲世界，中國是一線光明。18 世紀的思想就像一團閃著熠熠之光的[548] 蘊藏的火，它突然在 1750 年左右爆發成熾盛的烈焰。然而事實上，這個形象的比喻並不確切。朗松在一篇見解深刻的文章中說：「在供我們研究 1760 ～ 1770 年間偉大的戰役的著作中，不少 1750 年以後發表的最大膽最強烈的作品實際把上面所說的日子確定在 18 世紀初，至少是它的前半葉。」[549]

在這個世紀裡，人們的道德行為越來越趨向於理性與無神論的方向。人們追求的首先是一種道德理論和道德經驗之間的平衡；而後，在進步的思想觀念影響下，人們滿足於幸運的道德感。

在這場震撼西方的運動中，中國，至少是耶穌會士們看到的中國，有它的責任。希魯埃（M. de Silhouette）寫道：「當人們聽從其建議時，中國的哲學書籍使我們看到了那些自然本身能夠做到的事，中國的這類作品，使我們對自然法則的認知要比現代法學家們給我們的認知好得多。」[550]

然而，作為生命的哲學，不僅不能被侷限於人文科學，而且更不能被地理學所限制。人們自然而然地要建立成「一種適合於所有時代、所有國家和所有人的學說」[551]。其實，孟德斯鳩和伏爾泰一樣，建議自己研究不同處境中的人類，但不是用帕斯卡的方式。對於帕氏來說，人只是一根蘆葦，但是是一根會思想的蘆葦；而孟德斯鳩和伏爾泰接受了蘆葦的說法，卻去掉了「會思想」這個條件。道德不再建立在抽象的原則之上，而是建立在經驗基礎之上。道德要有理論基礎，可以說，這種理論基礎是恰當的，是契合的。「這是一種實踐的人的道德，而不

548　G. 朗松：〈1750 年以前法國哲學思想史的各種問題〉，載《法國文學史雜誌》，1912 年，第 2、3 頁。

549　同上。

550　M. 德·希魯埃（M. de Silhouette）：《政府的總體思想與中國人的道德》第 2 頁，1729 年。

551　G. 朗松：《法國文學史》，第 19 版，阿舍特（Hachette），第 672 頁。

是形而上學的道德。」[552]

在這深刻的過渡時期，耶穌會士們分為兩派：「在老的君主政體的天主教中天主教會，出於它處境的必然，而和一種注定要滅亡的體制相聯繫。在這種體制裡，把它的成員造化成英雄的同一種思想，同樣也可以把這些成員帶到為了成為當代的強者而採用卑鄙的詭計，最終成為放任的罪犯。在傳教士們的使用中，則又是另一番迥然不同的景色。如果說有時他們把一種機敏和世俗科學從一個極端推向另一個極端的話，那麼他們的忠誠倒是使人諒解。」[553] 但是對於一些涉及中國的事情，耶穌會士們聲稱採取中立的態度。巴多明神父在 1730 年 8 月 11 日給德邁蘭的信中寫道：「必須承認，如果說沃修斯（Gerardus Vossius, 1512～1594）關於中華民族的描述正確的話，[554] 那麼 R 神父對於中國的相關描述就顯得太糟了，[555] R 神父沒有保持中庸之道，而中庸之道是如此強烈地為所有的人，尤其是中國人所接受。」[556] 但這種中庸是如此嬌脆，以致常常有被損害的危險。對於大眾來說，中國尚是一個好奇的人們嚮往繼耶穌會士們之後而進行探索的神祕國度。但由於缺乏可靠的資料，這才導致了對它的誇張。在奧爾良（Orléans）公爵夫人的信裡有「萊布尼茲」這個詞：「我與耶穌會士們一樣，是中國人信仰的學說的信徒，[557] 對此問題，我有機會和歐根·維也納親王做過短時間的交談，他對我這個新教徒，既贊同羅馬觀點，卻又表現得不偏不倚而感到驚訝。」[558] 狄德羅也說：「假如我有空，我會和你好好地談一談。關鍵是中國人的問題，豪普神父（P. Hoop）和男爵對此充滿熱情，而且有相當多的人都是如此，假如人們

552　《中國與法國哲學思想之形成》第 375 頁。

553　《耶穌會士對 18 世紀思想運動的影響》，科學院論文集第戌，第三類，第 2 卷第 2、3 頁，1874 年。

554　參閱 G. 朗松：〈18 世紀哲學思想的形成與發展〉，載《教學與講座雜誌》，1909 年，第 68 頁。「中國引起一時的好奇，其中一位自由主義者依扎克·沃修斯（Isaac Vossius）在他《博覽群書》（1685 年）中大量蒐集了欣賞中國人的智慧與道德的各種理由。」

555　關於何努多神父，下面他的書名為《兩位穆斯林旅遊者筆下的印度與中國之古老的關係》。這兩位穆斯林旅遊者曾於 9 世紀到過印度與中國。由阿拉伯文翻譯過來。巴黎，1718 年。

556　《耶穌會士書簡集》第 34 卷第 57 頁。

557　中國人民「保存近兩千年對真正上帝的認識，並以使基督教尊為楷模和受到教育的方式尊重它」。見《中國現狀新志》第 2 卷第 141 頁。

558　轉引自《中國與法國哲學思想之形成》第 336～337 頁。

所談的這個民族的智慧是真的話，那我也對『賢明之邦』的說法有點不信。」[559]
因此，在 18 世紀的文化人精神之中，中國具有雙重的面貌：中國沾染著專制主義，充滿迷信，但它是開明的象徵，並為理性智慧所主宰。

如果說 18 世紀人們對中國有點偏愛的話，其功勞完全歸於耶穌會士們。儘管他們持中立的態度，但這個世紀中葉，與他們對立的理論卻始終和他們相衝突。1746 年，本篤十四在他《論虔誠》的訓令中宣布：耶穌會「幫了教會最大的忙，而且始終保持著成績越大越謹慎的態度」[560]。另一方面，人們譴責他們。1762 年，國王的詔書用 84 點指出耶穌會士們教育人們像牲畜一樣生活，教育基督徒像非基督教徒一樣行事。[561]

耶穌會士們不自覺地對哲學思想的傳播作出了貢獻。千真萬確，「透過耶穌會神父們進行的教育，哲學家們學會在東方文明中找到適當論據以摧毀專制主義觀念，抨擊啟示宗教的原則，宣揚寬容的道德」。[562] 然而做出下述補充是公正的，18 世紀這種精神形式起源於一種緩慢的演變，而且有它比一般人認為的更遠的根源。

我們繼續談論 18 世紀。這個世紀的作家們透過利用耶穌會士們的資料批評基督教而贏得了民眾的同情。他們依靠實際的真理，去攻擊啟示性的真理，例如《聖經》的真理。皮諾特先生說：「1740 年左右，普遍承認的依據已經過時了，中國的無神論給了它致命的一擊。」[563] 耶穌會士們感到了這種危險，並企圖避開。在他們關於中國的作品中，這樣的斷言比比皆是：「我對你坦率地說，先生，我還從未實際中看到過無神論的中國人。」[564] 但民眾們對此充耳不聞，而且傾向於孟德斯鳩和伏爾泰的理論，並以此反對帕斯卡和博須埃的理論。

在這種思想的演變過程中，我們感到在談論中國時，耶穌會士們總是停留

559　轉引自《中國與法國哲學思想之形成》第 336 ～ 337 頁。

560　轉引自《中國與法國哲學思想之形成》第 336 ～ 337 頁。

561　G. S. 德莫朗：《在中國的法國耶穌會士史詩》第 224 頁，1928 年。

562　《17、18 世紀法國文學中的東方》第 310 頁。

563　《中國與法國哲學思想之形成》第 356 頁。

564　《耶穌會士書簡集》第 34 卷第 35 頁。

在自然的範圍內，但這個世紀的作家們卻認為這如果不是一種超自然的道德的低下，至少也是一種衰弱。哲學家們從中引出一種大膽的結論：一方面是世界與進步的永久性；另一方面，來自原始無神論的獨立道德可以給人類以幸福並使人操守德行。

朗松關於 18 世紀遠東影響的話講得很有道理：而這恪守自然道德做出如此更好的榜樣的民族，不僅不是基督教的，甚至不是自然神論的，它是無神論的。真正有見識的意見實際是：中國文人們最經常的是無神論者。這是伏爾泰前半生在沒有透過文獻資料深入認識中國之前的意見，是貝爾（Pierre Bayle, 1647 ～ 1706）在他的《思想百家》和《答一位外省人問》[565] 中一貫的意見。

但讓我們說明一下，不管中國這種影響有多大，也不該被誇大。當一種全新的文化被引入一個對它完全陌生的國家時，總是會出現一個對它充滿狂熱讚賞的時代，繼之而來的，便是一種強烈的反對，這是一個普遍的文化現象。對這種文化的熱愛與厭惡，往往不是建立在它的正確價值的基礎上，而是建立在對一種意見或學說在自我辯護中所提供的實用價值的基礎之上的。如果說中國受到如伏爾泰一樣的自由主義者的熱愛，那麼它同樣受到一些死抱著僵硬的原則不放的人的譴責。

不管怎樣，必須注意的是中國對 18 世紀思想家們產生了真正的影響。下面我們研究三位利用中國來宣傳自己思想的最有特點的作家：孟德斯鳩、伏爾泰和魁奈。

（一）孟德斯鳩與中國

在 18 世紀的作家中，孟德斯鳩是最活躍最具有探索精神的一位。在他的不同的研究中，特別在《法意》中，他不斷提到中國，中國在他的精神上表現出一種深刻而神祕的魅力。

在 1721 年發表的，與《外省人信札》同樣成功的《波斯人信札》中，孟德斯鳩已談到中國。為了證實他的一個民族的繁殖力的理論，他利用了先輩們的信

565　《18 世紀哲學思想的形成與發展》，載《教學與講座》雜誌，1909 年，第 71 頁。

仰。照這位波爾多的議員看來，中國人以為在天上的祖先亡靈可以回到人間跟他們一起生活。他由此得出一個關於人類繁殖的論據。[566] 的確，這些異想天開的做法是沒什麼意義的，但它們可以使我們看到孟德斯鳩的價值觀。

在杜赫德的《中華帝國志》發表 13 年之後，孟德斯鳩在他的名著《法意》中，為中國留有一個可觀的地位。法蓋說：「這部偉大的著作，與其說是一本書，毋寧說是一種生活方式……那裡不僅僅有 20 年工作之結晶，而且它是一部道地的文化生活全史……」[567] 因此，孟德斯鳩關於中國的研究給我們帶來了雙重裨益：一方面，它為我們指出在 18 世紀中國影響的一個側面；另一方面，它使我們理解了這位偉大作家的文化作用。

談及法國文學中東方的影響，皮埃爾·馬爾蒂諾先生寫道：「孟德斯鳩想對什麼都解釋；他尋根究底，判斷，批評，並從中得出簡單而概括的見解。」[568] 我們不能同意這種意見，因為從簡單觀念出發，孟德斯鳩首先提出了一些先驗的原則。在《法意》的前言中寫道：「我提出了原則，我看到它適用於所有的特殊情況。」[569]

孟德斯鳩區分了三種不同政府的形式：共和制、君主制和獨裁制。每一種形式都有它的原動力。共和制政府以道德為條件，君主制以榮譽為條件，獨裁制建立在恐懼的基礎之上。他把中國歸入獨裁制範圍。

然而，當他定義共和制的原則時認為，共和就是道德，由此，他得出共和就是「祖國之愛」的推論。[570] 然而為了達到這種道德，人們應該知道「熱愛平等、清廉和樸素」[571]，一個民族應該是智慧和道德的。

566　孟德斯鳩 (Montesquieu)：《波斯人信札》，巴黎，A. 勒麥爾出版社，1873 年。下邊是它的片段：「中國內部有著非常奇特的人民，其奇特之處在於他們的思維方式：他們自從一生下來就像尊敬上帝一樣尊敬他們的父輩，而父輩死後，他們又以貢品來孝敬他們，他們認為父輩們在天上的亡靈又獲得了新生，每個家庭成員不僅應該這樣做，而且在死後的陰間這樣做也是必要的。」第 2 卷第 64 ～ 66 頁，文件 120。

567　《法國文學史》第 714 ～ 715 頁。

568　《17、18 世紀法國文學中的東方》第 316 頁。

569　《17、18 世紀法國文學中的東方》第 316 頁。

570　《17、18 世紀法國文學中的東方》第 316 頁。

571　艾米爾·法蓋 (E. Faguet)：《讀古書精華心得》第 15 版，179 頁，1911 年。

但是，自從耶穌會士們關於中國的著作出版之後，大多數民眾表現出有利於中國政府的傾向。很多出自無可爭辯的權威之口的斷言，毫不含糊地證明這個政府不是獨裁制，而是君主制。下面就是例子：

中國政府完全是君主制的……[572]

確實，中國的政府是道地的君主制，一切決斷全靠一人……[573] 但是如果說他們（中國人）疏遠了共和政府，那是因為他們尚處在對暴政的更強烈的對抗中。[574]

被孟德斯鳩所描繪的所謂中華帝國政府是不符合實際的。按他看來，專制國家基於恐懼，「皇帝天生是懶惰、無知和好娛樂的」[575]。但是當你瀏覽一下他同時代的作品之後，便會看到中國沒有被描繪成獨裁制的樣子。其制度在自然法律中找到了基礎。它的卓越的形式確保了這兩種權力：自由與廉潔。此外，皇帝是絕對的，但更重要的是在權力方面，而不是在事實方面。「當他有某種缺點和錯誤時，大臣們毫不畏懼地指出並加以譴責」[576]。按照孟子的思想，殺死一位使人類蒙受恥辱的皇帝不是一種罪惡。因為，他說：「民為貴，社稷次之，君為輕。」[577]

在《論中華帝國》一章裡，孟德斯鳩竭力驗證他的理論。作為一個機智的辯論家，他非常巧妙地擺脫了困境。如果中國人數過多的話，原因在於氣候，「中國的氣候是如此驚人地利於人類的繁殖……最殘忍的暴政卻一點也不妨礙人類的繁殖」[578]。況且，「中國是一個獨裁制國家，其原則就是恐懼。可是在最初的朝代，因為帝國不像現在這樣遼闊，政府對上述精神有點相悖」[579]。這使它避開了

572　《耶穌會士書簡集》第 33 卷第 50 頁。
573　《中國皇帝康熙傳》第 62 頁。
574　《中國現狀新志》第 2 卷第 4 頁。
575　《法意》第 3 卷第 5 章。
576　《孟子》第 8 章第 14 節。
577　《現代作品概觀》第 3 卷第 176 頁。
578　《現代作品概觀》第 3 卷第 176 頁。
579　同上。

一切異議。最後，「錯誤本身中往往有某種正確的東西」[580]。以這種極為靈活的辯解能力，孟德斯鳩不僅僅鞏固了他的理論，而且在某種程度上，甚至有點欣賞這個帝國。例如：「在一些建立起政體的獨裁國家裡，人民更是無限地幸福的，波斯和中國就是證明。」[581]

為了透過《法意》了解中國，應該考察一下它所採用的文獻資料。但要知道，孟德斯鳩在如此之多的資料中所尋找的首先是自己原則的論據和訊息。他的方法是純粹實驗性的，但他把自己的方法服務於自己的原則，而這些原則確是預先想出來的。孟德斯鳩「對他的論述不加批判：他利用一切文字，並把它們以同等價值來對待」[582]。

這些資料大部分是從杜赫德的《中華帝國志》中得來的。只有杜赫德才用如此讚賞的字眼談論中國。這種正面評價刺激到了孟德斯鳩，因為《中華帝國志》使他不能把中國歸入到獨裁國家之列。因此，他拚命在杜赫德的著作中尋找不正確的詞語。例如，當孟德斯鳩引述「這是統治中國的棍子」[583]這句話時，意在反對耶穌會士們關於中國的謊言。孟德斯鳩不是不知道杜赫德是高度評價這個國家的。他覺得只有自己的論據是來自世俗的原始資料時，才似乎靠得住。他讀的書很多，並進行了旁徵博引：「人們可以在中國官員的敲詐勒索中去查詢這些，我還請來安松這位大人物作證。」[584]讓我們來看看這些人物吧。

德·朗若（de Lange）是一位給為皇帝服務的瑞典大夫。1719 年他被任命駐北京，以陪同全權大使伊斯馬伊洛夫先生（M. d'Ismailov）。後者的使命是獲得中俄自由貿易權。1721 年大使離任後，朗若又在中國待了一年半，沒有取得任何成功。首先，俄國商人到中國不願意服從中國的法律；其次，俄國人不交還逃

580　《法意》第 8 篇第 21 章。

581　《法意》第 8 篇第 19 章。

582　《法國文學史》第 722 頁。參閱 E. 加爾加松：《〈法意〉中的中國》，載《法國文學史雜誌》，1924 年，第 205 頁。「他（孟德斯鳩）特別注重在文獻中尋找證實自己的思想的東西」。

583　《法意》第 8 篇第 21 章：「杜赫德神父說：『是統治中國的棍子。』」

584　《法意》第 8 篇第 21 章，注 2：「請來朗若（Lange）和其他人的關係。」

到他們領土上的蒙古人；最後，耶穌會士們不喜歡這些俄國人待在北京。[585] 朗若受到很不信任的對待。他像囚徒一樣待在自己家裡，所以他的敘述缺乏公正是無疑的。他旅行的目的之一就是要討論經商問題，而對其餘的則不感興趣。他了解中國，但那是透過他的窗口了解的。他沒有評價中國哲學學說的能力，更無法判斷孟德斯鳩在《法意》中加給中國的「獨裁制」的對錯。

安松的《環球旅行記》是據一些關於中國的更奇妙的篇章寫成的。他率領英國的「百夫長」（Centurion）號戰船於 1740 年出發，攻打西班牙在南美洲的海港。1742 年到達澳門時，他想修理自己的船，但又拒絕付入港費。因此糾紛突然而至。首先，中國不願在西班牙與英國之間表態，而保持著中立；繼而，安松不遵守中國的法律，因為他的艦船裝備著「四百支槍和三四百桶火藥」[586]。在危險的形勢下，安松相信「單單『百員』號就足以摧毀廣東河裡的所有船隻，即使是在中國的相似的另外的港口，對所有的武力他也不畏懼」[587]。因為他不懂中文，他對中國的了解極不全面，而且包含著個人恩怨。此外，他不喜歡耶穌會士。他的關於中國的作品的最後一章是對傳教士們的斷言的一種否定。安松對中國表現得很苛刻。照他的說法，「買過食品之後，回來一看，原來所謂的魚，只不過是石子和沙礫而已」[588]。中國人都是賊，他們很貪婪。「因為中華民族以對財富和富人的崇拜而著稱。」[589] 即使這些話是真的，難道可以由此得出結論說中國政府的腐敗是由於來自獨裁嗎？顯然，結論和根據是無關的。

孟德斯鳩的基本見解概括為一句話：專制主義是令人憎惡的。孟德斯鳩不贊成人是服從於另一種造物者的說法。[590]「談到這些可怕的政府，使人不寒而慄。」[591] 因為他認為中國是一個專制的國家，它的政府理所當然是極壞的，對

585　《清代通史》第 1 卷第 624 ～ 625 頁。
586　《環球旅行記》第 306、286、315、308 頁。
587　同上。
588　同上。
589　同上。
590　參閱孟德斯鳩：《法意》第一、三篇第十章。
591　同上，引自第一、三篇第九章。

此，他正需要朗若和安松的資料來加以證明。「如果傳教士的說明不符合這個命題，這是他們的證明是錯誤的。」[592] 相反，我們引用杜赫德的這些話使他很高興：「這些人高舉著皮鞭，那些人拖著長棍或鐵鍬，這些器械的撞擊聲，使一個生來怯懦的人發抖，他知道如果他公開反抗官員們的命令，他就逃不脫對自己的懲罰。」[593]

然而，在為他的三個原則的理論進行了一番辯解之後，孟德斯鳩開始研究法律與道德風尚之間的關係。他放棄了他預先構想的意見，並廣泛地利用《中華帝國志》。下面便是一例：「中國的立法者以帝國的安寧為政府主要目標。隸屬對他們似乎是保持安寧的一種純粹手段。」[594] 然而這些思想確實來自於《中華帝國志》。杜赫德說：「先生，您將從中看到，世界最古老的君主政體把它的時期長短、它的光輝和它的安寧僅歸功於完善的從屬關係，這種關係經常在支配著一個如此遼闊的國家的全部不同成員。」[595]

在他研究中國的過程中，孟德斯鳩確定了一種法律與道德風尚之間的原則。他的批評精神，證明中國的立法者制定了法律並以此而形成道德，[596] 人們稱之為禮儀。這種見解是很深刻的。因為，「中國立法者以使他們的人民生活安寧為主要目的」[597]，正是由於對禮儀問題的正確看法，中國政府才贏得了勝利。由此，產生了兩個重要的結果：一方面，中國兩次被外族征服，但它既沒有失去自己的法律，也沒有失去道德風尚，然而是那些征服者改變了自己的法律和風尚；另一方面，「人們見到鄉野村夫之間遵守著一種和有教養的人們一樣的儀式」[598]。因

592　慕里耶爾·多茲（Murier Dodds）:《旅行紀實》，孟德斯鳩《法意》的資料來源，第97頁，巴黎，1929 年。

593　《中華帝國志》第 2 卷第 35 頁。對於「這是統治中國的棍子」這句話，加爾加松說：「我沒有在杜赫德《中華帝國志》中找到這句話，它（指《中華帝國志》）遠沒有反映出這種思想。」第 197 頁注 2。但我們猜想，孟德斯鳩對我們所引的這段話作了聯想。

594　《法意》第一，第 19 篇，第 19 章。

595　《中華帝國志》第 1 卷，信簡。

596　參考《法意》第一，第 19 篇，第 17、16 章。

597　同上。

598　《法意》第一，第 19 篇，第 16 章。

為，透過禮儀，人們「克服著一切來自於嚴苛精神的缺陷」[599]。正如雍正皇帝所說：「安寧和政府的完美建立在開明習俗的基礎上，其最基本的有效的辦法是教化人心。理性是它的準則。」[600]

其實，孟德斯鳩掩蓋不住他對中國的讚賞。中國是「家族專制觀念基礎上形成的」[601]。皇帝對臣民應該像父親對孩子那樣，反過來，「對父親的尊重，應該必須和所有代表父親、老人、教師、行政官員和皇帝的人聯繫在一起。」[602] 所以這一切都在倡導著禮儀，而「禮儀是這個民族的總精神」[603]。

孟德斯鳩對中國進行的研究，在我們看來，似乎是矛盾的和缺乏理智的。他悄悄地改變了自己的中國是專制主義的觀點。他沒有意識到他已導致了這樣的結論：中國在父權上創立了它的體制，它即使不是最好的，也至少是可讚揚的。從那個時代起，專制的中國不再是抽象的，而是有法制的，如魁奈所宣稱的那樣。它並不像他在《法意》卷八中所描寫的那樣可憎。

（二）伏爾泰與中國

伏爾泰有兩個基本特點：精神與樂趣。道德、幸福、快樂，是對他自己的寫照。「一個沒有任何偏見，能自由思想和行動的人的品格，終歸會使自己在生活的交往中無比快活。」[604] 由於他有廣泛的興趣，他的性格也必然是複雜的。在他浩瀚的書籍、詩詞、信件和小冊子的海洋中，伏爾泰的確表現出是一位雄心勃勃的人，但他更是一位不知疲倦的探索者。法蓋說：「伏爾泰有一種探索的天資。他想做的，不管是已經為人所知的還是未知的，他都要全部了解。」[605]

因此，伏爾泰被中國所吸引是自然而然的。在 18 世紀上半葉，由於旅行者

599　同上。

600　《耶穌會士書簡集》第 13 卷第 173 頁。

601　《法意》第一，第 19 篇，第 19 章。

602　同上。

603　同上。

604　小德表里維爾（Petit de Julleville）：《法國文學史》，第 6 卷第 160 頁。

605　艾米爾·法蓋：《18 世紀》第 207 頁。

和傳教士的文章，在文學、哲學和繪畫方面，中國是一個激勵人的重要泉源。[606]
克里姆說：「曾有一個時期，所有的壁爐上都擺滿中國的瓷人，而且我們的家具
也大部分是中國韻味的。」[607]

　　費爾內主教（Patriarche de Ferney）的作品所表現的對中國的喜好證明：可以
說這個國家對他的精神產生了一種神祕的影響。是他把由中國的道德和智慧在法
國的 18 世紀時所創造的觀念普及了，是他把中國放進了世界的範圍裡，也還是
他的令人讚嘆的明智在哲學的論爭中保衛了中國。「我們詆毀過中國，完全是因
為他們的玄學和我們的不一樣。」[608]

　　他關於中國的知識是廣博而且豐富的。和當時的作家一樣，他的大部分知識
來自於耶穌會士們的作品。他讀過《耶穌會士書簡集》和一些回憶錄，尤其是杜
赫德的《中華帝國志》。

　　伏爾泰對中國的好奇從青年時期就表現了出來。「這孩子渴望獲得名
聲」[609]。他的精神傾向於世界的奇蹟。在路易大帝高中時，最有威望的教師中，
修辭學教授圖爾諾米納神父（P. Tournemine）對他有很大影響。這位具有卓越精
神的宗教人士曾傾心於中國科學。他和耶穌會士學者白晉神父有信件交流。白晉
得到康熙皇帝的厚遇之後，成了一位著名的漢學家。後來，伏爾泰認識了傅聖澤
神父，後者是一個很有趣的人，他曾力圖改編中國編年史。他的理論是：中國古
代歷史停留在語言上，這種語言由可以用兩種方式來體現的象形文字組成：一方
面，具有中國人約定俗成的含義；另一方面，它具有一種基督徒為了尋求宗教真

606　參閱柯帝埃：《中國在 18 世紀的法國》，法國科學院 1908 年會議報告。「在 1742 年，布歇
　　（Boucher）展示了八幅以中國為題材的繪畫，這些繪畫被布維地毯廠作為圖案織造在地毯上，有
　　許多加工的地毯，其圖案均取材於中國。」（第 764 頁）愛德蒙・德・龔古爾（E. de Goncourt）
　　寫道：關於這方面的問題，維也納的阿爾貝蒂娜（Albertina）在（華托＜ Watteau ＞作品裡論及
　　的書目）中為我們提供了一份有趣的資料。華托有一幅刻在黑色石頭上的中國人的畫像，這是他的
　　一幅研究性巨作，畫中的這位中國人是他研究的一個典型，他的衣服、鞋都被畫得唯妙唯肖，其特
　　徵儼然是天朝風範，甚至連這個人的姓名也被華托用鉛筆寫在了石頭的左邊：「F. 趙」（轉引自柯
　　帝埃書，第 763 頁）。

607　克里姆（Grimm）：《通信集》，1785 年 11 月。

608　《伏爾泰全集》第 11 卷，《風俗論》第 78 頁，卡爾尼（Garnier），1878 年。

609　弗朗德蘭（Flandriu）：《伏爾泰，中國作品》第 3 頁，阿梯埃（Hstier）。

理所孕育出來的象徵意義。傅聖澤神父的思想實質是要證明希伯來的原始宗教和中國的宗教同出一源。這種理論使伏爾泰頗為欣賞。在《風俗論》中，我們讀到這樣的話：「很多人真的陷入了物質主義，但他們的道德沒有變質。他們認為道德對人是那麼必需而且可愛，以致不需要去認識一個上帝便可以遵循它。」[610] 伏爾泰鮮明地提出了宗教與道德的離異。為了驗證他的推理，他乾脆拿傅聖澤來作為證明：「在中國生活過 25 年最後成了耶穌會士的敵人的傅聖澤曾多次對我說：在中國很少有無神論哲學，即使是在我們當中也是如此。」[611]

在寫於 1729 年的《哲學通訊》中，伏爾泰第一次明確地談到中國，談到中國的牛痘。他說：「我知道，一百年來中國人已經種牛痘了。這應被看做宇宙間最具智慧、最有修養的民族具有先見的例子。」[612] 這是一種疫苗接種的應用。

伏爾泰讚揚中國的宗教和政府。這兩者不僅向他提供了抨擊基督教的論據，而且尤其向他提供了為自己的哲學進行辯護的論據。伏爾泰哲學首先是實踐的哲學，他說：「人生的頭等大事是生活得幸福。」[613] 這是伏爾泰奠定自己道德和行為理論的基礎。

伏爾泰把中國宗教當成一種沒有教條、沒有神祕性的自然宗教。「文人之宗教，是值得再次讚賞的。它沒有迷信，沒有荒誕傳說，沒有褻瀆理性和自然的教條」[614]。伏爾泰是一個自然神論者，但是一個實踐的自然神論者。教條主義的宗教與他的懷疑論精神是格格不入的。在費爾內主教的眼中，理性與自然是至高無上的財富，是人類可以接受並最益於他們的幸福的最高財富。實際上，18 世紀創造了一個理想化的中國，伏爾泰就是創造這個傑作的最積極、最富特色的一位藝術家。

在《中華帝國志》中，杜赫德寫道：「自然情感被中國人推到了一個高度完美的程度。」[615] 談及宗教，另一位作家也同樣說：「因為他們沒有從基督教世界

610　《伏爾泰全集》第 11 卷，《風俗論》第 179 頁。

611　《伏爾泰全集》第 11 卷，《風俗論》第 108 頁。

612　《伏爾泰全集》第 22 卷，《哲學通訊》，信件十一。

613　《伏爾泰全集》第 33 卷第 62 頁。

614　《伏爾泰全集》第 18 卷，《哲學辭典》，第 158 頁。

615　《中華帝國志》第 3 卷第 155 頁。

裡獲得過那樣純粹那樣卓越的關於神衹的知識，而指責這些遵守著從父輩傳下采的對自然規律有著深厚感情的中國先民不信宗教是不公正的。」[616]

在禮儀之爭中，伏爾泰以自然的名義捍衛中國的無神論。「人們多次考察這種旨在用西方神學意識來反對世界另一端的中國政府的對無神論的指控，這無疑是我們瘋狂的、充滿學究氣的矛盾行為」[617]。

這些話是誠懇的。因為，伏爾泰的宗教所要求的，不是像帕斯卡所要求的那樣，去治癒人類的苦難，也不是像博須埃所要求的那樣，向我們指出永遠統治著世界的上帝，伏爾泰是想宣傳一種理性主義的宗教。應該說，伏爾泰的哲學著作裡很少有實證的哲學，他的著作，與其說產生於感情，不如說產生於理性，是一種具有毀滅力的武器。他確認上帝存在，但並沒有那麼強大，他指責充滿了理性不能容忍的事實的《聖經》。終於，他厭憎了教派之爭，即使是在中國進行的這種爭論。

對於伏爾泰，孔夫子代表著絕對權威。他不是一位受神啟示的預言者，而是一位賢哲和官員。他很欣賞這些品格。我們知道伏爾泰的政治抱負是很大的。他對東方哲學的讚揚是他自己靈魂的回聲。「我們稱作孔夫子的孔子既不構想新的意見，也不構想新的禮儀；他既不是受神啟的人，也不是預言者，他是一位從事古法教育的睿智的官員」[618]。另一種理由使他這樣地明確肯定孔夫子：照他看來，孔子理論可以與基督教分庭抗禮。我們應該從這個意義上去理解他下面的四句詩：

> 只用有益的理智做解釋，
> 光耀精神而不炫耀世界。
> 孔子不是先知卻是聖人，
> 誰知到處為人們所相信。[619]

---

616 《學者報》，第 22 頁，1736 年 1 月。
617 《伏爾泰全集》第 18 卷，《哲學辭典》，第 154～155 頁。
618 《伏爾泰全集》第 11 卷，《風俗論》，第 57 頁。
619 《伏爾泰全集》第 18 卷，《哲學辭典》，第 151 頁。

當伏爾泰同樣把中國理想化時，人們不禁會思考他是否知道耶穌會士們的著作。正如我們在前一章所指出的那樣，耶穌會士們沒有掩蓋中國的缺陷，特別是關於中國的宗教信仰問題，例如關於死者在世俗生活中的影響問題。伏爾泰了解到這實際上是迷信，但他卻把這種迷信歸咎於和尚，而不是文人。他巧妙地區分中國的兩種宗教：一種為學者的宗教，另一種是為平民的宗教。在談及道士和佛教徒時，他說：「這些教派在中國受到寬容的對待，以便把它們應用於平民，就像用粗製食品來養活他們一樣，而至於那些脫離人民的官員和文人們，則食用的是最精純的補品。似乎，實際上平民百姓不配有一種理性的宗教。」[620]

伏爾泰所感興趣的是學者的宗教。「這種帝王、將相和所有文人的宗教沒有沾染任何迷信。」[621] 伏爾泰是資產者，他瞧不起地位低下的人。關於孔子，他寫道：「他死後，他的弟子是皇帝、官員，也就是說是些貴人和文人，而不是老百姓。」[622]

為了鞏固他的理論，伏爾泰求助於耶穌會士們的作品。這些作品指出，中國宗教和基督教同出一源。正是基於此，李明神父和其他傳教士們寫下：當其他民族還在崇拜偶像時，中國人已經熟悉真正的上帝，並為它在宇宙間最古老的廟堂裡做供奉。[623]

伏爾泰欣賞中國的第三個原因是由於它的政府。他要在這裡發展他自己的思想。與孟德斯鳩看問題的方式相反，他認為實質上中國不是專制主義的國家，而是建立在父權制基礎之上的絕對君權制的國家。「這個大帝國的法律與安寧是以最自然最神聖的權利為基礎的：孩子尊敬老人。」[624]

在那裡，我們碰到一種伏爾泰特別喜歡的意見：理想的政府應該是絕對的和立憲的政府。中國政府，至少是耶穌會士們作品中的中國政府，恰好符合了伏爾泰的要求。一方面，中國的皇帝，像康熙和他的繼承者們，是絕對無上的君

620 《伏爾泰全集》第 11 卷，《風俗論》，第 179 頁。
621 《伏爾泰全集》第 27 卷，《雜集》，第 2 頁。
622 《伏爾泰全集》第 11 卷，《風俗論》，第 176 頁。
623 同上，177 頁。
624 《伏爾泰全集》第 15 卷，《路易十四時代》，第 76 頁。

主；另一方面，由學者、哲學家和文人領導的執法機構，可說是代表人民的精英。「人們都得像膜拜上帝一樣膜拜皇帝，對他個人稍有不敬，就要受到法律的制裁，像犯褻瀆神聖罪的人受到制裁一樣，這並不一定說明這就是專制和橫暴的政府。專制政府是這樣一種政府：君主可以不受法律的約束，並按照他個人的意志剝奪公民的財產與生命。然而，假如有這樣一種見所未見、聞所未聞的情況，即人們的生命、幸福和財產受著法律的保護，這就是中華帝國。」[625]

伏爾泰寫下這兩句詩[626]：

> 我常向中國皇帝去信，
>
> 直到而今，他沒有給我一點回音。[627]

這並不是為了開玩笑，而是為了表達他由衷的讚賞。伏爾泰讚揚康熙的孫子乾隆皇帝說，他不僅是一個絕對君權制的代表，而且尤其是一個詩人皇帝。談到〈盛京賦〉[628]時，伏爾泰寫道：「我很愛乾隆的詩，柔美與慈和到處表現出來，我禁不住追問，像皇帝那樣忙的人，統治著那麼大的帝國，如何還有時間來寫詩呢？」[629]在同一封信的稍後的地方，他寫道：「乾隆嘗試了這種偉大的事業，他成功了。但是皇帝卻非常謙虛，不像我們的小詩人們，處處充滿了高傲……」[630]

使伏爾泰感到喜歡的中國政府的另一面是：它的執行機構是值得讚揚的，特別是主持它們的官員，都是一些一絲不苟地遵循著儒學思想的文人。從那時起，一方面，司法在人民中得到很好的貫徹，人民從來不是犧牲品；另一方面，這些文人官員們的腦袋裡沒有半點迷信。因此，伏爾泰說：「人們的頭腦肯定想像不出比這更好的一個政府，在這個政府裡，所有決定都是由上下執法機構做出

625　《伏爾泰全集》第 8 卷，《風俗論》，第 162 ～ 163 頁。

626　《伏爾泰全集》第 10 卷第 421 頁。書簡第 109，〈致丹麥（Danemark）國王克里斯蒂安（Christian）七世〉。

627　《伏爾泰全集》第 10 卷第 421 頁。書簡第 109，〈致丹麥（Danemark）國王克里斯蒂安（Christian）七世〉。

628　〈盛京賦〉，乾隆皇帝所作，由耶穌會神父錢德明譯成法文，1770 年，在 No.8 中。

629　《伏爾泰全集》第 29 卷，《雜集》，第 452 ～ 453 頁。

630　《伏爾泰全集》第 29 卷，《雜集》，第 454 頁。

來的，這些機構中的成員都是經過好幾次嚴格考試才接收進來的，中國的一切都由這些機構安排。」[631]

這個政府還有使帝國得以休養與安寧的另外兩個好處：第一，中國貴族完全不是世襲的，人們只承認功勛，名門子弟也得自己有超凡才能才行；[632] 第二，一位官員有權力處罪犯死刑，但如果這個宣判不是皇帝親手批准的話，他也無權執行。由此可見，庶民的生命和財產是受保護的，但是，令人吃驚的是，正是法律使人民走上道德之路的。「在別的國家，」伏爾泰說，「法律懲罰罪惡；在中國，不只如此，還要褒獎德行，那就是鼓勵。」[633]

伏爾泰對中國的熱愛是無限的。他熱愛這個由哲人制定法律、由文人執行法律的國家。照伏爾泰看來，中國是最幸福的國家之一，因為儒學和政府合為一體，哲學家和詩人們有施展自己本領的場所。

但是如果人們向伏爾泰提出這樣的意見：「自從克洛維（Clovis）以來，基督教和君主政體在法國政府中是一碼事，故而，人們不必嘲笑這個國家而讚頌另一個除了在書本上讀到過而從未見過的國家。」作為對這種反對意見的回答，伏爾泰將肯定把法國和中國來加以區分，中國具有古老和寬容的雙重優點。

為了抨擊天主教，伏爾泰巧妙地利用了中國的編年史。中國的古老發現最終改變了世界起源的觀念。一方面，它有助於對作為歷史文獻的《聖經》價值信仰的削弱；另一方面，它加強了批評精神，也就是說加強了唯一理性的裁決。對於伏爾泰來說，這是他熱愛古老中國的另一個理由：「為何我們的敵人無情地反對中國呢？為何要反對中國與歐洲主張正義的人們呢？無知之徒始敢說對中國歷史猜想過久，將《聖經》的真實性摧毀了。」[634]

由於中國的古老，伏爾泰把中國放在了他的《風俗論》的第一章，以便指出人類的發展。這構成他這部毫無歷史價值的著作的獨特性。皮諾特先生理智地注

---

631 《伏爾泰全集》第 13 卷，《風俗論》，第 162 頁。
632 《伏爾泰全集》第 11 卷，《風俗論》，第 158、197、175 頁。
633 《伏爾泰全集》第 11 卷，《風俗論》，第 158、197、175 頁。
634 《伏爾泰全集》第 26 卷，《雜集》，第 389 頁。

意到：「由耶穌會的著述中，伏爾泰取資料與時期，以證明中國的久遠；從自由主義者的言論內，他得到各種議論，以加強他的主張。他比耶穌會人士更大膽與進步了。」[635]

關於中國政府形式的問題，伏爾泰不能不嘲笑孟德斯鳩的觀點。在他闡述漢文帝執政時（前 179～前 156）的法律時，寫道：「這個重要的意見推翻了《法意》中反對這個世界上最古老的政府的含糊其辭的非難。」[636] 儘管這兩位作家之間存在著分歧，但卻都對中國的寬容精神表示讚賞。

對於這兩人來說，寬容具有無限價值，因為特別是它具有「輿論、覺悟、信仰的自由」[637]。人們不應該僅僅模仿中國的寬容，而應該首先摧毀歐洲的不寬容。中國沒有宗教戰爭，「不是因為它（中國）想寬容，而是因為它的宗教不是像基督教一樣的不寬容」[638]。

這兩位作家的思想也是當時那個世紀的思想。中國被援引只是為了提供不同的論據。孟德斯鳩說：「我不掩飾，在中國有不同教派的爭論。在基督教中有很多這樣的爭論，因我們有這樣的口頭禪：除了我們的宗教以外，所有宗教都是壞的。」[639] 伏爾泰在他的《論寬容》中，勾畫出這樣一幅漫畫：「最後，他們（耶穌會士們、荷蘭人和丹麥人）三者一齊講話了，他們互相用粗俗的語言進行辱罵。老實的中國官員很難制止，就對他們說：假如你們想在這裡（中國）叫人家寬容你們的宗教，那就從自己既不被寬容，也不寬容自己做起吧。」[640]

對伏爾泰來說，雍正皇帝是一位寬容的倡導者。皇帝說：「寬容，始終是我和人民之間的第一紐帶，是君主們的第一義務。」[641] 他還對巴多明神父說：「你們和其他歐洲人進行的關於中國禮儀無休止的爭論，使你們感到了不盡的煩惱。

---

635 《中國與法國哲學思想之形成》第 279 頁。

636 《伏爾泰全集》第 11 卷，《風俗論》，第 174 頁。

637 《伏爾泰全集》第 25 卷，《雜集》，第 15 頁。

638 《中國與法國哲學思想之形成》第 411 頁。

639 孟德斯鳩：《思想和未出版的片段》第 2 卷，第 511 頁。

640 《伏爾泰全集》第 25 卷，《雜集》，第 99 頁。

641 《伏爾泰全集》第 27 卷，《雜集》，第 15 頁。在中國歷史上，雍正皇帝更加專制。在其統治時期，好多文人被認為有罪，即褻瀆君主罪。

假如我們在歐洲，採取和你們在這裡一樣的行為，那你們會說些什麼呢？憑良心說，你們不會感到難受嗎？」[642] 如果我們多深入一點去探究伏爾泰的思想，我們就不再為《路易十四》裡這古怪的一章〈中國儀節問題〉而感到驚訝了。在歌頌了這黃金時代之後，他甚至表露出一種深深的遺憾，就是這個世紀不知道寬容。這一章彷彿是全書的總結。

因此，伏爾泰致力於創造一部關於中國的傳奇。這位道德的倡導者，要求恢復人類的權利，然而他卻支持一夫多妻制。他說：「尤其請你注意，通姦在東方很少見，在被太監看守的宮娥中更是不可能的。相反，讀者，通姦在我們歐洲幾乎成了家常便飯……由此看出，是承認一夫多妻制好還是任其傷風敗俗好。」[643]

在他對中國的研究中，伏爾泰顯得很有頭腦，但太片面。他沒有談任何新的東西，他重複的是耶穌會士們的著作，但他用自己的哲學觀和政治觀來闡明它們，然而人們應該承認他使中國進入世界歷史的功績。在國際政治方面，他的觀念比舊歐洲的觀念更先進了一個多世紀。

中國人的缺點是很多的，為了維持他關於中國觀念的一致性，伏爾泰沒有提到這一點。當他不能找到藉口時，他便提出這是人的本性：為使社會達到完善，需要好多個世紀才行，如果它把中國當做榜樣的話，理性將獲得勝利。他不是實事求是地描繪中國，而是按照他對自己所處時代進行評判的需要來談論中國。伏爾泰是一位卓越的歷史學家，但他在自己這些關於中國的著作裡卻缺乏批評精神。他懷著幼稚的輕信接受了耶穌會士們的全部似乎對他的論點有用的資訊。

「必須以懷疑的精神來閱讀幾乎所有這些來自遙遠國度的報導。一種特殊的情況，往往被它們當做普遍現象加以報導。」[644]《風俗論》中的這些話也完全適用於作者本人對中國的判斷。

---

642 《伏爾泰全集》第 15 卷，《路易十四時代》，第 83 頁。

643 《伏爾泰全集》第 29 卷，《雜集》，第 231 頁。伏爾泰還說：「一夫多妻，不能被視為不利於人口增長，因為事實上，印度、中國、日本多配偶制在那裡被接受，而這些國家是世界上人口最密的。如果允許我在這裡引述《聖經》的話，我們將說上帝自己允許猶太人多妻，向他們許諾『他們的子孫如同海沙一樣眾多』。」（《創世記》二十二，17，伏爾泰注），同上。

644 《伏爾泰全集》，《風俗論》，第 113 章。

（三）魁奈與中國

　　和孟德斯鳩、伏爾泰一樣，魁奈這位重農學派的創始人也從杜赫德的《中華帝國志》裡吸取了關於中國的情況。這位龐巴度夫人的醫生，其思想之高，甚至使路易十五肅然起敬。他對《中華帝國志》這部書給予了很高的評價：「杜赫德神父精心收集了不同的回憶錄，並刻意把它們改寫成歷史講義。這部著作的功績是相當卓著的，我正是依靠這位作家的論述來論中國的……」[645]

　　讓魁奈對中國感興趣的不是中國本身，而是為他自己的經濟理論找依據。大國天朝的歷史、風俗、體制給了魁奈意想不到的啟迪。從此，他的理論原則建立在無可爭論的事實基礎之上。下面讓我們研究一下魁奈讚賞中國的一些什麼東西。還在他生活在自己故鄉的時候，他便「很早就開始了對農業問題的思考」[646]。魁奈構築自己重農主義的體系是在私人財產沒有以絕對形式給予保證的時代進行的。聖西門（Saint Simon, 1760～1825）說：「路易十四不再懷疑他的臣僚們的財產是他自己的財產了，他給他們留下的那點財產也純粹是對他們的恩典。」[647]

　　魁奈的理論簡單而明確，因為它不是建立在形而上學的思辨基礎之上，而是建立在明確觀點的基礎之上。這就是：一個民族的繁榮完全依靠財富。然而魁奈聲稱：「土地是財富的唯一泉源，而且正是農業才使財富倍增。」[648]只有耕種者在生產著，正是這個階級構成了民族的實體。人們必須生活，農業成了生活的必不可少的條件。此外，人不是一個奴隸，而是一個自由的人。為了能生產，首先，他應自由地占有勞動手段，也就是說他的人身和土地。因而自由和所有制是政府必須保證的基本權利。

　　對於18世紀的重農主義者來說，人類的幸福不在將來的生活中，而是在人

645　F. 魁奈：《經濟與哲學著作》，第592頁，由奧古斯特·昂肯（Auguste Oncken）出版，巴黎，於利·普勒芒（Jules Peelman），1888年。

646　《杜胡塞（Du Haussef）夫人回憶錄》，附在魁奈作品中，第115～116頁注2。

647　伊萬·居約（Yves Guyot）：《魁奈和哲學》，前言，第14頁，巴黎，吉約曼（Guillaumin）。

648　《經濟與哲學著作》，《箴言集》3，第331頁。

間，即在自然之中。為了使這種人類幸福成為可能，社會體制應建立在自然法律之上。在 1767 年發表的《中國專制主義》中，魁奈明確地肯定：構成最有益於人類的自然秩序，明確確認人類的自然權利的物理學的法則，是永恆不變的法則，也是帶決定性的最佳可能的法則。[649]

魁奈學說的新穎之處大體可歸納為以下三點：

1. 國家應該真正重視農業。
2. 應該保障個人所有和所有制的自由。
3. 必須在自然法則的基礎上建立一種行之有效的立法機構。

這些新穎之處帶來的重要結果是：它們有益於人類的進步，有益於產生革命。在為魁奈的著作所寫的導論中，昂肯（August Oncken, 1844～1911）寫道：「托克維爾（Tocquerille）使人們認知到：這場歷史性的偉大事變（法國大革命）的真正特點，可從經濟學家和重農主義者們的著作中很容易找到。」[650]

對魁奈來說，中國是一個模範國家，因為它符合他的理論。儘管許多歷史學家斷言它是專制主義的，但魁奈依然奮力地捍衛它。他的捍衛體現在對兩種專制主義的區分上：一種是合法的，另一種是隨心所欲的。中國可能是專制主義的，假如人們想這樣說的話，但它是合乎法律的，而不是任意的。因為「中國政府的體制是以一種不可置疑和占絕對優勢的方式建立在自然法則之上的」[651]。他抱怨他的對手們的偏見太深：「我覺得在歐洲人們相當普遍地具有一種對這個帝國的政府不大有好感的思想。」[652]

自古以來，中國高度重視農業。在古時，農人出身的舜被選中為堯帝的繼承人，他是一位賢明的君主。「這位帝王所專注的重要內容之一就是繁榮農業。」[653]

---

649 魁奈：《中國專制主義》第 645 頁。
650 A. 昂肯（A. Oncken）：《魁奈著作》，引言。
651 《中華帝國志》第 613 頁。
652 魁奈著作引自《中華帝國志》第 564 頁。
653 魁奈著作引自《中華帝國志》第 574 頁。

更令人吃驚的是，從遠古到雍正時期的中國政府，始終高度重視農業的發展。可以說中國的皇帝，首先是農耕者的領袖。「康熙皇帝的繼承者，」魁奈說，「制訂了一些很有利的規章以激發農耕者的競爭。除了他親自參加播種做出榜樣而外，他還命令所有城市的長官每年都去尋訪一次在耕種技術中最卓越的人……」[654]

這一點是極其重要的。一方面，中國政府建立在能促進人類不斷進步的自然法則上；另一方面，財富成倍地增長，自然導致了人口的增加。魁奈也正是在這種意義上寫下這句格言：「但願人們重視人口的增長，多注意收入的增加。」[655]

如果說中國政府是建立在理性基礎之上的話，這是因為它的內政是最好的。在榮譽上，首先是文人階層，其次就是農耕者了。「中國的農人的地位在商人和手工業者之上。」[656] 但這種政策的最重要的一點，是對私有制財產的保障，這是魁奈的一個主要論點。關於財產的所有制問題，在《中國專制主義》中，魁奈在談到中國的體制時讚賞地說：「在中國，所有權是非常安全的，就是那些雇員與佃工，都受到法律的保障。」[657] 中國政府的這個例子符合於他那句寶貴的格言：「但願資產與動產的所有制保障擁有者的權利，因為所有制的保證是社會經濟秩序的根本基礎。」[658]

不僅如此，在必要的促進下，中國政府還對商業採取優惠政策。交通事業的發展，使運輸速度更快，並建立起了更為便利的公共事業。魁奈說：「中國的所有運河，被管理得非常好，人們對河流的航運給予極大的關注。」[659] 依他看來，這是好政府的一種優點。

按照重農主義者的觀點，評判一個國家依靠這樣一個簡單標準：到農村去，

654　魁奈著作引自《中華帝國志》第 601 頁。

655　魁奈：《箴言集》26，第 336 頁。

656　《中華帝國志》第 601 頁。

657　《中華帝國志》第 599 ～ 600 頁。

658　魁奈：《箴言集》4，第 331 頁。

659　《箴言集》引自《中華帝國志》第 579 頁。參考這段原文：「這裡，人們旅行走水路遠多於陸路。因為江、河、運河眾多，它們極大地便於商業。這些河流上有無數在外觀上各有特異的各種船隻。」《耶穌會士書簡集》第 25 卷第 176 頁。

如果土地耕耘得好，道路管理得好，人民幸福，這樣的政府就是合乎理性的。[660]
魁奈的另一句與交通道路相關的格言是：「要透過道路的分離和河運與海運，使
農產品和手工業產品的積壓，能得到方便的運輸與疏散。」[661]

　　《中國專制主義》是 18 世紀關於中國的一個有趣的研究。它的確像皮諾特
先生所論：「是一個農業君主國的歷史。」[662] 但魁奈並不是它的發明者。我們在
耶穌會士們的作品中，找到了許多對中國這個農業國的描寫。那些美麗、動人、
有時近乎仙境的畫面吸引著重農主義者們的想像。例如，人們在杜赫德的作品裡
可以讀到：「這些農村的土地被一種只有中國人才能做到的精心和勞動所經營，
它們是那樣的肥沃，以至在不少地方每年可以產兩季水稻……」[663]

　　耶穌會士們大約於 17 世紀末到達中國，他們是這個國家農業狀況的目擊者
和證明人，馬若瑟神父下面的話確實對魁奈的頭腦產生了巨大的影響：「沿珠江
而上，始看出中國真正的面目。兩岸都是稻田，有如草地。在這無邊的田間，交
織著無數的河渠，帆船往來如梭，正像在草地上泛遊。更遠處，山巒林立，樹木
叢生，山腰間有人工開墾的田地，正像是杜樂麗宮的花園。這中間有許多村莊，
充滿了田園風味，悅目怡情，只追恨所乘的船很快地駛過去了。」[664]

　　此外，中國有四千多年的歷史，在各個時代，它都把農業置於首位。它知
道：「沒有農業的社會只能造就不優秀的民族。」[665] 從一開始，中華民族就有一
個重農主義的政府。它善於延長生命，直至目前。政府的這種持續性是其優越性
的證據之一。比埃費爾（Biefield）說：「一個國家體制的最大完美表現在於它的

660　這裡我們遵循 V. 皮諾特這樣的思想：〈重農主義者和 18 世紀的中國〉，載《近代和當代史雜誌》
　　　第 8 卷（1906～1907）第 200～214 頁。在這裡，我們僅提及皮諾特的原話中的一句：「哲學家
　　　普瓦羅（Poivre）說：如要對他所去的國家形成一個整體觀念，最簡捷的方法莫過於去看看它的市
　　　場和農村，如果它的市場上食品豐富，地裡莊稼種得好，到處是豐收的景象，人們便可以確認他所
　　　去的國家是一個人丁興旺、人民安居樂業的風俗淳厚的國家，而它的政府是順應理性原則的。這時
　　　他可以從心裡說，他是在人類之中。」

661　《重農主義和 18 世紀的中國》，載《近代和當代史雜誌》第 8 卷第 207 頁。

662　《箴言集》17，第 335 頁。

663　《中華帝國志》第 1 卷第 15 頁。

664　《耶穌會士書簡集》第 26 卷第 84 頁。

665　《中國專制主義》第 647 頁。

延續性。」[666] 因此，中國政府的古老性和恆定性是重農主義者理論的卓越之處的明顯證據。

魁奈研究了中國政府這種恆定性的原因，他發現，中國受益於對自然法則的遵從。他寫道：「中華帝國的綿延和伸展，以及它的持續的繁榮，難道不是由於它遵從自然法則的緣故嗎？」[667]

確實，在所有的城市裡，都有些官方機構在從事道德科學的研究。一個繁榮與持久的政府的最重要的目標應該是，像中華帝國一樣，對構成出色的社會秩序的自然法則進行深入研究和持續而普遍的教育。[668]

我覺得魁奈對中國的研究不僅僅是由於對中國的傾心，而完全是把中國作為他重農主義原則的依據。他關於中國的知識，是表面的、第二手和第三手的。18世紀，人們對中國形成了種種約定俗成的觀念，忽而它是開明、道德和繁榮之邦，忽而它又是一個專制、怪誕和悲慘的世界。魁奈懷著美意對它採取各取所需的態度。像孟德斯鳩一樣，他使事實服從於自己的原則。

此外，像伏爾泰所認為的那樣，如果說他把中國放在心上，那是因為中國為他提供了一個批判法國體制的更好良機。1692年的法令莊嚴宣布：「國王的至高而全面的財產是天下的所有土地。」[669] 在魁奈看來，那正是專橫的專制主義，他用中國合法的專制主義來反對上述的專制主義。

六、結論

因此，耶穌會士們作品的出版引起了無神論者和自然神論者們對中國的廣泛興趣。他們對中國的興趣，與其說像他們聲稱的那樣是為了功利和人類的進步，不如說是出於好奇。18世紀是哲學的世紀，在這個意義上說，哲學是當時的作家們最為關注的科學，人們給予它一種巨大的關注。一個國家的人民，如果不精

666　轉引自《重農主義者和18世紀的中國》第8卷第207頁。
667　《中國專制主義》第660頁。
668　《中國專制主義》第646頁。
669　《魁奈和哲學》，前言，第14頁。

心培養這些科學，難道不是野蠻粗俗的民族嗎？

一部出於耶穌會士們之手，最耀眼的與中國相關的著作證明：在那裡找到了一種道德和完滿無缺的法律。感謝那樣合乎理性和自然的儒家哲學，由於它，中國人，即使是無知的中國人，「都是公正無私和互相幫助的」[670]。這種毫不含糊的斷言引起了反響：哈雷大學的教授、數學家沃爾夫（Christian Wolff, 1679～1754）在科學論的一次儀式上發表了讚揚孔子的演說後，受到他同事朗若的批判，而後被判罪。[671]

這種對中國強烈的興趣不是唯一地歸因於中國自身的特質，它同樣是 17 世紀思想演變的一種結果。這個世紀首先是一個智慧、理性和心理分析的世紀。這個世紀尤其對人感興趣而對自然有所忽視。如果說作家們提到了後者，那也還是根據人和人類靈魂的需要。相反，18 世紀的作家們拒絕把自己限制在抽象的研究之中，他們想從中賺脫出來，以便突出人與自然的差別。在他們所作的多少有點正確的描述中，企圖把中國作為立論的範例。於是人們才唱出這樣的詩句：

中國是一塊可愛的土地，

你一定會喜歡它。[672]

對中國的理想化，是這個時代普遍精神狀態的一種結果。在法國，有名望的人們不斷宣稱：那裡不是一切皆好，就連太太們的髮式也是如此。李明神父說：「但是，我相信，如果人們在法國看到這樣的模特兒，他馬上會被吸引，並甘願放棄這種慣用的充滿雜七雜八的飾品的方式，而去梳中國婦女的髮式。」[673]

在克里姆（Grimm）的《文學通訊集》中，講了一件很有教育意義的軼事：一天，路易十五和他的大臣貝爾坦（Bertin）一起策劃革除國家的流弊，並請他尋找行之有效的良策。幾天之後，貝爾坦向國王闡述他對普遍精神改造的方案。路易十五問：「你有何打算？」貝爾坦答道：「陛下，就是為法國人灌輸中國精神。」

670　《耶穌會士書簡集》第 29 卷第 94 頁。
671　《伏爾泰全集》第 18 卷，《哲學辭典》，第 156～157 頁。
672　《17、18 世紀法國文學中的東方》第 121 頁。
673　《中國現狀新志》第 269 頁。

對於 18 世紀的哲學家們來說，中國精神的特點重於一切宗教。中國文人承認一個至高無上的天，但並不崇拜它。他們既沒有牧師，也沒有宗教大臣。在孔子身上，他們頌揚的不是奇蹟，而是他的哲學，知識分子不向他做任何祈禱，也不向他要求什麼。然而，中國在實棧道德和被 18 世紀的法國哲學家所稱的寬容。談及儒家哲學，雷孝思神父說：「除了動機以外，我看不出中國人的慈悲與基督徒的慈悲有什麼不同，儘管上帝是千真萬確的，他甚至存在於那些被智慧之光引向道德之路的不信教的人們的精神之中，他們的這些道德在行動上與基督徒的道德毫無差別。」[674] 依照同樣的理由，哲學家們得出如下結論：要建立一種道德，不需要任何宗教。他們嘲笑「信仰的物質」，宣揚寬容與人道。他們斷言，為了過一種有規律的生活，只要順乎自然就夠了。基督主義作為反自然性而應該被拋棄，基督徒的教條與道德是人類進步與發展的羈絆，因此必須把它們摧毀。必須培養一種不是對上帝之法律的服從所體現的精神，而是滿足社會需要所要求的道德。哲學家們傾向於用一種簡單的社會規律來改造基督教的道德，在這方面，中國提供了一個卓越的範例。

政治獨立於宗教之外的要求所引起的後果，比道德獨立的要求所引起的後果要更嚴重。

在中國，管理的藝術被他們描繪得彷彿有點令人讚賞，當作家們講到《耶穌會士書簡集》中的這些話時，他們不需要批判自己的政府的弊端。這些話是這樣寫的：「儘管中國皇帝的權力和財富幾乎是無限的，但他的膳食相當簡樸，他本人毫不奢侈，然而當用之於民和國家需要時，他為國家開銷上卻變得很慷慨，並且大方到有些過分的地步。」[675] 神權至上、政教合一是中世紀的舊傳統。但願國王降低到與庶民平等的地位，變成人民的奴僕，人民獨立自主起來！

以中國為榜樣，18 世紀哲學家們相信：一種完全合乎理性的政治能使個人、家庭和社會獲得幸福。中國的賢者智者們成功地使普通的人也具有很高的道德，

674　轉引自〈18 世紀哲學思想的形成與發展〉，載《教學與講座雜誌》，1909 年，第 71 ～ 72 頁。

675　《耶穌會士書簡集》第 25 卷第 19 ～ 20 頁。

但是,「人們愉快地發現,他們在盡力適應人民的需要」[676]。因此,實質上,中國的政治方向不是出於人對上帝義務的考慮,而是由於人民的需要。換言之,中國的政治吸取了群體所需的思想。這個結論啟發哲學家們要求自己的國家在體制上做根本的改革。君主制的三大支柱 —— 專制主義、貴族制和世襲制應該取消。眾所周知革命就是這樣來的。

能否由此得出結論說耶穌會士們有助於法國革命的來臨呢?肯定不能這樣說。他們揭開了中國的帷幕,這對他們來說,是一種光榮。一位 1685 年以前的作家曾為蒐集這個國家的資料而感到為難。《耶穌會士書簡集》、《中華帝國志》以及耶穌會士們的其他作品的發表,給予許多人了解這個國家的希望和可能性,而且這種願望是很容易實現的。這類作品滿足了充滿求知欲和好奇心的人們。哲學家們以此作為自己的原則和學說的依據和注解。如果人們想要暗示出耶穌會士們為翻天覆地的革命作出了貢獻的話,那麼應該說這是他們很不情願的。

所有的權威人士都承認導致法國革命的原因是很複雜的。人們曾多次認為可以在諸多的因素中,列舉出耶穌會士們向法國人提出的關於中國的見解。目前的研究指出:耶穌會士們首先想在遼闊的亞洲帝國推廣基督教,為達此目的,他們利用了中國人表現出的對科學,特別是對數學、天文學的渴求。同時,他們盡力使歐洲對他們的作品產生興趣,在使人們了解中國的文明的同時,創立了漢學。杜赫德神父的著作,在這方面是典型的,由於它成為可以說是第一部關於中國的百科全書,藉此,歐洲人可以查閱中國的情況,查閱它的過去和當代的政府,查閱它的文化,所以這部著作具有獨創和特殊的重要性。

耶穌會士們首先是作為學者而出現的。因此,耶穌會在北京被取消時,德金寫道:「拋棄傳教團體是一種不幸:可能目前的情況使它們的重要性尚未得到足夠且明顯的展現,然而一旦它們被毀滅或拋棄,人們會感到造成巨大損失的時刻即將到來。」[677] 腓特烈二世(Frédéric II)也寫信給瀕死的伏爾泰說:「請相

---

676 《中華帝國志》第 3 卷第 158 頁。
677 《耶穌會被取消和北京傳教團》第 140 ~ 141 頁。

信我,請你與修會(耶穌會)言歸於好,在上個世紀,它造就了法國最偉大的人物。」[678] 在這些偉大人物中,國王確實把漢學家杜赫德計算在內了。

　　在這些章節中,我們曾想概述中國文人對耶穌會士們的印象,並指出耶穌會士們與康熙皇帝之間是什麼關係,我們闡述了耶穌會士們為什麼和怎樣專心致力於科學,我們曾特別介紹了杜赫德的著作,而且強調指出了它的價值和對 18 世紀作家的影響,並把孟德斯鳩、伏爾泰和魁奈作為典型加以闡述。我們試圖以此為 17 世紀末和 18 世紀初中法知識分子的合作史的研究做些綿薄的貢獻。儘管我們的能力有限,資料不足,但我們的讀者會肯定這樣一點:我們沒有離題太遠。

678　《法國耶穌會士在中國的業績》第 226 頁。

閻宗臨的中西交通史：

開國貿易 × 異族來朝 × 入境傳教，從閉關到開放的西學傳播之路，為何沒有延續下去？

作　　者：閻宗臨

發 行 人：黃振庭

出 版 者：崧燁文化事業有限公司

發 行 者：崧燁文化事業有限公司

E-mail：sonbookservice@gmail.com

粉 絲 頁：https://www.facebook.com/
　　　　　sonbookss/

網　　址：https://sonbook.net/

地　　址：台北市中正區重慶南路一段六十一號八
　　　　　樓 815 室

Rm. 815, 8F., No.61, Sec. 1, Chongqing S. Rd.,
Zhongzheng Dist., Taipei City 100, Taiwan

電　　話：(02)2370-3310

傳　　真：(02)2388-1990

印　　刷：京峯彩色印刷有限公司（京峰數位）

律師顧問：廣華律師事務所 張珮琦律師

定　　價：650 元

發行日期：2023 年 02 月第一版

◎本書以 POD 印製

國家圖書館出版品預行編目資料

閻宗臨的中西交通史：開國貿易 ×
異族來朝 × 入境傳教，從閉關到
開放的西學傳播之路，為何沒有延
續下去？ / 閻宗臨著 . -- 第一版 . --
臺北市：崧燁文化事業有限公司，
2023.02
　面；　公分
POD 版
ISBN 978-626-332-962-1(平裝)
1.CST: 東西方關係 2.CST: 文化史
630.9　　111019481

電子書購買

臉書